韓國漢文教育學會 創立 30週年 紀念
韓國漢文教育研究叢書 10

한문교육사

신영주 · 남궁원 편

보고사

발간사

韓國漢文敎育學會가 1981년 6월 27일 韓國漢文敎育硏究會라는 이름으로 創立된 지 30년, 어느덧 한 세대의 단위를 넘겼다. 작고하신 李家源(1대: 1981.6~1983.6) 초대 會長으로부터 閔丙秀(2·3대: 1983.7~1987.6), 鄭愚相(4·5대: 1987.7~1991.6), 李篪衡(6대: 1991.7~1993.6), 朴天圭(7대: 1993.7~1995.6), 金容傑(8대: 1995.7~1997.6), 申用浩(9대: 1997.7~1999.6), 金相洪(10대: 1999.7~2001.6), 朴性奎(11대: 2001.7~2003.6), 李明學(12·13대: 2003.7~2007.6), 金呂珠(14대: 2007.7~2010.6) 회장에 이르기까지 14대 11분이 각기 당대의 회장단 및 임원진과 함께 학회를 이끌어주시는 동안, 그 사이 많은 변화가 있었다. 박천규 회장 재임 때인 1994년 6월 25일 학회 회칙이 개정되면서, 학회 명칭이 韓國漢文敎育硏究會에서 韓國漢文敎育學會로 바뀌었다. 학회지『漢文敎育硏究』는 閔丙秀 회장 재임 때인 1986년 창간호, 鄭愚相 회장 재임 때인 1988년 제2호 이후 매년 1회 발간에서, 金相洪 회장 재임 때인 2000년 제14호 이후 연간 2회 발간하여, 2012년 6월 현재 제37호까지 발간됐다.『漢文敎育硏究』제1호에는 10편의 논문이 실렸는데 그 중 한문교육 주제를 다룬 논문은 2편에 불과했다. 그러나『漢文敎育硏究』제36호는 14편의 게재 논문 가운데 한문교육 주제를 다루지 않은 논문이 1편이고, 제37호는 21편의 게재 논문 모두가 한문교육 주제를 다룬 논문들이다. 30년 전 한문교육 연구의 불모지대에서 출발한 우리 학회가 어느덧 30년이 경과하는 동안 한문교육 연구의 화려한 꽃들을 피우기 시작했던 것이다. 이 모두가 역대 회장님들을 비롯한 학회의 선배 회원들 및 동학의 여러 회원들이 한문교육에 대해 가진 뜨거운 애정과 관심의 결과가 아닌가 한다.

이번에 간행하는『韓國漢文教育學 研究叢書』는 지난 30년간을 중심으로 그 동안의 한문교육의 성과를 되돌아보고 앞으로의 과제를 전망하는 야심찬 기획이다. 이 기획을 위하여 한국한문교육학회의 이사진 중에서 기획 실무를 전담할 간행위원회를 구성하고, 간행위원회에서 총서의 기획 및 총서의 각 분야별 주편자 섭외를 진행하여, 2011년 3월 19일 고려대학교에서 제1차 한국한문교육학 연구총서 주편자 회의를 개최하였다. 이후 평균 매달 1회씩 주편자 회의를 열어 총서의 구성 및 주제 분류, 논문 선정 원칙, 진행 일정 등을 논의하고 각 총서의 총론 원고 작성 방법 및 그 내용 검토를 진행해 왔다. 그 결과『韓國漢文教育學 研究叢書』를『한문과 교육과정론』(윤재민·송혁기),『한문과 교수·학습 방법론』(송병렬·진철용),『한문과 평가론』(장호성·김경익),『한문과 교재론』(정재철·심재경),『한문과 문법론』(이군선·김성중),『한문교육학 연구방법론』(김왕규·김동규),『한문과 수업론』(백광호·엄선용),『한문과 문학교육론』(임완혁·김연수),『한자 어휘 교육론』(이동재·허철),『한문교육사』(남궁원·신영주) 등 모두 10권으로 구성하게 되었다.

이『韓國漢文教育學 研究叢書』가 모름지기 한문교육 연구의 새로운 진화의 계기가 되기를 기대하며, 이 기획을 위하여 애써 주신 주편자 여러분들과 간행위원회 위원들, 그리고 옥고를 허락하여 이 연구총서를 갖가지 색깔로 더욱 빛나게 해 주신 각 논문 필자 선생님들께 이 자리를 빌려 거듭 감사의 마음을 전한다. 또한 요즘처럼 어려운 출판 환경 아래에서도 10권이나 되는 총서의 간행을 흔쾌히 수락하고 성심껏 만들어 주신 보고사의 김흥국 사장님과 편집부의 여러분들께도 깊은 감사를 드린다.

2012년 6월

한국한문교육학회 회장 윤재민

차 례

제1부
총론

한문교육사 연구의 성과와 전망

辛泳周 · 南宮遠

Ⅰ. 머리말

'한문교육사'란 어떻게 정의할 수 있을까? 원칙적으로 '한문교육사는 漢字나 漢字로 표기된 어휘, 문장을 대상으로 이루어지는 교육 활동 및 이와 관련한 개인·사회·국가의 요구와 대응 양상의 시대적 변천에 대한 분석과 이론적 체계화를 통해 구축되는 학문 영역'이라고 할 수 있을 것 같다. 이 글은 기존에 제출된 한문교육사 관련 연구 성과들을 정리하여 소개하고 향후 연구 방향을 전망하는 것을 목적으로 한다.

한국의 한문교육학에 대한 연구 성과는 그동안 여러 연구자들에 의해 풍성하게 축적되었다. 다만 그 성과의 대부분은 학교 현장과 밀접하게 연계되어 있는 현재 한문교과의 교육과정, 교구교재, 교수학습, 평가 등에 집중되어 있고, 한문교육에 대한 史的 연구는 상대적으로 활발하게 진행되지는 않았던 것 같다. 그럼에도 뜻 있는 몇몇 연구자들에 의해 의미 있는 연구 성과들이 여러 가지로 제출되었다. 이 소중한 연구 성과들은 대부분 한국한문교육학회와 한국한자한문교육학회에서 발표되었다. 한문교육학 연구 분야에서 두 학회가 차지하고 있는 역할과 위상이 어떠한지를 짐작할 수 있다.

　여기에서는 우선 기존에 제출된 연구 결과물들을 수합하여 이를 분류 기준에 따라 유형을 나누어 그 성과를 분석해보고자 한다. 그러나 아직 한문교육사의 연구 영역과 개별 연구 유형에 대한 설득력 있는 기준이 마련되어 있지 않은 실정이므로 먼저 이에 대한 기본적인 원칙을 설정해두지 않을 수 없다. 연구 영역과 개별 유형에 관한 기본 원칙을 설정한 뒤에 이를 기준으로 기존의 성과에 대한 분석을 시도하고, 다시 이 분석을 토대로 향후의 연구 방향에 대하여 전망해보고자 한다. 다만 논의의 중복을 피하기 위해 대상 범위를 해방 이전 시기에 대한 연구로 한정하며 어학으로서의 한문교육에 관한 史的 연구로 한정하여 연구의 동향과 성과를 살펴보고 향후 연구에 대한 전망과 과제를 알아볼 것이다.

Ⅱ. 기존 연구의 동향과 성과

　기존 연구의 동향과 성과를 언급하기 전에, 먼저 한문교육사의 내용 범위를 어떻게 정의할 것인지에 관한 합의가 필요할 것 같다. 이를 전제로 기존의 연구도 논할 수 있을 것이나, 아쉽게도 지금까지 이 문제에 관한 연구나 논의가 이루어진 바 없다. 앞으로 심도 있는 견해들이 제시되어 이에 관한 합리적인 원칙이 마련되기를 기대한다. 다만 지금으로서는 이와 관련하여 윤재민(2009)의「漢文敎育學의 槪念과 硏究 領域」을 참고할 수 있다. 이는 한문교육학의 개념과 연구 영역을 정의한 것으로 한문교육사에 관한 논의는 아니지만, 한문교육

에 대한 학문이 한문교육학이고 한문교육의 역사가 곧 한문교육사이
므로 둘 사이에 한문교육이라는 공통의 분모가 존재한다. 따라서 한
문교육을 대상으로 하는 한문교육학의 영역 체계는 곧 한문교육사 연
구에도 적용될 수 있을 것이다. 위의 논고는 한문교육학의 연구 영역
을 아래와 같이 제시하였다.

표1)

1. 교육과정 영역	ㄱ.목표	
	ㄴ.내용	a.이해·표현
		b.문화
		c.문학
		d.문법
	ㄷ.교수·학습	
	ㄹ.평가	
2. 교육환경 영역	ㄱ.한문교육 정책론	
	ㄴ.한문교육 교사론	
	ㄷ.한문교육 현장교육론	
	ㄹ.한문교육과 인접학문과의 관계	
	ㅁ.한문교육 활동 및 현상에 대한 인접 학문적 관점	
3. 메타이론 영역	ㄱ.한문과 교육과정론	
	ㄴ.한문교육학개론	
	ㄷ.한문교육사	
	ㄹ.한문교육학사	

한문교육학의 연구 영역을 '교육과정 영역', '교육환경 영역', '메타
이론 영역'으로 크게 세 가지로 구분하였다. 한문교육사의 연구 영역
에서는 이 가운데 메타이론 영역은 제외한 나머지 두 영역을 그대로
적용할 수 있을 듯하다. 여기에 서술의 단락과 시각을 결정하는 문제
와 관련하여 시기, 지역, 계층, 인물 등을 다루는 연구 영역을 새롭게

추가할 수 있다.

위의 표에서 제시한 하위 영역 가운데 '목표 영역'은 한문과 교육과정에서 제시하고 있는 한문과의 성격 및 교육 목표를 아울러 이른다. '내용 영역'은 한문이라는 교과가 추구하고 있는 교육 목표를 실현하기 위해 이루어지는 교육 활동의 원리와 교재 및 그 내용에 관한 이론을 이른다. 내용 영역은 그 성격에 따라 다시 '이해·표현, 문화, 문학, 문법'이라는 하위 영역으로 구분하여 두었다. 이는 한자·어휘·문장 및 이로써 구성되는 한문 텍스트의 언어 형식적 구조, 문학적 수사, 문화적 함의 등을 정확하게 이해하고 표현하는 문제에 관한 영역으로 이해할 수 있다. '교수·학습 영역'은 기존의 연구자들이 여러 가지로 관심을 보였던 영역으로 수업 현장에서 이루어지는 교수와 학습의 방법적 원리를 연구하는 영역이다. '평가 영역'은 교수와 학습을 통해 완성된 교육 활동을 통해 성취한 결과가 교과 성격에 얼마나 부합하며 교과 목표에 얼마나 도달하였는지를 측정하는 평가 방법에 관한 연구 영역이다.

'정책론'은 한문교육의 교육적 순기능을 최대로 구현하기 위해 국가가 시행하는 교육 정책 및 그 이론에 관한 연구 영역이다. 또 '교사론'은 교수의 주체인 교사를 양성하고 활용하는 문제에 관한 연구 영역이며, '현장교육론'은 교수와 학습이 이루어지고 있는 교육 현장의 문제에 관한 연구 영역이다. '한문교육과 인접학문과의 관계'나 '한문교육 활동 및 현상에 대한 인접 학문적 관점'은 모두 도구적 언어로서의 한문의 특성으로 인해 나타난 연구 영역이다. 곧 한문이 인접 학문인 문·사·철을 아우르는 종합 학문적 성격이 강한 만큼, 얼마든지 한문의 관점에서 인접학문을 바라볼 수도 있고 거꾸로 인접학문의 관점에서 한문을 되돌아볼 수도 있는바, 상호 관계 및 한문교과의 위상을 규정하는 문제에 관한 연구 영역이다.

위에서 언급한 대영역과 하위의 세부 영역들은 모두 한문교육사 연구 영역으로 귀속될 수 있다. 아울러 이 대영역과 세부 영역의 문제들을 다시 시기·지역·계층·인물 등의 층차에 따라 재해석하고 종합하는 영역도 한문교육사 영역으로 함께 귀속될 수 있다. 이 여러 영역에 관한 문제들을 역사적 안목으로 분석하여 평가하고 종합하는 것이 곧 한문교육사 연구의 출발이 될 것이다.

그런데 기존에 제출된 연구 성과들이 한문교육사 연구 영역에 골고루 분포되어 있다고는 할 수 없다. 기존의 해당 연구들은 크게 세 가지 유형으로 나누어진다. 첫째는 한문 학습 교재에 대한 연구이다. 가장 많은 비중을 차지하고 있다. 『천자문』, 『동몽선습』, 『격몽요결』 같은 초학 교재를 대상으로 한 연구들이다. 둘째는 교수·학습 및 평가에 대한 연구이다. 실제 교육 현장에서 교수자와 학습자 사이에서 이루어진 교육 활동을 대상으로 삼은 연구들이다. 그런데 전통시대의 한문교육을 연구하기 위해 활용할 수 있는 관련 문헌 자료가 풍부한 편은 아니다. 이로 인해 기존 연구자들은 사립 교육기관인 서당·서원과 국립 교육기관인 향교·성균관의 위계와 학습 과목 등에 관한 연구를 통해 전통시대의 한문교육을 재구성해보려고 시도하였다. 또한 국왕과 세자를 대상으로 궐내에서 이루어지는 경연과 서연에 관한 연구도 이런 이유로 활발하게 이루어진 바 있다. 이와 관련한 문헌 기록들이 비교적 풍부하게 남아 있기 때문이다. 주로 경연과 서연의 형식과 교육 내용을 연구 대상으로 한 것들이다. 셋째는 한문교육사를 긴 시야에서 조망하려고 시도한 범론 형식의 연구를 꼽을 수 있다.

대개 현실적으로 학교 현장의 필요에 의해 진행된 경우가 많아 교재 영역, 교수·학습 및 평가 영역의 연구가 대부분을 차지하게 되었다. 여기에 이들 영역을 아울러 종합적으로 서술하는 범론 영역을 추가하여 세 가지 영역으로 기존의 연구 성과를 나누어 소개한다.

1. 범론

일반적으로 한문교육사의 개념, 서술 범위, 시대 구분 따위에 관한 문제를 논하거나, 한문교육의 시대적 변천에 관하여 사적으로 고찰하여 전반적인 윤곽을 제시하는 경우를 한문교육사 연구에 있어서 범론으로 분류할 수 있는 것이다. 그러나 이 문제에 관한 연구는 아쉽게도 연구자들로부터 큰 관심을 끌지 못하였다. 이로 인해 여전히 한문교육사의 연구 영역을 개괄하거나 새롭게 규정하는 논의 자체가 활발하게 이루어진 적은 없었던 것 같다.

한문교육사를 논제로 삼아 논의를 진행한 것으로 김왕규(1992)의「栗谷 李珥의『學校模範』研究」가 있다. 이는 한국의 교육문제를 한국 교육사상의 전통과 그 발전 과정에서 찾으려는 목적을 가지고 율곡의 교육사상가로서의 선구적 작업을 검토해본 것이다. 위의 논고에서 논자는, 율곡이 당시에 학교교육의 중요성을 절감하면서 학교 행정과 訓導 채용 등 당대의 교육 현안에 대해 진단하였던 사실에 대해 주목하고 있다.『學校模範』의 내용을 크게 製進動機, 十六條와 勸奬黜齋, 擇師養士事目 등 세 가지로 구분하고, 이를 교육과정 총론의 규정, 교수학습 내용, 장학 규정, 교사 선발, 학생 선발 등의 시각에서 분석하였다. 다만 이것이 학교 교육의 문제에 초점을 두고 서술되었기 때문에 한문교육의 문제를 직접적으로 언급하지는 않았으나, 이것이 한문교육 기관의 설치·운영과 동떨어진 것이 아니라 일정부분 공통되는 부분이 있을 뿐 아니라 이 논고가 향후 한문교육사 연구의 기반을 형성하고 있으므로 여기에서 언급해둔다. 이와 유사한 논의로 권문봉(2006)의 「율곡의 교육개혁론 고찰―『학교모범』을 중심으로」가 있다.

또 이와 관련한 논고로는 송영일(2005)의 「한문교육사의 의의와 과제」가 있다. 논자는 한문교육사 연구의 당위성에 대하여 언급하고 있다. 옛 전적의 文句 풀이 중심의 단계에서 한걸음 나아가 인간 중심 학문으로서의 한국한문교육사 교육에 관심을 가져야 한다고 역설한 것이다. 한문교육사에 대해서는 한자, 한문 교육에 대한 시대별 사실과 교육제도에 대한 연구 학문이며, 당대의 주요 인물을 대상으로 하는 학문이라고 정의하였다. 아울러 한문교육사가 학문적 체계를 갖추기 위해서는, 첫째 한문교육사의 성격과 범위가 정립되어야 하며, 둘째 한문교육사를 사범대 한문교육과의 전공교과 교육으로 활성화해야 하며, 셋째 전통사상을 현대 교육적으로 재조명해야 하며, 넷째 연구 자료를 체계적으로 발굴하고 정리해야 하며, 다섯째 현장 교육에 적용하고 활용할 수 있어야 한다고 강조하였다. 한문교육에 많은 관심을 가지고 연구를 지속하고 있는 연구자로서 한문교육사 연구와 서술의 당위성을 절감하고 이에 대한 연구자들의 관심을 환기시키기 위해 이 논고를 작성한 것이다. 구체적 연구 방향과 방법에 대한 분석적 시각을 제공하는 데에까지 나아가지는 못하였다는 한계가 있으나 그 자체로서 연구사적 의의를 가질 수 있을 것이다.

또한 남궁원(2006C)의 「開化期 漢文 및 漢文 敎育에 대한 認識 一考」 등을 거론할 수 있다. 이 논고는 개화기 무렵의 한문 및 한문 교육에 대한 견해들을 살피기 위해 작성되었다. 당시 국내에서 한문 및 한문 교육에 관한 문제는 매우 뜨거운 쟁점이 되어 있었다. 국내외적으로 정세가 급변하고 국가의 안위와 존망이 기로에 놓인 시기였는데, 이에 대응하는 과정에서 어문 정책의 문제점이 불거졌거니와 한문 폐지론과 옹호론 및 절충론, 국한문 병행론 등으로 주장이 엇갈리면서 치열한 담론이 이루어진 바 있다. 시대의 요구에 따른 치열한 담론의 과정에서 한문과 한문교육의 필요성에 관한 긍정적 주장과 부정적 주장이 공방을 거듭하였는데, 논자는 이 논쟁의 중심에서 한문교육에 관한 다각도의 견해들을 정리하고 분석하고자 시도하였다. 현대의 한문교육이 또 다른 이유로 그 교육의 당위성, 현실적 요구를 설명해야 할 필요가 수시로 제기되곤 하는데, 이에 대한 해답을 얻고자 한 시도로 이해할 수 있다. 한문 교육의 각론을 논하기에 앞서 반드시 검토되어야 하는 부분을 다룬 것이므로 범론으로 포괄할 수 있을 것이다.

2. 한문 학습 교재에 관한 연구

한문 학습 교재에 관해서는 그 동안 비교적 많은 양의 연구 결과가 제출되었다. 이를 다시 시기를 기준으로 두 가지 유형으로 분류한다. 근대 이전의 한문 학습 교재를 대상으로 하는 연구와 개화기의 한문 학습 교재를 대상으로 하는 연구이다. 앞의 경우는 『千字文』, 『童蒙先習』, 『擊蒙要訣』, 『小學』, 『古文眞寶』가 주요 대상이 되었으며, 뒤의 경우는 『速成漢字課本』, 『初等作文法』, 『實地應用作文法』, 『文章指南』, 『普通學校國語讀本』, 『實地應用作文大方』 등이 주요 대상이 되었다.

한문 학습 교재에 관한 연구 결과로는 김현규(1991)의 「몽학교재로서의 『千字文』」이 비교적 이른 시기에 제출되었는데, 우리나라에서 아동을 대상으로 하는 한자 학습서로서 가장 광범위하게 활용되었던 『千字文』의 다양한 판본과 유형 및 간행과 지역적 분포에 대하여 조사 분석하였다. 아울러 학습교재로서 활용되었던 사례와 학습 방법

등을 고찰하면서『千字文』에 대한 역사적 평가를 소개하고 향후의 활용 방안에 대해 조언하고 있다. 또 장희구(1994)의「조선시대 초등과정 교재내용 분석고찰-『童蒙先習』을 중심으로」, 윤영숙(1997)의「『童蒙先習』과『擊蒙要訣』의 비교고찰」, 한예원(2009)의「초학 한문교재로서의『擊蒙要訣』의 의의-朝鮮儒敎의 관습화 과정」등은 초학 교재로 널리 활용된『童蒙先習』과『擊蒙要訣』의 내용 구성과 교육적 성과를 분석하고 향후 활용 방안 등에 대해 제언하고 있다.

초학 교재에 관한 연구로 김영문(1993)의「장혼의 초학 교재 연구」를 주목할 수 있다. 이는 조선 후기 여항인 계층의 성장에 따라 여항인 내부의 교육에 대한 수요가 증가하였고 자연스럽게 여항 지식인들이 직접 교육자로서 교육활동에 참여하게 되었던 역사적 배경에 주목한 것이다. 이런 배경 속에서 등장한 여러 교육가와 학습자 및 교수학습 방법과 학교 운영 방법 등에 대하여 조사하였고 그 가운데 특히 장혼이란 인물로 논의를 집중시켰다. 장혼의 교육자적 면모와 그에 의해 제작된 초학 교재의 편찬과 내용 구성 등에 대해 치밀한 분석을 시도하였다. 장혼이 편찬하였다는 초학 교재가『兒戲原覽』,『蒙喩篇』,『近取篇』,『初學字彙』,『切用方』,『童習數方圖』,『庭下至訓』,『啓蒙篇』,『東民須知』,『大東故寔』등이 있다고 하였으니, 그가 교육자로서 초학 교재에 얼마나 심혈을 기울였는지를 알 수 있다. 논자는 이 가운데 현존하는『兒戲原覽』과『蒙喩篇』에 대해 세밀한 고찰을 시도하였으니, 각각에 대한 이본을 조사하여 체제와 내용을 비교하고 교육적 효과와 의의에 대하여 비평을 가하였다.

이 밖에도 초학 교재에 대한 연구로서 김대현(1996)의「다산 정약용의 한문교육서에 대한 고찰」과 김왕규(1998)의「조선시대 동몽교재 연구」등을 들 수 있다. 앞의 논고는 다산의『兒學編』,『雅言覺非』,『小學

珠串』, 『耳談續纂』에 대하여 분석하였고, 뒤의 논고는 『千字文』, 『類合』, 『訓蒙字會』, 『新增類合』, 『兒學編』, 『小學』, 『明心寶鑑』, 『童蒙先習』, 『擊蒙要訣』, 『啓蒙編』, 『四字小學』, 『推句』에 대하여 그 내용 구성과 교육적 의의에 대해 분석하였다. 또 이춘호(1998)의 「조선조 전기의 『소학』 교육에 관한 연구」은 『소학』이 편찬되어 국내에 전래되는 과정, 사림파의 『小學』로 인해 널리 확산되어 가는 과정, 그리고 왕실과 여항, 서당과 서원에서 『小學』 교육을 강화해가는 과정 등에 대하여 역사적 분석을 시도하였다. 이로써 『소학』이라는 학습교재의 사회적 역사적 성격에 대해 규명하고자 하였다. 정재철(2006)의 「한중일 간 『고문진보』의 비교 연구—동아시아 한문 교재의 유통 양상에 대한 일고찰」은 문장 학습의 중요한 교재로 활용되었던 『고문진보』가 韓·中·日 삼국에서 유통되었는데, 3국에서 구현된 한문학의 존재 방식이 서로 차이를 보이고 있는 점에 착안하여 논술하고 있다. 곧 중국의 경우 談文과 談理의 텍스트로서, 한국의 경우 載道文學의 전형 모델로서, 일본의 경우 中國詩文의 기초 교양서로서 『古文眞寶』가 활용되었던 측면에 주목하여 논술하고 있다. 이 『고문진보』는 한편으로는 시론과 문장론의 측면에서 언급될 수도 있으나, 역시 한문 학습 교재로서의 분명한 위상을 지니고 있는 서적이므로 이 자리에서 함께 언급하였다.

　이상에서 언급한 교재들은 애국계몽기 이전에 간행 활용되었던 한문학습 교재이다. 애국계몽기 이후의 교재는 이전의 것과 구별되고 있는데, 이에 대한 연구가 최근에 활발하게 이루어지고 있다. 가장 이른 시기에 제출된 임성원(2001)의 「愛國啓蒙期 漢字敎科書 『速成漢字課本』 分析—構成方式과 內容을 중심으로」는 애국계몽기의 한문교육의 개황 및 이 시기에 활용되었던 한문교과서에 대해 소개하고 있다. 논자는 이 시기에 새로운 내용과 방법을 도입하여 간행한 한문교

과서들의 특징과 관련하여, 이 시기에는 전통적으로 사용해오던 초학
교재 외에『新訂千字文』,『幼學字聚』,『進明彙論』등 한자학습의 효
율성을 고려한 교재가 만들어지고, 시대의 변화를 반영하여 일상에서
실용적으로 활용할 수 있는 계몽적 성격의 내용으로 채워져 있으며,
여성 계몽을 위한 교재가 다수 출간되었을 뿐 아니라 우리의 현실에
맞는 한문교육을 지향하여 우리의 한문학 유산을 적극적으로 수용한
교재가 다수 창작되었다고 분석하였다. 아울러『速成漢字課本』의 체
제를 분석하고 애국계몽기의 현실을 반영한 내용 구성에 대해 언급하
면서 漢文敎材史的 意義에 대한 견해를 밝히고 있다.

　이후에 제출된 남궁원(2005)의「근대 초기 한문과 교재 서문에 나
타난 집필 동기 및 경위 고찰」은 1895년에서 1910년 사이에 발간된
각종 한문 교재의 서문을 분석하여 각 교재의 집필동기와 경위를 살
펴봄으로써 당시 한문교육의 성격과 위상에 대하여 분석하고자 시도
하였다. 남궁원은 이후「開化期 漢文文法書『初等作文法』의 著作 背
景과 意義」(2006B),「한일합병 전후 교과서 검정을 통한 한문과 교과
서 개발 억제 실태 연구」(2006D),「개화기 글쓰기교재『實地應用作文
法』과『文章指南』연구」(2006A),「개화기 교재『漢文學敎科書』의 작
품 수록 양상」(2007) 등으로 연구 범위를 확장하면서 여러 편의 관련
논고를 제출하여 애국계몽기의 한문학습과 학습교재에 관한 다양한
정보를 제공해주었다. 관련 연구 결과로서 박영미(2006)의「애국계몽
기에 간행된『漢文學敎科書』에 관한 고찰」이 또 다른 연구자에 의해
제출되었다. 이 논고는 애국계몽기의 교육정책과 연관하여『漢文學敎
科書』를 조망하였는데, 한문에 대한 존폐논란 속에서 새로운 방식으
로 한문을 교육하여야 한다는 문제의식이『漢文學敎科書』에 반영되
어 있다고 하였다. 이를 위해 방점과 국문현토를 활용하여 독해를 용

이하게 만듦으로써 국한문논쟁에서 제기된 한문의 난해성 논란을 극복하고자 하였다는 것이다. 아울러 그 편저자와 편찬 동기 및 체제의 특징에 대하여 고찰하였다.

이와 함께 이 시기의 한문 작문교재에 대한 여러 편의 연구 성과가 제출되었다. 앞에서 소개한 「開化期 漢文文法書『初等作文法』의 著作背景과 意義」와 「개화기 글쓰기교재『實地應用作文法』과『文章指南』연구」가 이른 시기에 이에 주목하였던 연구 성과들이다. 앞의 논고는 元泳義의 행적, 그가 한문 문법서인『初等作文法』을 엮어 1908년에 간행하기까지의 과정, 시대적 계기에 대해 소개하고 이 교재의 체제와 교수학습 방식 및 내용적 특성을 분석한 뒤에 본 교재의 역사적 의의를 규정하고자 시도하였다. 뒤의 논고는 崔在學이 한문이나 국문을 전용하기보다는 현실적으로 國漢文을 혼용하는 것이 합리적이라고 주장하고 이를 시행하는 실천 방안을 제시하기 위해『實地應用作文法』과『文章指南』을 편찬하였다는 점에 주목하여 본 교재의 집필경위, 체제와 내용의 성격 및 역사적 의의에 대해 하나하나 분석을 시도하였다. 이를 위시하여 이후 정우봉(2007)의 「근대계몽기 作文教材에 대한 연구―『實地應用作文法』과『文章指南』을 중심으로」가 제출되었고, 최근에 임상석의 「1910년대 초, 한일『실용작문』의 경계」(2010A), 「일제강점기, 조선총독부의 朝鮮語及漢文 교과서 연구 시론―중등교육 교재『고등조선어급한문독본』을 중심으로」(2010B), 「1920년대 작문교본―『實地應用作文大方』의 국한문체 글쓰기와 한문전통」(2011) 등이 제출되어, 일제강점기의 한문교육과 한문학습교재 및 국문과 한문의 전용·혼용 등에 관한 시대적 담론을 소개하고 현재적 의미를 조명하는 작업이 활발하게 진행되고 있음을 보여준다.

3. 교수·학습 및 평가에 관한 연구

전통시대의 한문교육에 있어서 교수 및 학습 방법에 관하여 그 동
안 여러 연구자에 의해 연구되어 왔다. 이는 주로 현대 한문교육의
올바른 방향 설정을 위해 선행 사례를 검토한 뒤에 여기에서 새로운
방법을 도출하기 위한 시도들이다. 주로 朗讀法, 讀書法, 懸吐 등이
연구 대상이 되었다. 아울러 관한 관련 연구로서 경연과 서연이 연구
자들의 관심을 끌었으며, 서당, 서원, 향교, 성균관의 교육제도도 이
와 관련하여 관심의 대상이 되었다.

우선 백원철(1997)의 「한문과 학습의 전통적 朗讀法에 대하여－한문
과 학습의 효과적 일방안의 모색」은 과거에 활용되었던 朗讀의 방법
을 현대에 활용하는 문제에 관하여 논하였다. 한문 교과가 語文系列
에 해당하는 교과목인 만큼, '읽기'의 영역을 단순히 漢字나 漢文의
音을 이해하는 정도로 설정하고 있는 당시의 교육과정 체계는 올바르
지 않다고 지적하면서 응당 과거의 한문교육에서 이루어진 '읽기' 활
동의 위상을 회복해야 한다고 주장하였다. 다행히 아직 과거의 전통
을 면면히 지켜오고 있는 향촌의 몇몇 서당에서 그 전통을 확인할 수
있을 뿐 아니라, 여러 문헌 기록에서도 낭독의 방법을 확인할 수 있
는 바, 과거의 읽기 방법을 교육 현장에 적용하여 효율적인 한문교육
을 완성해야 한다는 것이다. 논자는 낭독의 효과를 입증하기 위해 읽
기 지도에서 낭독 활용에 관한 실태를 설문하여 제시하였다. 아울러
한자·한자어 읽기와 낭독, 문장 읽기와 낭독, 한시 읽기와 낭독으로
경우를 나누어 낭독의 실제를 보여주었다.

이 논고에서 검토한 '한문과 읽기 지도에 있어서의 낭독법의 적용'
은 현대의 학교 현장에서 이루어지는 교수 학습 방법의 개선을 염두

에 둔 것이며, 나아가 한문이라는 전문 교과의 정체성 강화라는 목적
을 염두에 둔 것인데, 옛 사례를 취하여 근거로 삼고 있어, 일정부분
에 대해서는 성격상 한문교육사 연구로 귀속시킬 수 있다.

위 연구가 朗讀法에 주목한 것이라면 懸吐에 주목한 이병혁(2000)
의 「전통 한문 교육―한문 현토를 중심으로」가 있다. 이 논고는 한문
교육에 있어서 현토의 중요성을 언급하기 위하여 작성된 것이다. '현
토에 의한 한문 학습은 현대적인 방법에다가 다른 나라에는 없는 과
거 학습 방법을 하나 더 첨가 사용하여 효율적으로 한문을 익히는 것'
이라고 규정하고 있다. 다른 국가에서는 토라는 것이 따로 사용되지
않으나, 우리의 경우 특수한 언어 환경을 효율적으로 극복하기 위해
이를 개발하였는바, 이런 이유 있는 전통을 적절하게 계승하는 것이
한문교육의 발전을 위해 필요하다는 것이다. 곧 한국어의 첨가적 특
성 때문에, 한문에 표점을 잘 찍어 놓기보다는 한문의 문법적 관계를
표현하고 있는 토라는 관계어로 연결해놓아야 우리말의 인식구조에
보다 자연스럽게 호응할 수 있다는 것이다. 고립어로 되어 있는 한문
을 한국어와 같은 첨가어로 변환시켜주는 것이 토이기 때문이다. 이
런 이유로 위의 논고에서는 토의 개념과 그 필요성에 대해 언급한 뒤
에 한문의 현토 방법을 散文의 경우와 詩의 경우와 箴의 경우로 세분
하여 구체적으로 소개하고 있다. 송병렬(1999)의 「현토 교육의 유용
성과 토의 문법적 성격」도 이와 관련한 주제를 논하고 있다.

김은경(2006)의 「조선시대 독서 방법론 연구」는 조선시대를 대표하
는 학자들의 독서에 관한 담론들 속에서 '독서의 단계와 방법'을 논한
부분을 발췌 분석하였다. 독서의 단계[과정]는 곧 해당 시기의 교육
과정으로 이해할 수 있는 부분이기도 하며, 당시의 학문적·교육적
지향점을 가늠할 수 있게 해주는 가늠자가 되기 때문에 '독서의 단계

와 방법'은 단순히 책을 읽는 기술적 방법을 보여주는 데 그치지 않고 '독서'라는 행위에 대한 선인들의 교육적 신념을 보여주는 척도가 된다는 것이다. 이에 대한 분석을 통해 몇 가지 결론을 이끌어 내었다. 첫째는 책의 내용을 이해하기 위해 제안된 독서의 방법이다. 텍스트의 글자 하나하나의 뜻을 풀이하고 구절 하나하나의 취지를 파악하며 대상 서목도 순서를 정해두어 함부로 단계를 뛰어넘지 않는 '단계별로 의미 이해하기'의 방법, 꼼꼼하게 깊이 사색하여 읽거나 문장의 뜻이 절로 이해될 만큼 반복하여 익숙하게 읽는 '정독과 숙독'의 방법, 以意逆志하여 저자의 의중을 간파함으로써 글의 핵심적 메시지를 이해하고 문장의 서술 방식이나 기법까지도 온전히 본받아 저자와 자신의 내면을 완전히 일치시키는 '글쓴이의 마음으로 읽기'의 방법이 이에 속한다. 둘째는 책의 내용을 이해한 후 그 책의 내용을 온전한 자신의 것으로 만들기 위한 방법이다. 하나의 책을 읽으면서 다양한 관련 자료를 참고하여 읽는 '다양한 자료를 참고하여 읽기'의 방법, 책을 읽다가 본문 가운데 중요하다고 생각되는 부분을 그대로 옮겨 적어두는 抄錄과 의문이 나는 부분에 때해 자신의 견해를 재빨리 적어두는 疾書를 활용한 '기록하며 읽기'의 방법, 목차나 범례를 활용하여 글의 핵심 내용과 전개 방식을 먼저 파악하고 읽는 '핵심을 파악하며 읽기'의 방법이 이에 속한다. 셋째는 조선시대 독서 방법의 가장 특징적인 부분으로 텍스트의 특성에 따라 독서를 달리하는 방법이다. 조선시대의 독서 담론 중에서 가장 특징적으로 확인되는 것이 읽어야 하는 책의 '성격'에 따라 '읽는 방법이 다르다'는 점인데, 경전을 읽는 방법과 역사서를 읽는 방법이 다를 뿐 아니라 각 서적이 추구하는 바에 따라 읽는 방법을 개별화하였다는 것이다.

　논자는 이상의 분석을 통해 독서 방법론을 도출하여 현대의 독서 방법론으로 활용할 뿐 아니라 아울러 한문교과에서 교수·학습의 방법론으로 활용하고자 하였는데, 역시 옛 사례를 분석하고 이를 체계화하는 과정을 거쳐 결론에 도달하고 있으므로, 한문교육사 연구의 하나로 귀속시킬 수 있는 조건을 갖추었다고 할 수 있다. 김왕규(1999)의 「조선시대 독서법에 관한 소고」와 김병건(2010)의 「초학자를 위한 조선조 문인의 독서방법론 소고」도 독서와 관련한 주제를 다루고 있다.

한편 교수·학습 및 평가에 관한 연구를 위해 經筵과 書筵에 대한 연구를 활용할 수 있다. 실제로 이런 이유로 경연과 서연이 한동안 연구자들의 관심을 끌었었다. 이에 관한 자료가 비교적 풍부하게 남아 있어 이를 통해 교수학습 방법을 재구성하기 유리하였기 때문이다. 국왕과 왕세자의 한문 교육에 관한 내용은『조선왕조실록』,『승정원일기』,『동궁일기』등의 국고문헌 및 개인의 문집에도 적지 않게 기록되어 있다.

김남기(2009)의 「동궁일기를 통해 본 17세기 세자의 교육−『소현동궁일기』부터『숙종춘방일기』까지를 중심으로」는『동궁일기』에 기록된 서연 관련 기록을 활용하여 세자의 교육 실태를 파악하고자 시도한 논고이다. 다양한 기록을 활용하여 講規의 정비와 서연의 실제에 관하여 논의를 집중하면서 아울러 入學禮 등의 의례 절차에 관하여 고찰하였다. 주로 사부·빈객과의 상견례, 진강 참여 관원, 진강 책자, 懸吐와 句讀의 書入, 進講 방식, 朝講禮와 會講禮의 절차, 책거리 의식 등에 관한 꼼꼼한 분석을 수행하여, 이로써 17세기 중후반 세자 교육의 실상과 의례 양상을 자세히 소개하였다. 우선 '講規의 정비와 서연의 실제'에서는 法講과 召對·夜對에서 진강하는 서종을 결정하는 문제, 朝講과 晝講을 구분하는 문제, 朝講과 관련된 朝講禮의 문제, 진강 책자에 관한 문제, 학습한 내용을 낭독하는 횟수에 관한 문제, 평가의 문제, 진강의 절차에 관한 문제, 會講禮와 朝講禮에 관한 문제, 강의 시간 및 교과과정에 관한 문제를 소개하였다. 그리고 '入學禮 등의 의례 절차'에서는 세자의 입학례 및 세자와 사부빈객의 상견례의 의식 절차에 관한 문제를 소개하였다. 신영주(2008)의 「전통 시대 한문 학습법에 관한 일고찰—영조의 장헌세자 교육을 중심으로」도 이와 관련한 주제를 다루고 있다.

이들 연구는 서연의 사례를 연구한 것으로서 기존의 많은 연구 성과들의 기초 위에 작성된 것이다. 기존의 연구들은 주로 경연의 제도와 학습 내용에 대한 문제를 주로 다루었다. 경연에 관한 연구는 이미 일찍부터 이루어졌다. 이원호(1974)의 「조선왕조 경연의 교육사적 연구」는 이른 시기에 경연을 교육적 입장에서 해석한 논문이다. 이후 초창기 연구에서는 한동안은 역사학자들에 의해 경연이 조명을 받아 왔다. 예컨대, 남지대(1980)의 「조선초기의 경연제도—세종, 문종 연간을 중심으로」, 권연웅의 「고려시대의 경연」(1983), 「조선 영조대의 경연」(1989), 지두환의 「조선후기 경연과목의 변천」(1995), 「조선후기 영조대 경연과목의 변천—조선성리학 확립과 관련하여」(1996) 등을 꼽을 수 있다. 그러다가 1990년대에 이르러 교육적 입장에서의 연구가 다시 활발하게 이루어지게 되었으니, 강태훈(1993)의 「조선 전기 경연 제도의 발달 과정」과 송영일의 「조선 성종기 경연의 진강방법 연구」(1999B), 「조선조 경연의 진행방법과 교육공학의 조화」(1999A), 「조선 성종조 경연 교재 교육이 현대 교육에 주는 시사점」(2008) 등처럼 경연 제도의 특성을 연구하고 이를 활용하여 현대의 한문교육에 응용하고자 하는 시도가 주를 이룬다.

아울러 그 동안 많은 연구가 진행되었던 분야는 서당과 서원 등에 관한 연구이다. 김경수(2000)의 「근대 후의 서당 교육과 그 효용성에 대한 고찰」, 권문봉(2003)의 「전통적 서당교육과 현대의 한문교육에 대하여」, 최윤용(2008)의 「서당의 교육방법과 현대적 의의」, 장재천 (2009)의 「서당의 교육과 풍속 및 놀이」 등이 있는데, 대체로 서당과 서원의 교육제도를 분석하여 전통 시대의 교육 방법을 밝히고 이를 현대의 교육에 활용하기 위한 목적으로 작성되었는데, 서당 교육에서 의 교수학습 방식에 대한 구체적 사례들을 지속적으로 밝혀내어 과거 의 한문학습법이 보다 완벽하게 재현될 수 있기를 기대한다.

Ⅲ. 향후 연구에 대한 전망과 과제

지금까지 한문교육사와 관련하여 제출된 연구 성과들을 살펴보았 다. 이로써 이 분야의 연구가 주로 수업 교재 및 교수·학습 활동과 관련된 것으로 집중되어 있음을 확인할 수 있었다. 아무래도 이 분야 의 연구들이 처음부터 한문교육사 서술이라는 학술사적 필요에 의해 이루어진 것이 아니라 대체로 학교 현장의 수업 개선을 위한 현실적 필요에 의해 이루어진 것인 만큼 한문학습 교재와 교수·학습 사례 중심으로 연구가 이루어질 수밖에 없었다. 근대 이전의 한문교육 사 례를 분석하여 현재의 한문교육 현장에 우선 적용하고자 했던 것이 기존 연구의 동기가 되었던 것이다. 바로 이런 이유로 한문교육사 연 구의 방향성이나 서술의 시각에 대한 논의는 시급한 것으로 인식되지 못하였던 것이 사실이다. 한문교육사 연구가 체계적이고 효율적으로 이루어질 수 있도록 연구의 기반을 만들고 연구 방향을 디자인하는 기초 연구에 우선 여러 연구자의 힘을 모아야 할 것이다.

현대 교육의 경우는 '한문교육'이 다른 교과와 별개로 독립되어 있어 그 교육 활동이 비교적 선명하게 구별되지만 전통시대 교육의 경우는 이것이 용이하게 구별되지 않는다. 모든 교재가 한문으로 되어 있고 교수와 학습이 모두 한문을 언어도구로 삼아 이루어졌기에, 조금 과장하자면 교육의 대부분을 한문교육으로 귀속시킬 수도 있을 것 같기 때문이다. 예컨대 6세기경에 제작된 「壬申誓記石」에 『시경』, 『서경』, 『예기』 등을 차례로 학습할 것을 맹세한 내용이 보이는데, 이 경우 당시 학습 교재와 학습 형태를 보여주고 있어 한문교육의 한 사례로 간주할 수 있다. 또한 방언으로 9경을 해석하였다는 7세기경의 설총의 작업도 경전 해석이라는 학술활동으로 규정할 수 있지만, 한문으로 이루어진 9경의 효율적 교육을 위한 교수·학습 방법의 새로운 전환으로 이해하여 한문교육 활동의 하나로 꼽을 수 있다. 그래도 이 두 가지의 경우는 그럴 만하지만, 만약 경전이나 제자서·역사서·법률서 등에 대한 주석·언해와 교육·출판까지 모두 한문교육으로 논하게 된다면 곤란하지 않을 수 없다.

서두에서 언급하였듯이 '한문교육사'란 '漢字나 漢字로 표기된 어휘, 문장을 대상으로 이루어지는 교육 활동 및 이와 관련한 개인·사회·국가의 요구와 대응 양상의 시대적 변천에 대한 분석과 이론적 체계화를 통해 구축되는 학문 영역'이라고 할 수 있다. 여기에서 '한문을 대상으로 이루어지는 교육 활동 및 이와 관련한 개인·사회·국가의 요구와 대응 양상'을 어느 수준까지로 범주화할지는 여전히 어려운 문제로 남는다. '漢字나 漢字로 표기된 어휘, 문장을 대상으로 이루어지는 교육 활동'이란 아무래도 전통시대의 교육 중에서도 말 그대로 '한문' 그 자체를 대상으로 이루어졌던 교육 활동이어야 할 것이다. 범범히 말하자면, 한자나 한자로 표기된 어휘, 문장을 읽거나 쓸 수 있는 능력을 강화하기 위해 이루어진 어학적 교육 활동이 '전통 시대 한문교육'의 1차 영역이 되고, 이를 둘러싼 '개인과 사회·국가 의 요구와 대응 양상' 등이 여기에 함께 묶일 수 있을 것이다. 향후 활발한 연구가 진행되는 사이에 자연스럽게 합의가 이루어질 것이다.

또한 한문교육사 연구의 체계성을 위해 전체 연구 영역 내에서, 시 대적 변천에 근거한 시대 구분이 이루어져야 한다. 예컨대, 한문 전 래 이후 아직 완전하게 정착되지 못하였던 고대의 삼국시대, 이후 대 당 유학생이 대거 출현하면서 한문의 수준을 끌어올리던 신라 말, 과 거제 시행으로 한문이 융성해가던 고려, 신진사대부의 출현과 함께 한문이 새로운 방향으로 변화되어 가던 고려 후기, 한문 교재와 그 주석 및 훈민정음을 활용한 언해를 활발하게 생산해내며 한문 연구에 체계성을 더해가던 조선 전기, 명말 출판물의 대거 유입을 계기로 선 진 양한 고문과 당송 고문을 넘나들며 문체 문제에 고심하던 조선 중 기, 한문 수준이 향상되고 국제화되는 가운데 신문체가 등장하고 어 문정책에 대한 자각과 반성이 이루어지던 조선 후기, 외세의 침범에 직면하여 선제적 대응으로 한문 사용의 반성이 이루어지고 국한문 혼 용과 국문 전용이 사회적 논란의 중심으로 떠오르던 개화기 등이 있 을 수 있다. 향후 폭넓은 연구를 통해 실증에 근거한 다양한 시대 구 분이 이루어야 할 것이다.

위에서 말했듯이 한문교육사 연구는 기왕의 성과가 아직은 풍부한 편이 아니므로, 그만큼 새롭게 시도해볼 만한 연구 분야가 많다고 할 수 있다. 다만 연구의 대상으로 삼아야 하는 연구 범위에 대한 지침 이 우선 마련되어 있어야 효율적인 연구가 이루어질 수 있는데, 시대 구분의 문제를 제외하면, 그 나머지의 연구 영역의 체계에 대해서는 앞에서 제시한 표1)의 분류를 우선 원용할 수 있다. 이를 활용하여 다시 표로 나타내보면 아래와 같다.

표2)

1. 교육과정 영역	ㄱ.목표			
	ㄴ.내용 (교재)	a. 이해 · 표현 (읽기, 쓰기, 활용)		문화
		b. 문학 (운문, 산문)		
		c. 문법 (문리, 현토)		
		d. 문자 · 훈고 (자학, 음훈, 전고)		
	ㄷ.교수 · 학습			
	ㄹ.평가			
2. 교육환경 영역	ㄱ.정책론	a. 인재육성 정책 (인재상의 변천)		
		b. 인재선발 정책 (과거제의 변천)		
		c. 학교지원 정책		
		d. 언어문자 정책		
	ㄴ.현장교육론	a. 교육기관 운영 (公 · 私 교육기관)		
		b. 학교급간 위계		
		c. 교사론		
	ㄷ.시대 · 지역 · 계파론			

　　교육과정의 '내용 영역'에서 '문화 영역'의 위치를 바꾸어보았다. 분과학문을 대상으로 하는 현대 한문교과의 경우에는 '문화 영역'에 대한 교육 책임이 사회적 통념이나 자발적 전략에 따라 추가적으로 짐지워져 있지만, 과거 한문교육의 경우에는 이것이 주요한 영역을 차지한다기보다는 전 영역의 배경으로서 내재되어 있는 것이므로 따로 항목을 나누지 않고 '내용 영역'의 기초 연구 영역으로 설정해본 것이다. 이와 다르게 '문자 · 훈고 영역'은 새로 추가해두었다. '문자 · 훈고 영역'의 경우는 현재에도 여전히 유의미하지만, 과거에는 그 교육 비중이 적지 않았던 것으로 판단된다. 문법에 문리와 현토를 제시해두었다. 문법은 대개 글자, 어휘, 구절, 문장의 구성 및 운용 규칙을 이

르는데, 문리는 현대적 문법 개념의 형태적 측면 외에도 과거 선인들이 글을 읽거나 쓰면서 활용하였던 여러 가지 음성학적 경험이나 유무형의 관습적·미적 경험들을 포괄한 개념으로 설정해둔 것이다. 현토는 차자표기의 방식인 구결을 이른다.

교육환경의 '정책론 영역'은, 현대의 경우에 비해 근대 이전에는 국가의 교육 정책에 따라 한문교육의 성격과 내용이 긴밀하게 반응하였으므로, 그 중요도에 맞추어 하위의 세부 영역을 추가로 설정해두었다. '인재육성 정책', '인재선발 정책', '학교지원 정책', '언어문자 정책'이다. 인재상의 변화나 과거제의 변화에 대응하여 개인과 사회가 교육 내용을 달리하기도 하였고, 언어문자 정책에 대응하여 언문 사용이 증가하거나 문자어휘와 문체가 달라지는 결과로 이어지기도 한 만큼 근대 이전의 경우 유의미한 영역으로 판단된다. 아울러 '현장교육론 영역'에 '교육기관 운영' 및 '학교급간 위계'에 관한 연구 영역을 추가하였다. 전통시대의 경우 교육기관에 따라 한문교육의 방식과 내용이 차이를 보이고 있어 이를 따로 논할 필요가 있으며, 특히 서당, 서원, 향교, 사학, 성균관 등의 교육 기관에 대한 한문교육학적 연구 성과들이 풍성하게 제출되어 있는 바 이를 수용할 영역을 따로 설정해두는 것이 유리할 것으로 여겨진다. 한편 '교사론'은 현대의 경우는 사범대학을 통한 교과 교사의 양성이 제도화되어 있고 사회적 관심도 커서 상대적으로 중요한 연구 영역에 해당한다고 할 수 있으나, 근대 이전에는 교사 양성을 위한 전문 프로그램이 있었던 것도 아니며 전문직으로서의 교사에 대한 사회적 인식도 눈에 띄지 않으므로 영역의 비중을 낮추어 '현장교육론 영역'에 귀속시키게 된 것이다. 아울러 '시대·지역·계파론 영역'을 추가하였다. 이는 시대에 따른 변천과 지역과 계파에 따른 차이를 구분하고 이를 역사·사회적 맥락으로 재해석함으로써 한문교육사 연구의 通時的·共時的 구도와 원리를 규명하는 연구 영역으로 이해할 수 있다.

이런 여러 가지 영역에 대하여 앞으로 풍성한 연구가 이루어지길 바라면서, 여기에서는 다만 향후 연구자들이 실제 연구에서 우선 주목하기를 기대하는 몇 가지 연구 방향에 대하여 제시해본다. 간략히 표로 제시하면 아래와 같다.

표3)

1	한문교육사의 연구 영역에 대한 연구
2	시기별, 지역별, 계파별, 주제별 서술 구도에 대한 연구
3	한문교육에 대한 정책 기조의 변천에 관한 연구
4	한문교육 기관의 성격 및 학교급간 위계에 관한 연구
5	교수자와 학습자의 역할 활동에 관한 연구
6	수준별 교수·학습·평가 방법에 관한 연구
7	문리 강화를 위한 전통적 학습법에 관한 연구

Ⅳ. 맺음말

지금까지 한문교육사에 대한 기존의 연구 성과를 소개하고 향후 연구 과제와 전망에 대해 알아보았다. 이를 위해 한문교육사 연구의 대상으로 삼을 수 있는 연구 영역에 관한 문제를 간략히 살펴보았다. '한문교육사'가 전 시기의 모든 교육을 대상으로 삼는 포괄적 개념이 아니라 한국교육사의 한 분과에 해당하는 전문 영역일진대, 근대 이전의 시대에 있어서 일반적 교육과 구별되는 한문교과의 교육 활동으로 인정할 수 있는 수용 범위를 설정하는 일이 무엇보다 시급해 보인다. 이 문제가 우선 정리되어야 한문교육사의 대상 영역을 확정할 수 있을 것이며, 다시 이를 토대로 한문교육사에 대한 체계적 연구가 이루어질 수 있을 것이다. 다만 서술 대상을 확정하는 일은 단시간의 짧은 고민으로 해결하기는 어렵다. 여러 연구자들이 함께 참여하여 심도 있는 논의를 풍성하게 제출하고 종합하는 과정에서 한문교육사의 연구 영역과 서술 구도가 점차 완성되어갈 수 있을 것이다.

제2부
한문과 교재론

韓·中·日 刊『古文眞寶』의 比較 硏究

─동아시아 한문 교재의 유통 양상에 대한 일고찰

鄭載喆

Ⅰ. 머리말

『古文眞寶』는 중국에서 간행되어 조선과 일본에서 널리 읽힌 책이다.[1] 현재 필자가 입수한 『고문진보』는 모두 3종이다. 하나는 UC Berkeley 도서관에 소장된 『常說古文眞寶大全』이다. 이 책은 순조 3년(1803)에 전북 泰仁에서 田以采·朴致維가 중간한 것으로, 조선 文宗 元年(1450)에 明의 翰林侍講 倪謙이 조선에 사신으로 오면서 전한 것이다.[2] 본고에서는 이를 大全本이라고 부르기로 한다.[3] 다음은

---

[1] 한국·중국·일본에서 간행된 『古文眞寶』의 판본과 유통 과정에 대해 연구한 논문으로는 鄭惠京 선생의 「『古文眞寶』在東亞的傳播硏究」(北京大學 碩士學位論文, 2000. 6)가 있다. 선생은 위의 글을 통해 3국에서 『古文眞寶』의 내용을 소개하고, 이 책이 한국과 일본에서 간행된 판본의 내용과 유전에 대해 고찰하였다. 본 연구는 한·중·일에서 간행해 유포된 『고문진보』의 내용을 구체적으로 비교 분석하고, 각이 상이한 내용으로 구성된 3종의 판본이 3국에서 유통한 이유에 대해 3국의 문학 풍토와 관련시켜 논증하는 것에 주안을 두었다.

[2] 金宗直, 『詳說古文眞寶大全後集』(UC Berkeley 도서관본) 권10, 28면, 「古文眞寶跋」, "景泰初, 翰林侍讀倪先生將今本以遺我東方."

[3] 『詳說古文眞寶大全』의 연구에 관한 논문으로는 金崙壽 선생이 쓴 「『詳說古文眞寶大全』과 『批點古文』」(『중국어문학』 제15집, 영남어문학회, 1988)이 주목된다.

Princeton대 도서관에 소장된『諸儒箋解古文眞寶』이다. 이 책은 雲中
에서 간행한 판본과 明 孝宗이 칙명으로 간행한 內版本을 함께 묶어,
神宗이 萬曆 11년(1583)에 칙명을 내려 새로 교정해 간행한 것이다.[4]
본고에서는 이를 萬曆本이라고 부르기로 한다.[5] 마지막으로 UC
Berkeley 도서관에 소장된『魁本大字諸儒箋解古文眞寶』으로,『전집』
은 일본 寶曆 3년(1753)에 간행하고『후집』은 일본 明治 13년(1880)에
간행한 것이다. 이 책은 元 至正 26년(1366)에 三山의 林以正이 초기에
간행한 판본의 오류를 바로 잡고, 번잡한 것을 깎거나 소략한 것을
상세하게 하여 다시 간행한 것이다.[6] 본고에서는 이를 魁本이라고 부

선생은 위의 글을 통해 조선에서 유통된『상설고문진보대전후집』의 원형이 元의
陳櫟이 편찬한『批點古文』이라는 사실을 원본의 수집과 간행 과정을 들어 상세히
논증하였다. 필자는 2003년에 UC Berkeley에 방문학자로 1년간 있으면서「『상설
고문진보대전』연구-도학적 문학관의 적용 양상」(『韓國漢文學硏究』제32집, 한
국한문학회, 2003)을 발표하였다. 필자의 글은『상설고문진보대전』속에 적용되
어 있는 도학적 문학관의 양상에 대해 고찰한 것으로, 당시 과문한 탓에 김윤수
선생의 글을 참고하지 못하여 책의 편자와 편찬 과정에 대한 논의가 소략하다. 본
연구에서『상설고문진보대전』의 편자 문제와 편찬 과정에 대한 논의는 주로 김윤
수 선생의 글을 참고하였다. 이 밖에 필자는『상설고문진보대전』을 조선의 문인
학자들이 수용한 양상에 대해 고찰한「退溪의『古文前集講解』연구-도학적 문학
관의 적용 양상」(『退溪學報』제17집, 퇴계학연구원, 2005)을 발표하였다.

4) 于敏中,『欽定天祿琳琅書目』(『문연각사고전서』675책) 권9, 「諸儒箋解古文眞
寶」. "內版之外, 復有二刻. 其刻於雲中者, 與孝宗朝內版同出一時, 皆爲重梓, 而
神宗所刊, 最居其後, 係合孝宗雲中兩刻而併收之."

5) 上海古籍出版社에서 간행한『中國古籍善本書目』에 따르면 明 萬曆本『諸儒箋解
古文眞寶』는 北京大學圖書館‧中共中央黨校圖書館‧中央民族學院圖書館‧上海
圖書館‧天津圖書館‧吉林圖書館‧山東圖書館‧天一閣文物博物館‧四川省圖書
館 등 모두 9곳 도서관에 소장되어 있다(鄭惠京, 앞의 논문, 7면). 또한, 이 판본은
일본의 서지학자 林望 선생이 소장하고 있는 것으로 알려져 있다. 필자가 입수한
Princeton대 도서관본『諸儒箋解古文眞寶』는 神宗의「序」와 明宗의「跋」이 빠진
채 靑藜齋의「跋」만 수록되어 있고, 宋之問의「明河篇」과 黃庭堅의「題磨崖碑」가
빠져 있는 것으로 보아 필자가 입수한 판본은 萬曆 11년에 간행한 판본을 후에 증
간한 것으로 추정된다.

르기로 한다.7)

 필자가 입수한 3종의『고문진보』는 책의 편자와 작품의 수록 방식, 그리고 수록된 작품의 양이 서로 다르다. 먼저 조선에서 유행한 大全本『후집』의 원형은 元의 陳櫟이 편찬한『批點古文』이라는 사실이 金崙壽 선생에 의해 밝혀졌고, 중국과 일본에서 유행한『제유전해고문진보』는 永陽의 黃堅이 편찬한 것으로 알려졌다.8) 작품의 배열 방식에 있어서 大全本『후집』은 시대순으로 배열되어 있으나, 大全本『전집』을 포함해 萬曆本과 魁本은 모두 문체별로 배열되어 있다. 각 판본에 수록된 작품의 수에 있어서도 大全本은『전집』에 운문류 241편과『후집』에 산문류 130편이 실려 있으나, 萬曆本은『전집』에 운문류 256편과『후집』에 산문류 89편이 실려 있고, 魁本은『전집』에 운문류 217편과『후집』에 산문류 67편이 실려 있다. 또한, 3종의『고문진보』에 달려 있는 주석은 그 내용이나 분량에서 큰 차이가 있다.

 필자가 입수한 3종의『고문진보』는 한·중·일 동아시아 3국에서 한시문의 학습 교재로 사용되었다. 李宜顯(1669~1754)은 중국에서는 모두 사라진『고문진보』가 유독 조선에서만 집집마다 송독하는 까닭을 元의 서예가 趙孟頫의 예로 들어 설명하였다. 그는 조선에서『고문진

---

6) 鄭本,『魁本大字諸儒箋解古文眞寶』(UC Berkeley 도서관본) 권두, 2면,「古文眞寶敍」. "舊所刊行, 率多刪略, 註釋不明, 讀者憾焉. 有三山林以正先生者, 授徒之暇, 閱市而求書, 未善者正之, 繁者芟之, 略者詳之."

7) 일본에서 간행된『魁本大字諸儒箋解古文眞寶』의 연구에 관한 논문으로는 林望 선생이 쓴「古文眞宝なる顔つき一西學と芭蕉の基礎教養」,『現代27호』11月, 1933, 講談社)이 주목된다. 선생은 이 글에서 자신이 수집한 180여종의 魁本을 대상으로 하여 작품과 주석의 내용을 간명하게 밝혔다. 본 연구에서 魁本이 일본에서 간행되고 유통한 양상에 대해 논의한 부분은 주로 선생의 글을 참고하였다.

8) 靑藜齋,『諸儒箋解古文眞寶』(Princeton대 도서관본) 권두, 1면,「重刊古文眞寶跋」. "永陽黃氏所集古文眞寶二十卷."

보』가 유행한 것은 원대에 忠宣王이 조맹부의 필적을 고려에 전파하여, 조선에서 그의 글씨가 王羲之와 병칭될 정도로 유행하게 된 것과 같다[9]고 하였다. 그러나 작품과 주석의 내용이 크게 다른 3종의『고문진보』가 동아시아 3국에서 널리 유통된 것은 다지 우연의 소치만은 아니다. 이는 근본적으로 한자를 표기수단으로 삼아 형성된 3국 한문학의 존재 방식이 서로 달랐던 것에 원인이 있다. 본 연구는 동아시아 3국에서 구현된 한문학의 실체를 규명하기 위한 일환으로, 동시기 3국에서 한문 교재로 널리 활용된『고문진보』의 작품을 비교하고, 3종의 판본이 각각 3국에서 간행되어 유통한 양상에 대해 고찰하고자 한다.

II.『고문진보』의 내용 비교

1.『전집』: 古體와 古道의 회복

한·중·일에서 간행한 3종의『고문진보전집』에 수록된 작품 수는 大全本에 241편, 萬曆本에 256편, 魁本에 217편이다. 萬曆本에 가장 많은 작품이 수록되어 있는 것은 明의 神宗이 칙명을 내려 弘治本에 실려 있는 312편에 35편을 추가해 다시 간행한데 따른 것이다.[10]『전집』에 수록된 작품을 유형별로 나누면 다음과 같다.

---

9) 李宜顯,『陶谷集』(『한국문집총간』181책) 권28, 456면,「陶峽叢說」. "江贄通鑑, 曾先之十九史略, 陳樑古文眞寶, 中原則絕稀, 而我東幾乎家誦戶讀. 又如趙孟頫固工書, 而元時文士, 無不工書, 與孟頫比者, 並世亦多有之. 故中原則別無特以趙書爲稱者, 而我東以高麗忠宣王入元, 與趙相親, 多受筆蹟, 大播東國之故, 無人不習其書, 至與王羲之並稱曰王趙, 中原則不如此矣."

10) 于敏中, 앞의 글, "觀孝宗跋語, 已有命工梓之之文, 神宗作序. 又稱舊本, 凡三百十有二篇, 今益三十五篇."

유형＼판본	大全本	萬曆本	魁本	유형＼판본	大全本	萬曆本	魁本
勸學文	8	9	8	行類	23	25	17
五言古風短篇	68	67	66	吟類	3	3	3
五言古風長篇	28	30	23	引類	3	3	3
七言古風短篇	49	53	46	曲類	6	6	6
七言古風長篇	8	8	7	辭類	1	4	0
長短句	19	22	21	계	241	256	217
歌類	25	26	17				

　3종의 판본은 모두 11유형의 문체로 나누어져 있다. 수록된 작품의 내용으로 보아 가장 문제가 되는 것은 처음에 배열된 勸學文과 마지막에 배열된 辭類이다. 勸學文에 실린 9편 가운데 眞宗의 「眞宗皇帝勸學」을 비롯한 8편은 시 형식으로 되어있지만, 柳永의 「柳屯田勸學文」은 산문 형식을 띠고 있다. 辭類에 있어서도 萬曆本에는 「秋風辭」·「漁父辭」·「歸去來辭」·「連昌宮辭」가 실려 있으나, 大全本에는 元稹의 「連昌宮辭」만 실려 있고, 魁本에는 4편이 모두『후집』에 실려 있다. 勸學文과 辭類를 제외한 9유형의 문체 또한 구별한 방식이 일정하지 않다. 五言古風短篇·五言古風長篇·七言古風短篇은 古體詩를 시구의 수에 따라 五言詩와 七言詩로 구분한 것이고, 長短句는 五言句와 七言句가 섞여 있는 古體詩를 모은 것이며, 歌類·行類·吟類·引類·曲類는 七言長篇의 古體詩를 제목 끝에 쓰인 글자에 따라 나눈 것이다.

　『고문진보』이전에 간행된 선집들은 작품의 내용이나 작법상의 특징과 같은 일정한 선정 원칙에 따라서 작품이 배열되어 있다. 중국 최초의 시선집인『文選』은 補亡·述德·勸勵·獻詩·公燕·祖餞 등의 명칭을 사용하여 제재별로 시를 배열하였다.[11) 宋 李昉이 편찬한『文

---

11) 昭通,『文選』(『문연각사고전서』1329책),「目錄」.

苑英華』는 天部·地部·帝德·應製·應命·應敎·省試 등의 명칭을 사용하여 내용별로 시를 배열하였고,[12] 宋 周弼이 편찬한 『唐三體詩』는 實接·虛接·拗體·側體·四實·四虛 등의 명칭을 사용하여 작시 방법에 따라 시를 배열하였다.[13] 이로 보아 『고문진보』를 편찬한 시기가 비록 문체이론이 명확히 확립되어 있지 않았던 때라는 점을 감안하더라도, 『전집』에 실린 작품들은 선정 원칙이나 배열 방법에 있어서 적지 않은 문제를 지니고 있는 것이 사실이다. 그 한 예로 五言 古風長篇에 실린 「淸夜吟」, 「子夜吳歌」, 「長歌行」, 「鼓吹曲」 등은 작품에 따라 각각 吟類, 歌類, 行類, 曲類에 편입시켜도 무방하다.

위와 같은 문제에도 불구하고 『전집』의 작품들이 굳이 11유형의 문체로 배열되어 있는 이유는 무엇일까? 이 문제는 杜甫의 「兵車行」에 달린 주에서 行類의 문체적 특징을 성률이나 어구의 구속 없이 문사를 잘 통하게 하는 것[14]이라고 말한 것에서 해결의 실마리를 찾을 수 있다. 곧, 『전집』의 편자는 형식에 구애 받지 않고 古道의 내용을 지닌 古體의 시를 선록했던 것이다. 이와 같이 고체시를 모아 놓은 『전집』은 조선과 일본의 독자들이 절구와 율시를 중심으로 한 근체시를 학습하는데 도움을 주지 못한 것이 사실이다. 조선에서 唐의 七絶·七律·五律詩를 모아 놓은 『三體詩』와 唐宋의 五·七言 近體詩를 모아 놓은 『瀛奎律髓』, 그리고 唐의 七言絶句를 모아 놓은 『唐詩鼓吹』 등의 시선집이 지속적으로 간행되거나,[15] 일본에서 五山의 禪僧에

---

12) 李昉, 『文苑英華』(『문연각사고전서』 1333책), 「目錄」.

13) 周弼, 『三體唐詩』(『문연각사고전서』 1538책), 「目錄」.

14) 『詳說古文眞寶大全前集』 권9, 5면, 「兵車行」 註. "律詩拘於聲律, 古詩拘於語句, 以是詞不能達. 夫謂之行者, 達其詞而已, 如古文而有韻耳."

15) 黃渭周, 「한국한문학 연구의 몇 가지 과제」, 『大同漢文學』 제22집(대동한문학회, 2005, 6), 481면.

의해 『三體詩』가 간행된 이후 수많은 주석서가 나올 정도로 가장 인기 있는 시선집으로 자리한 것[16]도, 『전집』이 안고 있는 시 학습서로서의 한계를 보충하기 위한 방편으로 생각된다.

3종의 『전집』에는 모든 작품에 주석이 달려 있다. 大全本은 두보의 「夏日李公見訪」의 주석에서 舊注에 인용된 주석의 진위를 구체적으로 분변한 것[17]으로 보아, 이 책의 주석은 적어도 두 사람 이상의 손을 거친 것으로 생각된다. 또한, 大全本에 실려 있는 소식의 「金陵新亭」에 달린 두주에는 金陵을 당시의 지명인 應天府[18]라고 풀이하였으나, 萬曆本에서는 金陵을 '今建康府'[19]라고 풀이하고 있어, 두 판본이 금릉에 대한 호칭을 서로 다르다. 『讀史方輿紀要』에는 應天府는 명나라가 초기에 이곳에 도읍을 정하고 불렀던 이름[20]으로 되어 있는 것으로 보아, 萬曆本의 주석은 萬曆 11년에 魁本에 41편을 추가하면서 일부 내용이 수정된 것으로 보인다.

① 漢나라 궁실의 班婕妤는 총애가 이미 衰하자 紈扇에 托興하여 이르길, '총애를 얻었을 때는 부채가 임금의 가슴과 옷자락 사이에서 출입한 듯했는데, 하루아침에 사랑이 쇠하게 되자 싸늘한 가을바람에 상자 속으로 버려진 것같이 恩愛가 끊어졌다.'고 하였다.[21]

---

16) 市古貞次 主編, 『日本文學全史 -近世-』(學燈社, 1978), 285면.
17) 『詳說古文眞寶大全前集』권3, 9면, 「五言古風長篇」. "古文眞寶所引類, 用僞註, 或亂初學, 故不可不辨."
18) 『詳說古文眞寶大全前集』권2, 19면, 「五言古風短篇」. "金陵, … 隋改昇州, 宋復改建康, 元文宗改集慶, 今爲應天府."
19) 『諸儒箋解古文眞寶前集』권상, 16면, 「金陵新亭」. "金陵. 今建康府."
20) 顧祖禹, 『讀史方輿紀要·江南』(『중문대사전』제13책), 279면. "明初定都於此曰應天府."
21) 『詳說古文眞寶大全前集』권2, 3면, 「怨歌行」頭註 ; 『魁本大字諸儒註解古文眞寶』卷上, 25면, 「怨歌行」頭註. "漢宮班婕妤, 寵眷旣衰, 托興於紈扇, 謂其得寵

② 漢의 孝成帝의 倢伃인 班氏가 선발되어 궁에 들어와 총애를 받았다. 후에 趙飛燕이 倢伃가 임금에게 詛呪했다고 참소하였다. 倢伃를 考問하자 倢伃가 대답해 말하길, "妾은 '死生有命'이라고 들었으니, 鬼神으로 하여금 '不受不臣'의 참소를 알게 할 것이요, 만약 알지 못한다면 참소한들 무슨 이익이 있겠습니까?"라고 하였다. 마침내 석방되자 倢伃는 長信宮에서 太皇后를 공양하겠다고 말하였다.[22]

『전집』권2에 실린 班捷伃의 「怨歌行」 頭註이다. ①은 大全本과 魁本에 달려 있는 것으로 내용이 서로 동일하다. 이곳에서 「怨歌行」은 班捷伃가 임금의 총애를 얻었을 때와 恩愛가 끊어졌을 때의 모습을 執扇이 쓰였다가 폐기되는 모습으로 托興한 것이라고 하였다. 班捷伃의 「怨歌行」의 내용을 간략히 요약하는 방식으로 작시 동기를 설명한 것이다. ②는 萬曆本에 달려 있는 내용이다. 이곳에는 班捷伃의 생애를 약술하는 가운데 그녀가 孝成帝에게 고문을 당하면서 답한 내용에 초점이 맞추어져 있다. 특히 萬曆本에는 大全本과 魁本에 달려 있는 내용을 해당 시구의 아래에 분속하고,[23] 두주에서는 大全本과 魁本에서 언급하지 않은 班捷伃의 淸節을 집중적으로 부각하였다. 이와 같이 『전집』은 시인의 내면에 자리한 本然의 善心을 질박하고 평이한 말로 꾸밈없이 펼친 古體의 시가 선록되어 있어, 이를 읽는 독자로 하여금 마음속에서 선한 감정이 저절로 일어나 古道를 회복하는데 도움을 준다.

之時, 如扇出入於君之懷抱衣袖間, 一旦愛衰, 則如秋之風凉廢棄於篋笥中, 恩愛絶矣."

22) 『諸儒箋解古文眞寶前集』권2, 3면, 「怨歌行」頭註. "漢孝成帝倢伃班氏, 以選入宮貴幸. 後趙飛燕譖倢伃主上詛呪. 考問倢伃, 倢伃對曰, 妾聞死生有命, 使鬼神有知不受不臣之愬, 如其無知, 愬之何益. 遂釋之, 倢伃求供養太皇后于長信宮云云."

23) 『諸儒箋解古文眞寶前集』권2, 3면, 「怨歌行」註.

2. 『후집』: 文理와 文體의 발명

한·중·일에서 간행한 3종의『고문진보후집』에 수록된 작품 수는 大全本에 130편, 萬曆本에 89편, 魁本에 67편이 각각 수록되어 있다. 大全本이 다른 2종에 비해 작품 수가 많은 것은 陳櫟의『批點古文』에 실린 101편에 魁本『후집』에 실린 29편을 삽입한 데 따른 것이다.[24] 3종의『후집』에 실린 작품을 문체별로 나누면 다음과 같다.

판본 유형	大全本	萬曆本	魁本	판본 유형	大全本	萬曆本	魁本
辭類	4	0	3	辯類	2	2	2
表類	3	3	3	碑類	5	5	1
賦類	7	6	6	原類	2	2	2
說類	7	8	5	論類	9	4	2
解類	2	2	2	書類	19	7	5
文類	5	2	2	贊類	0	3	0
序類	19	9	6	書後類	2	0	0
記類	20	14	12	議類	1	0	0
箴類	5	7	5	戒類	1	0	0
銘類	7	8	5	贈序類	1	0	0
頌類	4	3	3	계	130	89	67
傳類	5	4	3				

大全本에 실린 130편은 屈原의「離騷」에서 시작해 呂大臨의「克己銘」에 이르기까지 시대순으로 배열되어 있다. 大全本이 시대순으로 작품이 배열되어 있는 것은 元나라 陳櫟이 편찬한『批點古文』의 구성 방식을 그대로 따랐기 때문이다. 진력은『批點古文』을 편찬하면서 굴원의「離騷」로 壓卷하여 충신으로써 만세의 권면으로 삼고,「上秦皇

---

24) 金崙壽, 앞의 논문, 224면.

逐客書」를 다음에 두어 간신으로써 만세의 경계로 삼았으며,[25] 「太極圖說」・「西銘」 2편으로 끝을 맺어 고문의 전형을 제시하였다.[26] 大全本에는 韓愈 30편, 蘇軾 16편, 柳宗元 10편, 歐陽脩 9편, 蘇洵 8편, 陳師道 5편, 程頤 4편, 張未 4편, 屈原 외 9명 2편, 李斯 외 18명 1편의 문장이 실려 있다. 한유의 작품이 다른 작가를 압도하고 있는 것은 朱熹가 도학적 문학관에 기초해 한유의 문집을 교감해 『韓文考異』를 편찬한 것에 영향을 받은 것이다.[27] 또한, 大全本에 제시된 문체의 종류는 萬曆本에 실린 贊類를 제외한 21유형이고, 문체별 작품 수로는 記類에 20편, 序類에 20편, 書類에 19편이 실려 있다.

　魁本에 실린 67편은 辭類 3편에서 시작해 書類 5편에 이르기까지 모두 17유형이 문체별로 배열되어 있다. 魁本 『후집』에 실린 67편은 萬曆本의 저본인 弘治本의 67편과 동일하다.[28] 문체별 작품 수에 있어서도 大全本에 많은 작품이 수록된 序類・記類・書類의 작품이 魁本에는 각각 6편・12편・5편으로 대폭 축소되어 있다. 魁本에는 大全本에서 가장 비중 있게 다룬 한유의 작품 17편이 실려 있고, 蘇軾 5편, 歐陽脩 4편, 柳宗元 3편이 실려 있다. 萬曆本에 실린 91편은 表類 5편에서 시작해 贊類 3편에 이르기까지 모두 17유형이 문체별로 실려 있다. 萬曆本은 辭類를 제외하고 贊類를 추가하였으며, 表類를 첫째 유형으로 배열하고 贊類를 마지막 유형으로 배열하였다. 萬曆本에 실린

---

25) 『詳說古文眞寶大全後集』 권1, 15면, 「上秦皇逐客書」 註. "且以離騷壓卷, 以忠臣爲萬世勸也. 以此書次之, 以姦臣爲萬世戒也. 勸戒昭然."

26) 『詳說古文眞寶大全後集』 권10, 23면, 「太極圖說」 註. "今選古文, 而終之以太極西銘二篇, 豈無意者."

27) 졸고, 「朱熹의 『韓文考異』 연구 – 도학적 문학관의 적용 양상」, 『東洋學』 제34집 (단국대학교 동양학연구소, 2003. 8), 19면.

28) 『魁本箋解古文眞寶後集』, 4면, 「重刊古文眞寶跋」 註. "前集有二百四十五篇, 後集有六十七篇, 合三百十二篇."

91편에서 魁本이나 大全本에 빠져 있는 작품은 樂毅의 「報燕惠王書」, 韓愈의 「上巳日宴太學詩序」, 柳宗元의 「柳州孔子廟碑」, 皮一休의 「孔子墓碑」 등 20편이고, 大全本에는 있으나 魁本에는 빠져 있는 작품은 韓愈의 「送浮屠文昌師書」, 柳宗元의 「梓人傳」, 구양수의 「鳴蟬賦」, 蘇軾의 「六一居士集序」 등 9편이다.

3종의『고문진보후집』에는 모두 주석이 달려 있다. 大全本의 주석은 일정한 기준이나 형식에 구애 받지 않고 주석자의 의사가 자유롭게 펼쳐져 있다. 주석의 구성 방식은 주로 두주와 미주에서 작자 소개나 작품을 해설하고, 원문 아래에서 전고를 제시하거나 지명, 인명을 해설하는 방식으로 되어 있다. 그러나 白居易의 「養竹記」와 王元之의 「黃州竹樓記」 등은 두주와 미주가 전혀 없고, 韓愈의 「南海神廟碑」는 본문 내용에 대한 주석이 전혀 없다. 또한, 韓愈의 「南海神墓碑」는 두주에서 단지 "紋事狀物之妙."29)라고 주를 달았으나, 諸葛亮의 「出師表」나 陶潛의 「歸去來辭」 등은 두주와 미주가 본문의 내용보다 많다. 본문 주석의 양에 있어서도 대부분은 간략하게 주가 달려 있으나,30) 屈原의 「離騷」와 韓愈의 「原道」는 많은 지면을 할애하였다.

魁本과 萬曆本의 주석은 다른 選文集의 주석을 인용해 문체적 특징을 설명하거나, 역사적 사실에 기초해 원문을 고증하는 방식을 취하고 있다. 萬曆本의 주석은 魁本의 주석에서 일부 출입이 있는 것31)을

---

29)『詳說古文眞寶大全後集』 권3, 7면, 「南海神廟碑」 註.

30) 한 예로 白居易의 「養竹記」(『詳說古文眞寶大全後集』 권5)는 단지 "君子思善建不拔者" 아래에 "老子曰 善建者不拔."이라는 주만 달려 있다.

31) 魁本 「獲麟解」(권3, 1면) 의 두주에 실린 "麟, 仁獸, 麝身牛尾, 一角, 角上有肉, 不食生物, 不踐生草, 王者有道, 則麟出, 毛虫三百六十, 麟爲之長, 爲四靈之一." 이 萬曆本에는 빠져 있고, 萬曆本 「蘭亭記」(권5, 1면)에 실린 "韓詩, 鄭國之俗, 三月上巳, 於溱洧兩水上, 執蘭招魂, 祓除不祥."이 魁本에는 빠져 있다.

제외하면 대부분 같은 내용으로 되어있다. 魁本과 萬曆本의 두주는 작자나 작품과 관련된 서지 사항을 간명하게 제시하는 방식으로 통일되어 있고, 大全本에서 주석자의 비평을 주로 달았던 미주는 모두 삭제되어 있다. 원문의 주석에 있어서도 주석자의 주관에 의존하기 보다는 해당 지문과 관련된 인명과 지명을 간략하게 풀이하는 방식을 취하고 있다. 특히 大全本에서는 130편 가운데 樓昉의 주석 56편을 인용하여, 謝枋得의 주석 7편과 呂祖謙의 주석 5편을 압도하고 있다. 그러나 魁本에서는 67편 가운데 樓昉의 주석 20편, 謝枋得의 주석 13편, 呂祖謙의 주석 11편을 인용하여 빈도수가 비교적 고르다.

① 주자가 말하길 "한유는 도에 있어서 그 쓰임이 만사에 두루 미치는 것은 알았지만, 그 본체가 나의 마음에 갖추어져 있음을 알지 못했다. 따라서 그 말이 항상 밖으로는 자세하지만 안으로는 소략하며, 그 뜻이 항상 達大함에는 이르렀지만 그 행동은 반드시 細微함에 삼가지 못하였다."고 하였다."32)

② 황정견이 이르기를 "한유의 「原道」 1편은 堯·舜·禹·湯·文·武가 서로 전한 正道를 推原하여 佛老를 물리친 것으로 布置한 것이 가장 體를 얻었다."라고 하였다. 樓昉이 말하기를 "詞義가 嚴正하여 佛老를 공격함에 開闔·縱捨하는 것이, 문자가 실을 가져와 구슬을 꿰는 것과 같다."고 하였다.33)

---

32) 『詳說古文眞寶大全後集』 권2, 16면, 「原道」 頭註. "朱子曰. 蓋韓公於道, 知其用之周於萬事, 而未知其體之具於吾之一心. … 是以其言, 常詳於外, 而略於內, 其志常極於達大, 而其行未必謹於細微."
33) 『諸儒箋解古文眞寶後集』 권9, 2면, 「原道」 頭註. "山谷云, 韓文公原道一篇, 推原堯舜禹湯文武相傳之正道, 以闢佛老, 布置最爲得體. 迂齋云, 詞嚴義正, 攻擊佛老, 有開闔縱捨, 文字如引繩貫珠."

한유의 「原道」에 실린 두주의 일부이다. ①은 大全本에서 주희가
한유의 글을 고증하면서 한유 문장의 득과 실을 평가한『韓文考異』의
내용을 그대로 옮겨 놓았다.[34] 주희는 이곳에서 「원도」를 비롯한 한
유의 문장은 도의 체용에 대해 명확하게 인식하지 못하고, 유학의 본
지가 담긴 내용 없이 아름다운 문장으로만 치달았다고 비판하였다.
大全本의 주석은 이와 같이 일정한 기준이나 형식에 구애 받지 않고,
도학적 사유에 기초해 글의 내용에 담긴 의리를 발명하는데 초점을
맞추고 있다. ②는 魁本과 萬曆本에서 黃庭堅과 樓昉의 평을 인용해
한유 문장의 내용과 문체를 논한 것이다. 黃庭堅은 「원도」의 문체적
특징으로 역대 성인이 전한 유학의 도를 推原하여 佛老를 물리친 내
용을 적절하게 포치시킨 것이라고 하였다. 樓昉 또한 「원도」가 엄정
한 문사와 의리를 갖추고 있고, 실에 구슬을 꿰듯이 변화무쌍한 문체
를 구사하여 佛老를 공격했다고 논평하였다. 위와 같이 魁本과 萬曆
本의 주석은 작가의 인품이나 문장의 내용에 대한 주관적인 평가를
지양하고, 역대 문인들의 비평을 인용하는 방식으로 문체의 특징을
설명하는데 중점을 두고 있다.

Ⅲ. 『고문진보』의 유통 양상

1. 중국: 談文과 談理로 양분화

중국에서 간행된 선집류는 크게 두 계통으로 구분된다. 하나는 최
초의 시문선집으로 불리는『文選』을 중심으로 한 '談文一派'의 선집

---

34) 朱熹, 『原本韓集考異』(『문연각사고전서』 1073책) 권10, 「新書本傳」.

류이고, 다른 하나는 宋代에 眞德秀가『文章正宗』을 편찬한 것을 계
기로 출현한 '談理一派'의 선집류이다.[35)]『문선』은 雅麗한 문장을 실
었으나 모두 바른 내용을 지닌 것은 아니다.『문선』에 실린 潘勗의
「册魏公九錫文」과 阮籍의 「爲鄭沖勸晉王箋」과 같은 문장은 명교에
어긋나는 내용으로 사람들의 조롱거리가 되었다. 이와 달리『문장정
종』은 바른 내용을 담고 있으나 모두 雅麗한 문장이 수록된 것은 아
니다.『문장정종』에 실린 작품은 지론이 한결같이 의리를 준칙으로
삼고 있어, 집집마다 서가를 채웠지만 누구도 이를 공격하거나 즐겨
익히는 사람이 없었다.[36)] 이로 보아 가장 이상적인 선집은『문선』의
雅麗한 문장과『문장정종』의 바른 내용을 하나로 묶어 文과 質이 待
對하며 조화를 이루고 있는 것이라 하겠다.

『제유전해고문진보』를 편찬한 사람은 黃堅으로 알려져 있다. 萬曆
本에 실린「重刊古文眞寶跋」에는 永陽의 黃堅氏가 편집한 것[37)]이라
고 하였다. 또한, 1753년에 일본에서 간행한 魁本『후집』에 실린「重
刊古文眞寶跋」에는 永陽 아래에 '屬徐州府'라는 주가 달려 있고, 黃堅
아래에는 '徐州麟峯人'이라는 주가 달려 있다.[38)] 그러나『欽定天禄琳
琅書目』을 편찬한 于敏中은 黃堅이 어느 때 인물인지 알지 못한다[39)]

---

35) 永瑢,『四庫全書總目』(『문연각사고전서』1책) 권1, 1면,「總集類一」. "文選以下,
　　互有得失, 至宋眞德秀文章正宗, 始別出談理一派."
36) 永瑢, 위의 책,「古文雅正十四卷」. "潘勗九錫之文, 阮籍勸進之箋, 名敎有乖, 而
　　簡牘竝列, 君子恒譏焉, 是雅而不正也. 至眞德秀文章正宗, 金履祥濂洛風雅, 其持
　　論, 一準於理, 而藏棄之家, 但充揷架, 固無人起而攻之, 亦無人嗜而習之, 豈非正
　　而未雅歟."
37) 靑藜齋,『諸儒箋解古文眞寶』, 1면,「重刊古文眞寶跋」. "永陽黃堅氏所集."
38) 『槐本大字諸儒箋解古文眞寶前集』, 1면,「重刊古文眞寶跋」. "永陽屬徐州府, 黃
　　堅徐州麟峯人."
39) 于敏中, 앞의 책, 권10, 59면,「諸儒箋解古文眞寶」. "一函四冊, 黃堅輯五卷. 黃

고 하였다. 魁本에 수록된 67편의 작품은『숭고문결』에 27편,『문장
정종』에 20편,『문장궤범』에 23편,『고문관건』에 11편 등이 고르게
실려 있다. 元나라 旴江의 鄭本은「古文眞寶䟽」에서 魁本이 勸學文에
서 시작해 諸葛亮의「出師表」와 李密의「陳情表」로 끝을 맺고 있는
것은, 학문에 힘쓰도록 권면하고 충효로 인도하려는 편찬자의 은미한
의사가 반영된 것[40]이라고 하였다. 이로 보아『제유전해고문진보』는
작품성이 뛰어나면서도 名敎에 도움이 되는 내용을 정선해 수록한
'談文' 위주의 선집류라고 할 수 있다.

魁本은 元 至正 26년(1366)에 三山의 林以正이 舊本『제유전해고문
진보』에서 작품이 산략되거나 주석이 명확하지 않은 것을 바로 잡아
간행한 것이다. 以正은 林楨의 字이고 三山은 지금의 福建省 福淸縣
부근이다. 林楨은 시를 잘해 毛直方이 편찬한『詩學大成』을 增刪하여
『聯新事備詩學大成』이라 하였다.[41] 明代에 이르러 弘治 15년(1502)에
雲中의 靑藜齋가 魁本 善本을 구해 點校를 조금 더하여 중간하였
고,[42] 弘治 年間(1488~1504)에 孝宗이 칙명으로 이를 중간하였다. 이
어 萬曆 11년(1583)에 神宗이 칙명으로 舊本 312편에 35편을 더하여
다시 간행하였다. 또한, 湘皐의 蔣冕은 嘉靖 7년(1528)이 쓴「曹祠部
集序」에 유년 시에 書坊에서 간행한『고문진보』속에서 曹鄴의「讀李
斯傳詩」를 읽었다[43]고 하였다. 이로 보아 黃堅이 편찬한『제유전해

堅不知爲何時人."

40) 靑藜齋, 앞의 글, "眞寶之編, 首有勸學之作, 終有出師陳情之表, 豈不欲勉之以
勤, 而誘之以忠孝乎. 此編者之微意也."

41) 金崙壽, 앞의 논문, 191면.

42) 靑藜齋, 앞의 글, "予偶得善本, 撫巡之暇, 略加點校, 因命工重刊以便後學."

43) 蔣冕,『曹祠部集』(『문연각사고전서』1038책), 1면,「曹祠部集序」, "冕自髫齓時,
見鄴之公讀李斯傳詩於書坊所刻古文眞寶中."

고문진보』는 원대에 林楨에 의해 적어도 1366년 이전에 간행되었고,
명대에 이르러 內版本 두 번을 포함에 최소 네 차례 이상 중간된 것으
로 생각된다.

大全本『후집』에 실린 130편은 元의 陳櫟이 편찬한『批點古文』101
편에다 林楨이 교정한 魁本『후집』에 실린 29편이 시대 순으로 사이사
이에 뒤섞여 들어가 성립된 것이다.44) 조선의 柳希春은 大全本『후집』
에 실린 작품은 南宋의 樓昉이 北宋以上의 문장을 선록한『崇古文訣』
을 저본으로 하고, 송대 도학자인 周敦頤・程頤・張載・朱熹의 문장을
추가한 것45)이라고 하였다. 실제 大全本『후집』에 수록된 130편의 작
품은 樓昉의『崇古文訣』에 62편, 眞德秀의『文章正宗』에 43편, 謝枋得
의『文章軌範』에 42편, 呂祖謙의『古文關鍵』에 27편이 실려 있다. 또
한, 大全本에 실린 周敦頤의「太極圖說」과 程頤의「四箴」, 張載의「西
銘」과「東銘」은 모두『近思錄』에 실려 있다. 陳櫟은「太極圖說」의 주
석에서 韓愈・柳宗元・歐陽脩・蘇軾의 詞章의 문을 익혀 氣骨을 왕성
하게 하고, 周敦頤・程頤・張載・朱熹의 理學의 문을 읽어 淵源을 깊
게 체득해야 한다46)고 하여, 선문 기준을 기골이 왕성하고 理學의 연
원을 갖춘 문장에 두었다. 이로 보아 大全本『후집』은『崇古文訣』과
『近思錄』을 저본으로 삼아 道文一致의 도학적 문학관을 구현할 수 있
는 문장을 정선해 수록한 '談理' 중심의 선집류라고 할 수 있다.

---

44) 金崙壽, 앞의 논문, 197면.

45) 柳希春,『眉巖集』(『한국문집총간』34책) 권18, 503면,「經筵日記・丙子」. "上
日, 古文眞寶所選, 何如. 對曰 南宋樓鑰號迂齋者, 選北宋以上文章, 甚有可觀. 厥
後新安陳櫟, 又收周程張朱之文."

46)『詳說古文眞寶大全後集』권10, 23면,「太極圖說」註. "盖文章道理, 實非二致.
欲學者, 由韓柳歐蘇詞章之文進, 而粹之以周程張朱理學之文也. 以道理深其淵源,
以詞章壯其氣骨, 文於是乎無弊矣."

大全本은 권1에서 '前進士宋伯貞音釋, 京兆劉剡校正, 東陽進德詹氏 刊行.'[47)]이라고 한 것으로 보아, 大全本을 간행한 사람은 東陽 進德 의 詹氏이다. 黃虞稷이 편찬한『千頃堂書目』에는 元代의 책 가운데 '宋伯貞音釋勸學文一卷'[48)]라고 한 것에서 보듯이, 宋伯貞은『전집』의 音釋에만 관여한 것으로 생각된다. 明 天順 2년(1458) 경에 蘇大가 지 은「金賢德傳」을 보면, 金賢德이 장서가를 두루 방문하여 陳氏의『四 書口義』·『批點百篇古文』등 30여 종을 얻어 抄校하고 나서 아들 輝 를 통해 書房에 보내 간행되기를 구했는데, 劉剡이 그 뜻을 매우 가상 히 여겼다[49)]는 기록이 있는데, 이곳에서 말한 劉剡이 바로 大全本을 校正한 京兆의 劉剡이다. 그리고 正統 2년(1437)에 劉剡이 지은「感興 詩通跋」에는 書林 詹宗睿가 주자의 고향인 新安에 가 仁本 金德玹 선 생을 방문하고, 陳櫟 등 여러 老先生의 서적을 구해 간행할 뜻을 비 치어『選詩補註』등을 얻어 돌아왔다[50)]는 기록이 있는데, 이 글에서 말한 詹宗睿가 大全本을 간행한 東陽의 進德 詹氏를 가리키는 것으로 추정된다.

위와 같이 다양한 판본으로 간행된 3종의『고문집보』는 명대에 시 문의 학습 교재로 비교적 널리 유통된 것으로 보인다. 이러한 사실은 林以正이 제자를 교수하는 여가에 舊本을 서점에서 구해 魁本을 간행 한 것이나, 靑藜齋가 書肆에서 유통되는 舊本이 湮蝕된 것이 많음을 우려해 중간한 것을 통해 확인할 수 있다. 또한, 明의 孫緒는 어렸을 때에 부친에게서『고문진보』의 小詩와 여러 小詞를 전수받기도 하였

47)『詳說古文眞寶大全前集』권1, 1면.
48) 黃虞稷,『千頃堂書目』(『문연각사고전서』676책) 권3, 67면.
49) 金崙壽, 앞의 논문, 198면. 재인용.
50) 金崙壽, 앞의 논문, 221면. 재인용.

다.51) 孝宗과 神宗에 의해 칙명으로 간행된 弘治本과 萬曆本은 작품
성과 교훈성을 두루 갖추고 있어, 황제의 名敎 사업에 적지 않게 기여
했을 것으로 생각된다. 또한, 大全本을 조선에 전한 예겸은 「艮菴文
集序」에서 도는 말에 의탁하지 않으면 理가 스스로를 밝히지 못하고,
말은 도를 실지 않으면 문이 멀리 가지 못한다."52)고 말한 것으로 보
아, 大全本은 주로 명대에 도문일치에 기초한 도학적 문학관을 지향
했던 문인·학자들 사이에서 유통되었을 것으로 추정된다.

　그러나 위와 같이 명대에 문인 학자들 사이에서 널리 유통된 3종의
『고문진보』는 청으로 왕조가 바뀌면서 서점가에서 급격히 자취를 감
추었다. 이러한 사실은 柳夢寅(1559~1623)이 3번 중국에 갔으나 『고문
진보』는 거의 볼 수 없었다53)라고 하거나, 李宜顯(1669~1754)이 「陶谷
叢說」에서 진력의 『고문진보』는 중국에서는 매우 드물지만 조선에서
는 집집마다 誦讀하고 있다54)고 말한 것을 통해 확인할 수 있다. 이렇
듯 『고문진보』가 청대에 들어와 갑자기 사라진 이유는 한족에서 만주
족으로 지배 세력이 바뀌고, 의리학에서 고증학으로 학문 풍토가 변한
데에 원인이 있다. 곧, 명대에 魁本과 萬曆本이 추구했던 '談文' 위주
의 名敎를 통한 통치이념의 공고화와 大全本이 지향했던 '談理' 중심의
도학적 문학관의 구현이라는 시대적 소임은 이미 구시대의 유물이 되
었던 것이다. 淸 乾隆 43년(1782)에 明 萬曆年間까지 간행된 시문선집

---

51) 孫緒, 『沙溪集』(『문연각사고전서』 1246책) 권13, 「無用閒談」. "緒, 幼時, 先吏
　部, 口授古文眞寶內小詩及諸小詞."
52) 倪謙, 『倪文僖集』(『문연각사고전서』 1245책). 권16, 17면, 「艮菴文集序」. "言之成
　章者也, 道理之無形者也. 道非託于言, 其理不能自明, 言非載夫道, 其文不能行遠."
53) 柳夢寅, 『於于野譚』(경문사) 권3, 36면, 「文藝」. "吾嘗三入中原, 所謂眞寶·史
　略中原所極罕."
54) 李宜顯, 『陶谷集』(『한국문집총간』 18책) 권28, 456면, 「陶峽叢說」. "陳力古文眞
　寶, 中原則絶希, 我東國幾乎家誦戶讀."

164부 9,720권을 모아 놓은『사고전서』에서『고문진보』가 빠져 있는
데, 이는 중국에서『고문진보』가 수행했던 정치적・사상적 역할이 무
엇이었는가를 보여주는 단적인 예이다.

2. 한국: 載道文學의 전형 모델

　『제유전해고문진보』를 한국에서 처음 간행한 사람은 田祿生이다.
그는 사신으로 중국에 들어가『고문진보』를 구입해 돌아왔고, 공민왕
16년(1367) 慶尙道都巡問使로 재임하던 合浦에서 이 책을 간행하였
다.55) 이어 姜淮中이 세종 2년(1420)에 충청도 관찰사로 재임할 때,
玉川郡守 李護에게 公主敎授 田藝出이 가져온 補註와 明釋이 달린『善
本大字諸儒箋解古文眞寶』를 중간하도록 명하였다. 田祿生이 合浦에
서 간행한 舊本은 전록생에 의해 일부 내용이 첨삭된 것으로 新本과
조금 다르다.56) 田祿生과 李護가 중간한 판본은 간행 년대로 보아 모
두 魁本 계통의 판본으로 추정된다. 姜淮中은 魁本은 古雅한 작품을
정선하여 수록한 책으로 학문하는 선비들이 모범으로 삼아야 한다57)
고 하여,『고문진보』에 실린 시문들의 작품성과 교훈성을 중시하였다.
그러나 合浦와 玉川에서 간행된 魁本 계열의 판본들은 세상에 널리
유통되지 못하였다.
　『상설고문진보대전』은 문종 원년(1450)에 明의 翰林侍講 倪謙이 사

---

55) 田祿生,『埜隱逸稿』(『한국문집총간』3책) 권5, 413면,「附錄・舊說附」. "先生甞
　　奉使入中國, 始購來古文眞寶, 手自刪增, 其鎭合浦時, 刊行于世."
56) 姜淮仲,『埜隱逸稿』권4, 407면,「善本大字諸儒箋解古文眞寶誌」. "今以二本讎
　　校, 則舊本頗有埜隱先生所刪所增, 故與今本, 中間微有小異耳."
57) 姜淮仲, 앞의 글. "此編所載詩文, 先儒精選古雅, 表而出之, 承學之士, 所當矜
　　式也."

신으로 오면서 전한 것이다. 大全本은 예겸이 전한 2년 후인 단종 즉위
년(1452)에 頒賜되었다.[58] 이후 중종 31년(1536)에『고문진보』를 頒賜
하였고,[59] 숙종 6년(1680)에도『고문진보』를 頒賜한 기록이 있다.[60]
이로 보면 大全本은 최소 3차례 이상 왕명에 의해 활자본으로 간행된
것으로 추정된다. 또한, 성종 3년(1472)에 前監司 李恕長이 家傳하던
一帙을 晉陽監司 吳昌繼가 晉州에서 목판본을 간행하였고,[61] 中宗年間
(1534~1535)에 濟州牧師 沈連源이 목판본을 간행하였다.[62] 이어 李道
吉이 광해군 5년(1612)에 私費를 들여 목판본을 간행하였고,[63] 순조
3년(1803)에 전북 泰仁에서 田以采·朴致維가 私費로 목판본을 간행하
였다.[64] 이 밖에 일본 내각문고에는 중종 9년(1524), 명종 22년(1567),
선조 2년(1569년) 興陽에서 목판본으로 간행된 판본이 소장되어 있
다.[65] 이로 보아 지방의 관청이나 私家에서 大全本이 간행된 것은 적어
도 7차례 이상일 것으로 추정된다.

---

58)『端宗實錄』(『朝鮮王朝實錄』16책) 권2, 524면. "頒賜十八史略, 古文眞寶."
59)『中宗實錄』(『朝鮮王朝實錄』17책) 권81, 642면. "辛未. 傳于政院曰, 古文眞寶頒
   賜抄記內, 金明胤弘胤之名亦在."
60) 蘇斗山,『月州集』(『한국문집총간』16책) 권5, 322면,「年譜」. "公內賜古文眞寶
   一帙."
61) 金宗直,『詳說古文眞寶大全後集』권10, 29면,「古文眞寶跋」. "前監司李相公恕
   長, 嘗慨于玆, 以傳家一帙, 囑之晉陽, 今監司吳相公伯昌繼督, 牧使柳公良, 判官
   崔侯榮, 敬承二相之志, 力調工, 未碁月而訖功."
62) 鄭士龍,『湖陰雜稿』(『한국문집총간』25책) 권7, 240면,「有明朝鮮國 … 沈公神
   道碑銘 幷序」. "梓刊四書, 古文眞寶等書."
63) 梁夢說,『詳說古文眞寶大全後集』권10, 28면,「古文眞寶跋」. "李君道吉, … 乃
   求古文前後集善本, 始刊焉."
64)『詳說古文眞寶大全後集』권21, 14면. "崇禎紀元後三癸亥十二月日, 泰仁田以
   采·朴致維宰."
65) 심경호,「조선전기 註解本 간행과 문헌 가공에 대하여」,『大東漢文學』(대동한문
   학회, 2004) 제22집, 178면.

許均은 "國初에 諸公이 모두『고문진보』를 읽어 문장을 지었다. 그러므로 지금의 인사들도 初學에는 반드시 이 책을 중시한다."66)고 하였다. 大全本이 조선시대의 문인 학자들 간에 시문을 익히는 기본 교재로 널리 활용된 사실을 말한 것이다. 柳希春은『고문진보』에 실린 諸葛亮의「出師表」나 張文潛의「藥戒」등을 매번 諷誦하며 음미하였고,67) 李珥는『고문진보』와『書經』등을 읽어 문리를 이루었다.68) 成文濬은 어려서부터『전집』과『唐音』을 읽어 시 짓는 법을 배웠으며,69) 申欽은 11세에 四書와『고문진보』를 强記하였다.70) 특히 奇大升은 12세에『전집』외우기를 그치지 않았고, 12세인 무술년 7월부터 13세인 기해년 10월까지『후집』수백 번 읽었다.71)

『고문진보』는 조선시대에 과거 준비를 위해서도 반드시 필요한 교재였다. 李植은 자손들에게 과거 공부를 위해『고문진보』와『文章軌範』등을 베껴 백 번까지 읽도록 권하였고,72) 權諰는『고문진보』와

66) 許均,『惺所覆瓿稿』(『한국문집총간』32책) 권24,「惺翁識小錄下」. "國初, 諸公皆讀古文眞寶前後集, 以爲文章. 故至今人士初學, 必以此爲重."
67) 柳希春,『眉巖集』(『한국문집총간』34책) 권4, 207면,「庭訓·文學第十」. "文章軌範, 古文眞寶, 東萊博議, 剪燈神話, 莫不洞究脈絡, 諸葛武侯出師二表, 胡澹庵上高宗封事, 張文潛藥戒, 澠縷子中興對策, 每諷誦耳玩味之."
68)『宣祖實錄』(『조선왕조실록』21책) 권9, 26면,「八年六月條」. "今爲文詞, 粗成文理者, 亦別無用工之由, 但嘗讀韓文古文眞寶及詩書大文而已."
69) 成文濬,『滄浪集』. (『한국문집총간』64책) 권1, 4면,「詩·序」. "余生始齓, 讀古文眞寶前集, 兼看唐音學作詩, 先輩徃徃稱之."
70) 申欽,『象村稿』(『한국문집총간』71책), 267면,「年譜」. "公年十一歲. ○讀中庸, 大學, 論語, 孟子, 古文眞寶等書, 能强記."
71) 奇大升,『高峯集·續集』(『한국문집총간』40책) 권2, 266면,「自警說」. "讀眞寶前集, 又讀古賦, 連誦不已, 時則戊戌年也. … 讀後集數百遍, 時則七月也, 直至明月十月告畢, 己亥年也."
72) 李植,『澤堂集別集』(『한국문집총간』71책) 권14, 514면,「示兒孫等」. "科文工夫. 韓柳蘇文, 文選, 八大家文, 古文眞寶, 文章軌範等中, 從所好鈔讀一卷, 限百番."

『文章軌範』 등에 수록된 수십 수를 수십 번 읽어야 과거 문장에 여력
이 있게 된다[73]고 하였다. 『고문진보』는 시문 학습이나 과거 준비를
넘어 일상에서 수시로 펼쳐 읽는 수신서이기도 하였다. 金時習은『고
문진보』의 주옥같은 글로 텅 빈 마음속을 채우면, 공허한 마음이 온
통 옥 소리로 가득하게 된다[74]고 하였고, 閔維重은 극심한 가뭄으로
憂悶이 심한 차에『南華經』과『고문진보』를 읽고자 했지만 끝내 찾지
못해 안타까워하였다.[75] 또한, 金昌業은 숙종 13년(1713)에 燕京에서
禮部左侍郎 二格에게 조선에 있는 서적을 묻자,『四書』·『四經』·『唐
詩』·『고문진보』를 써 보이기도 하였다.[76]

　조선시대에 大全本이 널리 유통되면서 문인 학자 사이에서 이 책의
문제점이나 조선 문단에 끼친 폐해에 대한 비판이 이어졌다. 먼저 許
均은 중국 사람이 조선의 문장이 중국보다 뛰어남을 꺼려해『十九史
略』과『고문진보』를 보내온 이후로, 문장의 규모가 좁고 막혀 예전에
미치지 못한다고 비판하고, 權韠과 李安訥은『고문진보』를 읽지 않았
으나 시가 절로 좋다[77]고 하였다. 柳夢寅은 조선의 어린아이는 모두

---

73) 權愈, 『炭翁集』(『한국문집총간』 104책), 「答崔主一書」. "更讀大家文如古文眞
　　寶, 文章軌範數十首數十遍, … 俗行科程之文, 自有餘力矣."

74) 金時習, 『梅月堂集』(『한국문집총간』 13책) 권9, 235면, 「得古文眞寶」. "世間珠
　　璧漫相爭, 用盡終無一个贏. 此寶若能藏空洞, 滿腔渾是玉璁玎."

75) 閔維重, 『文貞公遺稿』(『한국문집총간』 137책) 권9, 274면, 「寄兒鎭遠」. "但旱災
　　此酷, 憂悶極極, 南華二冊, 果在於所藏之房, 而古文眞寶, 終不得搜得, 可訝訝.
　　出去已久, 能做幾篇耶."

76) 金昌業, 『老稼齋燕行日記』(민족문화추진회) 권5, 「癸巳二月初三日」. "禮部左侍
　　郎二格, 坐暢春苑門外, 招渠輩問曰, 你國有何書籍, 卽書四書四經而對之. 又問
　　曰, 此外更無他書. 又書唐詩, 古文眞寶而對之."

77) 許均, 『惺所覆瓿稿』(『한국문집총간』 32책) 권24, 「惺翁識小錄下」. "趙斯文緯韓
　　嘗言, 中國人忌我東人文軼於中華, 故撰史略·眞寶二書, 送之于東. 此書來後文章
　　陿隘, 不及於古, 可恨也. 權汝章李子敏, 俱不讀眞寶, 其詩自好, 持世之言, 亦自"

『十九史略』과『고문진보』로 입학의 문을 삼는데, 중국에서는 극히 보기 드물 정도로 賤棄한 것을 조선에서만 중시한다[78]고 하였다. 柳壽垣 또한 조선의 詞章이 經史를 본원으로 하여 典則한 글을 짓지 않고, 겨우『고문진보』·『東萊博議』를 익혀 성취한 것이 村學일 뿐[79]이라고 하였다.

大全本의 선문 방향과 주석의 오류에 대한 시비 또한 적지 않게 이어졌다. 허균은『고문진보』는 한 사람이 시문을 우연히 뽑아 모은 것으로, 거취의 기준을 알 수 없어 읽지 않아도 된다[80]고 하였다. 柳希春은『전집』에 실린「長恨歌」가 양귀비의 일을 과대 포장한 것을 예로 들며, 이 곳에 실린 작품들은 玉石이 섞여 있음을 지적하였다.[81] 高尙顔은『전집』에 실린 陶潛의「七月夜行江陵途中作」의 주에서 '商歌'의 풀이는 오류라고 하였다.[82] 또한, 車天輅는『후집』에 실린 李白의「韓荊州書」의 주에서 '靑萍'과 '結綠'을 모두 劍名으로 풀이한 오류를 바로 잡았다.[83] 특히 퇴계는『고문진보전집』을 문인들에게 교

有理."

78) 柳夢寅,『於于野譚』(경문사) 권3, 36면,「文藝」. "且我國童穉之學, 皆以十九史略·古文眞寶爲入學之門, 吾嘗三入中原, 所謂眞寶·史略中原所極罕, 如孟頻書. 盖是三者豈非中原之賤棄, 而唯我國學者攻之也."
79) 柳壽垣,『迂書』(민족문화추진회) 卷10,「論變通規制利害」. "所謂詞章, 又不曾本源經史, 以成典則之文. … 僅習古文眞寶東萊博議, 究其所成就, 大抵村學究矣."
80) 許均,『惺所覆瓿稿』권24,「惺翁識小錄下」. "眞寶則一人偶然粹會者, 其去就殊不可曉, 雖不讀可也."
81) 柳希春,『眉巖集』권18, 503면,「經筵日記·丙子」. "但恨選詩之中, 有玉石相雜者, 如長恨歌是也."
82) 高尙顔,『泰村集』(『한국문집총간』59책) 권3, 235~236면,「雜著·叢話」. "古文眞寶前集註多舛誤. 如商歌非吾事, 註引莊子所謂歌商頌之言, 是則遯世無憫之意, 而淵明以爲非吾事, 何也."
83) 車天輅,『五山說林草藁』(민족문화추진회). "李白上韓荊州書, 靑萍結綠, 長價於薛下之門. 古文眞寶後集注, 靑萍結綠皆劍名, 此注誤甚."

수하면서 首篇에 수록된 眞宗의 「勸學文」이 利慾의 설을 취하여 사람을 권면한 것을 비판하고, 옛사람들이 학문을 권고한 규범은 본래 이와 같지 않았다는 이유를 들어 首篇의 내용을 모두 지우고 단지 "男兒欲逐平生志, 六經勤向窓前讀."두 구만 남겨 놓았다.[84]

위와 같이 그 공과와 득실에 대한 시비가 끊이지 않았던 大全本이 조선에 널리 유통된 이유는 무엇일까? 金宗直은 「古文眞寶跋」에서 『고문진보』는 한·진·당·송의 한가롭고 儁越한 작품을 수록하고, 변려사륙문이나 성률을 중시한 글은 비록 아름답거나 豪壯하더라도 취하지 않았으며, 周敦頤·張載·二程의 性命之說을 붙여 문장을 배우는 자들이 근저로 삼도록 하였다[85]라고 하였다. 이어 그는 시는 삼 백편으로 祖를 삼고 兩漢으로 宗을 삼는데 성률과 偶儷가 일어나면서 문장이 병들었고, 양나라 蕭統의 『문선』이래 역대 시문을 선록한 책들은 옥석을 가리지 못했으나, 오직 『고문진보』만이 채집한 것이 자못 眞德秀의 『문장정종』의 유법을 얻었다[86]고 하였다. 또한, 洪暹은 『고문진보』를 내용을 읊은 장편의 시에서, 新安 출신으로 朱熹의 학문을 계승한 陳櫟이 후생들이 末端을 쫓고 根柢를 멀리하는 것을 우려해, 冗僻하거나 거짓된 시문을 산삭하고, 規矩를 정하고 凡例를 갖추어 『고문진보』를

---

84) 李德弘, 『艮齋集』(『한국문집총간』51책) 권5, 80면, 「溪山記善錄上」. "先生教古文前集, 必遺勸學文曰, 此書出於陳新安之撰, 何以首此眞宗勸學文耶. 古人勸學之規, 本不如是. 何必取利欲之說以勉人乎. 吾則不爲也. 爻首篇, 只存男兒欲逐平生志, 六經勤向窓前讀一句云."

85) 金宗直, 『詳說古文眞寶大全後集』 권10, 29면, 「古文眞寶跋」. "漢晉唐宋, 寄閑儁越之作, 會粹于是, 而駢四儷六, 排比聲律者, 雖雕鏤如錦繡, 豪壯如敲吹, 亦有所不取. 又參之以濂溪關洛性命之說, 使後之學爲文章者, 知有所根抵焉."

86) 金宗直, 앞의 글. "詩以三百篇爲祖, 以兩漢爲宗, 聲律偶儷興, 而文章病焉. 梁蕭統以來, 類編諸家者多矣. 牽皆誇富鬪博, 咸池之與激楚, 疊洗之與康瓠, 隋珠之與魚目, 俱收並撫, 不厭其繁, 文章之病, 不可論也. 惟眞寶一書不然, 其探輯頗得眞西山正宗之遺法."

편찬했다[87]고 하였다.

위와 같이 明의 예겸이 조선에 전한 大全本은 고도의 철학적 사유에 기초한 도학적 문학관이 주도면밀하게 적용되어 있어, 文以載道를 중심으로 한 도문일치를 지향했던 조선시대의 문인 학자들이 문장을 익히는 교재로 삼기에 적합하였다.[88] 그러나 조선의 문인 학자들은 『고문진보』에 대한 맹목적인 수용태도에서 벗어나, 작품을 선정한 기준이나 주석한 내용에 대해 심도 있게 검토하였다. 그 대표적인 것이 李滉이 편찬한 『古文前集講解』이다. 이황은 『고문진보』에 실린 시의 작자와 역사적 배경 등을 살펴 원문에 담긴 섬세한 의미를 재해석하였고, 다양한 자료들에 대한 면밀한 검토를 통해 주석의 오류를 바로 잡았으며, 성리설에 기초해 시를 재해석하여 문인들로 하여금 性情之正을 회복하도록 하였다.[89] 이러한 그의 강해는 문인 李德弘의 『古文前集質疑』·『古文前集質疑』[90]와 金隆의 『古文前集講錄』[91]을 통해 보다 구체화되었다. 이렇듯 퇴계학파를 중심으로 한 조선의 문인 학자들은 도학적 사색 과정을 통해 체득한 심미의식에 기초해 『고문진보』의 작품과 주석을 심도 있게 검토하였고, 이러한 과정을 거치며 大全本은 자연스럽게 도덕과 문장이 합일된 道文一致를 구현한 載道文學의 전형 모델로 자리하게 되었다.

---

87) 洪暹, 『忍齋集』(『한국문집총간』 32책) 권1, 310면, 「以古文眞寶後集贈明仲弟」, "新安賴有定宇陳, 生不及朱道具體, 却恐文章隨世變, 後生逐末失根柢, 刪其冗僻 剔其僞, 手把規矩出凡例."

88) 졸고, 「『상설고문진보대전』 연구-도학적 문학관의 적용 양상」, 앞의 책, 52면.

89) 졸고, 「退溪의 『古文前集講解』 연구-도학적 문학관의 적용 양상」, 앞의 책, 76면.

90) 李德弘, 『艮齋集』(『韓國文集總刊』 51책) 권4, 206~212면, 『古文前集質疑』.

91) 金隆, 『勿巖集』(『韓國文集總刊』 38책) 권4, 535~541면, 『古文前集講錄』.

3. 일본: 中國詩文의 기초 교양

魁本『제유전해고문진보』가 일본에 전해진 것은 室町 시대에 활동한 五山의 선승에 의해서이다. 일본의 선종은 鎌倉 시대와 室町 시대에 鎌倉와 京都에 五山十刹이 건립되면서 융성하였다. 당시 선승들은 자유롭게 중국을 오가며 중국 서적을 들여왔고, 한시와 문장을 폭넓게 익혀 前代에 臺閣이 담당했던 문단을 장악하였다. 五山 문학은 중국 문화와 직접 접하여 宋元의 시문을 흡수하고, 程朱의 성리서를 저작했다는 점에서 중요한 의미가 있다.[92] 『滿濟准后日記』에는 應永 20년(1423)에 相國寺의 선승인 淸胤이 京都의 法身院에서 『고문진보』를 강담하는 것을 들었다는 기록이 보인다.[93] 또한, 가장 이른 시기의 책으로 알려진 『古文眞寶抄』는 室町 시대에 鎌倉의 建長寺에서 笑雲淸三이라고 하는 선승이 강의한 주석을 기초로 하여 간략하게 口語로 주석을 단 것이다.[94] 이와 같이 室町 시대에 五山版과 필사본이 세상에 나온 이후, 江戶 시대에 들어와 魁本은 일반인의 초학 입문서로 京都나 大阪에 있는 書肆에서 속속 간행되어 전국에서 유통하였다.

江戶 시대에 최초로 간행된 『고문진보』는 慶長 14년(1609)에 本屋新七에서 나온 것이다. 그러나 『和刻本漢籍分類目錄』에 의하면 整版本의 上限은 寬永 원년(1624)에 淸韓에서 간행된 것으로 알려져 있다. 魁本은 寬永 4년(1627)에 中野의 道伴에서 간행되고, 寬永 21년(1643)에 豊興堂에서 간행되는 등 江戶 시대 말까지 지속적으로 출간되었다.[95] 일본의 서지학자 林望 선생이 개인적으로 모아놓은 『고문진보』

---

92) 이노구치 아츠시 저, 심경호·한예원 역, 『일본한문학사』(소명출판, 2000), 281면.
93) 鄭惠京, 앞의 논문, 40면.
94) 林望, 앞의 논문, 334면.
95) 山口謠司, 「寬永二十一年刊『古文眞寶』とその覆刻本について」, 『東洋文化』復

만 180여 종에 이르며, 아직 정리되지 않은 근대의 주석서까지 합치면 거의 200여 종에 달한다. 선생의 추정에 의하면『고문진보』는 江戶 시대부터 지금까지 매년 1권 이상의 신판 또는 복간본이 세상에 나왔을 정도이다. 서지학적으로 보면 이것에 필적할 만한 것은 일본 문학에서는『伊勢物語』, 한문 서적으로는『대학』·『중용』·『효경』 정도밖에 없다. 시선집인『三體詩』가『고문진보』에 버금가는 베스트 셀러였지만 수적으로는 이에 미치지 못한다. 더욱이 일본의 대표적인 문학서인『源氏物語』나『平家物語』, 또는『논어』나『맹자』등이 출판된 횟수가 이보다 훨씬 적다.[96]

江戶 시대와 明治 시대에 유통된『고문진보』는 다양한 형태로 주석이 달려 있다. 먼저 天和 3년(1683)에 간행된『古文眞寶前集諺解大成』은 榊原篁洲가 諺解하였고, 寬文 3년(1663)에 간행된『古文眞寶後集諺解大成』은 林羅山의 注에 鵜飼石齋가 補注를 달았다. 寬文 13년(1673)에 간행된『鼇頭評詁古文眞寶』, 延宝 7년(1679)에 간행된『古文眞寶合解評林』, 正德 5년(1715)에 간행된『古文眞寶諺解大全』등은 주석자가 자세하지 않은 주석이 달려 있다. 江戶 시대의 주석가로 널리 알려진 宇都宮由的은 元祿 10년(1677)에『鼇頭新增古文眞寶』를 지었고, 毛利貞齋는 元祿 17년(1684)에『古文眞寶諺解鈔』를 지었다. 후에 增田春耕은 천보 4년(1833)에 通俗的 口語로 註釋한『古文眞寶後集余師』를 지었고, 森伯容은 天寶 7년(1836)에『古文眞寶前集余師』를 지었다.[97] UC Berkeley에 소장된 판본으로 山本憲이 明治 17년(1884)에 지은『文法解釋古文眞寶註釋大全』은 각 장마다 윗부분에 '文法示解'란을 두어 문법

刊 81(無窮會, 1998.3), 31면.

96) 林望, 앞의 논문, 332면.

97) 林望, 앞의 논문, 334면.

내용을 상세하게 설명하였다.98)

　『고문진보』 가운데 일부 판본은 주석이 전혀 달려 있지 않은 것도 종종 발견된다. UC Berkeley에 소장된 판본으로 青木恒三朗이 明治 15년(1882)에 대학 교재용으로 발행한 『校正古文眞寶獨習』은 주석 없이 큰 글자로 원문을 인쇄하고 옆에 일본어 음을 달아 놓아,99) 학생들이 책을 반복해 읽으면서 암기하기에 편하도록 하였다. 元文 5년 (1740)에 大坂의 大野木 市兵衛에 있는 本屋에서 간행한 小型本은 오늘날의 문고본과 거의 같은 크기로 만들어졌다. 특히 明治 3년(1870)에 京都의 勝村治右衛門에서 출간된 豆本은 薄樣이라고 불리는 극히 얇은 종이로 세로 13cm, 가로 9cm, 두께 9mm 정도의 손바닥 크기로 제작되었다. 또한, 江戸 시대 전기 明曆(1655~1657) 즈음에 간행된 것으로 보이는 『圖畵古文眞寶』는 각 작품의 내용에 상응하는 그림을 붙여 詩畵一體로 감상할 수 있게 하였다.100) 明治 시대에 『고문진보』가 독자들에게 얼마나 애독되었는지를 잘 보여주는 예이다.

　『고문진보』는 江戸時代 이래 문인은 물론 일반 士民의 사이에서도 널리 읽혔다.101) 江戸 시대의 문인인 西鶴의 소설 『好色二代男』에는 일본 難波의 色町의 밤 풍경에 창녀들이 줄서서 손님을 부르는 모습을 묘사한 내용 중에, "『고문진보』가 이루어진 모습을 보면, (창녀) 천 삼백여명의 모습을 알 수 있다."102)는 구절이 나온다. 소설에 묘사된

---

98) 山本憲 著, 『文法解釋古文眞寶註釋大全』(UC Berkeley 도서관본), 日本 嵩山堂, 1884.

99) 青木恒三朗 印刷, 『校正古文眞寶獨習』(UC Berkeley 도서관본), 日本 和漢洋書籍, 1882.

100) 林望, 앞의 논문, 335면.

101) 星川淸孝, 「中國古文の 興趣-『古文眞宝後集』お譯注して-」, 『新釋漢文大系』 No1~No44 (東京 明治書院, 1796) 34면.

'(창녀) 천 삼백여명의 모습'은 바로 魁本『고문진보』에 실린 「阿房宮賦」에서 "明星熒熒, 開粧鏡也. 綠雲擾擾, 梳曉鬟也. 渭流漲膩, 棄脂水也. 煙斜霧橫, 焚椒蘭也."[103]라는 내용을 패러디한 것이다. 또한, 같은 江戸 시대의 문인인 芭蕉의 「聯句集」인『江戸兩吟集』의 92구에, "『고문진보』 기운에 꽉 막힌 가을"[104]이라는 내용이 나온다. 이곳에서 말한 '『고문진보』 기운에 꽉 막힌 가을'은 魁本『고문진보』에 실린 「秋風辭」에서 "秋風起兮白雲飛, 草木黃落兮鴈南歸."[105]라는 내용을 패러디 한 것이다. 물론 이와 같은 패러디는 江戸 시대에 일반 士民들이『고문진보』의 내용을 익숙히 알고 있었기에 가능한 것이다.

일본의 한문학은 江戸 시대로 들어와 주자학을 익힌 儒者들에 의해 주도되었고, 자연히 이 시기의 문학관은 유학사상의 규제를 받게 되었다.[106] 江戸 시대 초기를 대표하는 학자였던 藤原惺窩(1561~1619)가 '道外無文, 文外無道.'라고 말한 것에서 보듯이, 당시의 문학관은 載道文學을 충실히 실천하는 것이었다.[107] 그러나 이와 같은 초기의 문학관은 荻生徂徠(1666~1728)에 의해 큰 변화를 겪게 된다. 그는 유학의 전통에서 道라고 말하는 관념으로부터 도덕적 요소를 배제시켜 유학을 정치학으로 순화하였으며, 문학관에 있어서도 '不求諸道而求諸辭.'라는 명제를 제출하였다. 그는 비록『고문진보』는 상업적 이익 때문에 만든 것으로 귀중하게 여길만하지 못하다고 폄하했지만, 古文

---

102) 林望, 앞의 논문, 326면. 재인용. "古文眞寶なる兒つきせずとも, 千三百余人の 姿を見るべし."
103) 『魁本大字諸儒箋解古文眞寶』 권상, 25면, 「阿房宮賦」.
104) 林望, 앞의 논문, 328면. 재인용. "古文眞宝氣のつまる秋."
105) 『魁本大字諸儒箋解古文眞寶』 권상, 7면, 「秋風辭」.
106) 市古貞次 主編, 『日本文學全史-近世』(學燈寺, 1984), 278면.
107) 이노구치 아츠시 저, 심경호·한예원 역, 앞의 책, 282~284면.

辭를 통하여 성인의 도를 발명할 것을 주장하며 宋儒의 잘못을 공언함으로써 문학을 유학에서 독립시키는 전기를 마련하였다.[108] 江戶 시대에 대중사이에서 『고문진보』가 널리 읽힌 것은 위와 같은 문학을 중시하는 학문 풍토에 힘입은 바가 크다.

일반적으로 明治 시대는 洋學이 들어와서 漢學은 쇠퇴했다고 생각하겠지만 사실은 정반대여서, 한시문은 이 시대에 이르러 최고조에 달했다.[109] 魁本 『고문진보』는 江戶 시대를 통해서 일관되게 유행하였으며, 明治 시대에도 그 여세가 이어졌다. 당시에는 『고문진보』에 수록된 문장들이 시대적 요구에 맞추어 해석되기도 하였다. 그 한 예로 梅崖淸士가 明治 17년(1884)에 쓴 「序古文眞寶註釋大全後」를 들 수 있다. 梅崖淸士는 魁本 『후집』에 실린 「憎蒼蠅賦」등의 작품을 주로 世敎와 관련해 풀이하였는데, 특히 「原人」·「郭槖駝傳」·「送薛存義序」는 평등의 뜻과 부합하고 干涉의 해를 분변하여 나라가 민중에서 이루어지는 이치를 푼 것이라고 하였다.[110] 이와 같이 『고문진보』의 내용을 유학적 사유의 틀에서 벗어나 시대의 요구에 따라 다양한 의미로 해석했던 일본의 학문 풍토로 미루어, 작품성이 뛰어나면서도 교훈적인 내용으로 구성된 '談文' 위주의 魁本이 널리 유통된 것은 당연하다 하겠다.

---

108) 이노구치 아츠시 저, 심경호·한예원 역, 앞의 책, 329~330면.

109) 이노구치 아츠시 저, 심경호·한예원 역, 앞의 책, 629면.

110) 梅崖淸士, 『文法解釋古文眞寶註釋大全』(日本 嵩山堂, 1884) 권말, 「序古文眞寶 註釋大全後」, "憎蒼蠅賦疾奸人. … 皆有關於世敎, 而原人·郭槖駝傳·送薛存義序 合平等之義 辨干涉之害, 繹國成於民之理, 爲說之尤醇者, 學者特致意而可矣."

Ⅳ. 맺음말

시문선집은 곳곳에 흩어진 문집을 뒤져 남아 있는 시문을 모으고, 번잡하거나 화려한 문집의 내용을 깎고 다듬어 문학성이 뛰어난 작품을 묶은 것이다. 淸 乾隆 43년(1782)에 나온『사고전서』에 明 萬曆 이전에 나온 선집류 164부 9,720권이 수록되어 있으나, 이곳에『고문진보』는 빠져 있다. 이와 같이『사고전서』에도 실려 있지 않은『고문진보』가 한국과 일본으로 전해져 양국에서 시문학습의 필수 교재로 자리했던 사실로 보아, 3국에서 간행된 3종의『고문진보』는 동아시아 3국에서 성립된 한문학의 실체를 파악하는데 매우 긴요한 자료임이 분명하다.

중국에서 간행된『제유전해고문진보』와『상설고문진보대전』은 수록된 작품의 내용이나 배열 방식이 크게 다르다. 魁本『후집』에 수록된 67편은 작품성이 뛰어나면서도 교훈적인 내용을 정선한 것이다. 이 책은 명대에 孝宗과 神宗이 칙명을 내려 간행할 정도로 황제의 名敎 사업에 중요한 몫을 담당하였다. 이와 달리 大全本『후집』은 詞章의 문을 익혀 氣骨을 왕성하게 하고 理學의 문을 읽어 淵源을 깊게 체득할 수 있는 작품을 모아 놓았다. 따라서 이 책은 주로 명대에 도문일치에 기초한 도학적 문학관을 지향했던 문인 학자들 사이에서 유통되었다. 그러나 청대에 들어서면서 3종의『고문진보』는 모두 종적을 감추고 말았다. 명대에 시대적 요구에 부응해 '談文' 위주로 통치 이념을 공고화하거나, '談理' 중심으로 도학적 문학관을 구현하는데 기여했던 두 책은 이미 그 존재 이유를 상실했던 것이다.

조선에서 大全本『고문진보』가 유행한 데에는 주자학이 토착 개화한 것과 깊은 관련이 있다. 고려 말에 중국에서 들어온 주자학은 사

림파 대두를 고비로 道가 보다 내재화되었고, 문학관에 있어서도 주
자학적 道文一致觀이 한층 강화된 형태로 표방되었다.[111] 明의 예겸
이 조선에 전한 大全本은 고도의 철학적 사유에 기초한 도학적 문학
관이 주도면밀하게 적용되어 있어, 文以載道를 중심으로 한 도문일치
를 지향했던 조선시대의 문인 학자들이 문장을 익히는 교재로 삼기에
적합하였다. 조선의 문인 학자들은 元의 陳樵이 기골이 왕성하고 理
學의 연원을 갖춘 문장을 정선해 수록한 大全本에 대하여, 도학적 사
유를 토대로 형성된 심미의식에 기초해 작품과 주석을 면밀하게 검토
하였고, 『고문진보』는 이 과정에서 자연스럽게 道文一致를 구현한 載
道文學의 전형 모델로 자리하게 되었다.

일본에서 魁本 『고문진보』가 유통된 것은 주자학이 수입 변용된 것
과 깊이 관련되어 있다. 五山의 선승들에 의해 수입된 주자학은 江戸
시대 중기에 이르러 荻生徂來에 의해 유학에서 말하는 道의 관념에서
도덕적 요소가 배제되었다. 이로 인해 문학 또한 초기의 경색된 주자
학적 문학관에서 벗어나 문학이 유학에서 독립되는 전기가 마련되었
다. 이로부터 魁本은 江戸 시대의 저명한 문인들의 작품 속에 종종 패
러디되거나, 근대에 이르기까지 작품에 대한 해석이 시대의 요구에
맞추어 다양하게 변용되기도 하였다. 이로 인해 魁本은 현대까지 매
년 1권 이상의 신간본이 세상에 나올 정도로 인기를 구가하고 있다.
이와 같은 일본의 문학 풍토에서 중국시문의 기초 교양서로 작품성이
뛰어나면서도 교훈적인 내용을 정선해 수록한 '談文' 위주의 魁本이
널리 읽힌 것은 당연한 결과이다.

동아시아 3국이 모두 한자를 표기 수단으로 삼아 성립된 한문학은

---

111) 李東歡, 「조선후기 문학사상과 문체의 변이」, 『韓國文學硏究入門』(지식산업
    사, 1982), 292면.

그 전개 양상이 서로 다르다. 문학을 담당한 계층이 서로 다르고, 문학
작품에 내재한 철학적 사유가 서로 다르다. 따라서 3국에서 산출된
작품의 내용이나 수준 또한 서로 다르다. 본 연구에서는 중국에서 간
행된 수많은 시문선집 가운데 서로 다른 내용으로 구성된 3종의『고문
진보』가 3국에서 다양하게 유통된 것을 통하여, 동시대 동아시아 3국
에서 구현된 한문학의 존재 방식이 어떠했는지 확인하였다. 이와 같은
연구는 궁극적으로 동아시아 3국이 공유했던 한문학의 보편 문학적
성격과 함께, 서로 다른 학문적 풍토 아래 자생해온 3국 한문학의 민
족 문학적 성격을 파악할 수 있다는 점에서 그 의의가 적지 않을 것으
로 생각된다.

참고문헌

『詳說古文眞寶大全』, UC Berkeley 도서관본.

『諸儒箋解古文眞寶』, Princeton대 도서관본.

『魁本大字諸儒箋解古文眞寶』, UC Berkeley 도서관본.

『文法解釋古文眞寶註釋大全』, 日本 嵩山堂, 1884.

『校正古文眞寶獨習』, 日本 和漢洋書籍, 1882.

『端宗實錄』, 『조선왕조실록』 16책.

『中宗實錄』, 『조선왕조실록』 17책.

『宣祖實錄』, 『조선왕조실록』 21책.

昭通, 『文選』, 『문연각사고전서』 1329책.

孫緖, 『沙溪集』, 『문연각사고전서』 1264책.

永瑢, 『四庫全書總目』, 『문연각사고전서』 1책.

倪謙, 『倪文僖集』, 『문연각사고전서』 1245책.

于敏中, 『欽定天祿琳琅書目』, 『문연각사고전서』 675책.

李昉, 『文苑英華』, 『문연각사고전서』 1333책.

曹鄴, 『曹祠部集』, 『문연각사고전서』 1038책.

周弼, 『三體唐詩』, 『문연각사고전서』 1538책.

朱熹, 『原本韓集考異』, 『문연각사고전서』 1073책.

高尙顔, 『泰村集』, 『한국문집총간』 59책.

權諰, 『炭翁集』, 『한국문집총간』 104책.

奇大升, 『高峯集』, 『한국문집총간』 40책.

金隆, 『勿巖集』, 『한국문집총간』 38책.

金時習, 『梅月堂集』, 『한국문집총간』 13책.

金昌業, 『老稼齋燕行日記』, 민족문화추진회.

閔維重, 『文貞公遺稿』, 『한국문집총간』 137책.

成文濬, 『滄浪集』, 『한국문집총간』 64책.

蘇斗山, 『月州集』, 『한국문집총간』 16책.

申欽, 『象村稿』, 『한국문집총간』 71책.

柳夢寅, 『於于野譚』, 경문사.

柳壽垣, 『迂書』, 민족문화추진회.

柳希春, 『眉巖集』, 『한국문집총간』 34책.

李德弘, 『艮齋集』, 『韓國文集總刊』 51책.

李植, 『澤堂集』, 『한국문집총간』 71책.

李宜顯, 『陶谷集』, 『한국문집총간』 181책.

田祿生, 『埜隱逸稿』, 『한국문집총간』 3책.

鄭士龍, 『湖陰雜稿』, 『한국문집총간』 25책.

車天輅, 『五山說林草藁』, 민족문화추진회.

許筠, 『惺所覆瓿稿』, 『한국문집총간』 32책.

洪暹, 『忍齋集』, 『한국문집총간』 32책.

金崙壽(1988), 「『詳說古文眞寶大全』과 『批點古文』」, 『중국어문학』 제15집, 영남어
    문학회.

심경호(2004), 「조선전기 註解本 간행과 문헌 가공에 대하여」, 『大東漢文學』 제22집,
    대동한문학회.

李東歡(1982), 「조선후기 문학사상과 문체의 변이」, 『韓國文學硏究入門』, 지식산업사.

鄭載喆(2003), 「『상설고문진보대전』 연구」, 『韓國漢文學硏究』 제32집, 한국한문학회.

_____(2005), 「退溪의 『古文前集講解』 연구」, 『退溪學報』 제17집, 퇴계학연구원.

鄭載喆(2003), 「朱熹의 『韓文考異』 연구」, 『東洋學』 제34집, 단국대학교 동양학연

구소.

鄭惠京(2000), 「『古文眞寶』在東亞的傳播研究」, 北京大學 碩士學位論文.

黃渭周(2005), 「한국한문학 연구의 몇 가지 과제」, 『大同漢文學』제22집, 대동한문
학회.

梅崖淸士(1984), 『文法解釋古文眞寶註釋大全』, 日本 嵩山堂.

山口謠司(1998), 「寬永二十一年刊 『古文眞寶』とその覆刻本について」, 『東洋文化』
復刊 81, 無窮會.

市古貞次 主編(1978), 『日本文學全史-近世-』, 學燈社.

星川淸孝(1976), 「中國古文の 興趣-『古文眞宝後集』お譯注して-」, 『新釋漢文大系』
No1~No44, 東京 明治書院.

이노구치 아츠시 저, 심경호・한예원 역(2000), 『일본한문학사』, 소명출판.

林望(1938), 「古文眞宝なる顔つき-西學と芭蕉の基礎敎養」, 『現代27호』11月, 講談社.

이 글은『漢文敎育研究』제26호(韓國漢文敎育學會, 2006)에 수록한 논문을 재수록한 것이다.

蒙學敎材로서의 千字文

金鉉奎

Ⅰ. 序論

1. 千字文 小史

千字文이라는 用語를 우리나라에서는, 周興嗣가 만들었다고 하는 4 언 250구의 古體詩를 指稱하는 것으로 使用되어 왔다. 그래서 一般的 으로 千字文이라고 하면 周興嗣의 千字文으로 通用되어 왔다. (이 論文 에서도 千字文이라고 할 때에는 모두 周興嗣의 千字文을 가리키는 것이다.)

그러나 千字文이 처음 만들어졌던 中國에서는 千字로 만들어진 詩 의 形式을 가리켜 하나의 詩의 形態로 認識하고 있는 듯하다. 예를 들 어, 日本 東京大學 所藏書 중에서 '皇上七旬萬壽千字文'이라고 하는 七旬 紀念 頌祝詩가 發見되는데, 이것이 千字文의 用途를 잘 나타내 주는 것이라 생각된다. 그 외에 明나라 때 周履靖이라는 사람이 지었 다고 하는 廣千字 및 易千字와 같은 千字文들이 傳해지고 있다.

千字文이 처음 누구에 依하여, 어떤 動機로 만들어졌는지 確實한 根據는 찾을 수가 없었다. 단지 몇 가지 傳하여 오는 이야기가 있을 뿐이다.

朝鮮 肅宗 年間에 만들어진 '御製千字文'이 있는데 이 책의 序文에 다음과 같이 적고 있다.

> 千字는 梁나라에 周興嗣가 편찬한 것이다. 옛날 梁나라의 武帝가 殷
> 鐵石이라는 사람에게 命하여 鍾의 王書 중에서 千字를 重複되지 않게
> 베끼게 하였다. 그러나 매 글자가 번거롭고 順序가 없었다. 이에 周興
> 嗣로 하여금 그것을 韻하게 하였더니, 하루 동안 그 글자들을 꿰맞추
> 었고 머리터럭이 모두 하얗게 변하였다.[1]

이 周興嗣의 千字文이 우리나라에 傳來되고, 普及되면서 퍼져나갔
으리라 推測된다. 그러나 어느 時期에 들어왔는지 알 수 없고, 日本의
記錄으로 古事記와 續日本記에 '百濟의 王仁이라는 승려가 論語 10권
과 千字文(周興嗣의 千字文이 아니라 鍾 千字文이라고 하나 正確하게 알 수
없다) 1권을 가지고 日本에 와서 가르쳤'라고 적고 있다. 이 記錄의
信憑性에는 疑心이 가기는 하지만, 아무튼 상당히 오래 전부터 千字
文이 우리나라에 普及되었던 것 같다.

앞에서도 言及했지만, 中國에서 千字文의 用途는 詩의 한 形式으로
쓰였던 듯하지만 우리나라에서의 用途는 다른 것이 없다. 書藝의 學
習用이든, 漢文 學習用이든 모두 敎育用이라는 데에는 異見이 없을
것이다.

現在 發見되고 있는 最古의 千字文은 高麗末期의 것으로 推測되는
것으로, 中國 元나라 때 智永禪士의 글씨를 拓本한 것으로 周씨의 千
字文을 쓴 것이다. 비록 우리나라에서 刊行된 것은 아닐지라도 어떤

---

1) "千字一書卽梁朝周興嗣之所選也　昔武制教諸王書令殷鐵石于鍾王書中揀一千字
不重字　每字片紙雜碎無序　領興嗣韻之　興嗣編綴於一日之內鬢髮爲之盡白"

經路로 들어왔는지, 무슨 目的으로 들여왔는지 가늠해 볼 수 있는 端緒가 된다.

高麗와 朝鮮 初期에는 智永禪士의 智永千字와 松雪體의 趙字昂千字가 많이 보급되고 學習되어서, 우리나라의 書體에 가장 큰 影響을 주었다. 이 두 책은 周興嗣의 千字文을 각자의 書體로 쓴 것인데 中國에서도 書藝에 있어서 가장 重要한 書藝學習用 千字文으로 불리고 있다.

朝鮮 前期까지는 中國人들에 依하여 만들어진 千字文 書籍을 많이 使用하였으나, 訓民正音이 頒布되고 實用化되면서, 千字文의 각 글자에 訓과 音을 넣는 우리나라만의 독특한 學習 敎材用의 千字文이 널리 쓰이기 始作하였다. 특히 壬辰亂 직전 宣祖의 명을 받아 韓石峯에 依하여 글씨와 한글 釋音(訓音)을 써 넣었던 石峰千字文이 刊行되어 우리나라를 代表하는 千字文이 되었다.

朝鮮 後期에 오면, 한 개의 漢字에 한 개의 釋音을 넣는 石峰千字文의 형태가 아니라, 한 개의 漢字에 여러 개의 뜻을 넣는 일종의 玉篇式 千字文이 나오게 된다. 여기서 더 發展하여, 각 漢字의 음과 뜻뿐만 아니라 句節의 註釋까지 붙인 綜合的, 多角的 用途를 지닌 註釋 千字文이 出現한다. (千字文은 원래 4언 250구의 古詩로 각 句는 中國의 歷史를 記錄한 故事이므로 註釋 없이 初讀者가 理解하기는 불가능하다.)

더 나아가, 漢文 學習의 成熟과 時代的인 民族 主體意識에 편승하여, 中國에서 만들어진 周興嗣의 千字文이 아니라, 內容이나 漢字도 우리의 實情에 맞게 새롭게 만들어진 千字文이 나오게 된다. 이것들은 대부분, 4언 250구의 서로 다른 千字로 構成되는 千字文과 形態는 같지만 內容은 周興嗣의 千字文과 전혀 다르다.

이상이 대략 살펴본 千字文의 變遷이다.

2. 問題 提起

우리나라에 文字가 輸入되고, 그 漢字에 依하여 여러 種類의 書籍들이 수없이 刊行되었다. 그 가운데에, 漢字 輸入 段階에서부터 우리 문자가 사용되기 전까지, 즉 漢文이 公式 文字로 通用되던 時期에 있어서 가장 많이 또 가장 널리 만들어지고 使用된 書籍은 '千字文'이다.

이 千字文의 使用 用途는 敎育用이었다. 당시에 文字의 表記 手段이었던 漢字를 學習하기 위하여 初級段階의 敎育 敎材로 千字文을 使用하였던 것이다. 때문에 글을 익히는 사람이라면 누구나 千字文을 使用하였기에 오랫동안, 또 넓은 地域에 걸쳐서 普及되고 刊行되었던 것이다. 그런데 여기에서 두 가지 疑問點이 있다.

첫 번째로는, 漢字가 우리나라에 들어오고 수천 년이 지났다. 또한 輸入만 된 것이 아니라, 모든 文字 生活의 表記 手段으로 漢字가 定着되었다. 그렇다면 우리의 文化가 成熟 發達하면서 당연히, 漢文 내지 漢字의 使用 水準도 상당히 向上되었을 것이고 文字의 敎育도 時代가 變함에 따라 점점 變化되었을 것이다. 그러나 이상하게도 敎育 産物의 總集合體인 敎育敎材는 수천 년 동안 變하지 않고 千字文이 使用되었다. 그렇다면 우리나라에 있어서 漢文敎育은 수천 년 동안 停滯된 채, 變化가 없었다는 말인가!

두 번째 疑問點은, 千字文의 敎育的 效用性이 어떠하였기에, 또는 다른 어떤 原因이 있었기에, 보다 專門化되고 어떤 면에 있어서는 千字文보다 뛰어난 다른 初級의 學習敎材들이 16세기를 前後로 出現함에도 불구하고 전혀 千字文의 位置는 달라지지 않았는가 하는 점이다.(뒤에서 言及이 되겠지만, 다른 敎材들의 쓰임은 아주 微微한 程度에 그치고 있다.) 즉 두 번째의 疑問點은 千字文의 學習敎材로서의 效用性

에 關한 것이다.

이상의 疑問들을 가지고 旣存의 刊行된 千字文들을 調査하여 보았다. 過去에 만들어진 여러 種類의 千字文을 찾을 수 있었다. 그러나 우선 부딪히는 問題가 千字文의 書誌的 問題와 資料에 關한 問題였다. 例를 들어서, 壬辰亂 以前에 만들어진 것은 거의 찾을 수가 없었고 朝鮮 後期에 들어서면 너무나 많은 種類의 千字文이 나오는 것에 대하여 놀라지 않을 수 없었다. 때문에 特別한 用途로 만들어진 것이 아니면 筆寫本들은 일단 除外하고, 木版, 石版 내지 活字本으로 刊行된 種類의 것들만 檢討하였다.

千字文의 여러 資料들이, 거의 硏究되거나 檢討조차 되지 못하여 不得不 書誌學 關係 書籍들을[2] 찾아보며, 각 資料들을 檢討하다보니 不正確한 것이 있을 것으로 생각한다.

3. 硏究의 方向

千字文은 여러 分野에 있어서 硏究할 價値가 있다. 크게 나누어 보면, 書誌學의 분야와 國語學의 분야 그리고 漢文敎育의 硏究와 書藝(書體) 分野의 硏究가 可能할 것이다.

그러나 部分的으로 書誌學과 國語學 分野에서만 千字文의 硏究가 있었고, 우리나라 千字文의 機能 중에서 가장 중요하다고 할 수 있는 漢文敎育 分野는 전혀 다루어지지 않고 있었다.

우리나라 千字文을 總體的으로 파악하기 위해서는 무엇보다도 千字文에 있어서 敎育에 대한 考慮가 있어야 할 것이며, 過去의 漢文敎育

---

2) 書誌學 關係 書籍은 柳鐸一의 「韓國 文獻學 硏究」와 諸洪圭의 「韓國 書誌學 辭典」을 參照하였다.

을 硏究하기 위해서도 반드시 千字文에 대한 硏究가 先行되어야 할 것이라 생각한다. 이에 이 論文에서는 千字文에 대한 敎育的 側面에 초점을 맞추어 展開되는데, 이것은 또한 過去의 漢文敎育에 대한 部分的 硏究이며, 過去의 文化를 理解하는 데에도 一助가 되리라 여긴다.

앞의 問題 提起에서 言及한 두 가지 疑問, 즉 千字文이 오랫동안 敎材로 使用된 理由와 學習 敎材로써의 效用性을 생각하며 모든 千字文의 資料를 檢討하였다. 따라서 이 論文도 두 가지 疑問에 대한 成果일 것이다.

첫번 段落은 千字文이 어떻게 刊行되어 퍼져나가 漢文學習 敎材로 定着되었나를 살펴보고, 둘째 段落은 다른 敎材와 比較하며 學習敎材로서의 效用性을 살피고, 마지막 段落에서는 資料 收集한 千字文의 目錄과 書誌的 事項 등을 影印을 곁들여 붙여 넣었다.

II. 千字文의 種類와 分布

1. 千字文 本文의 檢討

周興嗣가 지었다고 하는 千字文의 文章은 現在 남아 있지 않다. 그러나 그 文章이 어떤 것인지 알 수가 있다. 많은 書藝家들에 依하여 다시 쓰여서 책으로 刊行되거나, 돌에 새겨져 남아있기 때문이다.

그런데 이 古詩로서 千字文이 우리나라에서 敎育用으로 使用되다 보니, 각 漢字 아래에다 訓과 音을 넣는 경우가 있었다. 즉 註釋을 붙인 것이다. 여기서 千字文 본래의 文章은 큰 글씨로 쓰기에 大字라고 하고, 각 漢字 밑의 釋音은 작은 글씨로 적어 넣기 때문에 小字라고

한다. 釋音은 訓民正音이 나오기 以前에는 口訣로 썼을 可能性이 있
으나, 現在 口訣로 釋音을 나타낸 千字文은 現存하는 것은 없고, 모두
가 한글로 적고 있다. 그래서 千字文에서 한글 註釋을 小字라고 쓰기
도 한다.

　大字와 小字가 千字文의 種類를 區分하는데 重要한 要所가 된다고
생각한다.

　예를 들어, 朝鮮 初期 以前에 만들어졌던 千字文은 千字文의 本文
즉 大字만으로 構成되어 있다. 때문에 千字文은 有名한 書藝家에 依
해 써진 書藝 法帖이거나 아니면 여러 書體를 모아 둔 一種의 書體
辭典처럼 만들어져 있다. 이 점은 그 當時의 漢字敎育도 그러했다는
證據이기도 하다. 訓民正音 創製 以後로는 大字와 小字가 있는 方式
의 千字文이 流行하였다. 이것은 當時의 千字文 學習이 漢字學習이었
음을 알려주는 것이다. 어떤 種類는 大字에 四聲의 表示가 있어 當時
의 漢字 學習은 漢字의 음과 뜻뿐만 아니라 漢字의 聲音도 익혔다는
것을 짐작하게 한다.

　이와 같이 大字와 小字가 千字文의 種類를 나누는 重要한 要所라
여기고, 이것을 基準으로 하여 千字文을 세 가지 段階로 나누어 볼 수
있다.

　　1段階 – 大字만으로 구성되어 있는 千字文
　　2段階 – 大字와 1~2개의 한글 註釋 小字가 있는 千字文
　　3段階 – 4字의 漢字마다(句마다) 小字의 漢字로 註釋을 붙이고, 각 大
　　　　　字의 漢字 밑에는 玉篇과 같이 여러 개의 한글 字解와 類似語
　　　　　및 相對語, 글자의 淸濁까지 붙인 註釋 千字文

　위의 3段階가 千字文의 重要를 區分하는 要因이기도 하지만, 또 千

字文의 時代的 變遷이기도 하며, 漢文敎育의 段階이기도 하다. 자세한 것은 뒤에 千字文의 種類에서 言及한다.

周氏의 千字文이 刊行되면서 本文에 있어서 (大字가) 時代에 따라 版本에 따라 若干의 變化가 있었다.

164 潔→烈	554 廻→回
827, 828 紡↔績	944 唉→笑
968 劭→邵	980 壯→莊

※ 앞의 숫자는 千字文의 1000字를 順序대로 붙인 一連番號이다.

千字文의 千字는 서로 重疊되지 않게 構成되어 있다. 그러나 어떤 板本에 따라서는 (種類가 많기에 具體的으로 밝히지 않음) 164번 글자와 836번 글자가 "潔"로 重疊되어 있다. 그 외의 글자가 重疊된 것은 없다. 이 潔字에 대하여 李睟光의 「芝峰類說」에 다음과 같은 설명이 있다.

今考其文 唯女慕貞潔 紈扇圓潔 潔字重疊 或曰貞潔之潔當作絜 按秦本記云男女絜誠 樂毅傳云不絜其名 莊子云以絜吾行 蓋古二字通用 今韓濩所書千字文 作貞烈 未知有所考也

554번의 廻와 回는 意味上 同一한 글자이나, 版本에 따라 다르게 表示하고 있다.

827번과 828번의 두 글자도 版本에 따라 順序를 다르게 쓰고 있다. 이에 대하여 李基文은 檀國大 出刊 影印 千字文의 解題에서 "紡績"의 順序가 맞는 것으로 보았으며, 申景澈은 「漢字 字釋 硏究」에서 "績紡"의 順序가 맞는다고 하였다. 또한 崔節勳도 「千字文 字釋 硏究」에서 "績紡"으로 보고 있다. 坊刻本으로 만들어진 註釋千字의 註釋은 이 글자의

順序를 아는 데 도움을 줄 수 있는 글이라 생각되는데 다음과 같다.

妾御妾也 狀自王后織紝 至庶士以下之衣 其夫皆有其職紡績 豈止於 妾此偶不言妻耳

이것으로 보면 "紡績"이 더 順序에 適合하지 않을까 한다.

944번의 글자는 笑의 古字가 唉이므로 두 글자는 同一 漢字로 보는 것이 正確할 것이다.

968번과 980번의 글자는 어떤 理由에서 바뀌어졌는지, 어떤 것이 文脈에 適合한지는 잘 모르겠다.

千字文의 大字가 바뀐 것은 위에서 보았다. 小字의 差異는 즉 한글 訓音의 差異로 國語學의 領域이므로 여기서는 다루지 않겠다.

2. 千字文의 種類

千字文은 그 種類가 千差萬別이어서, 系統을 分類 整理하는 것이 어느 個人의 일로는 成事시키기 어렵다고 생각한다. 그러나 金東旭, 柳鐸一 등에 의한 坊刻本 硏究(그 중 坊刻本 千字文에 대한 것이 있다.) 와, 書誌學 分野에서 각 刊行本의 初刊本을 찾는 작업과 國語學에서 한글 註釋의 千字文硏究 成果 등을 綜合하여 보면 部分的이나마 千字 文의 一端을 살필 수 있다. 거기에다 위에서 취급하지 않았던 千字文 들을 조사하면, 대략적 千字文의 種類를 파악할 수 있다.

위와 같이 하여 調査된 千字文을 檢討하여 보면, 크게 보아 세 가지 로 分類가 된다. 이 分類는 千字文의 敎育的 機能 때문에 發生하는 것 으로, 敎育的 機能의 差異로 인하여 千字文의 形態와 模樣이 다르게 되는 것이다. 즉, 時代가 要求하는 知識에 따라, 漢文의 書體(篆, 隷,

草, 楷)가 要求되는 時期에는 書體 위주로 千字文이 꾸며졌으며, 漢字의 訓과 音을 가르치기 위하여 만들어진 千字文은 漢字學習에 適合하게 構成되었으며, 千字文의 故事 學習을 위하여 句節解釋의 註解千字文이 만들어진다.

앞 장의 "千字文 本文의 檢討"에서 三段階로 千字文을 區分한 바 있다. 거기서 1段階는 大字만으로 構成되고 小字는 없다고 했다. 大字만으로 構成되어 있다는 것은 千字文의 本文으로만 되어 있다는 것과 같은 것이다. 때문에 大字만으로 構成된 千字文은 教育的 機能으로는 書藝나 書體 教本의 千字文인 것이다.

앞에서 말한 三段階는 大字와 小字로 因한 區分이었으나, 千字文을 教育的 機能으로 區分한 것과 일치한다는 것을 알 수 있다. 즉 千字文의 教育的 機能이 千字文이라 이름 붙여진 책의 形態와 種類를 區別하게 만드는 중요한 要所가 된다.

千字文의 教育的 機能은 크게 세 가지로 나눌 수 있는데, ① 書藝教本用(書體 教習用) ②漢文 學習用 ③ 註釋用이다. 이 세 가지 區分으로, 이 論文에서 調査된 모든 千字文을 나누어 보면 다음과 같다. 千字文의 名稱은 지은이의 이름이나, 그 책의 特性이나 刊行 年代, 혹은 所藏者의 이름을 붙이는 경우가 있으나3) 여기서는 千字文 책의 表題

---

3) 現在 通用되고 있는 千字文의 名稱은 다음과 같다. 또한 現在까지 研究 檢討된 千字文도 다음과 같은 것이다.
　大東急本 ; 16세기 중엽에 刊行된 것으로 推定. 日本.
　光州本 ; 한글(小字)이 있는 最古本으로 推定. 1575년 刊行. 日本 東京大學 所藏. 檀國大東洋學研究所 影印.
　國石本 ; 國石千字文. 初刊本으로 推定 (異說이 있음). 日本 公文書館 所藏. 檀國大 東洋學研究所 影印.
　原本石峰千字文 ; 1583년 刊行(?). 박찬성 所藏.
　內閣文庫本 ; 1583년 刊行(?). 日本.

로 名稱을 써서 使用하였다.

1. 書藝 敎本用 (書藝 學習用)
智永草千字. 秦草書千字. 秦草千字. 草書千字. 眞草千字. 三家千字.
五禮千字. 石峯千字. 篆千字文. 篆千字. 河西千字. 秦漢千字. 西體千
字. 眞千字. 黑千字.

2. 漢字 學習用
千字文. 千字. 白首文. 大千字. 小千字. 四字千字. 五字千字. 八字千
字. 十字千字. 御製千字文. 石峰千字文. 諺解千字

3. 註釋書
明本全相註釋千字文. 註釋千字文

3. 千字文의 刊行과 刊行 分布

1) 刊行

初級 敎材로서 千字文이 널리 퍼지게 된 理由에는 學習敎材로서 千
字文의 機能이 우수한 면도 있겠지만, 貫習的으로 使用하게 되는 境
遇도 많이 있을 것이다. 우리나라에서 刊行된 책은 아니지만, 『智永
草千字』란 책의 末尾에 다음과 같은 記錄이 있다.

辛未本 ; 1694년 刊行. 高麗大學 所藏本.
甲戌本 ; 1694년 刊行 서울大學 奎章閣本.
註釋壬申本 ; 1752년 刊行 서울大學 奎章閣本.
註釋甲子本 ; 1804년 刊行 서울大學 奎章閣本.
壬戌本 ; 1862년 刊行 高麗大學 所藏本.
甲午本 ; 1894년 刊行 서울大學 奎章閣本.

지영선사는 왕휘지의 칠대 자손으로 서예의 묘법을 가법으로 전수
받았다. 隨唐 때에 서예를 배우는 사람들이 그를 종주로 삼고 베껴 쓰
니 『眞草千字』이다. 800권이 세상에 퍼졌다. 지영선사가 吳興永欣寺
에 머무를 때, 글씨를 써서 한 섬이 들어가는 커다란 대죽 상자에 넣
어 두었는데, 다섯 상자에 가득하였다. 그가 쓴 千字文을 구하려고 하
는 사람들이 많이 와서 마치 저자거리 같았다. 그래서 그 절의 문지방
이 닳아서 뚫어져 이에 철판으로 그 문지방을 싸니 사람들이 그것을
鐵門限이라고 불렀다. 장안 최씨의 千字文이 그 중 최고의 전적이어
서 그것을 돌에 새겨 두었다.4)

위의 글을 보면, 千字文 중에서 가장 유명한 종류의 하나인 『智永千
字』이 어떻게 퍼지게 되었나를 알려주게 된다. 우리나라에 큰 影響
을 주었던 趙孟頫의 千字文도 智永草千字과 비슷한 동기에 의해서 만
들어지고 있다.5)

이것을 보면 당시에 중국에서는 저명한 書藝家들이 書藝敎本으로
千字文을 使用한 것을 알 수 있다. 中國에서뿐만 아니라 우리나라에
서도 그와 같은 風俗이 보편적으로 行해지고 있었던 것 같다. 有名한
學者나 書藝家들은 대다수 千字文을 만들고 있는데, 栗谷 李珥, 白沙
李恒福, 韓石峯 등이 모두 自身의 글씨를 千字文으로 남기고 있다. 심
지어 朴彭年이 草書로 쓴 千字文을 刊行하였는데, 跋文에서 宋時烈은
이 책을 刊行하는 意圖가 "公의 忠節을 기리기 爲하여 그의 手跡(千字

---

4) "智永禪師王逸少之七代孫妙傳家法 爲隋唐間學書者宗匠寫眞草千文 八百本散於
世江東諸寺名施一本 佳吳興永欣寺 積年臨書所退筆頭置之大竹麓 受一石餘而五
麓皆滿 求書者如市所居限 爲之穿穴 乃用鐵葉裹之 人謂之鐵門限 長安崔氏所藏眞
跡最爲殊絶命工利石置之"(『智永草千字』跋文)
5) 趙松雪이 쓴 千字文은 『眞草千字』인데 자신의 필적을 千字文으로 써서 세상에
700여권을 배포하여 세상에서 書藝敎本으로 松雪의 眞草千字가 널리 퍼졌다.

文)을 만드니, 공을 따르는 後學들은 그것을 보고서 공의 뜻을 숭상하라"[6]고 말하고 있다. 이것을 보면, 당시에 風俗이 글을 하는 사람이라면 한두 편의 千字文을 써서 自身의 筆跡으로 남기고 있다가, 後孫이나 後學들에 의하여 책으로 刊行되는 것이었음을 알 수 있다. 때문에 千字文이 學習의 效果보다는, 오히려 習慣的으로 先祖들이 글씨를 쓴 千字文으로 接하게 되어서 漢文의 初級敎材로는 자연스럽게 千字文이 자리 잡게 되었던 것이다.

대부분의 朝鮮時代 授業의 方法이 家庭에서 이루어지기에 이와 같은 식으로 千字文이 刊行되었지만, 國家에서도 漢文 敎材로 千字文을 普及하는데 積極的이었다. 中宗實錄에 다음과 같은 기록이 있다.

> 傳于政院曰 初讀所用 千字 類合 懸吐小學各二十件 則今印出入內 若於
> 國用不足則數多印出藏拾文武樓可也(中宗實錄 24年 乙丑七月 丙申條)

이것은 왕이 承政院에 내린 교서인데, 漢文의 初讀 敎材인 千字文 類合, 小學 등의 책을 卽時 印刷하여서 궁에 들이고 만약 나라에 使用할 것이 不足하면 더 많이 印刷할 것을 명한 것이다. 이것을 보면 千字文이 初級敎材로 이미 지금의 敎科書처럼 쓰이고 있었고 國家에서는 그 책을 供給하는 것이 國家 文敎의 重要한 일이었음을 알 수 있다. 그러나 여기서 말하고 있는 千字文이 어떤 種類인가는 알지 못한다.

우리나라 千字文에 있어서 가장 널리 쓰여졌고, 알려졌던 것은 石峰千字文이다. 石峰千字文이 나오기 以前에는 주로 筆寫에 의하거나 아니면 위에서 본 것과 같이 家系에서 刊行된 千字文이 주로 쓰여졌을

---

6) "先生手跡之所在而因以稱先生者亦可見後學尊尙之誠矣."(『篆千字文』. 宋時烈 跋文)

것이라 생각한다. (중종 때 刊行해서 國家에서 普及하려 했던 것은, 私見이
지만 中國에서 刊行한 것을 木版으로 베껴서 再刊行했을 可能性이 크다.)

石峰千字文은 1583년 (宣祖 16)에 初刊했던 것인데 以後 몇 번에 걸
쳐서 重刊되었다. 石峰千字文은 우리나라에서 가장 널리 알려져, 千
字文이라 하면 대개 石峰千字文을 가리키는 말로 사용되었을 정도이
다. 石峰千字文이 널리 쓰이게 된 것은 그의 筆體 때문이라고 생각되
는데, 石峰千字文의 종류도 여러 가지가 있다. 여러 서체로 쓴 三家千
字文, 草書로 쓴 千字文, 한글 小字가 있는 千字文 등의 石峰千字文이
있고, 돌에 새긴 것도 現存하고 있다.

石峯의 書體에 대하여 任昌淳은 "그는 中人층인 寫書員 出身이나
글씨를 잘 쓰므로 선조의 사랑을 받아 관부의 모든 문자를 도맡아 썼
을 뿐 아니라, 많은 金石文字도 남겼다. 그의 글씨는 石峯體라고 불려
관부의 書寫程式을 이루었다. 그러나 品格이 낮고 格調와 운치가 缺
如되어 前期에 比하여 서법이 쇠퇴하게 되었다. 다만 서체가 寫字員
의 傳統을 이루었고 後代로 내려오면서 字形의 均整을 다듬기 위하여
額眞卿의 多寶塔碑의 형식을 가미하였으니 이것이 우리나라에서 일
반적으로 불리는 寫字員體이며 중국에서는 干祿體라고 이르는 것이
다."[7]라고 말하고 있다. 사실 그의 글씨는 大字이건 小字이건 글자의
模樣과 크기가 一定하여 마치 活字로 印刷된 것 같다.

千字文과 같은 敎育敎材들은 오랜 세월에 걸쳐서, 또 大量으로 만
들어져야 하기에 그 당시의 기술로는 活字로 印刷하는 것은 그다지
經濟的이지 못했다. 그래서 대개가 목판으로 印刷하고, 斷續하여 重
刊하고 있다. 때문에 石峯의 글씨는 敎科書인 千字文의 글씨에 아주

---

7) 任昌淳, 「韓國의 印本과 書體」, 『民族文化論叢』 第4輯.

적합하였다. 해서 石峰千字文이 刊行된 이후로, 國家에서 쓰는 千字文은 거의가 石峰千字文이었고, 개인이 刊行하는 千字文도 石峰千字文의 글씨를 모방한 것이 主流를 이루었다.

朝鮮 後期에 들어서면 商業性을 띤 出版業이 盛行하는데, 그들에 依해 出刊되는 판본을 坊刻本이라고 한다.[8) 그런데 이 坊刻本은 商業性을 가지고 있기에 잘 팔릴 수 있는 것이어야 했다. 해서 대부분 坊刻本은 흥미 있는 소설이거나, 아니면 누구나 필요한 初學의 漢文敎材로 만들어졌다. 安春根, 金東旭에 의하여 찾아진 坊刻本 千字文의 目錄은 다음과 같다.9)

> 千字文
> 崇禎百七十七甲子(1804) 京城 廣通房 新刊 南陽洪秦運書
> 千字文
> 道光丁未仲春(1847) 由洞重刊
> 千字文
> 同治甲子(1864) 武橋刊
> 千字文
> (1861) (1872) 完山重刊
> 千字文
> (1905) 紫巖新刊
> 千字文
> (1919) 京城 天一書館
> 千字文
> (1916) 京城 翰南書林
> 圖象註解千字文

---

8) 前間慕作,「朝鮮の板本」.

9) 金東旭,「坊刻本에 대하여」,『東方學志』.

(1917) 경성 趙慶勳家

註解千字文

(1913) 大邱 在田堂書館

三體註釋千字文

(1916) 京城 滙東書館

위의 坊刻本 千字文들은 이전에 官에 의하여 주도된 千字文보다 質이 많이 떨어져 글씨체도 대개가 石峯의 寫字體이거나 조악한 글씨로 (旣存의 千字文을 模寫하여) 만들어진 것이 많으며, 註解 千字文이 많은 편이다. 그러나 以前의 千字文보다 質的인 면에서 떨어질지는 모르나 漢文을 大衆化하고 多樣化하는데 防刻本 千字文의 刊行이 寄與한 功勞는 대단히 크다고 본다.

2) 地域的 刊行 分布

千字文의 刊行이 처음에는 個人이나 절에서 敎育의 目的에 의하여 만들어지고, 다음에는 國家에 의하여 主導되다가, 朝鮮 後期에는 商業的 目的에 의한 刊行이 主流가 된다는 것을 앞 장에서 보았다. 그런데 여기서 官이나 公共機關에서 刊行되는 千字文이 아무래도 量的으로 많고 또 넓은 地域에서 만들어졌었을 可能性이 높다. 또한 千字文의 刊行이 대부분 木版으로 印刷되는 경우가 대부분이므로, 만약 각 관청에서 만들어지는 목판의 目錄을 찾는다면 千字文의 地域的 分布나 種類를 짐작할 수 있을 것이다.

이에 韓國精神文化研究院에서 出版한 『韓國册板目錄總覽』을 調査하여 보니 朝鮮時代 각 地域에서 刊行한 千字文의 目錄을 모을 수가 있었다. 그러나 刊行의 時期는 파악할 수 없었고, 몇 판을 찍어냈는지도 알 수 없었다. 단지 地域別 刊行 千字文의 목록만 소개한다. 뒤

에 千字文 외에 다른 漢文 初級敎材의 刊行 목록도 첨부한다. 千字文
의 名稱은 表題를 基準으로 使用하였다.

千字文의 地域別 刊行 目錄

地域 (道)	刊行機關 地域	刊行된 千字文의 表題
서울	校書館	千字文
京畿	廣州 南漢山	大千字 大千字文 小千字
	北漢山	千字文
	朔寧	御筆千字
忠淸	珍山	千字 韓濩千字
慶尙	慶尙監營	大千字 大千字文 千字
	慶州	眞草書千字 眞草千字 千字文 草書千字
	錦山	篆千字
	金海	大千字文 千字 千字文 韓濩千字
	晉州	百字千字 草書千字
	昌原	草千字
	淸道	大千字 小千者 千字 千字文 草書千字
	統營	千字文 韓濩千字文
	密陽	千字
	比安	眞草千字
	比安	眞草千字
	山淸	注千字
	尙州	千字
	星州	大千字 千字 千字文 楷草千字
	盈德	千字千字
	安東	四字千字 五字千字 千字 八字千字
	榮州	千字
	永州	四字千字
	蔚山	千字
	義城	四字千字
全羅	全羅左水營	篆千字
	羅州	草千字
	南原	大千字 百字千字 眞草書千字 眞草千字 千字 草書千字
	同福	黑千字
	武安	大千字

	武安	大千字
	茂長	四字千字 小千字
	寶城	千字
	淳昌	大千字 大字千字
	順天	千字
全羅	靈光	篆千字 韓濩千字
	靈巖	千字
	長興	大千字 千字
	全州	大千字 千字 草千字
	濟州	篆千字文 千字 千字文 草千字
	泰仁	篆千字
江原	旌善	眞草千字
	平海	眞千字
黃海	海州	篆千字
平安	成州	千字
	平壤	大字千字
咸鏡	咸鏡監營	韓濩千字
	端川	千字

千字文 외에 다른 初級敎材의 地域的 刊行 分布

道	刊行機關 地域	千字文 외에 다른 初級敎材
서울	校書館	童蒙先習
忠淸	淸州	童蒙須知
慶尙	巨濟	童蒙先習 白玉峰光勳訓蒙字會 訓蒙字集 訓蒙字論 訓蒙字訓
	居昌	訓義小學諺解
	慶尙 監營	擊蒙要訣
	慶州	童蒙先習
	昆陽	童蒙先習
	南海	童蒙先習
	聖州	啓蒙習字
	榮州	字訓
	寧海	童子習
	禮安	啓蒙集 童蒙先習
	義興	童蒙先習
	晉州	童蒙譯解 類合
	淸道	類合

京畿	北漢山	小學指事
全羅	高山	童蒙先習 訓蒙字會
	光州	童蒙先習
	羅州	蒙訓書
	茂長	類合
	寶城	類合
	順天	擊蒙要訣
	龍潭	童蒙要訣
	全羅 右水營	擊蒙要訣
	全羅 左水營	擊蒙要訣
	全州	啓蒙 童蒙先習 類合
江原	三陟	擊蒙要訣
	旌善	蒙訓須知
黃海	鳳山	童蒙先習
	端興	童子習
	海州	新增類合
平安	平安 監營	擊蒙要訣 童蒙須知
	平壤	童蒙先習 童蒙須知
咸鏡	咸鏡 監營	擊蒙要訣 童蒙須知
	端川	童蒙先習

Ⅲ. 初級敎材로서의 千字文

1. 學習敎材로서의 千字文

過去 初級 敎育이 이루어지고 있던 書堂에서 千字文을 가지고 어떻게 學習하였을까? 이 물음에 대한 解答이 李東勸의「韓國文敎風俗史」에 仔細히 記錄되어 있다.10)

처음 千字文을 배우는 學童들은 매 글자를 한 자 한 자 짚어가며 음과 뜻을 익힌다. 그리고는 千字文의 각 故事들의 說明을 듣는다. 每

---

10) 이공권,「한국문교풍속사」,『한국문화사대계』Ⅳ.

日 배우는 것은 암기하고 다음날 확인하고 나서 진도를 나간다.

이것을 참고하면, 千字文의 學習要所를 대략 세 가지로 볼 수 있는데 첫째 漢字의 字體에 대한 學習, 둘째 漢字의 음 뜻의 學習, 셋째 故事 및 古詩에 대한 學習이다. 여기서 千字文의 種類 중에서 상당수가 漢字의 字體(書體)에 대한 學習用으로 만들어져 있고, 漢字의 음과 뜻에 대한 學習은 一般 兒童들의 學習에 가장 많이 쓰이는 千字文이다. 그리고 故事나 古詩의 學習에 관한 千字文으로는 註解千字文이 쓰였었다.

朝鮮時代에 千字文이 敎育되는 것을 보고 憂慮하는 學者들이 상당히 많이 있었는데, 그들이 憂慮하는 점이 바로 千字文을 漢字 學習用으로만 사용하는 데 있었다. 李東歡 先生의 지적대로 서당의 訓長들의 水準이 大概가 千字文의 漢字나 알 수 있는 정도에 그치고 있어 보다 深化된 敎育을 하기에는 어려운 점이 많았을 것이다. 때문에 대개의 千字文의 學習이 漢字의 學習으로 그치고 말았다.

吳始復이 序文을 쓴 御製千字文 속에 "每當通讀之際 不惟只識字訓而已 必須反覆紬 觸類而長之"라는 말이 있다. 이것을 풀이하면

> 매양 千字文을 학습할 때 글의 뜻은 생각하지 않고 다만 글자의 뜻만 알고자 할 뿐이다. 그러니 반드시 실마리를 뽑아내어 찾는 것과 같이 글자의 비슷한 말, 관계되는 말을 찾아가며 반복 學習하라.

잘못된 千字文의 漢字學習 方法에 대하여 충고하고 있다. 이 글 외에도 이 점을 지적하고 있는 것은 많이 있으나 뒤에서 다시 다루고 있다.

漢字의 學習에 있어서, 지금의 한자교육에서는 중요한 문제가 아닐지 몰라도, 過去의 漢字敎育은 漢文의 書體를 익히는 것이 重要한 課

題였을 것이다. 千字文이 基本的인 漢字로 構成되어 있어, 千字文을
만들 때 각 글자마다 여러 서체를 모으면 훌륭한 서체 사전으로도 사
용이 가능한 것이다. 더구나 많은 書藝家나 學者들이 千字文을 만들
고 있기에 더욱 훌륭한 敎材로 適合했다.

원래 千字文은 4言으로 구성된 古詩이다. 그래서 千字文의 句節들
을 살펴보면 8言째의 마지막 글자마다 徹底히 韻을 맞추고 있어서
250句 가운데 이 形式을 벗어나는 句節은 하나도 없다. 千字文의 내
용은 中國의 歷史的 史實을 時代順으로 構成하고 있는데, 내용 구성
상 19, 20, 24, 26번째 句가 글자의 순서를 바꾸고 있다. 즉 龍師火帝
鳥官人星은 人星鳥官 龍師火帝로 有虞陶唐은 陶唐有虞로 周發殷湯은
殷湯周發로 써야 순서가 맞는다. 그러나 押韻하기 위하여 순서를 바
꾸고 있는 것이다. 이것처럼 철저히 詩의 형식을 갖추고 있다. 그래
서 社會的으로 詩가 重要하게 취급되는 當時의 사람들에게 千字文은
좋은 詩의 學習敎材를 提供하고 있는 것이다. 그러나 千字文을 배우
는 사람들의 연령층이 10歲 前後임을 감안할 때 千字文이 詩의 學習
敎材로서 얼마나 효과가 있었을까는 懷疑的이다.

千字文의 學習의 要所 중에 故事를 담고 있다는 점도 있다. 이것이
千字文이 敎材로서 卓越한 면이기도 하다. 예를 들어 千字文보다 漢
字 학습 면에서 長點이 더 많은 訓蒙字會나 類合이 千字文을 代替하
지 못한 원인이 바로 이 故事가 없다는 점이었다. 그러나 故事의 內容
을 보면 偏僻된 것이 흠이라 생각된다.

學習의 段階에 있어서는 大體的으로 千字文, 類合, 小學, 通鑑의 순
으로 學習하는 것이 一般的인 學習의 段階라 여겨진다. 이 順序 속에
서 千字文의 學習役割은 基本漢字의 學習이라 생각할 수 있고, 여기
서 모자라는 漢字는 類合에서 보충하려 했다. 왜냐하면 千字文은

1,000자의 漢字로 段階없이 構成되어 있으나, 類合(現在 남아 있는 것은 모두 19C 以後의 것으로 그 以前의 것은 傳하지 않고 있다.)은 1,518字로 구성되어 있으나 漢字가 체계적으로 구성되어 있어 漢字의 學習에는 千字文보다 上位의 敎材라 생각된다.

2. 千字文에 대한 評價

漢文의 初級敎材로서 千字文에 대한 短點이 여러 學者들에 依하여 指摘되었으며 또한 千字文을 代替할 만한 다른 敎材를 편찬하는 일도 적지 않게 試圖되었다. 時期로는 16세기경에 가장 활발하였는데, 물론 그 이전에도 千字文이 아닌 다른 初級敎材들이 있었다는 것은 古文獻 속에서 가끔 찾을 수 있지만 現存하는 것은 없다. 初學字會나 類合이 그런 種類의 것이 아닌가 한다.

千字文을 代替할 새로운 敎材를 만들려고 할 境遇에 무엇보다도 먼저 해야 할 것이 千字文 學習의 短點을 찾아 그 점을 補完하는 것이 順序일 것이다. 때문에 訓蒙字會나 新增類合과 같은 책들의 序文에 千字文에 대한 評價가 있고, 千字文 學習의 短點을 指摘하며 그것을 補完하려 했는데 이것이 또한 바로 그 책들의 편찬동기가 되는 것이기도 하다.

崔世珍(成宗~中宗, 16C)이 편찬한 訓蒙字會引에서 千字文에 대한 評價를 보자.(類合에 대한 사항은 省略함.)

세상에 兒童들에게 글을 가르치는 집에서는 반드시 먼저 千字文을 하고 다음에 類合을 한 다음에 비로소 책을 읽기 시작한다. 千字文은 양의 주흥사가 편찬한 것으로 故事를 잘 취하여 배열하였으므로 문장으로는 매우 좋다. 그러나 아동들이 이를 배움에 겨우 글자만을 익힐 따름이니 어찌 故事와 屬文의 뜻을 익힐 수 있겠는가? …省略… 지금

배우는 아동들이 천자나 유합을 익히고 경사제서에 이르러도 단지 글
자는 알지만 글자가 가리키는 물건을 알지 못한다.[11]

여기서 崔世珍은 千字文이 故事를 잘 摘取하여 詩로 만들었기에 훌
륭한 文章이라 했다. 千字文 自體의 文章은 훌륭하지만, 兒童들이 배
울 때는 故事나 屬文에 대해서는 이해하지 못한다는 것이다. 그렇기
때문에 아동들이 배우는 초급 교재로서는 千字文이 적합하지 않다고
주장하고 있다.

그리고 類合을 지적해서 虛字가 많고 實字가 적다라고 평하고 있
다. 그래서 千字文이나 類合의 한자는 虛字가 많아, 그 책들을 익히다
보면 事物 形名의 實狀을 배우게 하는 實字를 익히지 못하게 되고 그
렇게 되면 그 글자만을 알고 그 글자가 가리키는 實物은 알지 못하게
된다는 것을 주장하고 있다.

漢文敎育을 바라보는 崔世珍의 思慮있고 깊이 있는 忠告가 아닐 수
없다. 위에서 指摘한 短點을 補完하여 訓蒙字會는 거의 모든 漢字가
實字로 構成되어 있다. 그러나 私見이기는 하지만, 漢字를 배우는 目
的은 궁극적으로 漢文의 文章을 이해하기 위한 것이다. 때문에 문장
속에서 중요하게 쓰이는 虛字는 알아야 한다. 오히려 문장을 이해하
는데 虛字는 보다 중요하게 취급되어야 함에도 訓蒙字會는 중요한 허
자들을 모두 빼고 있다. 附言한다면 어린 學童들에게 삼천여 개의 漢
字를 아무런 意味없이 외우게 한다면 얼마나 지루할 것인가! 이런 점
에서 訓蒙字會는 실패작이라고 할 수 있다.

千字文의 漢字 構成에 있어서 實字와 虛字의 構成을 살피는 것은 無

---

11) "世之敎童幼學書家 必先千字 次及類合 然後始讀諸書矣 千字梁朝散騎常侍周興
嗣所選也 摘取故事排比爲文則善矣 其在童穉之習 僅得字而已 安能識察故事屬文之
義乎 …省略… 今之敎童穉者 習千字類合 以至讀遍輕史諸書 只解其字"(訓蒙字會引)

意味하다고 생각한다. 千字文이 가장 기초적인 교재라면 千字文이 構成하고 있는 漢字가 漢文에 있어서 얼마나 基本的인 漢字로 만들어져 있는가를 파악하는 것이 오히려 더 重要할 것이다.

千字文에는 1,000字의 글자가 중첩되지 않고 排列되어 있다. 千字의 글자는 가장 基本的인 글자로 構成된 것은 아니다. 오히려 상당히 僻진 글자가 많이 있다. 客觀性을 갖기 위하여 千字文의 千字를 訓蒙字會와 新增類合에 있는 漢字들과 比較하여 보니, 千字文에 있는 漢字로 두 책에 있는 共通 글자는 515자뿐이었다. 이것만 가지고 判斷한다면 千字文의 漢字構成은 상당히 좋지 못하다는 結論이 나온다.

千字文이 初級敎材로 使用하기에 不適合하다고 强力하게 主張한 사람이 있는데, 朝鮮 後期에 實學者인 茶山 丁若鏞은 「千文評」이라는 글을 通해 다음과 같이 말하고 있다.

> "文字"라고 하는 것은 만물을 구분짓게 하는 데 있다. 사물의 모양이나 實情 혹은 그 쓰이는 일에 따라 문자가 구분되어지는 것이다. (그래서 문자를 공부하는 방법은) 관련이 되는 글자를 비교하여, 비슷한 의미의 글자들은 어떤 차이가 있는지 또 반대의 뜻을 가진 것은 어떻게 다른지를 알아야 문심이 통하게 되는 것이다.[12]

여기서 茶山은 崔世珍이 지적하고 있는 漢字 學習의 방법과 相通하는 것을 提示하고 있다. 그러나 方法的인 差異가 있어, 崔世珍은 實字를 익히는 것을 强調하였으나 茶山은 關聯이 되는 글자를 서로 比較하여 工夫해야 그 글자의 뜻을 正確히 알 수 있다고 말하고 있다.

다산은 千字文이 學習用으로 왜 부적합한가를 구체적으로 설명하

---

12) "文字之興所以類萬物也 或以其形 或以其情 或以其事 必觸類而旁通之竭其族 別其異而後 其情理燦然而文心慧竇於是乎開發"

고 있는데 "天과 地字를 배우면서 日, 月, 星, 辰, 山, 天, 丘, 陵과 같은 글자들을 알지 못하여 잠시 버려 두어라 하고 이야기한다. 또 五色을 배우면서 玄, 黃의 글자는 배우고 靑, 赤, 黑, 白, 紅, 紫, 綠의 글자를 배우지 않는다."라고 말하고 있다.

日, 月, 山의 漢字는 基本的인 漢字이다. 그러나 원래 千字文이 學習用으로 편찬된 것이 아니기 때문에 기본적인 이런 글자들이 상당히 누락되어 있다. 또한 千字文이 詩로 지어진 文章이기에 漢字의 구성이 학습적 효과를 전혀 쓸모가 없다고 하여 "故讀千字 已猶一字不知也"라고 극단적으로 千字文의 不效用을 主張하고 있다. 해서 茶山이 初級 學習敎材로 「兒學篇」이라는 책을 편찬하고 있다. 이 「兒學篇」은 훈몽자회와 같이 識字를 위한 책인데, 類似字, 相對字 위주로 漢字를 구성하고 있다.

「千字文」의 故事에 대하여 評價한 것으로 『歷代千字文』이라고 하는 朝鮮時代에 우리나라 사람에 依해 편찬된 책의 序文에 "주흥사의 千字文(白首文)은 글이 簡便하지만 줄거리에 系統이 없고 文理가 繼續되지 못하다."고 적고 있다.

千字文이 一般人들에 依하여 廣範圍하게 사용되고 있었으나 漢文敎育에 깊이 硏究한 대개의 학자들은 한결같이 千字文이 初級敎育의 敎材로 使用되는 것에 대하여는 否定的 評價를 내리고 있다.

IV. 結論

千字文은 初級敎材로서 우리나라에서 가장 널리, 또 가장 많이 쓰이고 있는 學習敎材이다. 그러나 千字文이 처음 만들어진 동기가 敎育과는 關係가 없었다. 때문에 전혀 敎育的 考慮가 되어있지 못하다. 단지 千字

의 漢字가 比較的 쉬운 것으로 중첩되지 않게 構成되어 있고, 약간의 故事들로 또 詩의 形式을 빌려 表現하고 있어 複合的인 敎育 機能으로 使用할 수 있다는 점이 敎育 敎材로 千字文을 쓰게 된 理由였을 것이다.

그러나 意識이 있는, 敎材에 깊은 關心을 가지고 있던 몇 명의 학자들은 千字文이 敎育하기에 적합하지 않다는 것을 主張하기도 하고, 새로운 初級의 敎材를 편찬하기도 하였던 것이다. 그러나 그들의 努力에도 不具하고 옛날이나 至今이나 初級敎材로서 帝王의 位置를 千字文은 조금도 흔들리지 않았다. 새로운 敎材를 使用하기보다는 오히려 千字文의 체재를 敎育하기에 適合하도록 바꾸어 버리는 슬기를 祖上들은 發揮하였다.

千字文의 本文에다, 中國의 傳統的 識字 敎材인『急就篇』이나『說文解字』와 같은 玉篇式의 체제를 導入하여, 識字 敎材이며 玉篇式인 敎育用 千字文을 만들고 있는 것이다. 이와 같은 방식은 중국이나 일본의 어느 나라에서도 찾아볼 수 없는 우리나라에만 있는 독특한 方式의 千字文인 것이다.

朝鮮 말에 坊刻本으로 刊行된『註解千字文』은 완벽한 漢文의 敎材로 만들어져 있다. 千字文의 短點이라 생각되어 왔던 基本漢字의 數를, 字解에다 그 漢字의 뜻뿐만 아니라 相對語, 類似語, 活用語 등을 多樣하게 삽입하여 補充하고 있다. 또한 故事에 대한 漢文으로 된 解說, 漢字의 聲調에 대한 지식까지 넣어 둠으로 綜合的이고 體系的인 學習敎材로 손색이 없다.

現在에 있어서도『千字文』, 特히 敎育敎材로 最高調의 結晶體라 할 수 있는『註釋千字文』은 活用에 따라서 보다 훌륭한 敎材로 使用될 수 있다고 생각한다.

千字文 一覽表

　여기에 소개하는 천자문은 필자의 자료 보관 순서에 따라 적고 있다.
　書誌 사항은 刊記가 있는 것은 그대로 적고, 없거나 식별이 어려운
경우에는 적지 않았다.
　刊記나 跋등 書誌 事項을 판독하기 어려운 千字文은 여기 자료에서
제외했음

　明本全相註解千字文
　　刊記: 萬曆十三年乙酉(1585) 孟夏 德明重刊
　　본문 중에 筆寫로 보충한 부분도 있다.
　註解千字文
　　卷末: 崇禎百二十五年(1752) 任申－－－洪聖源書 南漢開元寺
　　글씨: 洪聖源
　註解千字文
　　刊記: 崇禎百七十七季甲子秋京城廣通坊新刊
　　글씨: 洪泰運
　智永草千字
　　卷末: 至正八年(1348) －－元明善題
　　歲康申－－－完府之 溪南山房
　　府錄이 있다.
　醉琴先生千字文遺筆
　　글씨: 朴彭年
　　跋文: 宋時烈
　千字文
　　卷末: 正十三年(1735) 乙卯三月日月城后人李茂實書－－
　光緒二十年(1894) 甲午五月日五代孫東珍四刊
　石峯千字文

萬曆十一年(1583) 七月日 內賜司諫院大司諫朴承任 千字文一件 命
除謝恩

初刊本으로 추정된다.

石峯千字文 (日本 國立公文書館本)

萬曆十一年(1583) 正月日副司果臣韓 奉敎書

石峯千字文 (高麗 大學校 圖書館 所藏本)

御製千字文으로 辛夫重刊本으로 불린다.

序文은 吳始福이 씀.

石峯千字文

刊記: 萬曆二十九年辛丑七月日內府開刊 甲戌重刊

甲戌重刊本으로 불린다.

石峯千字文

跋: 道光丁夫(1847) 仲春由洞重刊

木版本으로 글자가 陰刻되어 있다.

三家千字文

跋: 道光丁夫---由洞重刊

韓石峯의 글씨를 拓本함

泰漢篆文

刊記: 順治十八年辛丑(1661) 二月靈光郡新刊

白首文

光武9年(1905) 紫巖新刊

註解千字文

大邱 在田堂書館 1913

三體註解千字文

京城 匯東西館 1916

千字文

同治甲子(1864) 武橋刊

이 글은 『漢文敎育硏究』 제5호(韓國漢文敎育學會, 1991)에 수록한 논문을 재수록한 것이다.

張混의 初學 教材 研究

金永文

Ⅰ. 머리말

본 연구의 목적은 張混의 初學教材의 성격을 규명하는 것이다.

初學教材란 주로 8~15세에 해당하는 아동들이 四書를 배우기 이전에 사용하던 준비기 교재를 의미한다. 장혼은 대체로 閭巷詩人으로 알려져 있는데, 그가 따로 편찬한 초학 교재가 있다. 그것은『兒戱原覽』,『近取篇』,『蒙喻篇』등을 말한다.

장혼에 대한 연구는 아주 미미한 정도이다.

우선 문학 면에서 연구 성과를 보면, 安自山[1]이 1929년 조선일보에 5회에 걸쳐 장혼에 대해 연재하여, 平民文學家로서의 그를 처음 소개했다. 근거로『歌曲源流』완성,『춘향전』,『허생전』을 창작했다하나 이러한 그의 활동을 뒷받침해 줄 만한 근거가 없으며 이러한 것이 기록되었다는『桐山集』이 발견되지 않아 安自山의 의견을 수용하지 못한다. 그러나 안자산의 의견이 옳다면 文學史에 변개를 초래할

---

1) 安自山, 「평민 문학을 부흥한 장혼 선생」,『조선일보』, 1929.3. 5회 연재.

가능성이 있음을 具滋均[2)]은 말하고 있다. 구자균은 1966년에 문인으로서의 장혼을 연구했다. 그는 장혼을 순수시인, 평민시인으로 규정했다. 그는 근대적인 면에서 그의 문학 세계를 규정하고자 했다. 구자균 이래 근대성의 긍·부정 논의[3)]가 계속되는 가운데 장혼에 대한 연구는 詩社 중심으로 부분적으로 연구되어 왔다. 장혼에 대한 本格的인 研究는 1990년 申福浩[4)]에 의해 시도된다. 그는 장혼의 詩를 중심으로 하여 그의 문학 세계를 논하고자 하였다. 그러나 그도 절충식 의견을 제시할 뿐 확실한 결론을 내리지 못했다. 즉 장혼의 작품 경향은 아직도 규정하지 못하는 상황이다.

임형택 선생이 〈閭巷文學叢書〉에 그의 문집 『而已广集』을 소개하였는데, 姜明官[5)]은 「而已广解題」 장혼 소개에서 그의 아동 교과서를 흥미롭게 보며 다각적으로 그의 연구가 병행되어야 장혼과 장혼 문학에 대한 이해가 깊고 바르게 될 수 있음을 언급했다. 이러한 사실을 볼 때, 敎育的인 면에서 장혼에 대한 연구가 필요함을 느낀다.

교육적인 면에서 그의 연구 성과를 살펴보면, 우선 尹炳泰[6)]가 書誌

---

2) 具滋均, 「현대적 문인 장혼에 대하여」, 『평민문학사』, 박영사, 1966.

3) 林熒澤, 「閭巷文學과 庶民文學」, 『韓國文學史의 視覺』, 창작과 비평사, 1984.
　　鄭玉子, 「朝鮮後期의 文學과 委巷文學」, 『文化運動史』, 일조각, 1988.
　　成範重, 「松石園 詩社와 그 文學」, 서울대 석사논문, 1983.
　　姜明官, 「朝鮮後期 閭巷文學 研究」, 성대 박사논문, 1991.9. 강명관은 근대성이란 개념을 재인식하여 소시민적 의미로서 근대성을 거론하고 있다.

4) 申福浩, 「張混의 文學世界」, 고대 교육대학원 석사논문, 1990.11.

5) 姜明官, 「而已广解題」, 『閭巷文學叢書』2, 여강출판사, 1986.

6) 尹炳泰, 「蒙喩篇」, 『國學資料』 第18號, 1974.12.
　　_____, 『朝鮮純祖代 訓蒙書考』 第46, 47·48 合輯, 서울, 연세대 韓國研究院, 1985.6.
　　_____, 「而已广活字印本考」, 『奎章閣』 第5輯, 1981.12.
　　_____, 「而已广書誌의 研究」, 『論文集』 第12권 제1호, 제2호, 충남대 人文科學

的인 면에서 그의 저서를 연구했다. 그는 처음「蒙喻篇」에 몽유편의
형태적 특성과 내용을 소개한 이후 계속 그의 활자와 저작물에 관심
을 기울였는데 1985년 장혼의 초학 교재를 고찰하여 교육가로서 그
의 연구 가치를 시사한 바 있다.

박성수[7])가 1981년 조선일보에『兒戲原覽』을 가정교육, 여아 교육
의 기본 교재로 규정하고,「한국의 페스탈로치 장혼」에선『兒戲原覽』
의 성격을 자연과학, 인문, 지리, 사회의 폭넓은 분야에 관한 백과전
서적 교재로 교육계에 간략하게 처음 소개하였고, 鄭淳睦[8])도 韓國文
化史論的인 것을 중점적으로 다룬 교재로 간단히 언급한 바 있다.

본격적인 연구로 朴貞順[9])은 기술관이 되기 위한 取材나 科試에 응
시할 수 있는 기초적 지식을 내용으로 한 계급적 교재로『兒戲原覽』
의 성격을 규정하고 실학사상과 관련지어 교재를 다루었다. 그러나
자료의 제시가 불충분하다. 金世漢[10])은 參考的 敎材로『兒戲原覽』과
『蒙喻篇』을 소개하였으나 조선조 초학 교재의 하나로 간략히 소개함
에 그쳤다.

이상의 논고들은 장혼의 초학 교재를 간단히 소개하거나 부분적으
로 다룸에 지나지 않고 논지의 근거 제시가 미약한 점들이 보인다.
비교적 괄목할 만한 성과는 鄭淳佑[11])의 「18세기 書堂 硏究」이다. 그
는『兒戲原覽』의 특징을 脫明倫的 경향, 脫敎化的 성격, 明倫 무관심,

研究所, 1985.8.

7) 朴成洙,「韓國의 페스탈로찌 장혼」,『역사는 무엇인가』, 동아 교양총서.
　　　　,『조선일보』, 1981.10.27일자, 6面.
8) 鄭淳睦,「蒙喻敎育篇」,『한국 儒學敎育 資料集解』, 學文社.
9) 朴貞順,「朝鮮後期 技術官敎育 硏究」, 한국 정신문화 연구원, 1985.6.
10) 金世漢,「朝鮮朝 初學敎材 硏究」, 啓明大 석사논문, 1981.6.
11) 鄭淳佑,「18세기 書堂 硏究」, 한국 정신문화 연구원, 1985.11.

일상생활의 진솔한 삶의 관심 면에서 교재를 분석하여 전통적 교재 구성을 허물어 버리고 神話, 說話, 民談, 國俗, 成人의 痴情까지 재단 없이 수록하였다고 그 성격을 규정하였다. 그의 이러한 지적은 긍정할 만하다. 그러나 일상생활면에서 가볍게 언급된 역사, 지리, 국속 부분은 4단원에 걸쳐 나타난다. 결코 가볍게 언급될 정도의 내용은 아니라고 본다.

이렇듯 張混의 초학 교재 연구는 편찬자 장혼과의 연관 면에서 정치·경제적 요인, 편찬자의 신분이나 시대 배경 등 사회적 요인은 고려되지 않고 단지 교재의 성격 면에서만 간략히 다루어졌으며, 주로 『兒戱原覽』에만 치중되어 연구되었다.

그러나 장혼의 전기[12]를 볼 때 그의 편찬·저작물 중 초학용 교재의 편찬·저작은 많은 비중을 차지한다. 이는 곧 교육에 대한 그의 관심을 나타내주는 것으로 교육가로서 그를 연구해 볼만함을 의미하는 것이다.

"그 지위를 얻지 못한 자가 백발이 되도록 經書를 깊이 연구하여 문을 닫고 책을 저술하여 장래의 배우는 자에게 아름다운 혜택을 주는 것은 그 공이 혹 천자보다 지나치는 바가 있는 것이다."[13]

이것은 『壺山外史』, 「張混傳」끝 절에 나타난 조희룡의 평이다. 그가 초학 교재를 많이 편찬했음을 예의 주시할 때, 이러한 당시인의 評은 교육가로서의 연구 가치를 부각시키는 것이다. 또한 그가 말년

---

12) 申福浩, 前揭書, 18~19면.
13) 趙熙龍, 「張混傳」, 『壺山外史』(규장각본), "不得其位者, 皓首窮經, 閉戶著書, 嘉惠來學, 其功或有過之."

에 직접 교육 활동을 했고 괄목할 만한 제자를 양성하였음에 그때 그의 초학 교재들이 필시 교육 자료로 활용되었을 가능성이 높음에 있어서 더욱 그렇다.

무엇보다 중요한 것은 장혼이 여항 지식인이었다는 점이다. 여항인들은 교육 활동을 통해 문식 층을 넓혀왔음을 임형택 선생14)이 지적한 바 있다. 이러한 교육적 토대로 여항인들은 18C에 여항 지식인으로 자부하기에 이른다. 그럼에도 당시 閭巷人들은 신분적 제한으로 인해 갈등의 세월을 보내고 있었다. 그러한 시대 상황 속에서 그가 교육 활동을 하였고 더욱이 교재를 편찬했다. 기존의 교재류의 편찬자들은 崔世珍 외에는 여항인 출신이 없었다. 그러므로 閭巷人 출신인 그가 만든 교재의 내용은 더더욱 흥미를 끈다.

그러므로 필자는 장혼이 여항 지식인이었고, 교육 활동을 했고, 여항인으로서 드물게 초학 교재를 편찬했다는 점을 주목하여 그의 초학 교재를 연구하고자 한다. 이는 장혼에 대한 이해를 심화시킬 수 있을 뿐만 아니라 그들이 추구하는 인간형이 갖추어야 할 지식 체계를 그의 교재에서 찾아볼 수 있으리라는 점에서 중요하다고 본다. 그러므로 시대의 모순을 직접 체험한 여항인의 또 다른 모색을 교육면에서 알아보는 의미 있는 작업이라 생각한다.

더 나아가 이러한 본인의 노력이 엘리트 내지는 지배 층 중심적 教育史 서술 방식의 기존 흐름에서 벗어나 좀 더 포괄적인 민족의 삶의 역사라는 안목에 의한 韓國教育史 서술15)에 조금이나마 보탬이 됐으면 한다.

---

14) 林熒澤, 前揭書.
15) 金仁會, 「韓國教育史 敍述의 諸問題」, 『韓國教育史 研究의 새 方向』, 集文堂, 1982. 46~48면.

Ⅱ. 閭巷 知識人의 敎育活動과 張混의 敎育者的 面貌

1. 閭巷 知識人의 敎育活動

여항인들은 敎育活動을 통해 文識層을 넓혀 왔다.16) 이들은 주로 文學面에서 활동했다. 18C에 들어오면서 문학의 범위를 벗어나 여타 학문 분야로 진출하거나 사회 문제를 자신의 중요 관심사로 삼는 一群의 閭巷 知識人이 대거 등장한다.17)

그들은 스스로를 '閭巷之士', '廣達士', '志士', '高士'라며 자신을 士로서 인식하기 시작했다. 이는 사대부의 별칭, 士로서의 의미보다 士의 본분인 독서인으로서 그들 스스로의 학문적 역량에 대한 자부심을 士로 표현했다고 본다.18)

그들은 經學 부분, 자신들의 전문 지식, 혹은 실천 학문 등의 다양한 영역에서 활동하였는데, 그들의 활동 중 또한 주목할 만한 영역이 교육면이다.

여항 교육자들이 교육 활동에 참여하게 된 요인을 먼저 알아보도록 하자. 자료상 여항 교육자의 활동은 17~19C초 사이에서 살펴보기로 한다.

당시 여항인들은 그들의 직업상 상당한 정도의 한문 지식이 필요했다. 그들은 필요한 한문 지식을 사대부에게서 흡수하기도 했다. 許格은

---

16) 林熒澤, 前揭書, 442면.

17) 姜明官, 前揭書, 45면.

18) 鄭來僑, 『浣巖集』, 閭巷文學叢書, 驪江出版社, 1986. "今夫閭巷之士, 又於東士之中, 地尤局焉, 文章才行地, 所以顯於世者, 終莫能比伴, 於搢紳大夫, 亦不免窮厄, 其身可悲之甚者也."; 張混, 「寓言」, 『而已广集』, 閭巷文學叢書1, 驪江出版社, 1986. "處窮而志大, 居下而言高, 入則讀書, 出則攝養……"그들의 이 같은 독서 행위와 그로 인한 자신들의 재능에 대한 자부심이 컸다. 이하 叢書로 略함.

李安訥에게서 배우고 黃宅厚는 崔昌大에게, 金益春은 朴胤源에게 배웠다. 여항인들이 사대부에게 배운 교과는『小學』,『擊蒙要訣』,『史略』,『童蒙先習』,『千字文』,『孝經』,『通鑑』이었다.[19] 이는 사대부나 여항인의 교육 내용이 같았고 교육의 指向點 역시 동질임을 의미하는 것이다. 그것은 여항인의 갈등의 기반이 된다.

그러나 여항인들은 학문적 역량을 축적함에 따라 사대부에게 배우기만 한 것이 아니라 사대부의 자제들을 가르치는 양상이 나타난다. 洪世泰(1653~1725)는 申最의 자제를 가르쳤고, 鄭來僑(1681~1759)는 洪鳳漢, 洪樂命, 洪龍漢, 金鐘厚, 金鍾秀, 申晤 등을 가르치고, 鄭敏僑(1697~1731)는 풍원 조현명의 아들을 가르쳤다. 또 엄계흥(1771~?)이 이천보의 아들을 가르쳤다.[20] 이는 그들의 학문적 역량이 양반 자제의 가정교사로 초청될 정도로 높아가고 있음을 나타내준다.

그런데 여항 교육자들은 가정교사 따위의 부차적인 수준에 머물지 않고 더욱 적극적으로 교육 활동에 참여한다. 그들의 사회·경제적 요인이 크게 작용한 것으로 본다.

교육 활동에 참여한 여항 지식인들은 대체로 2가지 면에서 갈등 상황이 있었다.

첫째는 그들의 학문적 역량과는 상관없이 교육의 목적을 달성할 수

---

19) 張志淵,「許格」,『逸士遺事』권3, 83~84면. "嘗學於李東岳安訥…….";「金益春」, 前揭書 권4, 119면. "益春嘗往拜朴近齋胤源, 輒留而受業……取擊蒙要訣, 使讀之…….";前揭書「金巖」97면. "……塾課小兒, 童蒙先習及曾先之史略, 少微通鑑……五勢三歲, 千字孝經……."(黃宅厚는 崔昌大에게 배웠다. 風謠續選中).

20) 洪世泰,「祭申別提文」,『柳下集』권10, 총서2, 237면. "昔先相公, 惟我之知, 命子師我, 我敢子師三年…….";張志淵,「鄭敏僑」, 前揭書 74면. "……豊原君趙公顯命, 爲嶺南伯邀君而館之, 命敎授其二子…….";「鄭來僑」前揭書 73면. "當世學士大夫與之交狎或致之家, 訓其子弟.";「嚴啓興」, 前揭書 161면. "晉庵嘗曰君可師, 不可友, 使其子文源受業."

없었던 신분적 제약이 있었다. 장혼을 비롯해 많은 지식인들이 평생의 많은 시간을 이러한 갈등에 의해 소모적으로 보냈음은 주지의 사실이다.

둘째는 그들의 현실 생활을 영위해 나갈 경제적 기반이 없다는 사실이다. 장혼의 경우 집에 전해 오는 家業이 없어 17·8세에 傭書를 하여 經書를 가르쳤으며[21] 천수경의 경우도 집이 가난하여 여항의 자제를 모아 가르치기 시작했다.[22] 郭自完도 역시 집이 가난하여 塾士가 되었다.[23] 이밖에 교육에 종사한 많은 여항 교육자의 경우가 대체로 경제적 요인 때문이었다.

그러므로 그들은 현실의 삶을 영위하기 위해 지식을 이용해야 했다. 즉 그들의 교육 활동은 직업적 성격을 갖게 된 것이다.

여항 지식인들의 교육 활동은 비록 이와 같은 사회적·경제적 기반의 부족함 때문이긴 하였으나 당시 훈장들의 교육 활동 모습과는 다른 면모가 보인다.

여항 교육자들의 교육 활동 모습을 표로 작성해 보면 다음과 같다.

---

21) 張混, 「題如存錄」, 前揭書 권11, "且家無故業, 無以自發, 年十七八, 傭書授經."

22) 李慶民, 「千壽慶」, 『熙朝軼事』, 叢書9, 25면. "松石始貧無以養老母也, 集里中小兒教之."

23) 千壽慶, 「鄭自完」, 『風謠續選』. "自完字汝厚……家貧爲塾師, 桐子敬之…….' 그밖에는 鄭來僑, 「李在淵夢魚里哀辭」, 叢書1, 479면. "在淵家貧甚, 弊床疏席菜茹不充而常晏如也. 聚閭井子弟, 敎誨之, 凡數十輩……." 등이 있다.

인물	규모	대상	지역	교과목	비고
崔奇男 (1586~?)		여항 자제	경성		임준원, 유찬홍, 김상효, 이득원 등의 여항문학인 배출, 여항 문학 발달의 초석 닦음. 죽은 후 여항 문인들에 의해 장사 지냄.
丁致厚 (?~?)	衆徒	집 근처 자제들, 家奴	자기네 집	小學, 論語, 孟子	淳素篤學, 藝官吏 였음.
朴永錫 (?~1801)	數十	學徒			
李夢鯉	數十	여항 자제	玉流洞		집이 가난해서 가르치기 시작함.
천수경 (1797~1818)	50~60명	里巷富室子姪			分曹講學, 법도가 바름.
安光洙	70餘人 (數十)	泮村子弟	泮村	國學 (經史子傳)	죽은 후 加麻者 수백인, 서리, 전리 다수 배출. 敎授不倦
鄭彝祚	甚多	受業者			朴允黙의 스승 30년간 교육.
崔天翼 (1712~1779)	甚多	鄕人	興海郡		好學篤行 향리임.
金萬最	수십백 인	受業者	白嶽之下		敎授不倦
韓以亨	多	子孫 鄕里之士	栗村		춘추가일 학도 끌고 虎溪水石 사이에서 종일 吟哦함.
鄭來僑 (1681~1759)	큰물이 한 골짜기로 흐름과 같음	여항 아이들		小學 論語 孟子	李夢鯉의 스승.
嚴啓興 (1722~?)	300명	閭巷少年	仁皇山下		성취자 50~60명.
千壽慶 (1797~1818)	300명	里中小兒	玉流洞	宋洞	한 달 비용 60전 大者가 小者 도와줌이 군법 다스림 같았음.
정 선생			宋洞		종소리에 의해 아침 저녁으로 모이고 흩어짐.
張混 (1759~1828)		여항인		兒戱原覽 近取篇 蒙喩篇 등	제자들이 斐然詩社 결성.

그밖에 洪世泰(1653~1725), 許瑞, 朴允默(1771~1849), 蘀山先生, 朴
昌元 등이 교수 활동을 하였다.[24]

먼저 교육 활동의 규모를 살펴보자.

당시 서당은 대체로 3·4인~4·50명 정도의 규모를 갖추고 있었
다. 50명 내외 정도면 대규모 서당에 속한다. 입퇴학이 자유로웠기
때문에 이러한 서당의 규모는 훈장의 학문 정도와 상관관계가 깊었
다. 그런데 당시 훈장들은 대체로 학식의 정도가 매우 낮아 정약용이
'都都平丈'이라 하며 훈장을 풍자할 정도였다.[25]

여항 지식인의 교육 활동 규모를 볼 때, 衆徒~수십~50~60명은 당
시 서당 규모 정도였다고 할 수 있으나 70여인, 甚多, 수십 백인, 300
명 정도는 당시 서당 규모를 훨씬 웃도는 대규모의 아동수이다.[26] 이
러한 교육 규모는 당시 여항 교육자들에게 보편적이었던 듯싶다.

어떻게 하여 여항 교육자들은 서당 규모 이상의 대규모 교육 활동
을 이룩할 수 있었을까?

천수경의 경우를 보면 학생들이 다투어 모셔다가 가르침을 받은 이
유가 사람들이 문장에 능하고 잘 해석하는 자가 있으면 천 선생의 제

---

24) 洪世泰, 『風謠續選』, 叢書8, 179면. "鄭行百能詩, 從柳下洪世泰受學."
    千壽慶 등, 「許瑞」, 前揭書 225면. "隱居敎授……."
    장지연, 「蘀山先生」, 前揭書 권5, 169면. "舅自善, 窮經敎授, 學者稱蘀山先生."
    朴昌元, 叢書1, 619면. "廷置家塾, 以敎諸子, 由是文鶴翁, 童年從翁受業云."
25) 都都平丈: 『論語』, 「八佾篇」에 있는 "子曰, 周鑑於二代, 郁郁乎文哉"에서 '郁郁
    乎文哉'를 '都都平丈我'라고 잘못 가르치는 시골의 무식한 훈장을 가리키는 말로
    쓴다. 丁若鏞, 「課藝」, 『譯註 牧民心書』, 創作과 批評史, 1984, 99면.
26) 趙熙龍, 「朴永錫傳」, 『壺山外史』. "就學者有授徒數十……."(이몽리에게도 數十
    輩人이 수업받았다.)
    張志淵, 「安光洙」, 前揭書 152면. "選子弟之聰俊者, 七十餘人, 爲學契……."
    千壽慶 등, 「金萬最」, 『風謠續選』, 叢書8, 170면. "從而受業者, 數十百人."
    李慶民, 「千壽慶」, 前揭書. "因而學從, 多至三百."

자인 줄 알 정도로 그에 대한 명성이 높았기 때문이었다. 그의 이러한 명성은 급기야 그 인원이 300명에 이르기까지 커져 학비 60전을 내게 했는데도 독서가 정녕 2푼짜리밖에 안 되는가 하며 몰려들 정도였다.[27] 安光洙의 경우는 처음 泮村에 들어갔을 때는 數十人이었으나 學契를 조직하여 어른을 섬기고 공경하는 도로써 아침저녁으로 가르치고 인도하여 매월 초하루에 생도를 모두 모아 과업의 성과에 따라 상·벌로 장려하는 등 敎授不倦의 자세에 의해, 반촌의 자제들이 興起하여 따르고 복종하였으며 죽어서는 加麻者자 수백 인에 이르게 되었다.[28] 韓以亨의 경우도 처음엔 다만 자손을 가르칠 뿐이었는데 그 풍문을 듣고 향리의 士들까지 쫓아와 배울 정도였다.[29]

이러한 사실을 볼 때 이토록 학생 수가 많아짐은 여항 교육자들의 학문적 능력과 교육 활동 자세가 주요 요인이다. 그들은 학생 대상뿐 아니라 마을 전체를 교화시킬 정도의 역량이 있었다. 그러므로 이러한 교육자적 자세와 학문적 역량에 의해 여항 교육자들은 당시 서당의 정도를 벗어나 대규모 이상의 교육 활동을 가능하게 한 것이다.

이러한 교육 활동 규모는 당시 여항 교육자의 활동이 교육계에 새로운 중추 역할자로 부상하고 있음을 의미한다. 이는 문학면에서 문학의 담당 계층이 사대부에서 여항인으로 옮겨짐과 같은 맥락이라 하

---

27) 劉在建, 「千壽慶」, 『里鄕見聞錄』. "里巷富室有子姪者, 爭廷致敎誨, ……, 人見有能文解諸者, 皆知爲千先生弟子也.";李慶民, 「千壽慶」, 『熙朝軼事』90면. "集里中小兒敎之, 計一月之費, 排於諸兒, 旣而學從漸繁而俸入漸多, 使之月出六十錢, 日一日讀寧不直二文哉, 因而學從多至三百, 大者與其小, 如制軍法."

28) 張志淵, 「安光洙」, 前揭書 152면. "以事親敬長道, 早夜誨迪……每月朔悉聚生徒, 課業能否, 褒罰以勸將, 於是興起率服.";「安光洙」, 『風謠續選』, 叢書8, 211면. "歿而加麻者數百人."

29) 李慶民, 「韓以亨」, 『熙朝軼事』21면. "監農以養親, 志讀書, 以敎子孫鄕里之士, 聞其風而從學者多."

겠다.

여항인의 교육 성격은-운영면에서- 당시 서당의 운영 모습과 다른
점들이 발견된다.

1. 학비를 받았다.
2. 아침저녁으로 종소리에 의해 모이고 흩어졌다.[30]
3. 큰 자가 어린 자를 도와줌이 마치 군법을 다스리는 것 같았다.

1, 2의 경우는 배제학당의 학칙과 비슷하다.[31] 또 3의 경우는 당시
접장제도와 같은 성격이나 그 규모가 일반 서당과는 달리 군인의 경
우처럼 조를 나누어 소집단 체제를 이루고 있다. 외적인 면에서 여항
교육자의 학교 운영 모습이 서당의 정도를 벗어나 미미하나마 근대로
지향하는 조짐이 나타남을 엿볼 수 있다.

그럼 이토록 학교 규모가 커지도록 교육 받고자 한 그 대상들은 누
구인가?

기존의 조선 사회는 사대부와 평민 중 농민까지로 교육의 기회가
제한되어 있었다. 조선 후기 실학자들은 이러한 불평등한 교육 기회
에 문제의식을 갖고 비판하여 왔다.[32]

여항 교육자들에게 교육 받은 대상자들을 살펴보면 閭井 자제, 里
巷富室子姪, 家奴가 주 대상으로 나온다. 이들은 사대부의 자제들이
아닌 그 이하의 하층민 부류이다. 특히 家奴가 여항 교육자에게 수용

---

30) 조수삼, 「紀異」, 『조수삼·이상적 작품선집』 313면. "法官之東卽宋洞……卽鄭先
生敎授處也, 晨夕鳴聲聚散……."
31) 李萬圭, 『조선교육사』, 거름사, 1988, 31~33면. "규칙: ①수업료는 매달 석 냥이
요, 다달이 내었다. 時限等節: ⑧학교에 나올 때, 수업이 시작될 때와 마칠 때는
반드시 종을 울렸다."
32) 鄭淳佑, 前揭書, 232~238면.

됨이 주목할 만하다.33)

이러한 교육 대상자의 변화는 교육 활동이 실시되었던 장소를 통해서도 알 수 있다. 당시 서울의 거주 지역은 신분과 관련이 깊었다. 장소를 보면 최천익의 興海郡 이외는 모두 서울의 泮村, 白嶽之下, 仁皇山下, 栗村, 宋洞이 거론되고 있다.34) 泮村은 성균관 근처 마을이다. 安光洙가 들어갔을 때 泮村의 풍토는 강한 자는 傳奕任俠하고 인색한 자는 다투어 利末에 매달려 있었고 능히 禮敎를 따르는 자들이 드물었다 하니 그들의 대부분은 사대부보다는 여항의 사람들이라 본다. 동대문과 종로 지역은 대체로 상공업, 서비스업, 거상이 거주하던 지역이다.35) 泮村이 이 지역과 가까우니 그들의 신분도 대체로 이와 같았으리라 본다. 또한 白嶽之下, 仁皇山下, 玉流洞은 당시 중인, 서리층 빈곤한 자들이 거주하던 곳이었다.36) 이와 같이 여항 교육이 실시되던 지역은 대체로 중인, 서리층, 상공민, 그 이하 인들이 거주하던 지역으로 교육 대상자의 신분과 일치된다.

이상에서 볼 때 당시 여항 교육자들에게 교육받은 주 대상은 사대부의 자제보다는 閭井의 중인 이하에서 家奴에 이르기까지의 하층민

---

33)「朴突夢」,『逸士遺事』, 81면. "朴突夢, 貢人, 金家奴……以地賤不得師受……隣有丁先生者, 家居敎授, 突夢飫髫, 就先生願受業, 先生許之…… 丁先生名致厚, 小爲藝官吏.";叢書 1, 497면. "聚閭井子弟, 敎會之.";「千壽慶」,『희조일사』, "里中小兒";『里鄕見聞錄』, 叢書9, 317면. "里巷富室有子姪者";黃仁紀,「嚴僉知啓興傳」,『一水然語』9책, "老居, 仁皇山下, 敎授閭巷少年, 大率三百餘人."

34)「安光洙」,『일사유사』. "自其先流入國學之泮村, 寄居焉. 泮俗, 剛者, 傳奕任俠嗇者, 兢末利鮮能率禮敎……";「金萬最」,『풍요속선』叢書 9, 170면. "授徒白嶽之下, 從而受業者數十百人.";「韓以亨」,『희조일사』21면. "卜築于嘉陵之栗村, 監農……";「紀異」, 前揭書, "泮宮之東卽宋洞."

35) 孫禎睦,『朝鮮時代都市社會硏究』, 一志社, 1977, 319~325면.

36) 한국인문과학원,「朝鮮時代 私撰邑誌」,『韓國邑誌總攬』1, 경기도, 1989, 453면. "樓閣洞在仁王山下……今閭巷胥吏輩多居而, 士大夫則不居焉."

임을 알 수 있다. 이렇듯 서울이란 지역에서 閭井 사람들이 교육 욕구
가 이같이 커질 수 있음은 18C 서울의 도시적 분위기와 관련이 깊다
고 본다.37) 시대의 변화 속에서 새로운 삶에 대한 모색의 일환으로
이들의 교육 욕구 또한 커졌다고 할 수 있다.

여항 교육자들은 이들의 교육 욕구를 수용하고 있다. 즉 여항 교육
자들에 의해 불평등했던 교육의 기회가 확산되었다 하겠다. 이처럼
여항 교육자들의 교육 활동과 여항인의 교육 욕구는 조선 후기 교육
풍토를 새롭게 변모시키고 있다.38)

교육의 담당자와 대상은 변화되었다. 이는 기존의 교육의 성격과는
다른 새로운 교육의 방향과 목적이 필요함을 의미하는 것이다. 그럼
그들이 받은 교육의 성격은 어떤 것일까? 교과서를 중심으로 살펴보자.

丁致厚와 鄭來僑는『小學』,『論語』,『孟子』를 가르쳤고 安光洙는
國學(經史子傳)을 가르쳤다.39)

이로써 보면 처음에 살핀 교과서의 성격과 일맥상통하며 또한 새로
운 교재에 대한 언급이 없으니 역시 그들이 배운 내용은 성리학의 이
념 범주를 벗어나지 않고 있다고 본다.

여항 지식인의 교육 활동과 여항인의 교육열은 분명 조선 후기 교
육사에 새로운 조류를 형성하였다. 그런데 그들이 배우는 교과서의
내용이 기존의 교과 내용과 별다름이 없다면 이는 다만 여항인의 신
분 상승 욕구의 표출일 뿐 아무런 의미가 없다. 사회가 변하면 교육

---

37) 李佑成,「18C 서울의 도시 양상」,『韓國의 歷史像』, 창작과 비평사, 1982.
38)「千壽慶」,『희조일사』, 90면. "建陵右文之敎, 卓越前古, 上自館閣, 下至委巷,
靡然成風, 皆以讀書爲本務."
39) 장지연,「朴突夢」,『일사유사』, "歲餘, 卒受, 小學語孟……."; 정래교,「李在淵夢鯉
哀辭」, 叢書1, 479면. "余心異之, 遂以句讀授小學語孟等書."; 장지연,「安光洙」,
『일사유사』, 152~154면. "隨才高下, 各隨經史子傳……皆知國學之爲重也."

도 변하듯 변화된 사회에서 요구되는 교육 내용 역시 변화가 필요하
다. 그것이 진정 그 시대 교육 대상자의 참다운 삶을 위할 때 의미가
있는 것이다. 그러므로 당시 시대 요청에 걸맞는 교과 내용의 변화는
필연의 要求이다.

그런데, 여항 교육자 중에서 자발적으로 교재를 새로 편찬한 이가
나타났으니 그가 장혼이다. 이상의 양적인 변화와 더불어 질적인 변화
를 시도한 장혼의 교육자적인 면모와 그 교재 성격이 자못 궁금하다.

2. 張混의 教育者的 面貌

장혼은 17·8세 때 집안이 가난하여 傭書授經했다. 20세 때는 어느
부잣집에 가서 글을 가르치며 寄食한 바 있다. 이러한 그의 교육 활동
은 경제적 기반의 결핍 때문이었다. 그러나 당시 그는 이러한 교육
활동에 의미를 발견할 수 없어 포기한다.[40] 그 후 그의 교육에 대한
관심은 40세에 다시 나타난다. 나이 40에 그는 지나온 날들을 회고한
다.[41] 그 날들이 迷途의 殘秩에 속박되어 아무런 성과 없이 시간만
소모했음을 발견한다. 그는 아무리 역량이 있어도 사회적으로 인정받
을 수 없는 당시 閭巷人의 처지를 몹시 안타까워했다.[42] 그런 그가
나이 40에 이러한 갈등의 현실을 포기하고 도가적인 삶 속에서 유유
자적하는 小市民的 삶의 모습을 꿈꾼다. 그러나 여전히 惡食조차 하

---

40) 張混, 「題如存錄」, 前揭書 권11. "且家無故業, 無以自發, 年十七八, 傭書授經."
   ; 「述貧詩」, 前揭書 권1. "二十始敎授, 寄食富兒屋, 師道不傳久, 造次生詑訛."
41) 張混, 「自述」, 前揭書 권3, 三言. "念世故, 非惟一, 季四十, 無所述, 實迷塗, 束
   殘秩, 林澤游, 未遑恤, 我初服, 恐或失, 有眞想, 今告悉."
42) 張混, 「夢湖遺稿跋」, 前揭書 권11. "人材雖美, 未遇則不過塵土之凡流, 昔者王步
   明蘊材美, 窮而在下, 竟無聞而歿. 嗚呼, 其亦玉之不琢蘭之不佩者乎."

루도 넉넉하지 못한 그의 현실을 외면할 순 없었다.[43]

　이와 같은 현실의 사회·경제적 제약 속에서 장혼에게 교육 활동은 어떤 의미가 있었던 것 같다. 그는 道家的인 삶과 더불어 그의 平生志로서 蟲魚에 註를 달며 아이들을 가르치는 일을 하겠다고 말한다.[44] 蟲魚에 註를 다는 행위는 現實의 구체물 대상 위주의 교육 방법이라 할 수 있다. 그가 일찍이 가정교사 정도의 교육 활동에서 師道의 의미를 발견하지 못했다면 구체물을 대상으로 하는 實敎育 위주의 교육 활동에서 나름대로의 敎育 活動 意味를 찾는 것이라 하겠다. 다음 시에서도 교육 활동에 대한 그의 생각이 나타나 있다.

今歲不多春色尋	금년에 봄빛을 찾은 일 적어
九旬無有一詩吟	석 달 동안 시 한 수 읊지 못했네.
要求神定戶常閉	정신이 안정되길 바라 항상 문 닫고
爲發兒蒙書屢臨	아이들을 위해 자주 책에 임하였네.
徒羨豈如先結網	물고기를 바라기만 하는 것이 어찌 먼저 그물을 뜨는 것만 하랴
更張還似未調琴	거문고를 고쳐 매도 아직 거문고 뜯지 못함과 같네.
端居自斷奔忙想	평상시 스스로 분망한 생각을 끊고
息影何須別就陰	한가로이 지내니 어찌 달리 그늘에 나갈 필요 있으랴.[45]

　석 달 동안 詩 한 수 읊지 못할 정도로 현실의 갈등 상황에 매여 있었다. 그는 현실이 괴로운 고로 아예 문 닫고 마음의 평정을 구한

---

43) 張混, 「自述」, 前揭書 권3, 三言, "誠以富, 尙難必, 況菽水, 不給日, 故營營, 恒栗栗."

44) 張混, 前揭書, "絶人用, 偃蓬華, 月當戶, 風入室, 撫素琴, 披道帙, 榮各喪, 上皇逸, 註蟲魚, 課子姪."

45) 張混, 「和公黙韻自嘲」, 前揭書 권7, 七律上.

다. 현실의 가장 의미 있는 일은 아이들을 위해 자주 책을 보는 일이
다. 지금은 끊어진 거문고를 고쳐 매도 그 소리를 알아 줄 사람이 없
다. 그런 사람을 바라는 행위는 한갓 남이 물고기를 가져다주길 바라
는 타율적 행위다. 이런 행위는 3년 묵은 쑥을 7년간 구하는 행위와
같은 고로 지금 그물을 뜨는 행위가 오히려 값있다. 그물을 뜨는 행
위는 지금의 교육 활동인 것이다. 아이들을 가르치는 행위에서 그는
미래지향적인 存在 意味를 찾게 된 것으로 보인다. 특히 아이들의 몽
매함을 계발하기 위한 일에 그 의미를 부여하고 있으니 초학자들의
교육 활동에 특히 관심을 갖고 있다고 하겠다. 이러한 부분은 그의
「平生志」淸供에서도 나타난다.46) ‘知文僮’을 들고 있으니 文僮이란
곧 초학자로 자신이 초학자들을 알게 된 교육 활동에 의미를 두고 있
다고 하겠다.

　교육 활동에 자기 存在 意味를 발견한 장혼은 당시 초학자들의 敎
育 狀況에 問題 意識을 갖는다. 당시 초학자들의 敎育 狀況을 장혼은
이렇게 말한다.

　　“초학 몽유자들이 듣는 것은 귀히 하며 보는 것을 천시하고 가까운
　　것은 업신여기며 먼 것을 좇음에 있어서랴.”47)

　듣는 것, 먼 것은 먼 성현의 말이나 중국 중심의 교재 내용이라면,
가까운 것, 보는 것은 현재 사람의 말, 한국적인 교재 내용 즉 실 경
험의 구체적 세계라 할 수 있다. 전자는 귀히 여기되 후자는 업신여
기고 천시했으니 장혼은 이러한 비주체적인 교유 상황에 문제의식을

46) 張混, 「平生志」, 前揭書 권14, “淸供中…知文僮.”
47) 張混, 「兒戲原覽引」, 前揭書 권12, “初學蒙孺, 貴耳賤目, 近菽遠趨.”

가졌던 것이다. 그러나 그의 인식은, 노력은 많이 해도 성과가 별로 없어 조석으로 학문을 연구하는 자들도 갑자기 물으면 멍하다48)는 '多華少實'49)한 교육 상황 인식에만 그치고 더 나아가 당시 교육의 제반 현실에 대한 비판 의식으로 발전하진 못한다.

다만 초학자들의 교육 현실에 대한 개선 방향으로 그의 관심은 교재로 향한다. 아동의 교육 중 가장 기초가 되는 것은 文字敎育일 것이다. 당시 文字의 중요성에 대한 인식은 있었다. 그러나 그러한 문자서 또한 초학자들의 정도에 맞는 것이 없었다. 상세히 하고자 한 것은 지루하고 간략히 하고자 한 것은 소활해서 초학자가 모두 어려워하는 것들뿐인 것이다.50) 문자서만이 아니라 初學用 敎材 중 그들의 정도에 맞지 않은 교재가 많았다.51)

이러한 교재의 부적합성을 안 장혼은 교재 內容의 올바른 방향을 지적한다. 그는 「諺文」 중 송아지를 매일 아이로 하여금 들게 하면 송아지가 천근이 될 때 아이의 힘도 천근이 된다는 이야기52)를 인용해,

---

48) 張混, 「兒戱原覽引」, 前揭書 권12. "物不素具, 未可應卒, 顧今昕夕磨礱者, 率爾有扣, 兀然若無, 矧爾初學蒙孺."
49) 張混, 前揭書. "余常病其多華少實……."
50) 張混, 「初學字彙序」, 前揭書 권11. "先覺者, 爲是之憂, ……然欲詳者支, 欲簡者踈, 初學者俱病之."
51) 허균 ; 「惺翁識小錄」에서 초학의 문리를 위해 굳이 史略을 읽을 필요가 없다. 논어, 맹자와 통감이 역시 可하다. 鄭弘溟 : 「畸翁漫筆」에서 통감은 결점 투성이라 지적하고, 사략을 높이 평가함. 茶山 : 사략도 통감도 童蒙의 교육에 마땅한 책이 아니라고 지적한 바 있다.
52) 張混, 「俚諺引」, 前揭書 권 12. "田舍有牛生犢, 其舍翁敎兒子, 使兩手扛犢, 昕而擧, 晡而擧, 曛而擧, 宵中亦然, 日十數度, 以爲常, 累年無間斷, 牛大至千觔, 兒亦有千觔之力, 此古諺也, 可譬之於古人學與知長, 習與性成之語也."

"내가 이 방법을 초학자에게 적용해서 아이들로 하여금 스스로 魯와
魚를 분별하도록 하되, 귀에 젖고 눈에 익숙한 것으로 이야기 해주고
그들로 하여금 글을 엮도록 하는 것이나 盈科와 數飛의 뜻을 붙인다."[53]

라 하였다. 이는 아이들을 가르치는 2가지 방법을 제시한 것이다. 盈
科의 방법으로 학습자의 생활 속에서 귀에 젖고 눈에 익숙한 내용부
터 단계적으로 시작해야 학식이 자랄 수 있다는 것과 數飛의 방법으
로 익숙하게 될 때까지 그들로 하여금 반복하여 글을 엮게 할 때 학습
의 효과는 크다는 것이다. 곧 교재 내용의 올바른 방향은 아이들의
실생활 공간과 밀접한 것으로 구성하되 그들의 학습 발달 단계에 맞
아야 한다는 것이다.

이토록 실생활 속의 귀에 젖고 눈에 익숙한 것의 가치를 의식한 장
혼은 文字敎育으로 俚諺의 유용함[54]을 지적했고, 먼 성현의 말보다
老生常談이 더 도덕 교육에 유용함을 지적하기도 했다.[55]

이러한 의식은 역사에 대한 관심으로도 나타난다. 중국의 역사를
말하면 거침없이 물이 잘 흘러가듯 하다가 東方故事를 물으면 어두워
갈팡질팡하지 않는 자가 없는 한심한 상황 또한 교육의 현실임을 지
적했다. 이는 학식이 깊은 자에게 역시 비웃음을 당할 수밖에 없는
상황이라 지적하며[56] 우리의 역사 교육이 도외시되던 당시 상황에
의식을 가졌다.

---

53) 張混, 前揭書, "吾移其術於初學者, 使兒曹自辨魯魚, 談之以俚語之慣耳嫺目者,
敎之綴文, 蓋寓其盈科數飛之義."
54) 張混, 前揭書, "吾一讀之, 便有誘人, 捷徑之悔."
55) 張混, 「庭下至訓跋」, 前揭書 권11.
56) 張混, 「東史撮要引」, 前揭書 권12. "談中國歷代沛然若河之潒, 東方故寔, 或之訊,
人莫不賈賈而蠢蠢, 是詳於草木鳥獸之名, 不解吾身裏肝心肺腎, 遇宿儒而卒被哂也."

역시 그의 관심은 초학자로 그는 역사를 배우는 어린 학자들에게
우리 동방의 역사서가 아직도 상고해 믿을 게 있음을 알게 하고 싶어
했다.[57]

이토록 당시 초학 교육의 현실을 인식하고 특히 교과서의 不適合性
과 國史敎育의 重要性을 인식한 그의 행위는 교과서의 편찬으로 이어
진다.

『兒戱原覽』,『蒙喩篇』,『啓蒙篇』,『近取篇』은 오늘날까지 전해오는
교재이다. 記·序·跋文을 통해 전하진 않으나 편찬했음을 알 수 있는
교재로『庭下至訓』[58],『初學子彙』,『東史撮要』가 있으며 그의 저서로
다른 사람의 장혼 소개에 나온 책으로『切用方』,『童翌數方圖』,『大東
故寔』,『東民須知』가 있다.[59] 이러한 성과를 봐서도 그가 초학 교재에
얼마나 관심을 갖고 교재 편찬에 의미를 두었는지 알 수 있다.

한편 실천적 모습으로 그의 제자에 대한 극진한 사랑도 찾아볼 수
있다.

하나는 李相誼에게 생일날 편지를 쓴 것이다.[60] 생일날 자신의 부
족함과 더불어 제자의 잘못을 지적해 준다. 제자가 잘못을 고치고 학
문에 힘쓰고 부지런해서 늙도록 덕업을 어그러뜨리지 말고 매년 생일
잔치 자리에서 즐거움을 함께 하길 당부하고 있다. 생일 잔칫상조차
편히 먹지 못하며 못난 제자의 성장을 간곡히 원하는 스승의 마음이
나타나 있다. 이러한 제자에 대한 사랑은 「池生翰祥詩卷序」에도 잘

---

57) 張混, 前揭書. "今更依原本, 就活印, 俾史學蒙士, 得知吾東文獻之猶有考信, 與
    夫面牆壁而舌萬仞者, 不可同日而語, 玆復伸而引之."
58) 『庭下至訓』은 跋, 凡例, 序가 있다.
59) 趙熙龍, 「張混傳」,『壺山外史』. "童翌數方圖, 切用方, 大東故寔, 東民須知."(2
    개 : 미간행) ; 結城張氏大同譜 卷首(世德錄). "啓蒙篇, 東民須知."
60) 張混, 「與李生相誼」, 前揭書 권13.

나타난다.[61] 이는 池翰祥이 요절함을 슬퍼하고 그의 재능을 안타까워하며 그의 詩集에 序를 써 준 글이다. 그가 요절하자 여러 달 동안 서럽고 슬픈 마음을 안정시키지 못한다. 그는 '池翰祥'을 '靑出於藍', '靑於藍'이라며 제자의 재능을 10여 세에 이미 보고 그 재능이 멀리 이를 것을 기대했으되 요절함을 안타깝게 여긴다.

이와 같이 교육 활동 속에서 벌어진 사제 간의 사랑 또한 그의 문집에 나타나 있으니 교육자로서의 자세가 엿보인다 하겠다. 이와 같은 교육에 대한 열의가 있었기에 張之琓, 林瑜, 張孝懋, 高鎭遠 등 괄목할 만한 제자가 배출되었다 본다.[62]

이상에서 살펴본 바와 같이 조선 후기 사회의 세계관 속에서 방황하던 장혼은 교육 활동에서 未來指向的인 삶의 의미를 발견했다. 그의 발견은 당시 초학자들의 教育諸現實에 문제의식을 갖게 되었고 실천 방법으로 교과서를 편찬한다. 그는 현실의 구체적인 세계를 교과 내용으로 수용해야 함을 지적하고 아울러 우리 역사 교육의 필요성을 지적한다. 제자들에 대한 사랑 또한 지극했다.

그럼 그가 만든 교과서의 성격은 어떠한 것일까? 다음에서 알아보자.

Ⅲ. 張混의 初學 教材 편찬과 그 書誌 事項

장혼은 많은 책을 저작·편찬하였다. 다른 사람의 장혼 소개에 수록된 그의 初學書를 보면 『兒戲原覽』, 『蒙喩篇』, 『近取篇』, 『初學子彙』,

---

61) 張混, 「池生翰祥詩卷序」, 前揭書 권11.
62) 張之琓, 「林瑜」, 『일사유사』 권1. "與高鎭遠張孝懋張之琓, 結社同學……高鎭遠字近哉, 號斗隱, 與林瑜, 同受學於張混.": 張之琓, 『斐然箱抄』 권3, 제10장~11장 : 張之琓과 高鎭遠이 처음 만난 것은 林瑜, 柳漣와 장혼의 문하에서였다 한다.

『切用方』, 『童翌數方圖』, 『庭下至訓』, 『啓蒙篇』, 『東民須知』, 『大東故寔』 등이다.

앞의 책 중 현존하지 않는 책의 성격을 그의 文集에 記, 序, 跋文을 통해 내용을 짐작해 보면 『庭下至訓』은 그의 문집에 序, 凡例, 跋이 있다. 아버지가 말씀하신 嘉言格論을 편집하여 한 편이 되니 庭下至訓으로 이름 짓고, 날마다 돌아보아 요점을 밥과 반찬으로 삼으로 옷을 입음과 같이 하고, 이치를 따르고 修養하는 방법이 여기에 벗어나지 않으므로 후손에 전하여 알린다 하니 家庭敎育書라 할 만하다.[63] 『初學子彙』역시 그의 문집에 序가 있다. 類別로 나누고 義別로 모으고 차례는 玉篇을 따르고 訓釋은 책을 살펴 韻書에 실리지 않은 글자라도 내력이 있는 것은 덧보태고 뜻이 빠진 것은 보충했다 한다. 특히 초학자를 위해 만들었다 하니 글자 사전이라 하겠다.[64] 책이나 引·序가 전하지 않아 다만 제목만으로 짐작컨대 『切用方』이나 『童翌數方圖』는 수학용 아동 도서일 것이고 『大東故寔』, 『東民須知』는 대체로 우리나라 역사책일 것 같다.

현존하는 책으로 『近取篇』, 『啓蒙篇』, 『兒戱原覽』, 『蒙喩篇』이 있다. 『近取篇』은 大韓出版協會에 소장되어 있었으나 필자가 전화해 보니 없어졌다 한다. 윤병태의 말에 의하면 4字 속담, 故事熟語, 3字 숙어, 2字 숙어가 수록된 소책자로서 1810년경에 인출된 것으로 보았다. 『蒙喩篇』과 비슷한 성격의 책으로 본다. 『啓蒙篇』은 국립도서관에 소장되어 있다. 諺解本이 15종류 있다. 인쇄 시기가 1913, 1914,

---

63) 張混, 「庭下至訓序」, 前揭書 권11. "先儒氏所述嘉言格論者, 輯爲一篇, 名以庭下至訓, 常日顧諟, 要爲終身之菽粟茶飯, 被服冠履循理, 陶鑄之方, 亦不外是, 傳告來裔, 用比顔氏之家訓, 不肖子混, 拜手謹書."

64) 張混, 「初學子彙序」, 前揭書 권11. "類分義彙, 排次遵玉篇, 訓釋搜簡册, 雖韻書之所不載, 字有來歷者增, 義有闕漏者補, 五載而功告訖, 其爲書也."

1917, 1918, 1919, 1925, 1928, 1935, 1946, 1953, 1962년까지로 그
인쇄가 꾸준히 이루어지고 있으며 인쇄 장소는 주로 京城에서 이루어
지고 경성 내 서점에서 보급되었으나 안성, 수원, 대구 등에서도 인
쇄되어 京鄕, 각 지역에 보급되었으니 상당히 대중적인 교재였다고
볼 수 있다. 또한 모두 조선 총독부 허가본 내지는 보존본으로 1935
년도 본에는 일본 기본 음절표까지 수록되었다. 1918년 조선 총독부
에서 선정한 書堂敎材 중 하나이다.[65] 그러나 이 책은 1926년 족보와
1973년 世德錄[66]에만 기록되어 있고 그 이전의 그의 저서 소개에는
한 번도 나오지 않는다. 게다가 원본도 존재하지 않고 諺解本만이 있
을 뿐이다. 이러한 사실은『계몽편』이 그의 저서라는 확실한 그거가
되지 못하므로 연구 대상에서 제외시킨다.

이로써 보면 장혼은 초학 교재를 다양하게 편찬하였음을 알 수 있
다. 다만 모두 전하지 않음이 안타깝다.

그럼 현존하는 초학서『兒戲原覽』,『蒙喩篇』의 서지사항을 살펴보
아 초학 교재 중 차지하는 비중과 수요 상황, 그 이후의 영향을 살펴
보자. 이 교재는 국립도서관본, 규장각본, 성대본, 고대본, 이대본을
자료로 했다.

---

[65] 1918년 일제하 조선 총독부의 서당 규제의 방편으로 내놓은 서당 교수용 도서
17종 : 4字文, 類合, 啓蒙篇, 聲蒙要訣, 小學, 孝經, 四書三經, 通鑑, 古文眞寶,
明心寶鑑, 文章軌範, 唐宋八家文讀本, 東詩, 法帖, 조선 총독부 편찬 교과서.
[66]『結城張氏族譜』6권, 1926, 국립중앙도서관소장, "又著述, 兒戲原覽, 啓蒙篇, 東
民須知, 四禮備要, 五倫行實等, 諸書也."
『結城張氏大東譜』, 卷首(世德錄), 「而已广公事蹟」, 1973.

1. 兒戲原覽

『兒戲原覽』에 대한 서지 사항은 기존 연구가들의 언급[67]과는 달리 그 종류가 무척 많다.

筆者가 조사한 바에 의하면 인쇄본 중 希願堂 鐵活字本이 2종류, 木版本이 13종류, 筆寫本이 2종류, 改定版 異本이 1종류 있다.

먼저 인쇄본을 살펴보면 내용면에서 引과 目次가 있고 없고 외에는 다른 점이 없다. 그러나 형태면에서 살펴보면 그 종류가 매우 많다. 형태상 분류는 판본, 활자 형태, 半郭의 크기, 한글 표기를 기준으로 하였다.

1) 希願堂 鐵活字本

도서명	인쇄시기	크기	한글 표기	그림	비고
국)일산본	癸亥新刊	23×14.9cm	산듸	黑魚尾	고대본과 글씨체 틀림.
고)고대본 (만송)	癸亥新刊	24×15.6cm	산듸	2葉花文魚尾	A13-A48A, 만송A13-A48

초간본이라고 할 수 있다.[68] 1803년에 인쇄되었다.

2) 木版本

그 종류가 매우 많다. 木版本은 크게 癸亥新刊本가 完山重刊本으로 나눌 수 있다.

---

67) 尹炳泰는 7종, 姜明官은 木版本 6종이 있다고 했다. 윤병태 선생께 전화했더니 그분도 그 이상의 판본이 더 많음을 밝혔다.
68) 尹炳泰, 「希願堂鐵字考」, 『書誌學研究』 제5·6합집, 서지학회, 1990.

(1) 癸亥新刊本

도서명	半郭 크기	그림	비고	
성대C15-C12 =고)화A13-A5B 고)A13-A48	22.2×14.4 22.3×14.5 (30.3×18.8)	흑어미	정리자체, 조선 말기. ①¹보다 후에 인쇄됨 尹周印(1863) 글자 선명함.	① ①¹
국)의산古5409-2	23×15(28×19)	흑어미	산뎌	②
국)한91-29	22.1×14.5	흑어미	張煥舜刊, 전주, 1916. 조선총독보 보존본. 판매소 : 전주(昌南), 경성(新舊). (동미), (안동)	③
규)4713	22.4×14.2 (30×20.6)	흑어미	集王齋帝室圖書之章	④
규)일사古372-J256a (일사古372-J256ab)	22.5×14 (27.4×18.6)	흑어미	산뎌 ①과 글씨체 같다. ①¹의 복각본	⑤
규)古1060-21	22.6×14.9 (28.6×18.4)	흑어미	산뎌 潘南世家印	⑥

以上은 引・目次가 있다.

도서명	半郭 크기	그림	비고	
국)승계古031-44	22.2×14.5 (27×18)	흑어미	1907년 평양 상인에게 삼. 오봉산 아래 石里 宋참봉(號:習圃) 家보관, (고)경화당과 같음	⑦
고)경화당A13-A48 성)C15-42 C41 C15-42 C3	22.2×14.2 (27×18)	흑어미	산뎌 12쪽 : 鑞→■(인쇄 안 됨) ①번 복각본	⑦¹
국)우촌古031-27	21.9×14.7 (27.7×18.3)	흑어미	癸亥(?) 신간	⑧

以上은 引・目次가 없다.

도서명	半郭 크기	그림	비고	
고)A13-A48B	21.3×14.4 (27.4×18.6)	흑어미	사릭○→✪. 글자 끝을 길게 뺌	⑨
규)가람古372-J256	22×14.2 (28.4×18.2)	흑어미	일사문고체와 같다. 刊記 없음.	⑩

以上은 刊記를 알 수 없다.

癸亥新刊은 1803년인지 1863년인지 확실하지 못하다. 모두 한 시기에 찍었다기보다 후에 인쇄하면서 刊記도 함께 복각한 것으로 본다.

발견된 곳은 왕실 도서실, 世家집, 개인, 서점 등 다양하며 상인이
팔기도 했다. 이것은 『아희원람』을 수용한 대상이 계층과 상관없이
보급되었으며 교재가 상업적으로 유통되었음을 증명하는 것이라 하
겠다. 또한 교재의 수요 지역은 서울뿐 아니라 전주, 그 외 지방까지
퍼졌음도 알 수 있다.

(2) 完山重刊本

도서명	半郭 크기	그림	비고
성)C15-42a (=국)무구재031-49	21.8×14.5 (26.3×18)	內向黑2葉花紋어미	○→▼◑표기, 산붕, 1911 전주 (文明), 引, 目次無, 丙午仲秋重刊
고)신암A13-A48	21.6×14.4 (26.5×18)	內向黑魚尾	丙午仲秋(1906) ○→▼◑산붕
국)한91-29·2	21.4×14.6 (26.6×18.6)	上下흑, 1엽2엽 화문어미 혼재	高裕相 1915 경성안동 서점 ○→▼◑표기, 산붕, 引, 目次無, 조선총독보 보존본

完山重刊本은 1906, 1911, 1915년으로 3본이 존재한다. 변화된 한
글 표기 산딕→산붕과 ◑▼ 표시의 공통점이 보인다. 장소는 전주,
경성으로 나타난다. 特記할 점은 완산 중산분과 초간본 중 1916년 본
이 찍힌 시기는 서당 교육을 통한 민족 교육 운동이 크게 일어났던
시기로 이 당시 서당은 민족 계몽을 위해 한국 역사서, 한국 지리서
를 교재로 수용하여 가르쳤다.[69] 『아희원람』이 이 시기에 맞추어 重
刊됨은 『아희원람』의 내용이 당시 교육적 요구에 응하는 바가 있었기
때문이라 추측해본다. 더구나 1918년 일제가 조선총독부의 서당 규
제의 하나로 선정한 17종 교재에 포함되지 않고 있음에 있어서 더욱
그러하다.

---

69) 金文洙, 「서당 교육을 중심으로 한 초등 교육에 관한 고찰」, 원광대 석사논문,
1984.

이상에서 살펴본 바와 같이『아희원람』은 어느 일정한 계급적 교재보다는 보편적 교재였다.[70] 목판본이 많음은 이 교재가 일반민들에게 더욱 많이 수용되었음을 나타낸다. 게다가 중간본까지 나오는데 이 시기는 애국 계몽 운동期와 일치한다. 더 나아가 조선 총독부가 선정한 서당 교재 중『아희원람』이 포함되지 않음은『아희원람』의 교재 내용 중 성격과 관련이 깊다고 본다.

筆寫本은 내용면에서 주목할 만한 점이 있다.

『아희원람』의 필사본은 이대본과 성대본 2가지가 있다. 이대본은 舊刊記가 癸亥新刊이나 언제 누가 필사했는지 알 수 없다. 내용상 인쇄본과 같다. 다음 '五虎大將關'이 덧보태 있을 뿐이다.

성대본은 인쇄본과 체제나 내용면에서 많이 틀리며 주목할 만한 점들이 보인다.

(1) 체제비고

우선 인쇄본과 성대본의 목차를 비교해보면 다음과 같다

인쇄본 차례	引	形			創	邦	國	誕	姿	才	壽	變	傳	附東	附數	補
		①			②	③	④	⑤	⑥	⑦	⑧	⑨	⑩	⑪	⑫	⑬
성대본	생략	③⑪	보충①	보충②	④	①	②	⑥	⑤	⑦	생략	⑨	생략	보충①로 감	⑫	보충③
		邦	東國歷代		國	形	創	姿	誕	才		變			附數	보충

③邦都의 보충은 「附東國」과『童蒙先習』의 우리나라 史部分으로 이

70) 박정순은 중인만을 위한 교재로『아희원람』을 보았다. 사대부집을 비롯해 서점에 이르기까지 인쇄본이 많이 보급되었으니 중인만을 위한 교재라 볼 수 없다.

루어진『東國歷代』로 하였다. ③邦都+보충① 보충② 부분은 모두 우리나라의 역사에 관한 것이다. ④國俗이 이었으니 ①形氣, ②創始와 단원 순을 바꾼 것이다. 또 ⑥姿性을 ⑤誕育보다 우선하였다. 둘 다 인물 위주로 구성하였으되 ⑥姿性에 한국 인물이 더 많이 등장한다. 그리고 ⑧壽富와 ⑩傳運(중국 역대기), ⑬補遺가 생략되고『아희원람 詳說學詔集』이 보충되었다.

(2) 내용상 특징

1. 한국 역사를 강조하였다.「東國歷代」는「附東國」의 우리나라 역대기 부분으로 帝王久在位者와 중국 역사 千年紀를 생략했다.『童蒙先習』의 우리나라 史 부분으로 역사를 보충했다. 중국 역대기인「傳運」의 내용을 생략했다.

2. 학습에 크게 도움 되지 않는 자질구레한 내용은 생략했다.「附數彙」를 통합하여 보편적으로 많이 사용되는 상식 어휘만 수록했다.「誕育」에서 자손의 번창 부분이 생략되었다.「壽富」의 전체 내용이 생략되었다.

3. 비과학적 동물의 특성, 사람의 특이한 재능 면이 생략되었다.「姿性」에서 음식을 많이 먹는 자, 이상한 음식(부스럼, 딱지 등)을 좋아하는 자, 馬의 語를 해석하는 자, 개미 말을 들을 수 있는 자, 공작의 성품, 여우가 사람 된 이야기 등이 생략되었다.

4. 비교육적 내용은 생략되었다.
   「風俗」의 '南靈草', '酒', '女樂'이 빠졌다.

5. 동·식물에 대한 언급이『아희원람』보다 과학적이다.「兒戲原覽詳說學詔集」을 덧붙여 기초적인 자연 현상, 식·동물의 특성을 다뤘다.

이러한 특성을 종합해 보면 필사본은 보다 우리나라 중심으로 구성된 교재로 歷史 部分을 강조하고 있고『兒戲原覽』인쇄본보다 교육적이며 과학적인 내용으로 정선되었다 하겠다.

　필사본이 이룩된 시기는 나타나 있지 않으나「東國歷代」중 우리나라 역대기가 '本朝의 正宗 在位 24년 健陵'까지 표시되어 있고 '今上殿下萬萬歲'가 생략되었다. 이로써 볼 때 1803년 이후 같은 純祖在位 시기에 써진 것이 아닌가 추측해 본다. 필사자도 알 수 없다.

　이 필사본 이외에 異本改正板이 또 있다. 鄭淳睦의『韓國儒學敎育資料集解』「蒙喩敎育篇」을 참고하면『아희원람』의 異本인『訓兒遊覽』[71]이 나온다. 이 책은 慶州 崔氏家에 보관됐던 것으로 崔氏家의 교육 교재로 쓰였던 책이다. 이 책 역시「邦都事蹟」부분에서『東史寶鑑』,『三國遺事』,『輿地勝覽』등의 책명 등 事蹟을 덧보태고 地誌를 덧싣고 있다. 역사ㆍ지리면의 강조는 異本類의 주된 방향이라 여겨진다.

　이렇듯『兒戱原覽』은 당시 시대인의 요구에 따라 이와 같이 재구성이 가능하였다. 그 재구성의 방향은 대체로 우리나라의 역사 또는 지리 부분을 강조하는 방향으로 나가며 중국 중심적 교재 내용에서 우리나라 중심으로 비중이 점차 높아지고 있다.

2. 蒙喩篇

　『몽유편』은 규장각본 3종류, 고대본 1종류, 국립도서관본 2종류가 있다. 모두 2가지 판본이다.

도서명	활자 종류	크기(半郭)	그림	연도	비고
규)古3820-16	목활자	18.3×12.6 (26×16.5)	上白語尾	1810	洪仁植印
국)古1575-1	목활자	18.1×12.1 (25.6×16.5)	上白語尾	1810	「心齊」 「禮信文庫印」

---

71) 鄭淳睦,「蒙喩敎育篇」,『韓國儒學敎育資料集解』, 學文社.

국)古372-412 -J256m		18.3×12.2 (25.2×16)	上白語尾	1810	「田歲書?」
국)일산古 3239-1	목활자	18.1×12.1	上白語尾	1810	梧鳳所歲
고)A13-A6	목활자	18.1×12.3	上白語尾	1810	
규)일사 古031-J256	傳陶活字	18×12.2 (25×16.4)	上白語尾	1810	咸豊十一年(1861) 歲次辛酉九月初一日

『몽유편』의 활자체는 목활자체라 표기되어 있으니 이는 장혼이 만든 而已广木活字(소형 필서체자)이다.[72] 그러므로 半郭의 크기가 대체로 18×12 정도의 크기로 모두 소형책자이다. 이 책은 모두 인쇄본만 현존한다. 그러므로 내용상 다른 점은 없다. 이 책이 발견된 곳은 개인집, 국립도서관 등이다. 출판 연대는 모두 1810년으로 초판본 이외에 중판본, 이본류가 없다. 또 하나의 특징은 총독부 허가본이나 보전본이 없다. 이러한 여러 사실로 미루어보아『몽유편』의 수요는 많지 않다 본다. 내용상의 이유도 마찬가지로 조선총독부가 선정한 서당 교재에 포함되지 않은 것으로 본다.

이상에서 書誌的인 면을 통해『아희원람』은 조선 후기 교재의 상업화를 이룩한 대중적 교재로서 중요한 위치를 차지하고 있으며 교재가 교사의 의도에 따라 재구성이 용이하되 그 재구성의 방향이 민족적인 면을 강화하는 쪽으로 흐르고 있음을 살펴보았고, 『몽유편』은『아희원람』만큼 대중적인 교재는 아니었으나 장혼이 스스로 만든 而已广活字에 의해 인쇄된 소책자임을 알아보았다. 또한 장혼의 교재『아희원람』과『몽유편』은 조선 총독부에 의해 서당 교재로서 제재를 받음과 특히『아희원람』이 애국 계몽기에 重刊됨을 살펴보았다. 이는 애

---

72) 尹炳泰,「而已广活字印本考」,『奎章閣』第5輯, 서울대, 1981.2.

국 계몽기 때 교육의 성격을 짐작해 볼 수 있고 그 이후 일제 압제기 때의 교육의 변질을 알 수 있는 중요한 실마리가 될 수 있으리라 본다. 본 연구에선 제외하고 다음 기회로 미룬다.

Ⅳ. 張混의 初學 敎材의 內容 考察

1. 兒戲原覽

1) 체제와 구성

차례	비고
引	아희원람의 편찬 동기
形氣	자연의 形象과 자연 현상 원리
創始	문물·문화의 발생
邦都	역대 시조의 도읍지 중심의 국사, 국토 지리(도시 중심)
國俗	우리나라 풍속(세시 풍속 등)
誕育	탄생과 자손 번창(중국·한국의 영웅들)
姿性附虫豸	사람·동물의 생물학적 특징
才敏	學問에 뛰어났던 천재들
壽富	수와 富를 누린 인물군과 그 양태
變異	이상 자연 현상 시대순 제시
傳運	중국 역대기
附東國	우리나라 역대기
附數彙	數에 관한 어휘들 모음
補遺	학통(문묘 제사), 장군, 詩社, 東方姓譜

기존의 學習 敎材 편찬 순서는 대체로 주제별 天+地+人의 체제로 이루어져 있다. 『兒戲原覽』의 체제는 기존의 편찬 체제와 다르다. 쓸데없는 것은 자르고 중요한 것은 요약하고 수집하여 분류하고 가려서 간추리니 總數 千萬言으로 條目이 10則이 되었다[73]고 引에서 언급했

---

73) 張混, 「兒戲原覽引」, 前揭書 권12, "冗刻而紀約, 彙分而閱簡, 總數千萬言, 條爲

듯이 편찬 순서를 보면 引+본문 10條+附+補로 편찬되었다. 본문 부분은 形氣, 創始, 邦都, 國俗, 誕育, 姿性, 才敏, 壽富, 變異, 傳運으로 이루어졌다. 이로써 총 13단원이 주제별로 條別化 되어 있다. 각 單元의 주제는 각기 독립되어 있어 기존의 교재 편찬 순서를 따르지 않고 있다. 즉 『兒戲原覽』의 체제는 기존의 양식을 탈피하여 새롭게 시도된 독특한 양식의 체제라 할 수 있다.

각 단원의 내부 구성을 보면 辭典式 구성 체계라 할 수 있다. 우선 각 단원의 앞부분에 單元名이 제시되어 있다. 단원명은 그 단원의 주제를 함축적으로 나타내는데 주제는 單一주제 혹은 작은 2개의 주제를 함께 묶어 제시하고 있다. 단원의 내부 構成 原理를 살펴보면 대체로 代表語彙가 나오고 그 어휘에 관련된 내용이 설명된다. 대표 어휘의 편차는 時代順, 數順, 나이順 따위로 條가 분류되어 있어 내용의 첨가 삭제가 용이하다.

전체 구성을 살펴보면 각 단원이 서로 연관된 유기적 성격을 갖기보다 독립된 열린 구조를 갖고 있어 교사의 의도에 따라 재구성이 가능하다.

장혼은 「形氣」, 「創始」 부분을 앞에 놓고, 「邦都」, 「國俗」 부분을 뒤에 놓았다. 공간적 측면에서 볼 때 주변의 가까운 현실적 공간을 우선하고 수직적 역사 공간을 2차적으로 다룬 것이라 보여진다. 「誕育」, 「姿性」, 「壽富」, 「才敏」은 인물 위주로 다양한 주제별로 나누었는데 한국 인물과 여타 나라 인물들도 등장한다. 이와 같이 『아희원람』의 체제는 기존의 初學 敎材類의 편찬 형식에서 탈피한 독특한 양식이다. 구성 원리도 첨가 삭제가 가능한 項별, 條별로 이루어진 辭典式 구성

十則."

체계로 되어 있어 재구성이 가능하다. 각 단원마다 중국 중심의 교재 내용에서 탈피하여 韓國的인 敎材內容과 여타의 나라와 관련된 내용도 다루고 있다.

2) 內容上의 特徵

『아희원람』의 내용은 기존의 교재와 마찬가지로 많은 부분이 중국 중심적 시각에서 구성되었다. 인물, 사건 그리고 문물 등의 교재 내용이 중국 중심으로 구성되었으며 철학적 기반 역시 유교 철학을 근본으로 하고 있다. 그러나 이러한 교재 편성임에도 불구하고 『아희원람』의 내용은 기존의 교재와 다른 면모가 비중 있게 나타난다.

장혼은 引에서 『아희원람』의 내용은 古今 事文 중 고증할만한 것을 모았으며 여러 사람의 말을 모으고 여러 책을 찾아 모두 묻고 새기고 들은 것을 자료로 한다고 했다.[74] 이로써 볼 때 『아희원람』의 내용은 事實性을 기반으로 한다. 또한 今文의 내용을 수용하고 있으니 이는 변화된 새 이론을 수용함을 의미한다. 이러한 면을 고려할 때 『아희원람』과 『몽유편』의 분석은 장혼의 교재가 얼마나 근대적 성격을 갖고 있는가를 분석하는 것이 주관심사라 할 수 있다. 근대성은 흔히 추상적 세계에서 얼마만큼 탈피하여 구체적 대상의 세계로 지향하고 있느냐에 의해 결정된다. 그러므로 空間的 측면에서, 교재 내용이 중세의 관념 세계로부터 얼마만큼 구체적 현실 세계로 접근하고 있는지 알아보도록 하겠다.

---

74) 張混, 「兒戲原覽引」, 前揭書 권12, "……要稡古今事文, 最切攷据者, 蒐諸家, 撫群書, 詢剞劂, 資聞見……."

(1) 일상생활 관계

기존의 교과서 내용은 도덕성 교육을 중심으로 한 관념적인 내용이 주류를 이루고 있어 현실 세계와 동떨어져 있었다. 비록 바른 생활 규범 교육이라는 아동들의 일상생활과 밀착된 긍정적인 면이 있었다 할지라도 '군자'라는 중세적 인간형에 접근하기 위한 기초 덕성 교육일 뿐이었다. 『아희원람』에선 이러한 중세적 교재와는 달리 일상생활 곧 현실 공간에 관한 내용이 비중 있게 차지한다. 즉 實生活 周邊의 구체적 공간을 주요 대상으로 삼고 있다.

장혼은 주변 공간으로 자연 공간을 1차적으로 언급하고 있다. 「形氣」부분이 그 주 대상이다. 먼저 유형의 자연 모습과 그 형성의 원리를 설명하였다.[75]

天	日	月	우주
水土의 기가 가볍고 맑아서 올라가 뜬 것이니 하늘이 마치 엎은 사발같이 땅의 표면을 덮었다.	太陽의 精한 기운이 임금의 상이니 해중에 웅크린 까마귀 3발 자국이 있다.	太陰의 精한 기운으로 달 중에 토끼가 있다. 달 중의 物이 어른거림은 산하 그림자요. 그 空處는 바닷물 그림자. 또 말하길 옥토끼 계수나무라 하는 것은 地影이다. 空處는 물그림자다.	태극의 變이다. 음양이 나뉘기 전엔 그 기운이 혼돈하더니 청탁이 이미 나뉘니 천형이 계란 같다. 하늘은 넓고 땅은 좁은데 땅의 속과 표면에 물이 있다. 기운이 그 가운데 충만하여 운행이 마치 수레바퀴가 움직이는 것 같다.

달의 모습에 대한 설명이 매우 과학적이다. 하늘이 엎은 사발 모양 같다. 전체의 모습이 계란 같다. 우주 운행이 수레바퀴 움직임 같다

75) 張混, 「形氣」, 『兒戲原覽』, 1면. "天者水土之氣, 輕淸而升浮, 穹窿如覆盆, 昌地之表, 日者太陽之精, 君象, 日中有跛鳥三足, 月者太陰之精, 月中有兎, 月中有物, 婆娑, 乃山河影, 其空處, 海水影, 又曰蟾桂地影也, 空處水影也, 乾坤者, 太極之變, 兩儀未分, 其氣運淪, 淸濁旣分, 天形如雞子, 天大地小, 表裏有水, 其充其中, 運如車轂之運."

함에서도 과학적인 이론에 기반함을 볼 수 있다. 주변 자연 공간의 모습과 형성된 원리 설명이 과학적 사실성에 접근하고 있음을 알 수 있다.

또한 이러한 形體의 작용에 의해 이루어지는 自然 現象 역시 과학적 사실성에 기반을 두고 있다.[76]

雲	雪	雨	霜
산천의 氣다. 음양이 모여 구름이 된다.	천지가 陰을 쌓아서 추운 즉 雪이 된다. 음양이 얼어서 이루어진다. 오곡의 精이 된다.	천기가 陰을 쌓아서 따뜻한 즉 비가 되니 음양이 和合하여 이어진다.	음기가 많아진즉 霜이 되니 곧 이슬이 차가워져 변하는 것이다.

雪, 雨, 霜, 電, 虹, 霞, 風의 작용을 과학적으로 설명하였다. 陰· 陽氣를 현대어 찬 공기, 따뜻한 공기로 바꾸어 말하면 그 현상이 거의 현대 과학의 수준이다.

우리나라의 기상 관측 제도는 15C까지 완성되었는데 당시 세계적으로 가장 발전된 근대적 방법이었다고 한다.[77] 『아희원람』은 이러한 氣象學의 基本原理를 교과 내용으로 수용하고 있다.

구체적 자연 현상에 대한 이러한 관심은 정약용의 『兒學篇』[78]에도 나타난다. 자연 개념 68자, 기후 8자, 자연 현상 28자로 자연의 모습과 현상에 관한 어휘가 비중 있게 등장한다.

이상에서 볼 때 자연 공간에 대한 언급은 日常 生活 주변 공간에서

---

76) 張混, 前揭書 2면. "雲者, 山川氣也, 陰陽聚而爲雲, 雲者, 天地積陰, 寒則爲雪, 陰陽凝而成, 雨者, 天地積陰, 溫則爲雨, 陰陽和而成, 霜者, 陰陽勝則爲霜, 卽露寒而變."

77) 고려대 民族文化硏究所, 『科學技術史』, 韓國文化史大係 Ⅲ, 1968.

78) 丁若鏞, 「兒學篇」, 『兒學篇, 日語類解, 韓語初步』.(京都大學 國文學會, 明治45).

구체적으로 대하는 자연의 모습과 현상을 주요 내용으로 함을 알 수 있다. 陰陽學을 기본으로 하곤 있으나, 구체적 사실성에 중점을 둠으로 조선 유교 철학적 자연관에서 탈피하고 있다. 유교 철학적 자연관에서 탈피를 시도하여 구체적 현실 세계에 접근함은 『아희원람』의 중요한 성과이다. 그러할지라도 자연 공간은 학습자에게 보다 밀착된 주변 공간이라 볼 수 없다.

張混은 학습자의 주변공간으로 그들의 실생활 공간을 2차적으로 언급하고 있다. 『아희원람』에서 實生活 空間에 대한 내용은 「創始」 부분에 나타난다. 비록 이 부분은 장혼이 2번째 단원으로 다루었으나 가장 많은 부분을 할애하여 그 내용을 구성하고 있다. 「創始」는 문물·문화의 創始를 주내용으로 한다. 물물·문화의 창시는 삶의 영역에서 인간이 스스로 느끼는 한계를 극복하기 위한 도전으로 이루어진 업적이다. 그것은 몸으로 직접 체험하는 실생활을 기반으로 한다. 특히 문물 창시에 대한 관심은 현실의 日用 生活에 대한 관심 즉 당시의 현실 생활 기반에 대한 관심임으로 주목할 만하다. 일용 생활은 실생활의 산업 구조를 기반한다. 내용을 도표화 해보면 다음과 같다.[79)

산업 종류	농업	공업	상업	어업
일용품	밭갈기 누에치기 절구 절구괭이(4)	도자기 箕篲, 石磑 솥과 시루, 제기, 竹器, 술동이, 술잔, 수저, 큰끌, 도끼, 쇠뇌, 활, 화살, 방패, 戈, 갑옷, 빗, 거울, 안경, 반지, 다리미, 요강, 부채, 삿갓, 양말, 망건, 신발 등(31)	배, 柁車, 人事, 큰수레, 시장, 돈, 도량(상세히 다룸), 주판, 尺, 秤, 斗, 마마, 의약(9)	網罟 (그물)(1)
기본 생활	의·식·주(火食, 衣服, 屋廬, 성곽, 囿池)			
왕실 용품	궁실, 관, 고의, 치포관, 笏			

79) 張混, 「創始」, 前揭書, 3~12左면.

왕실 용품보다는 일상생활에 필요한 日用品 위주이다. 일용품은 공업 부분이 31/60(62%)로 가장 많은 부분을 차지하고, 상업 부분이 18/60(30%)로 그 뒤를 이었다. 상업 부분의 '度量'에서 상업 활동에 필요한 기초 단위를 상세히 설명하고[80] 도량 단위 尺, 枰, 升, 斗, 衡의 시원도 밝혔다. 상업 부분을 윤활히 해주는 교통수단도 다루었다.

그들 생활의 물적 토대에 대한 관심은 상·공업 부분의 비중이 높다. 또 그것의 사용이라는 실용적 내용이 주류이다. 상·공업이 비교적 발달된 곳은 도시였으니 이는 당시 도시에서 수공업과 상업이 비교적 발달되고 있는 시대상과 관심을 학습에 반영한 것으로 본다. 곧 도시 현실의 물적 기반을 주요 내용으로 하여 학습자의 주변 공간에 보다 밀착된 내용으로 구성한 것이라 할 수 있다.

이런 物的 기반을 바탕으로 형성된 생활문화 역시 주요 내용이다.[81]

놀이 문화	정신 문화	사회 제도
술, 소주, 가무, 琴瑟, 쟁, 생, 피리, 퉁소, 笛, 鞞鼓, 총, 투호, 상회, 쌍륙, 저포, 투전, 골패, 여약, 呈才人, 산대, 추천, 축구, 연날리기(24)	글자, 자법, 서적, 신주, 그림, 학교, 석존, 관곽, 지필, 묵적, 언문, 碑碣(비석), 이두, 龍書, 八分, 輓歌, 書, 예서, 장초, 사찰, 시전, 서전, 주역, 예기, 춘추, 논어, 맹자, 대학, 효경, 別號, 존비례, 祀享, 종묘, 사직, 시집, 장가, 중매(36)	각루, 역서(달력), 육갑, 윤달, 과거, 考績, 환곡(7)

80) 張混, 「創始」, 前揭書, 11左~12면左. "度量, 十范曰眇, 十眇曰塵, 十塵曰微, 十微曰忽, 十忽曰絲, 十絲曰豪, 十豪曰氂, 八寸曰咫, 十寸曰尺, 五尺曰墨, 八尺曰尋, 十尺曰丈, 倍尋曰常, 十黍曰絫, 六十四黍曰圭, 四圭曰撮, 千二百黍曰龠, 十龠曰合, 十合曰升, 十升曰斗, 十六斗曰庾, 十六斛曰秉, 十絫曰銖, 六銖曰錙, 二十四銖曰兩, 兩有半曰捷, 倍捷曰擧, 六兩曰鍰, 十兩曰錠, 十六兩曰斤, 二四兩曰鎰, 十斤曰衡, 十五斤曰秤, 三十斤曰鈞, 四鈞曰石, 四石曰鼓, 五倍曰蓰, 十百曰千, 十千曰萬, 十萬曰億, 十億曰兆, 十兆曰京 … 十亥曰補."

81) 張混, 「創始」, 前揭書.

　놀이 문화로 언급된 가무, 거문고, 가야금 등의 악기와 쌍륙, 투전 골패 등의 대중 놀이와 축구, 연날리기, 추천의 체육 활동은 그들의 生活 空間에서 쉽게 경험할 수 있는 보편화된 문화이다. 정신문화로 는 학습자와 밀접한 글씨, 책을 소개했는데 책은 그 시원을 밝히기보 다 8가지 책의 글자 수를 소개하여 學習者가 학습 기간이 4년 반이면 다 마칠 수 있다는 실제 그들의 학습에 도움을 주는 실용적 내용으로 이루어져 있다.82) 그 외 인륜 관계에 관한 문화는 시집, 장가, 신주 등으로 역시 그들의 현실 생활과 밀접한 생활 문화의 일부분이다. 사 회 제도에서도 曆에 관한 내용, 관리제도, 구휼 제도의 시원을 밝히 고 있으니 역시 그들 생활과 관련이 깊다. 이와 같이 생활 문화에 관 한 내용은 학습자의 실생활 공간 속, 그들의 일상생활 속에서 형성된 다양하고 실용적인 것들이다.

　이런 실생활의 문물·문화에 밀착된 교과 내용에서 조선 고유의 문 화에 대한 언급이 없을 수 없다.83)

---

82) 張混, 「創始」, 前揭書 11면. "詩傳二萬九千一百二十四字, 書傳三萬九千一百二 十四字, 周易二萬四千二百七字, 周禮四萬五千八百六字, 禮記九萬九千二十字(庸 學竝入), 春秋左氏傳. 十九萬六千八百四十五字, 論語一萬二千七百字, 孟子三萬 四千六百八十五字, 大學一千七百三十三字, 中庸三千五百五字, 孝經一千九百三 字, 合四十八萬五千二百八十字, 日誦三百字, 四年半可畢."

83) 張混, 「創始」, 前揭書. "諺文: 我世宗朝親製, 名曰訓民正音, 俗稱反切; 吏言(斗 音): 新羅薛聰始製, 花郎: 新羅眞興王, 取美男, 粉飾名花郎; 伽倻琴: 十二絃, 大 伽倻國, 後王嘉悉, 法唐樂府製之, 琴成玄鶴舞庭, 俗傳崔致遠者非; 還穀: 高句麗, 故國川王, 出見哭者問故, 對曰傭力養母, 今年不登, 無以傭, 王曰 孤之罪, 厚賜 之, 出官穀, 賑百姓, 至冬還輸, 以爲式."

언문	이두	화랑	가야금	환곡
우리 세종조가 친히 만들어 명하길, 훈민정음이라 했다. 속칭 반절이라 부른다.	신라 설총이 처음 만들었다.	신라 진흥왕 때 미남자를 뽑아 분장하고 꾸며 화랑이라 명명했다.	12현이다. 대 가야국 후왕 가실이 당악부를 모방하여 만들었다. 가야금이 이루어지매 검은 학이 뜰에서 춤을 추었다. 세속에 전하는 최치원이 만들었다는 것은 틀리다.	고구려 고국천왕이 시행나가서 우는 자를 보았다. 연고를 물으니 대답하길 품을 팔아 어머니를 봉양하다가 올해는 흉년이라 품을 팔 수 없기 때문이라 하니 왕이 나의 죄다하고 관곡을 내어 백성을 구휼했다. 겨울에 이르매 다시 돌려받아서 법으로 삼았다.

우리 민족 고유의 글, 단체, 악기, 사회 제도의 시원을 다루고 있다. 현실 생활의 物的, 精神的 기반이 모두 중국 중심적일 순 없다. 그것이 보다 주변 공간과 밀착될 때 조선만의 고유한 공간이 있을 수밖에 없는데 『아희원람』은 주변 공간에서 조선만의 고유 공간을 발견하고 있다.

아울러 이는 우리나라 문화 발달에 대한 관심으로도 나타난다. 郵驛과 市肆가 신라 소지왕 때 시작되었으며 刻漏가 신라 성덕왕, 泉貨가 고려 숙종, 과거는 고려 광종 때 우리나라에서 시작되었음을 밝혔다.[84] 이들은 다시 경제·사회 제도 면에서 중요한 요소로 비록 중국을 시원으로 하곤 있으나 중국 문화의 영향을 받아 우리 문화를 더욱 발달시킨 것들이다.

이러한 우리나라 고유문화의 문화 발달에 대한 관심은 학습자의 실생활 공간과 매우 밀접한 부분으로 이 부분은 주변 공간으로서의 참 의미를 확실히 해준 내용이다.

---

84) 張混, 「創始」, 前揭書, 9면左. "郵驛: 我東新羅, 炤智王始置; 市肆: 我東國新羅, 炤智王初置; 刻漏: 我東國新羅, 聖德王始造; 泉貨: 我東國鑄錢, 始高麗肅宗."

이와 같이 실생활 공간은 생활의 物的 기반인 일용 생활, 日用 生活에 기반한 생활 문화, 특히 고유 문화면을 주내용으로 하고 있으니 이는 보다 학습자의 주변 공간에 밀착된 내용이라 할 수 있다.

주변 공간 속엔 동식물도 주요한 대상이 된다. 『아희원람』은 식물에 대한 언급은 없고 동물에 대한 관심이 나타난다. 「姿性」의 뒷부분 「附虫豸」를 보면,[85]

특이한 성질	결손 부분	생식 기관	생식 방법	기관	신체 변화
앵무새는 등을 만지면 벙어리가 되고 구욕새는 혀를 자르면 말한다.	용과 물고긴 耳가 없고 노루, 말은 膽이 없고…	물고긴 뺨으로 알을 품고 두루미는 울어서 소실로 교접하고…	상어는 胎生, 학은 胎化…	물고기 눈은 보이지 않는다. 불을 보지 못한다.	2월에 매는 비둘기로 변하고 3월에 밭쥐는 메추라기로 변하고…

여기서 주로 다룬 내용은 동물의 특이한 성질, 신체적 특징, 기관의 작용, 생식 방법, 신체 변화 등이다. 특히 「推五行用事」의 氣候條는 正月부터 12월까지의 계절의 변화에 따른 동물들의 변화를 관찰하여 曆을 編修한 것인데 2·3·6·9·10月의 동물 변화 부분이 위의 내용과 일치한다.[86] 이야기들이 다소 비과학적이나 동물의 生態的 特性에 초점을 맞추고 있음을 알 수 있다.

---

85) 張混, 「姿性附虫豸」, 前揭書, 26左~27右 면, "鸚鵡摩背則胎瘖, 鸐鵒剪舌則言, 龍魚無耳, 驘馬無膽……魚思而懷卵, 鶴鶴喉而聲交……鯊魚胎生玄鶴胎化…魚目不瞑, 魚不見火……二月鷹化爲鳩, 三月田鼠化爲鴽, 六月腐草爲螢, 九月省入大水爲蛤, 十月雉入大水爲蜃."

86) 高大民族文化研究所, 「推五行用事氣候條」, 『科學技術史』, 韓國文化大係 Ⅲ, 1968. "正月: 立春 正月節 雨水 正月中. 東風解凍, 蟄虫始振, 魚陟負冰, 獺祭魚, 候雁北, 草木萌動. 二月: 경칩 2월절 桃始花, 倉庚鳴, 鷹化爲鳩, 鴂至雷及, 發聲始電……十月: 10월절 소설 10월중. 水始冰, 地始凍, 雉入大水爲蜃……十二月……."

이상에서 볼 때 自然 空間, 實生活 공간, 動物은 모두 학습자의 주
변 공간 혹은 구체적 대상물로 모두 학습자의 일상생활과 밀착되어
있다는 점이 중요하다. 장혼은 교재의 올바른 방향 제시에서, 학습자
가 보고 들어 익숙한 것으로 교재 내용을 구성해야 함을 언급한 바
있다. 그런 그의 교재 관에 의해서 일상생활의 주변 공간을 교재 내
용의 출발점으로 삼은 것이라 여겨진다. 특히 조선 고유 공간의 자생
적 발달에 관심을 갖고 교재 내용으로 편성함은 『아희원람』의 뛰어난
성과라 본다. 이러한 그의 교재관은 다음 지리적 사실 언급에서 현실
공간으로서 주변 공간의 구체성을 보다 명확히 하고 있다.

(2) 地理的 事實

현실 공간은 자기 주변의 지리 공간을 그 바탕으로 해야 한다. 조선
후기에 와서 주변 공간에 대한 자각과 더불어 국토에 대한 관심과 사
랑은 높아갔다. 그것은 김정호의 대동여지도 등에서 결실을 맺기도
한다.[87] 『아희원람』에서도 이러한 국토 지리에 대한 관심을 반영하
고 있다. 「邦都」의 뒷부분에 나타나는데 도시가 주대상이 되고 있다.
우선 서울의 행정 구역과 행정 기관이 자세하다.[88]

中部	東部	南部	西部	北部
澄淸, 瑞麟, 壽進, 堅平, 貞善… (8坊)	崇信, 蓮花, 瑞雲, 德成, 燕喜… (12坊)	廣通, 明禮, 太平, 誠明… (11坊)	仁達, 積善, 皇華, 養生 등 (8坊)	廣化, 양덕, 안국, 鎭長, 明通… (10坊)

서우의 중부 8坊, 동부 12坊, 남부 11坊, 서부 8坊, 북부 10坊을 나

---

87) 李佑成, 「李朝後期의 地理書·地圖」, 『韓國의 歷史像』, 創作과 批評社, 1983.
88) 張混, 「邦都」, 前揭書, 17左~19面右.

누어 5部 동네 이름을 자세히 소개했다. 또한 서울의 官司도 상세히 언급하고 있다.[89] 이와 같이 서울의 향정 구역과 행정 기관을 주요한 지리적 사실로 다뤘다. 그 후 지리적 범위는 8도로 확대된다.

경기도	충청도	전라도	경상도	강원도	황해도	평양도	함경도
광주, 수원(1일) 驪州(2일)	평택(15) 稷山(2일)	礪山(5) 全州(6)	문경(4) 상주(5)	춘천(2) 원주(3)	소川(2,5) 黃州(6,5)	중화(6) 평양(6,5)	안변(65) 덕원(7일) 고원(8)

우리나라 전국 8道를 도시 중심으로 소개하고 있다. 서울을 기점으로 하여 공간이 확대되고 있는데 거리별 즉, 교통이 주요한 地理的 要因이다. 교통 위주로 8道의 都市를 소개하고 있다고 하겠다.

이상에서 볼 때 지리적 사실에 대한 내용은 우리나라 국토 중 도시, 특히 서울과 교통을 주요한 지리적 사실로 다루고 있다. 「창시」에서도 교통수단을 주요하게 다루었다. 여기에서 주목할 점은 지리적 공간이 우리 국토라는 사실과 도시와 교통을 주요하게 취급하고 있다는 점이다. 「附數彙」 地篇은 상식적으로 통용되는 중국 지리 어휘가 주 내용이다.[90] 그러한 지리 어휘는 기존의 교재에서 주요하게 취급했던 내용이다. 이에 비해 장혼이 가르치고자 한 지리적 사실은 국토 지리이니 주변 공간으로서의 구체적인 의미가 부각된다. 더군다나 당시 시대 변화의 조짐을 나타내고 있는 도시와 교통에 대한 과심을 교

---

89) 張混, 前揭書, 15左~16右면. "宗親府, 議政府, 忠勳府, 儀賓府, 敦寧府, 中樞附, 義禁府, 都摠府, 兵曹, 刑曹, 工曹, 奎章閣, 承政院, 侍講院, 講書院, 司諫院, 承文院, 通禮院, 尙瑞院, 尙依院, 司饔院, 內醫院, 掌樂院……."

90) 張混, 「附數彙」 地篇, 前揭書 50右~52左면. "五岳: 東泰山, 西華山, 南衡山, 北恆山, 中嵩山. 四夷: 東夷, 西戎, 南蠻, 北狄. 十三省: 北直隷, 南直隷, 山西省, 山東省, 河南省, 陝西省, 浙江省, 江西省, 湖廣省, 泗川省, 福建省, 廣東省, 廣西省, 雲南省, 貴州省."

재에 편성함은 현실 공간의 의미를 보다 강화시켜 주는 내용이라 하겠다. 특히 서울은 학습자의 주거주지로서 또는 지리적 사실의 대표성으로서, 보다 학습자의 현실 공간과 밀착되어 있는 주변 공간의 구체적인 모습이라 하겠다.[91]

(3) 歷史的 事實

구체적 현실 공간으로 實生活 공간과 지리적 공간에 대한 내용을 알아 봤다. 자기 주변 공간에 대한 인식은 수직적으로 그 공간 개념이 확산될 때 참가치를 지닌다. 이는 곧 역사의 발견이다. 『아희원람』의 주요 특징은 역사적 사실을 비중 있게 다루고 있다는 점이다.

장혼은 우리나라 역사를 다양한 시각에 의해 비중 있게 언급하였다. 우리나라 根源을 우선적으로 살폈다. 「邦都」의 앞부분에서 다뤘는데 우리나라의 근원을 어디에 두고 있는지 알아보자.

> "우리나라는 처음에 임금이 없었는데 어떤 사람이 태백산 박달나무 아래에 내려와 국인이 그를 세우니 이가 단군이다. 요와 함께 섰고 백성에게 머리 땋고 상투 짜는 것과 의복·음식의 제도를 가르쳤다. 상나라 武丁 8년에 아달산에 들어가 신이 되었다. 재위 천년이고 사당이 평양에 있다."[92]

단군에 대한 이야기는 신화 소개보다 요임금과 때를 같이 하거나

---

91) 학습 효과 면에서 볼 때 서울을 중심으로 하여 공간 확대 원리에 의한 도시 소개는 기본적인 사회학습 원리에 의한 것이므로 매우 효과적인 교재구성이라 볼 수도 있다.

92) 張混, 「邦都」, 前揭書, 12면. "東方初無君長, 有人降于太白山檀木下, 國人立之, 是爲檀君. 竝堯立, 教民編髮, 蓋首衣服, 飮食之制, 商武丁八年, 入阿達山爲阿神, 在位一千年, 廟在平壤."

그가 펼친 정치가 在位 천년이니 서당이 평양에 있느니 따위의 역사
적 사실에 중점을 두었다. 단군이 역사적 실재 인물임을 알려 우리나
라의 근원은 단군에서 비롯되었음을 분명히 하고 있다. 이후의 시조
(始祖)에 대한 내용은 건국 신화를 주 내용으로 한다.

> "신라 시조 박씨는 이름이 혁거세다. 처음 양산 숲속에서 이상한 기
> 운이 있어서 찾아보아 알 한 개를 얻었다. 자르니 갓난아기가 있었다.
> 모양이 단정하고 아름다웠다. 목욕을 시키니 몸에서 광채가 나고 새
> 와 짐승이 따라 춤을 추어서 신이라 여겼다. 세워 임금을 삼았는데 나
> 이가 13세였다."[93]

신라 박혁거세를 비롯하여 석탈해, 미추왕(김알지), 궁예 그리고 고
구려 동명왕, 가락국 수로왕, 탐라국의 양을라, 고을라, 부을라에 관
한 건국 신화를 간략한 이야기 형태로 서술하여 고대 국가의 시조를
밝히고 있다. 단군의 경우와 마찬가지로 우리 민족의 근원을 우리나
라 고대 국가의 시조에서 찾았다. 이와 같이 단군과 고대 국가의 시
조에서 민족의 근원을 찾으므로 우리 민족의 뿌리는 중국과 달리 독
자적으로 존재했음을 분명히 하고 있다.

근원에 대한 언급아래 그의 관심은 도읍지에 초점을 맞춰 가장 큰
도시 개성부와 한양부의 성규모를 소개한다. 이러한 역사 도시는 눈
으로 실증할 수 있는 실물이다. 그는 도읍지를 중심으로 단군~조선
숙종까지의 역사 흐름을 다루고 있다.[94]

---

93) 張混, 「邦都」, 前揭書, 12면左. "新羅始祖, 朴氏名赫居世, 初楊山林間, 有異氣
　　尋得一卵, 剖有嬰兒, 儀形端美, 浴於川, 身生光彩, 鳥獸率舞, 以爲神, 立爲君, 年
　　十三."
94) 張混, 「邦都」, 前揭書, 13左~14면右.

단군	평양도읍. 白岳으로 옮김.
기자	평양 도읍
마한	기준-금마 도읍
위만	왕검성
신라	박혁거세-경주 도읍
고구려	주몽-졸본부여 佛流水上, 山土王-九都城 옮김. 동천왕-평양
백제	온조-하남 위례성·한산, 근초고왕-북한성, 문주왕-웅진, 明禮王-사비
가락국	수로왕-가락(금관)국 개칭
대가야	伊珍阿鼓王-대가야국 도읍지
고려	태조-송악, 고종-강화, 원종-송악 환도
조선	태조-한양, 정종-송경 환도, 태종-한양, 인조-남한산성 건축, 숙종-북한산성 건축

이를 보면 단군-기자-마한-(위만)-신라, 고구려, 백제, (가락국), (대가야)-고려-조선으로 그 역사의 정통이 흐르고 있다.

이러한 정통 역사 흐름은 「附東國」에선 왕조 중심으로 나타난다.[95]

단군	기자	마한	위만	신라	고구려	백제	고려	조선
1017년			(83년)	시조 남해~ 정순왕 (992년)	동명왕 ~ 보장왕 (705년)	온조왕 의자왕 (678년)	태조~ 공양왕 (475년)	태조~ 정종
	←—— 1131년 ——→							
←———— 조선 ————→				←———— 3국 ————→				

이와 같은 順으로 역사의 정통을 밝혔다. 도읍지 중심의 역사 정통이나 왕조 중심의 역사 정통은 모두 단군-기자-마한-삼국으로 이어지고 있다. 이는 종래의 정통론 기자조선-위만조선-삼한-삼국과는 다른 정통론이다.[96] 근원의 독자성에 이어 역사 흐름의 정통론도 역

---

95) 張混, 「附東國」, 前揭書, 43면左~45면左.

시 기존의 역사관에서 탈피하고 있다. 오늘날의 시각에서 볼 때 기자
조선의 인정은 그다지 주체적인 역사 인식은 아니지만, 이러한 이론
은 선진학자들이 중국 중심적 세계관을 극복하고자한 노력의 산물이
다. 장혼은 교육면에서 이러한 이론을 수용하여 학습하고자 하고 있
으니 그의 역사 교육의 목적 역시 주체적인 역사관을 심어 주기 위한
의도임을 알 수 있다.

그런데 또 주목할 만한 점은 그의 시각이 정통국 즉, 대국에만 머무
르지 않는다는 점이다. 정통을 이어받은 나라 이외에 소부족국의 역
사 역시 간과하지 않으므로 민족 전체 삶의 역사를 학습에 반영했다.
이 또한 도읍지 중심으로 간략하게 소개하고 있다.

> "견훤(전주), 궁예(철원), 濊國(강릉), 貊國(춘천), 荇人國(영변), 悉
> 直國(三陟), 伊西古國(淸道), 晉汁伐國(경주, 안강현)…, 동옥저, 남옥
> 저, 북옥저, 句茶, 蓋馬, 발해 等國(상고할 수 없다)."[97]

익히 들은 바의 소부족국, 잘 들어 보지 못한 소부족국, 그리고 당
시 상고할 수 없던 부족 국가에 이르기까지 두루 소개하고 있다.

이상의 신화 이야기, 대국과 소국의 소개는 아동 역사서『동사촬요』
와 같은 체계의 방식이다.『동사촬요』[98]는 누가 저작했는지 알 수 없
고 다만 장혼이 그 당시 다시 편찬한 책이다.『동사촬요』와 같은 국사
교육의 새로운 시도는 당시의 교육 활동에서 이미 실천되고 있는 한
방향이라 할 수 있다. 장혼이 그런 새로운 국사 교육 내용을 수용하고

96) 韓㳤劢, 李成茂 編,『韓國文化史-조선후기편-』, 一志社, 1989, 283면.
97) 張混,「邦都」, 前揭書, 14면左~15면右.
98) 張混 編,『東史撮要』: 檀君부터 高麗 恭讓王까지 1725년 五世大國 9개, 小國 20
개의 靈廷, 異事, 治亂, 沿革, 山川, 人物의 대강을 대략적으로 거론함.

초학 교재에서 비중 있게 다루고 있음은 국사 교육의 중요성을 외친
정약용조차도 시도하지 못한 것으로『아희원람』의 괄목할 만한 성과
라 할 수 있다.

　당시는 국사 정통에 대한 논란 이외에 중국 역사가들이 서술한 중
국 역사 정통에 관해서도 자국 내의 학자들 사이에서 크게 논란되고
있었다.[99] 중국 역사를 언급한「傳運」을 살펴보면,[100]

　順으로 중국 역사의 흐름을 시대별로 분류하여 그 역사 정통을 살
폈다. 중국 역사 연대기라 할 수 있다. 이 연대기는 주로 正統 王朝에
의해 서술한 것이다. 이러한 역사 서술은『동몽선습』의 중국 역사 서
술과 같은 방법이다.

　그러나 기존의 역사 서술 방법과 다른 면이 발견되니 정통국 이외
에 주변국에 대해서도 서술하고 있다.[101]

　　1. 北朝魏(宋-梁) － 南北朝紀
　　2. 契丹(唐代 － 後唐莊宗) － 遼(後晉고조改號)
　　　　遼(~後周太祖) － 蒙古(宋) － 元(忽必烈改國)

　중국 주변국의 역사 흐름도 함께 거론하고 있다. 특히 南北朝紀에

---

99) 李佑成,『韓國의 歷史像』, 창비사, 1982, 85면.
100) 張混,「傳運」, 前揭書, 38右 ~43면左.
101) 張混, 前揭書.

서 異민족인 북조 魏도 晉과 같은 비중으로 다루고 있음은 남조 중심
의 역사 서술에서 탈피된 정통 서술이다.[102] 거란-요-몽고 등의 주
변국의 역사 흐름도 상세히 언급했다. 비정통국, 주변국의 역사도 함
께 서술했으나 중국 역사 정통론에서 벗어나고 있다고 하겠다. 이것
은 장혼의 異民族에 대한 시각이 달라지고 있는 것이라 볼 수 있는데
이러한 異民族에 대한 새로운 시각은 편찬 순서에서 그 의도가 분명
해진다.

초학용 교재 중 역사 부분을 다룬 교재는 『童蒙先習』[103]이다. 『동몽
선습』은 중국 역사를 우리나라 역사보다 먼저 다루었다. 『아희원람』
은 「邦都」를 통해 우리 역사를 먼저 다루고 맨 뒤에서 중국 역사를
다루고 있다. 이민족에 대한 새로운 시각은 곧 우리 민족의 가치 발견
에서 찾을 수 있다고 하겠다.

이외에도 자연 현상의 변이 현상을 통해 惡政史를 언급하기도 한
다. 「變異」 부분에서 다뤘다.

> "요시대에 10개 해가 함께 나와 초목이 말라 죽었다. 예에게 명하여
> 쳐다보고 쏘게 하니 아홉 까마귀를 맞춰 모두 죽었다. 상나라 주 때
> 고기비가 오고 피비가 왔다. 광해군 때 癸丑十月에 들꿩이 도성에 들
> 어와 시가지에 두루 깔렸는데 그 수를 알지 못했다.…."[104]

---

102) 『童蒙先習』의 경우를 보면 "……晉有天下, 歷年百餘, 五胡亂華, 宋齊梁陳, 南北
分裂, 隋能混一歷年三十………."(朴世茂, 『童蒙先習』)이라며 北朝魏는 거론 없이
남조 중심으로 역사 정통을 밝히고 있다. 北魏의 정통 시비에 대해 정약용도 언급
한 바 있다.

103) 朴世茂, 『童蒙先習』; 끝부분에서 우리나라의 史를 다루고 있다.

104) 張混, 「變異」, 前揭書, 35右~38면左. "堯時, 十日竝出, 草木焦枯, 命羿仰射,
中九烏皆死, 商紂時, 雨肉雨血, 雨灰雨土, 雨石六月雨雪; 光海朝, 癸丑十月, 野稚
入都城, 殆遍市肆, 不知其數, 至於飛集, 闕中市井小兒, 爭相捕, 食如是月餘."

이러한 변이 현상은 때와 현상만 간단히 서술하였다. 이러한 현상을 통해 주목할 만한 점들이 보인다.

> "명 隆慶初 山西民 李良雨는 가난하여 아내를 내보내고 스스로 다름 사람에게 품팔이를 했는데 변하여 여자가 되었다. 신라 태종 왕 때 토함산 땅이 3년간 불타다 꺼졌는데 북쪽 바위가 무너져 쌀이 되었다. 오나라 때 金陵에서 貧家엔 오곡이 내리고 부잣집엔 내리지 않았다."[105]

이와 같이 변이 현상에서 주 관심 대상은 일반민이며 그들의 경제적인 요인과 관련이 깊다. 즉 「變異」 부분은 평민 중심적 시각에 의해 서술된 惡政史라 하겠다.

역사적 사실은 4단원에 걸쳐 비중 있게 다뤄지고 있다. 장혼은 중국 중심의 세계관에서 극복을 시도하고 있다. 우리 민족의 근원과 정통을 새롭게 인식하고 있으며 중국 역사 서술에서 이민족의 존재 의미를 반영하여 그 흐름을 살필 뿐 아니라 이는 곧 우리 민족의 역사 우위 교재 편찬으로 나타난다. 또한 평민들도 역사 속으로 끌어들이고 있다. 『아희원람』의 역사 서술이 기존의 역사 서술관에서 탈피하고 있다는 사실은 매우 중요하다고 본다. 그 탈피의 방향이 주체적인 역사 인식에 접근하고 있으며 더욱이 이러한 내용을 초학 교재에 비중 있게 다루었음은 『아희원람』의 매우 큰 성과라 하겠다.

(4) 生活風俗

구체적 現實 空間이 歷史性을 갖게 될 때 그 민족 고유의 공간이

---

105) 張混, 「變異」, 前揭書. "明隆慶初, 山西民, 李良雨, 貧出妻, 自傭于人, 化爲女: 新羅太宗王時, 吐含山地燃, 三年而滅, 北巖崩碎爲米, 食之如陳米云: 吳時, 金陵雨五穀於貧家, 富者則不雨, 元順帝時, 雨黍."

생긴다. 특히 생활 풍속은 그 민족 고유의 생활상의 생생한 모습으로
이는 그 민족의 독특한 삶의 모습이며 삶의 뿌리이다. 『아희원람』의
또 하나의 특징은 生活風俗에 대한 언급에서 찾을 수 있다. 「國俗」[106)
에 나타난다.

　國俗에 대한 인식은 서술자의 민족 고유 공간 인식에서 비롯된다.
우선 장혼의 세시 풍속 서술 자세를 알아보자. 장혼과 비슷한 시기에
세시 풍속을 다룬 책이 많이 나왔다. 유득공의 『京都雜誌』,[107) 김매
순의 『洌陽歲時記』[108) 등 여러 권의 책이 출판되었는데 이러한 책들
을 서로 비교해보면 장혼의 서술 자세를 알 수 있다.

　藥飯[약밥]의 경우를 보면 『아희원람』에,

> "신라 소지왕 정월 15일 까마귀가 편지를 물고 와서 울었다. 그 편
> 지 봉토에 쓰여 있길 열면 2인이 죽고 열지 않으면 1인이 죽는다 하여
> 열어 보았다. 쓰여 있길 琴匣을 쏴라 하여 왕이 궁에 들어가 그것을
> 쏘니 내전의 焚修僧으로 왕비와 더불어 通情한 자가 匣 안에 있었다.
> 왕비와 수도승을 죽였다. 이로 國人이 이날에 약밥을 만들어 까마귀
> 에게 주었다."[109)

　약밥의 시원을 신라 소지왕 때로 밝혔다. 이에 대한 세 사람의 의견
을 비교해보면,

---

106) 張混, 「國俗」, 前揭書.
107) 柳得恭, 「京都雜誌」, 『東國歲時記』, 崔大林譯解, 홍신문화사, 1989.
108) 金邁淳, 「洌陽歲時記」, 前揭書.
109) 張混, 「國俗」, 『兒戲原覽』, 20면. "藥飯: 新羅炤智王, 正月十五日, 有烏含書來
　　鳴, 書其外曰, 開二人死, 不開一人死, 開見書曰, 射琴匣, 王入宮射之, 乃内殿焚
　　修僧與王妃通者, 在匣中, 誅其與僧, 自是國人, 是日作糯飯飼烏."

김매순[110]	유득공[111]	장혼
(…)중국의 것이 우리나라로 전해왔다. 신라 때부터 떠벌리기를 좋아하는 자가 제멋대로 까마귀의 전설을 억지로 끌어다가 만든 이야기(…)	이조 경조 부사를 지낸 閔周冕이 지은 『東京雜記』에 나온 이야기다. 신라 때부터 내려온 옛 풍속이다.	신라 소지왕 정월 15일 (…) 이로 國人이 이날에 약밥을 만들어 까마귀에게 주었다.

김매순은 중국의 비슷한 음식을 끌어들여 藥飯이 중국에서 유래되었음을 억지로 증명하고자 했다. 이에 비해 유득공은 이야기의 출처를 밝히고 역사적 사실을 사실 그대로 받아들이고자 했다. 장혼은 유득공의 서술 자세를 따르고 있다. 이로써 볼 때 장혼은 중국 모화사상에서 벗어나 역사적 사실을 사실로서 인정하고자 하는 주체 의식이 엿보인다. 이는 곧 우리 민족 고유 영역에 대한 인식이 있었기에 가능했다고 본다.[112] 이러한 인식은 『아희원람』의 기본 원리이긴 하지만 학습자 개개인의 입장에서 벗어나 민족 전체의 공간으로 총집결하여 우리 민족의 고유 공간을 그는 國俗에서 찾는다.

그는 먼저 민족 생활공간에서 자생적으로 생긴 풍속을 거론하였다.[113]

---

110) 金邁淳, 前揭書, "…中國物而傳于東, 自新羅始, 好事者, 從而傳會耳……."

111) 柳得恭, 前揭書, "新羅舊俗也, 按東京雜記, 新羅炤智王十年, 正月十五日……."

112) 張混, 「東方姓譜歌引」, 前揭書. 그가 東方姓譜歌를 만든 동기는 중국 성씨 책 『萬姓字彙』, 『萬姓通譜』는 있으되 우리나라 姓氏에 관한 책이 없기 때문이었다. 그는 引의 끝부분에 '어찌 다만 중국의 『字彙』, 『姓譜』를 譜로서 우리나라 천만년 노래에 감히 견주리오.' 하며 끝맺으니 이도 우리 민족 고유 영역에 대한 의식이 있었기에 가능했다고 본다. 이 노래는 『아희원람』 끝에 구성되었다.

113) 張混, 「國俗」, 『아희원람』, 20면, "踏橋之戲, 始麗朝, 在平時甚盛, 士女騈闐, 達夜不止, 法官至於禁捕, 壬辰亂後, 無此俗矣: 觀燈: 東國亦於元夜, 高麗崔怡, 始行四月八日, 蓋麗朝尙佛故, 爲如來, 生於此日耳: 流頭節: 新羅舊俗, 是日浴東流水, 爲禊飮, 謂之流頭宴: 祈穀祭: 高麗成宗, 始行祈穀祭: 禁改嫁: 我成宗朝, 始令改嫁子孫, 勿敍東西班."

다리밟기	관등놀이	유두절	약밥	기곡제	개가 금지법
고려 때부터 시작되었다.	원래 정월 대보름날 실시되던…	신라의 옛 풍속이다.	신라 소지왕 때	고려 성종 때 처음 행하였다.	조선 성종 때 처음 개가한 자의 자손들은 동서 반열에 서지 못한다.
← 세시풍속류 →					

앞의 4개는 세시 풍속류이다. 세시 풍속 부문은 國俗에서 비중 있게 다루고 있다. 이러한 세시 풍속류는 놀이, 종교, 음식 등 기본 생활양식에서 발생된 민족 고유의 생활 정서이다. 기곡제와 개가 금지는 정치 성향에 의해 형성된 독특한 우리 풍속으로 기곡제는 왕이 직접 풍년이 들기를 기원하여 드린 제사이니 백성들의 생활 기반과 관련이 깊고 개가 금지는 인간을 차별화한 제도이나, 당시 조선 사회에서 보편화된 생활 규범이다. 모두 우리 민족 고유 공간 속에서 형성된 독특한 생활 양식으로 우리 민족 공동체의 민족 정서라 할 수 있다. 즉 자생적인 풍속의 거론에선 민족 전체의 삶 그 자체를 중요시한 것이라 할 수 있다.

풍속은 물론 자생적인 것도 있지만 외국과의 문화 접변에 의해 우리화된 풍속류도 있다. 『아희원람』은 이러한 풍속도 중요하게 다뤘다.

중국의 영향을 받은 풍속으로 豆粥(共公氏), 연날리기(梁武, 韓信)를 소개하고 일본에 영향 받은 南靈草, 北方山戎에 영향 받은 秋千, 혹은 몽고에 영향 받은 관복[114]으로 다양한 나라에게서 영향 받았음을 나

---

114) 張混, 「國俗」, 前揭書. "豆粥: 共公不才子, 冬至日死, 爲厲畏赤豆. 故作粥禳之: 南靈草: 今稱烟茶, 一名淡巴菰, 出於倭, 或云傳自南蠻."; 張混, 「創始」, 前揭書, "紙鳶: 梁武在臺城有小兒獻計, 以紙爲鳶擊詔書, 縱風求外援……韓信欲穿地道, 入未央宮, 作紙鳶, 以繩飛揚, 欲知未央宮步數, 未知是否."; 「國俗」, 前揭書, "秋千: 北方山戎之戲, 以習輕趫也, 楚俗謂之施行駒: 高麗忠烈王, 禁白衣剃頭, 服元衣冠."

타낸다. 중국 중심의 문화 유입의 시각에서 벗어나 다양한 나라와 교류 속에서 우리의 것으로 소화시킨 역량을 보여 주고 있다. 역시 이러한 풍속의 소개는 그 주체가 우리 민족임을 나타내고 있는 것이다.

이상에서 볼 때 장혼은 주체적 입장에서 역사적 사실을 사실로서 다루고 있다. 민족 공동체의 생활상의 풍속을 중요하게 다루어 세시 풍속류를 중심적으로 소개했다. 고유한 영역의 풍속을 통해 민족 고유 정서 양식을 나타내고 다른 나라에 영향 받아 형성된 풍속을 통해 中國 위주보다는 다양한 나라를 거론하여 우리 민족 주체 역량을 보여주고 있다. 이와 같이 생활 풍속 부분은 우리 민족의 고유 공간을 삶의 구체적인 모습인 생활 풍속 면에서 발견한 것으로 나의 주변 공간에서 우리의 공간 즉 민족 공간으로 확대하여 우리 민족의 주체적인 면모와 그 역량을 나타내고 있다고 할 수 있다. 이 역시 타 교재에서 볼 수 없는『아희원람』의 주요 성과이다.

(5) 인간에 대한 관심

위에서 공간적인 측면에서 기존의 교과 내용과 달라진『아희원람』의 내용을 살펴보았다. 이와 같이 공간 세계가 달라질 때 그 공간 안에 살고 있는 인간에 대한 시각 역시 변할 수밖에 없다. 새로운 변화를 수용할 때, 인간에 대한 관심도 그 사회의 변화 성격과 방향에 따라 달라진다.

『아희원람』의 또 하나의 특징은 인간에 대한 다양한 관심이다.[115]

---

115) 鄭淳佑는「誕育」,「姿性」부분을 설화와 민담적 내용의 수용으로 봤다. 그는「誕育」에서 영웅의 탄생 설화만 주로 다루고 '育'에 해당되는 자손의 번창면은 간과했으며「姿性」에서도 민담적 요소만 취급하고 인간의 생태적 특성 및 재능면은 무시했다. 이「姿性」의 재능은「몽유편」에서 취급되기도 한다. 그러므로 필자는 각 단원의 주제에 주목하여 그 주제의 공통점을 추출하여 그것을 인간에 대한 장

「誕育」, 「姿性」, 「才敏」, 「壽富」에 나타난다.
「誕育」을 보면,

> "복희는 엄마 華胥가 雷澤에서 거인의 발자국을 밟고 복희를 낳았다.
> 신라 김유신은 20개월 만에 낳았다.
> 두자미는 아들이 140명이 있었다."[116)]

주로 영웅의 기인한 탄생과 번창한 자손에 대해 언급했다. 이들은 대부분 알려진 영웅들이나 그 인물 자체보다 탄생과 자손 번창면에 초점을 두어 다루고 있다.
「姿性」을 보면,

> "천황씨는 혀가 세 개이고 몸에 비늘이 덮여 있다. 복희는 뱀 몸에 사람 얼굴이다. 신라 김유신은 등에 7星점이 있었고 궁예는 나면서 이가 있었고, 몸의 길이는 18尺, 발의 길이는 三尺이었다. 한나라 양옹중, 진나라 이남은 馬의 語를 이해했다. 介葛盧는 짐승의 말을 알았다."[117)]

앞부분은 신체상의 전설·설화적 요인이 많으나 뒷부분은 갈수록 한 개인의 신체적 특징, 神通力에 더 초점을 두었다. 즉 주로 인간의 신체적 특성·능력 면에 중점을 두었다 하겠다. 그럼으로 인간 계층도 영웅에서 일반 백성에 이르기까지 다양하다.

혼의 관심으로 보고자 한다. 그럼에 있어 중요한 내용이라 여겨진다.

116) 張混, 「誕育」, 前揭書, 20~27左면. "宓戲母華胥, 履大人迹, 於雷澤而生帝; 新羅金庾信. 孕二十月生; 杜子微有子一百四十人."

117) 張混, 「姿性」, 前揭書, 22면左. "天皇氏三舌鱗身, 宓犧蛇身人首, 新羅金庾信背有七星; 弓裔生而有齒, 身長十八尺, 足長三尺; 漢楊翁仲, 晉李南, 解馬語, 詹何得牛鳴, 知牛黑而白; 介葛盧, 解獸語."

「才敏」에 나타난 인물들의 특징을 보면,

> "석가불은 태어나서 말할 수 있었다. 소진은 서너 살 때 屬文을 알아 八卦論을 지었다. 우리나라 朴間은 4세에 도서를 알고 율곡 이이는 4세에 文義를 이해했다. 왕희지는 39세에 「蘭亭作記」를 썼다."[118]

이와 같이 3辰의 인물에서 39세까지 나이순으로 등장하는 인물은 대체로 文人이 160명, 벼슬인 27명, 장군 6명, 효도인 5명이다. 학업 성취에 탁월한 재능을 지닌 인물을 주로 다루었다. 보충 자료로 文廟제사인을 제시하기도 했다. 그런데 그 학업의 성취 결과는 주로 文人쪽이다. 文人은 106인이나 다루고 있으며 문인에 대한 보충 자료로 왕희지가 만든 「蘭亭修稧」를[119] 소개했다. 4언 5언 각 一首者 11인, 4언 혹은 5언 각 一首者 15인, 시를 이루지 못해 벌주 3잔을 받은 자 10인 모두 42명의 문인을 기록하였다. 이것은 唐文人의 활동 모습으로 詩社 결성의 시초이다. 장혼도 당시 松石園 詩社 活動을 활발히 하고 있었다. 또한 끝부분에 '그림의 힘은 500년 갈 수 있고 글씨의 힘은 800년 갈 수 있는데 문장의 힘은 만고에 이르도록 길이 새롭다.'[120] 하며 끝을 맺는다.

이렇듯 주로 文에서 재능을 보인 인물 위주로 인물군을 제시했고 끝에 文의 위력을 강조하였다. 이 「才敏」에서 등장된 인물은 대체로 文人指向的이라 본다. 그 인물들의 才能面에 중점 두었다 하겠다.

「壽富」에 나타난 인물들의 특징을 보면

---

118) 張混, 「才敏」, 前揭書, 27면左. "釋迦佛生而能言; 蘇秦數歲知屬文作八卦論; 我朝朴間, 四歲知讀書; 栗谷李珥, 四歲解文義; 王逸少, 三十九書蘭亭作記."
119) 張混, 「補遺」, 前揭書 62면.
120) 張混, 「才敏」, 前揭書 31면. "畵力可五百年, 書力可八百年, 文章更萬古而長新."

1. 壽부분 : 文武 이후 임금 중 수명이 긴 자들
   대신 중 오랫동안 재위한 자들
   재주가 이름났으나 요절한 자들.
2. 富부분 : 여불위, 糜竺은 종이 만 명
   元雍은 종이 6천, 여종이 500명.
   杜宗은 날마다 5끼 먹는데 한 끼에 만 錢, 蔡京은 부엌종
   이 수백 명이고
   주방장이 15인인데 매일 오리 1,000여 개를 먹는다.[121]

여기에서 등장하는 인물의 기준은 수명과 富의 규모이다.

이상을 정리해 보면 인물군의 등장은 한 인간이 태어나서 죽기까지
의 인생 일대기 順에 의해 다루어지고 있다. 인물군의 계층은 국왕-
일반민에 이르기까지 다양하다. 장혼의 이러한 인물군에 대한 시각은
업적, 철학보다 인물의 탄생, 신체상 특징, 능력, 才能, 수명과 富[122]
로 인간의 본래적인 특성에 초점을 두고 있다. 이러한 구체적 요소들
의 공통점은 인간이 타고난 바의 선천적인 특성이라는 점이다. 선천
적 특성은 신분의 고하를 막론하고 모든 인간에게 평등하다. 이는 문
학에서 나타나는 그의 天機 의식[123]과 같은 맥락이라 볼 수 있는데,
장혼은 인간의 내면에 내재된 요소에 의해 인간을 바라보고 있다. 이

---

121) 張混, 「壽富」, 前揭書 31左~35면右.
122) 그는 「庭下至訓」에서 富를 본래적으로 타고난 것으로 파악하고 있다. "富貴譬如
    使价之行, 從善人遊, 擇福地處, 然而或三世而遷, 或五世而遷, 十世而遷焉……富
    貴賓於外……."(「庭下至訓」, 而已广集 권 11) 富에 대한 그의 인식은 기존의 富觀
    과 마찬가지로 소극적이다. 소극성엔 하늘이 부여한 바의 선천적인 면의 의미가
    강하다. 『아희원람』에선 이런 선천적인 의미로서 '부'로 취급했다 본다.
123) 申福浩, 前揭書 71면. 신복호는 장혼의 천기론적 시 의식을 본래의 순수성을
    가진 인간이 생득적으로 지니고 태어나는 心, 素質, 能力, 天性이거나 본원적 자
    발성, 천진성이 꾸밈이 없는 있는 그대로의 지경이거나 진솔하게 유출되는 감정
    으로 보았다.

것의 발현은 곧 개성이 될 수 있음에 중요하다.

또 하나의 특징은 중국인 위주이긴 하되 한국인 인물이 많이 등장한다는 점이다. 한국인 인물은 「誕育」에서 신라 閼英, 金庾信, 「姿性」에서 신라 김유신, 弓裔, 강릉 김씨, 「壽富」에서 首露王, 고구려 태조, 長壽王, 고구려 明臨答夫, 백제 次大王, 新大王, 「才敏」에서 김시습, 朴誾, 柳馨遠, 栗谷李珥, 金麟厚가 등장한다. 그 밖의 외국은 吐谷渾, 寮, 土蕃, 일본, 胡가 등장된다. 이와 같은 한국인의 등장 따윈 타 교재에선 찾아볼 수 없다.

2. 蒙喩篇

1)체제와 구성[124]

上				下							
身形	年紀	稱號	位分	名物	德行	勳業	文章	藝術	稟賦	隱逸	異端
(19)	(26)	군신 (21) 父子 (5) 祖孫 (6) 兄弟 (16) 夫婦 (10) 叔姪 (15) 翁壻 (7) 師生 (2) 朋友 (3) 奴婢 (5)	(85)	食饌 (66) 服飾 (83) 器用 (148) 草木 (145) 虫獸 (176) 神鬼 (39) 天文 (29) 地道 (53) 人事	도학 (122) 誠孝 (50) 友愛 (28) 忠臣 (44) 直臣 (13) 節義 (34) 廉介 (151) 高士 (35)	宰相 (117) 將師 (107) 名臣 (140) 良吏 (38)	經術 (38) 辭賦 (280) 諸子 (26) 기타 (19)	名筆(42), 巧匠(4) 占氣(2), 名畵(50) 相馬, 占夢(1) 名樂(4), 相人 辨味(2), 善琴(7) 名醫, 博物(3) 善琵琶(7), 名卜 解禽語(7), 善笛(1) 善辨, 解獸語(1) 善奕(1), 善歌 通鳴獸語(3), 善碁(3), 善謳(1) 善馬語(1), 善射(8) 善嘯(4), 聞蟻語(1) 善算(1), 相風(2) 기타(3)	美容 (4) 附女色 (6) 才女 (4) 勇力 (17) 閹宦 (31) 俠客 (14)	巢文 (74) 附休退 (18)	仙家 (37) 附商山 (4) 女仙 (11) 道家 (20) 佛家 (11) 기타 (45)

---

124) 상편의 ( )는 어휘류의 수이고 하편의 ( )는 등장인물의 수이다.

『몽유편』의 체제는 上篇과 下篇으로 나뉘어져 상편에는 名辭語彙가 「身形」, 「年紀」, 「稱號」, 「位分」, 「名物」 부분으로 분류되어 수록되었고, 下篇에는 「德行」, 「勳業」, 「文章」, 「藝術」, 「稟賦」, 「隱逸」, 「異端」이란 부분으로 인물을 분류하여 그 인물의 號, 字, 혹은 책을 함께 수록하였다.

상편의 어휘들은 어휘+비슷한 말+○+다른 어휘로 구별되는데 다른 어휘와의 관계는 장혼의 의도는 알 수 없어도 주로 언어의 內的 意味 構造의 하나인 對立 관계를 가지고 있다.[125]

상편의 全體 構成을 살펴보면,

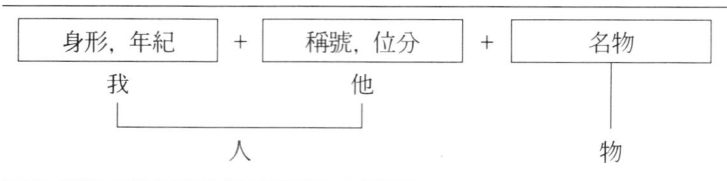

「身形」, 「年紀」와 「稱號」, 「位分」 그리고 「名物」로 그 성격을 有別해 볼 수 있는데 「身形」과 「年紀」는 나의 몸에 관한 어휘들로 그 空間的 범위는 我에 있고, 「稱號」, 「位分」은 나와 他의 사이에서 발생하는 縱的·橫的으로 관계되는 어휘들로 나로부터 空間廓大된 인간 범위이다. 그러므로 그 성질은 '人'에 관한 어휘들로 규정지을 수 있다. 「名物」은 '物'에 관한 각종 어휘들로 「食饌」, 「服飾」, 「器用」, 「草木」, 「虫獸」, 「神鬼」, 「天文」, 「地道」, 「人事」로 분류되어 있다.

그러므로 上篇은 '人 +物'로 크게 분류되어 구성되어 있다고 볼 수 있다.

---

125) 임지룡, 『국어 대립어의 의미 상관관계 체계』, 형설출판사, 1989, 3.

'人' 부분에 해당되는 단원의 構成 原理를 보면 「身形」 부분은 구체적인 어휘가 나오나 「位分」쪽으로 갈수록 추상어휘가 나온다.

'物' 부분에 해당되는 「名物」의 구성 원리도 마찬가지로 앞의 「食饌」, 「服飾」, 「器用」, 「草木」, 「虫獸」은 구체어이나 「神鬼」, 「天文」, 「地道」, 「人事」 부분은 보다 추상적인 어휘가 등장한다.

이중 「名物」의 구체 어휘 부분은 주목할 만하다. 이 부분은 대부분 한자 어휘 뒤에 한글 어휘를 수록한 것이 특징이다. 「食饌」에 21개, 「服飾」에 21개 「器用」엔 89개, 「草木」엔 84개, 「虫獸」엔 110개의 한글 어휘가 실려 있다.

18C말~20C초에 한글로 註釋을 해놓은 類書들이 전성기를 이루었다 한다. 원래는 '名物度數'였으나 度數(제도) 부분은 제외되고 名物만을 다루어 실생활에 관련되는 것들에 한하여 한글 주석을 붙였다 한다.[126] 『몽유편』에 실린 「名物」 부분도 이러한 '名物類書'의 특징을 어휘 학습에 이용한 것으로 파악할 수 있다.

2) 內容上의 特徵

『몽유편』의 분석 방법은 『아희원람』의 분석 방법을 적용하여 알아보겠다. 그러므로 『아희원람』에 비해 나타나는 『몽유편』의 특징을 알아보도록 하겠다.

(1) 日常生活 관계

『몽유편』의 어휘들은 대부분 日常 生活과 밀접한 어휘들로 모아져

---

126) 洪允杓, 「十八~十九세기의 한글 類書와 實學―특히 '物名考'類에 대하여」, 『朝鮮後期文化』―실학부분―, 단대 東洋學硏究所, 1988. 345~362면.

있다. 그 외의 어휘들은 부수적이다. 일상생활 관계 어휘의 첫 출발
은 '我'에 관한 어휘로 시작한다.[127]

공간	我			
종류	身體(橫的)		나이(從的)	
어휘류	일반	여자	나이 단계	여자 歲
我의 관계어	五臟, 五嶽(면상) 顏色, 顋臉, 天顏(눈썹) 肩胛(어깨양쪽) 四肢, 腹肚(배) 腿子, 氣食, 소변(…)	玉容 秋波(눈) 玉指	初晬(첫돌), 三六(數方) 十(就傳), 十三(舞勺) 十五(志學), 十六(中丁) 二十(弱冠), 二十二(成 丁), 三十(立年) (…)	十五(笄年) 十六(破瓜) 二十(嫁年)

『신체』에 관한 어휘군은 몸 전체-얼굴-손-가슴·배-다리-각 기
관의 작용에 관한 어휘들이다. 얼굴에서 점차 아래로 내려가는 순으
로 어휘가 나열되어 있고 여자들의 신체 어휘도 함께 수록되어 있다.
「年紀」엔 나이 중심으로 我의 從的 인격 완성의 단계에 따른 어휘를
모았고 여자 나이에 관한 어휘도 함께 수록했다. 이와 같이 我를 기준
으로 하여 나의 從的, 橫的 관계 어휘를 구체어에서 추상어에 이르기
까지 모았다.

　이러한 나 자신과 밀접한 어휘 뒤에 他와의 관계에서 발생하는 어
휘들로 그 범위가 확대된다.[128]

---

127) 張混, 「身形」, 『蒙喩篇』, 1~3右.
128) 張混, 「身形」, 前揭書 3右~5면左.

공간	2차 공간									
관계	종적 관계						횡적 관계			
어휘류	군신	부자	祖孫	叔姪	翁壻	師生	兄弟	夫婦	朋友	奴婢
주변인과의 관계어	천자 국왕 太子 왕후 재상 감영 병영 찰방 비장	父, 母, 남의 아버지, 홀아비, 홀어미 …	조부, 왕대부인, 重侍 (다모심), 孫子, 7손 외손	伯父, 仲父, 叔父, 季父, 伯母, 숙모, 친 아버지 …	장인, 슈岳, 사위, 남의 사위, 새사위, 사돈 …	선생 제자	형, 아우 누이 여동생, 남의 큰 아버지	남편, 아내, 실림 잘하는 아내, 小家, 첩, 妻子	아버지 뻘 되는 벗, 동네 형 같은 벗, 좌하, 侍生 …	비복, 남자종, 여자종, 貴星, 女使 …

　나를 기준으로 종적 횡적 관계를 갖고 있는 사람 사이에서 발생되는 칭호를 다루었다. 생활공간 속에서 자주 접하는 혈족 관계 어휘들이다. 「位分」은 신분에 관한 어휘 총 85개를 수록했다.[129]

공간	3次 空間
관계	종적 횡적으로 보다 확대된 인간 관계
신분 어휘류	大臣, 영의정, … 종실, 國戚, … 賛成(3相의 부관), …참판, …아전, 3전, 대사성(성균관 교수), …한림(문인), …科需, 역관=日官, 地師, 相師, 의삭, 畵師, 내시, 生民, 이졸, 서리, …겸종, 고용인, 商賈, 工匠, 農夫, 어부, 초동, 광대, 악공, …방물장사, 巫覡, …

　신분명이 총망라됨을 볼 수 있다. 『訓蒙字會』에 비해 工匠이 농부보다 앞에 위치하고 있다.[130] 시대 변이를 수용한 것으로 볼 수 있다. 신분에 관한 각종 어휘를 종적으로 나타내고 있으니 我로부터의 관계 범위가 더 넓어지고 있음이 보인다.
　이와 같이 '人'에 관한 어휘는 '我', 그 중에서도 身體 어휘로부터 시작하여 나 자신의 縱的 관계인 나이 어휘, 더 나아가 나와 비교적

---

129) 張混, 前揭書, 5左~7면左.
130) 崔世珍, 「人類」, 『訓蒙字會』, "呪僧-商-賈-農-工-武-覡……."

밀접한 사람의 관계에서 발생하는 稱號에 관한 어휘, 더 나아가 位分
에 관한 어휘로 종적 횡적 관계로 확대된 어휘들을 다루고 있다. 이
러한 어휘들은 我를 기준 삼아 내 주변 空間에 있는 人으로 생활공간
에서 쉽게 만나는 사람들을 2차 어휘 대상으로 삼고, 좀 더 확대된
생활공간에서 만나는 사람들 어휘를 3차 어휘 대상으로 삼고 있다.
『아희원람』은 자연 공간을 一次的으로 언급함에 비해『몽유편』은 학
습자와 가장 가까운 身體에 관한 어휘로 시작하여 생활 주변에서 만
나는 사람을 주요 대상으로 다루고 있음을 알 수 있다.

'人'에 대한 어휘를 우선한 뒤 '物'에 대한 어휘로 實生活 空間 어휘
를 다루고 있다. '物'에 대한 어휘도 공간 확대 원리가 적용된다. 우선
日用 生活에 관계되는 구체물「食饌」,「服飾」,「器用」부분을 우선 다
루고 있다.[131]

종류	곡식류				반찬류			
	쌀	잡곡	밥	분식	발효	국	양념	반찬
食饌	大米 粘米 小米 淸粱米 등	大麥 小麥 등 (18)	骨董飯 (비빔밥) (2)	饅頭 絲麵 (국수) (2)	식품 酒麴 (누룩) (2)	羹 湯 (4)	眞油 乾醬 (4)	魚膾 계란 (4)

종류	간식류				
	단음식	떡	과자	술	기타
食饌	沙糖 黑糖 (3)	山僧餠, 白雪交 (4)	造果 正果 乾正 (4)	甘酒 美酒 (9)	(4)

「食饌」엔 기본 음식과 아이들이 좋아하는 분식, 단음식, 떡, 과자
등의 어휘들이 많다.

---

131) 張混,「名物」, 前揭書 7左~9面右.

「服飾」에 대한 어휘를 살펴보면,[132]

종류	임금복식(관복)	일반민의 생활 의복	도시민의 사치품
服飾	冕旒, 龍袍 公服, 禮服 朝服, 儒冠 御座, 龍牀 御駕, 玉轎(19)	背子, 汗衫, 雨簑, 고쟁이, 잠방이, 양말, 신발, 裙兒, 행주치마, 미투리, 짚신, 나막신, 귀가리개, 투구, 笠子, 췌립 낡은 패랭이, 건, 참빗(64)	가죽구두, 毛裘, 天翼, 轎子, 가발옥잠, 귀거리, 반지, 양산, 유옥교, 인거, 肩輿, 분홍, 초록, 鴉靑 등(26)

일반인의 생활 의복에 대한 어휘가 가장 많다. 또 주목할 점은 都市民의 富를 바탕으로 한 사치품에 대한 어휘가 많이 차지하고 있다는 것이다. 즉「服飾」에 대한 어휘는 상·공업이 발달되어 어느 정도의 부를 기반한 도시민의 일상 의복을 많이 다루고 있다.[133]

종류	일용 생활 용품					놀이문화		정신문화
	생산 도구	생산 자원	일용품	사치품	무기	놀이 (아동놀이)	악기	문방구
器用	鎌刀(낫), 집게, 도관이, 대패 등 (23)	紅銅, 흑연 주석, 납 등 (13)	이남박, 조리 주걱 등 (64)	毛裘, 보검, 양광주, 보화 등 (9)	角弓, 羽箭, 苟竹 등 (9)	승경도, 쌍륙, 윷, 씨름 등 (14)	金鐘, 革鼓 奚琴 등	筆枝, 玄墨, 紙地 등(8)

「器用」은 기본 일용 생활용품에 대한 어휘가 가장 많이 언급되었다. 특히 『아희원람』과 달리 생산 도구에 대한 어휘, 생산 자원에 대한 어휘의 등장이 특이하다. 생산 자원은 대체로 광물질로 사치품과 무기의 많은 부분이 이 광물 자원과 연관되어 있다. 당시 광업의 발달을 수용하고 있다 하겠다. 사치품은 역시 발달된 도시민의 생활과 관련이 깊다고 본다. 놀이 부분에서 쌍륙, 투전 등 당시 보편화된 놀이 문화를

---

132) 張混, 前揭書, 9~10면.

133) 張混, 前揭書, 10~13면右.

주고 취급하고 있으며 『아희원람』에 비해 아동놀이-연, 윷, 승경도-어
휘가 많이 등장된다. 정신문화 부분에선 『아희원람』과 마찬가지로 학습
에 관한 어휘가 대부분이되 기본적인 학습 용품을 취급하고 있다. 『아희
원람』에서 다룬 사회 제도에 관한 어휘는 등장하지 않는다.

특히 우리의 먹거리, 입거리, 도구를 한글 어휘와 더불어 언급함이
주목된다.[134]

종류	먹거리	입거리	도구
한글 어휘	비지, 청국, 화전, 물만밥, 젓 등(21)	가마, 갑옷, 행주치마, 누역 등(21)	퉁소, 피리, 풀무, 낫, 가래, 소시랑(89)

한글 어휘가 있는 文化 語彙 언급은 그만큼 우리 實生活 空間과 밀
접함을 의미한다.

이와 같이 일용 생활 부분은 『아희원람』에 비해 의·식·주 면의 어
휘들을 고루 다양하게 취급하고 있다. 그 어휘들의 성격은 도시 생활
위주이며 보다 아동 중심적이다. 그러므로 학습자의 실생활 공간과
보다 밀착되어 있다. 이러한 특성에 의해 한글어휘 수록도 많다.

동식물에 대한 언급이 있다.[135]

식물				동물				
나무	열매	꽃	채소 및 나물	날짐승	들짐승	물짐승	곤충	기타
木椿, 松樹, 柏樹, 등(14)	栗子 柏子 다래 머루 고욤	牧丹 菊花 자약 찔레꽃 무궁화	西瓜, 靑瓜 동아, 오이 호박, 가지 아욱, 더덕 두릅, 쑥	공작 두루미 학 접동새 부엉이	사자 기린 삽살개 암노루 삵, 괴	새조개 자라 머우리 가물치 오징어	나비 모기 등애 귀뚜라미	독사 전갈 벼룩 말똥구리
한글 어휘 (14)	(33)	(9)	(72)	(51)	(36)	(48)	(15)	(23)

---

134) 張混, (앞의 글), 7~13면右.

135) 張混, 「名物」 草木, 前揭書, 13右~19면右.

이상에서 볼 때, 동·식물명에 한글 어휘 수록이 가장 많다. 『아희원람』에 없는 식물명을 나무, 꽃, 열매 세 부분으로 나누어 자세히 언급하였고 동물 또한 하늘, 산, 들, 물, 풀 등의 자연 환경에서 살고 있는 크고 작은 동물들의 어휘를 고루 자세히 분류해서 취급했다. 『아희원람』보다 자세하게 정리되었다.

동·식물에 대한 언급은 생활 자연 공간에서 쉽게 접할 수 있는 생물 어휘를 주 교재 내용으로 삼고 있다. 이 또한 학습자의 실생활 공간과 밀접하기 때문에 대부분 한글 고유어가 있다. 실생활 공간 속 눈·귀에 익숙한 物과 연관 지어 학습하고자 한 의도임을 알 수 있다.

자연 공간에 대한 언급을 보자. 주변의 구체적인 자연 공간은 이미 동식물의 거처로서 언급되었으나 「명물」 뒷부분 「神鬼」, 「天文」에도 나타난다. 이 어휘들은 다소 추상적이다.[136]

종류	하늘	땅
神鬼	上帝, 日御, 月御, 星精 風伯, 霜神, 日車 등(14)	化神, 海神, 河神, 西域神 東海神, 夜叉, 東方 星(19)

「神鬼」는 神과 鬼에 대한 어휘들이다. 그러나 이 어휘들을 살펴보면 하늘신은 자연 구성 요소에 관한 神이고 땅신은 불, 방위, 자연 지형, 때에 관한 신이다. 추상 어휘이기는 하나 그들이 존재하는 곳은 우리 주변의 자연 공간이다. 이러한 성격은 「天文」에서도 나타난다.[137] 『아희원람』의 자연 공간 어휘처럼 구체적인 자연 공간 요소와 천체 기상 어휘가 다루어졌다. 그러나 어휘의 성격은 자연의 구체적

---

136) 張混, 「名物」 神鬼, 前揭書, 19右~20面左.
137) 張混, 「名物」 天文, 前揭書. 天, 日, 月, 星, 風, 霜, 霞, 烟, 虹, 霓類의 어휘가 등장한다.

인 모습보다는 추상적이다.

이와 같이 日常 生活 관계 어휘는 가장 많은 부분을 차지한다. 인간 관계 면에서 가장 가까운 나로부터 시작하여 他者에 이르기까지의 가장 가깝고 친근한 어휘로부터 추상 어휘에 이르기까지 다루고 있다. 이와 같은 어휘는 我와 밀접한 실생활 공간 어휘이다. 『아희원람』보다 실생활 공간에 더 밀접한 어휘들이라 할 수 있다. 특히 고유 한글 어휘 수록은 그만큼 실생활 공간의 눈·귀에 익숙한 요소를 학습 내용으로 많이 수용하고 있음을 나타내니 더욱 일상생활과 밀접한 어휘들이라 하겠다. 정약용은 『아학편』에서 한자의 특성을 고려하여 구체어 추상어를 분류하여 2,000자를 구성하였다. 그에 비하면 『몽유편』은 실공간 어휘 위주로 학습자의 주변 공간에서 익숙한 구체적 어휘들을 세분화하여 제시하고 있다. 『아학편』보다 학습자의 언어 생활에 밀착된 어휘군이라 하겠다. 한글 교육의 가능성을 열어 놨다고 본다.

(2)지리적 사실

지리적 사실은 「地道」에서 찾아볼 수 있다.[138]

종류	행정 구역	행정 기관	지형		촌락	학교
			자연	인위적		
어휘군	天下, 九洲 中國, 藩國 我國, 國都 都城, 京畿 國內, 村落	宮闕, 闕內 朝廷, 宗廟 祠堂, 宮府 科場, 大理獄 官舍	江湖, 開川 뱃길, 육지	逆旅, 市廛 洞巷, 道路 街里, 橋梁 館驛 외나무다리	閭巷 農幕 廠室 오두막 집 厠室	성균관 서당 학교

행정 구역은 천하-나라-도시-근교, 교외-촌락으로 큰 단위에서 작은 단위 순으로 일반 행정 구역을 제시했다. 행정 기관은 대체로

---

138) 張混, 「名物」 地道, 前揭書, 21左~22面右.

서울 위주의 행정 기관명이 많다. 지형은 일반적인 자연 지형 어휘들이다. 인위적 지형도 생활이 발달하면서 생긴 기본적인 시설물 위주다. 촌락은 대체로 여정 사람들의 집, 시설물에 관한 내용이다. 학교 기관은 初, 中, 高 學校 기관을 들고 있다.

이와 같이 지리적 사실을 나타내는 어휘는 일번적인 지리 어휘 제시에 지나지 않는다. 지리적 공간은 대체로 서울을 주공간 대상으로 하되 『아희원람』에 비해 우리나라 국토에 대한 관심이 두드러지지 않는다.

(3) 역사적 사실

『몽유편』의 한 가지 특징은 역사적인 사실이 거론되지 않는다는 점이다. 장혼의 의도는 알 수 없으나 이『몽유편』이 文字敎育書이기 때문에 나타나는 특징이라고 생각된다. 역사는 일정한 기본 학습을 행한 자에게 필요한 2차적인 교육 내용이다.

(4) 生活風俗

생활 풍속에 관한 내용은 주로 「명물」편에 나타난다.[139]

종류	먹거리(食饌)	입거리(衣服)	쓸거리(器用)
풍속 어휘	발효 식품류(젓, 淸醬, 乾醬), 떡류(花糕, 약과, 백설교), 강정, 비빔밥 등	행주치마, 얼레빗, 낡은 패랭이, 미투리 등	퉁소, 씨름, 윷, 승경도, 연, 그네, 곱돌, 차돌 등

생활 풍속에 관한 내용은 먹거리, 입거리, 쓸거리 등에서 고루 기본 생활의 風俗圖를 보여준다. 『아희원람』은 주로 세시 풍속류, 놀이

---

139) 張混, 「名物」前揭書.

중심으로 풍속 부분을 다뤘다면『몽유편』은 기본적인 생활 풍속 부분을 먹는 문화, 입는 문화, 도구 문화면에서 다양하게 취급하고 있다.『아학편』에도 이러한 어휘가 등장한다. 그러나「器用」부분의 민속 어휘는『아희원람』과『몽유편』에서만 볼 수 있는 어휘이다.

(5) 인물에 대한 관심

하편은 多樣한 人間群을 분류하여 기록하였으니 어휘 모음이라기보다는 인물 사전이라 할 만하다.「德行」,「勳業」,「文章」,「藝術」,「稟賦」,「隱逸」,「異端」으로 그 성격을 분류하여 업적 위주로 인물군을 다루고 있다. 이러한 順次는 그가 일찍이「庭下至訓序」에서 세상에 길이 남을 가치로운 일로써 德行, 勳業, 文章, 藝術을 그 순차대로 거론한 것[140]과 그 차례가 같다.

다양한 인물군 중 특히 주목할 만한 부분은「文章」,「藝術」,「稟賦」이다.「文章」은 經術 38명, 辭賦 280명, 諸子 26명, 기타 9명을 다루고 있다. 이중 辭賦에 뛰어난 인물을 280명 거론하고 있는데 이는 下篇에서 가장 많은 인물의 등장이다.[141]

「藝術」에선 명필 42명 이래 30項으로 분류하여 嘯를 잘하는 자, 호랑이 울음소리를 해석하는 자 1명, 蟻言을 듣는 자 1명에 이르기까지 각기 다양한 재능을 가진 자들을 일일이 거론하고 있다.[142] 이들은『아희원람』「姿性」의 뒤쪽 인물군의 성격과 일치되는 자들이다. 이「예술」면은 종전의 書畫의 예술 영역에서 인간의 각기 다양한 재능

---

140) 張混,「庭下至訓序」,『而已广集』권11. "人之在世而聞, 在後而不朽者, 太上德行, 次之勳業, 次之文章, 次之藝術."
141) 張混,「文章」, 前揭書 下篇, 8~12면左.
142) 張混,「藝術」, 前揭書 下篇, 12左~15면左.

즉 기능면까지 그 영역을 확산하여 각 개인의 독특한 재능 그 자체의
가치를 예술로써 바라본 것이라 할 수 있다.

「槖賦」에서는 여자들의 이름이 거론된다. 美容 4명, 女色 6명, 才女
4명을 다루고 있다. 한편 勇力 17명, 협객 14명, 闍宦 31명을 들고 있
다.143) 여자도 하나의 인물군으로 취급하고 있다. 勇力者, 협객은 당시
市井에서 긍정되는 인물로 조수삼의 「紀異」144)에서도 등장되고 있다.

이상에서 볼 때 장혼은 하편을 통해 다양한 인물군을 제시하고 있
다. 『아희원람』과는 달리 인물의 업적 위주로 분류하였으되 왕조에서
하층민까지 고루 다루고 있으며 여자도 한 인물군으로 제시하였다.
특히 「예술」에서 각기 다양한 기능을 지닌 인물군을 세세히 분류하여
하층민의 기능을 예술로 가치 인정함이 의미 있다. 「辭賦」에서 최고
로 많은 인물 280명을 제시함에서 『아희원람』과 마찬가지로 文에 치
중한 人物群이 제시됨을 볼 수 있다. 『아희원람』처럼 여러 나라의 인
물보다는 중국에 국한된 인물 위주로 소개됨에 아쉬움을 느낀다. 그
러나 무엇보다 중요한 것은 여기에 등장된 문인, 예술인, 여자 등에
게서 공통점 역시 그들의 才能 등 타고난 바의 천성이니 이러한 인간
에 대한 시각은 『아희원람』과 공통점이라 하겠다.

V. 맺음말

이제까지 여항 지식인의 교육 활동과 장혼의 교육가적인 면모, 교재의

---

143) 張混, 「槖賦」, 前揭書 下篇, 15左~16면左.
144) 趙秀三, 「紀異」, 『조수삼, 리상적 작품 선집』, 조선고전문학선집34, 조선문학
    예술총동맹출판사, 1965.

書誌的 考察, 장혼의 초학 교재의 특징을 살펴보았다. 여항 지식인의 교육 활동과 장혼의 교육가적 면모, 교재의 서지적 고찰은 初學 敎材의 배경적 요소로 살펴보았다. 初學 敎材는 日常 生活, 歷史的 事實, 地理的 事實, 生活 風俗, 人間에 대한 관심을 공간적 측면에서 살펴보았다.

이상에서 고찰한 바를 요약하면 다음과 같다.

1. 여항 지식인들은 서울이란 도시 공간 속에서 교육계이 새로운 중추 역할 담당자로 부상한다. 규모와 운영면에서 근대 학교의 여명이 보이며, 대상면에서 그들에 의해 상공인 혹은 천민까지 교육의 기회가 확대되었다. 이는 여항 지식인의 학문적 역량과 여정 사람들의 교육열을 뒷받침으로 한다. 교육 담당층의 변화와 교육 인구의 양적인 팽창은 조선 후기 교육사에 새로운 조류를 형성하였다고 볼 수 있다.

2. 교육의 변화는 양적인 변화는 물론 질적인 변화가 수반되어야 한다. 이는 곧 교재의 변화로 여항 지식인인 장혼에 의해 시도된다. 장혼은 교육 활동에서 미래 지향적인 삶의 의미를 발견하고 특히 당시 초학자의 교육 제 현실 중 교재의 부적합성에 문제 의식을 갖는다. 그는 교재의 올바른 방향은 학습자의 정도에 맞는 것으로 학습자의 생활공간과 밀접해야함을 발견한다. 또한 국사 교육의 중요성을 지적한다. 직접 교육 활동을 통해 張之琓과 같은 괄목할만한 제자를 양성하기도 했다.

3. 그는 많은 초학 교재를 편찬했다. 서지면을 살펴보면 『아희원람』은 조선 후기 교재의 상업화를 이룩한 대중적 교재로 민족적인 면을 강화하는 쪽으로 재구성이 이루어지기도 했다. 『몽유편』은 대중적인 교재는 아니었으나 장혼이 만든 而已广 활자에 의해 만들어졌다. 둘 다 조선총독부에 의해 서당 교재로 제재를 받았다.

4. 『아희원람』의 체제는 기존 교재 양식을 탈피하고 있다. 사식 條별, 項별로 분류되어 13단원이 주제별로 독립적으로 구성되어 있다.

내용은 현실 공간의 구체적인 일상생활, 우리 국토에 기반 한 지리
적 사실을 다루고 수직적으로 공간 확대하여 역사적 사실과 생활
풍속을 다양한 시점에서 비중 있게 언급하였다. 이를 통해 주체적
인 역사 인식에 접근하고 있으며 민족 고유 공간을 발견하고 있다.
인간에 대한 관심도 재능, 탄생 등 본래적인 특성에 의해 바라봄으
로 개성이란 새로운 시각에 의한 인간상에 접근하고 있으며 한국
인물도 많이 다루고 있다. 『몽유편』의 체제는 상편은 어휘, 하편은
인물 제시로 나뉜다. 상편의 어휘는 한자의 특성을 고려하기보다
학습자의 실생활 공간 속 언어생활 위주의 어휘구성이 특징인데,
人(我→他)→物의 나로부터 확대된 공간 개념에 의해 구성되었다.
내용상의 특징은 일상생활에 관계되는 어휘가 가장 많은 비중을
차지하고 있다. 그래서 한글 어휘도 많이 수록되었다. 우리 국토
지리, 역사 면은 소홀하다. 풍속은 기본 생활 즉 의·식·주 면을
고루 다루고 있다. 인간에 대한 관심은 주로 업적 위주로되 문인과
인간의 다양한 재능을 예술로 가치 있게 봄이 주목된다. 역시 才能
위주로 인간을 보고 있다. 중국인 위주이다.

이와 같이 장혼의 초학 교재는 자신의 주변 공간으로 현실 생활공
간 역사적 사실을 위주로 다루었다. 또한 인간에 대한 시각도 기존의
인간관에서 탈피하여 개성의 기반인 본래적인 d인간의 특성—才能,
탄생, 미색 등에 의한 새로운 인물 군을 부각시키고 있다. 즉 교재 내
용이 기존의 추상 세계에서 탈피하여 구체적 현실 세계에 보다 접근
되어 있으므로 그의 교재 성격은 근대 지향적이라 할 수 있다.

이러한 교재 내용을 교육받은 자는 자신의 주변 사람이나 공간에 대해
새로운 自覺을 할 수 있고 긍정적으로 받아들일 수 있다. 이는 곧 개인
자신에게는 自我에 대한 自覺과 긍정적 自我觀을 형성할 수 있다는데
매우 중요한 의미를 갖는다. 19C 중기의 張之琓의 '個性', 崔星煥의 '나의

自覺', 정수동의 '혼자서 걷는 길'이란 閭巷人의 자신에 대한 자각[145]은 이러한 교육이 뒷받침되지 않고서는 가능할 수 없다고 본다.

장혼의 교재는 教育史上 결국 이와 같은 하층민의 자각, 즉 市民 社會의 기초틀을 마련하는 데서 그 의의가 있다고 본다. 또한 우리나라의 교육이 점차 한국 중심의 교육으로 지향해 나가야함을 보여준 교재라 할 수 있다.

이러한 교육사의 새조류가 지배층에 의해 마련된 것이 아니라 여항 교육자에 의해 자신의 새로운 삶의 모색 중 하나로 자발적으로 이루어지고 있다는 점에서 또한 가치가 있다고 하겠다.

앞으로 장혼의 초학 교재는 教育史的 視覺에서 17C 교재와 계몽기의 교재와 연결 지어 살펴보고 실학교육과 연관면에서도 살펴봐야 하리라 본다. 그러할 때 장혼의 초학 교재가 갖는 教育史的 위치를 보다 명확히 할 수 있을 것이다.

문학면에서도 이러한 교육적 의의를 수용해서 장혼의 문학 세계에 대한 새로운 접근이 필요할 것으로 본다.

이 글은 『漢文教育研究』 제7호(韓國漢文教育學會, 1993)에 수록한 논문을 재수록한 것이다.

---

145) 李佑成, 「金秋史 및 中人層의 性靈論」, 『韓國漢文學研究』5, 韓國漢文學研究會, 1980~1981 합집.

開化期 漢文文法書『初等作文法』의 著作 背景과 意義

南宮遠

Ⅰ. 서언

乙巳勒約 100년이 지난 시점에서 임시정부가 있었던 상해에서 학술대회에서 임하는 감회가 남다른 것은 지금 필자가 검토하고자 하는 연구 대상이 100여 년 전의 산물이기에 더한 것인지도 모른다. 필자는 1894년 甲午更張 이후 정치적 변화와 아울러 진행된 어문정책의 변화 그리고 그에 따른 한문의 위상 변화와 漢文科의 교과목으로서의 성립 등에 관심을 갖고 공부를 진행 중이다. 『初等作文法』을 연구 대상으로 한 것 또한 개화기 때 발간된 한문 교재로서『初等作文法』과 관련한 제반 사항을 살펴보려는 의도에서 출발한 것이다.

본 연구는 개화기 한문 교재인『初等作文法』이 갖고 있는 역사적 의의 규명을 목적으로 하고 있다. 『初等作文法』은 우리나라의 최초 한문문법서로서 이미 그 의의가 있는 것이지만, 책의 저자와 출판 당시의 배경 그리고 특징 등을 알아봄으로써 훨씬 더 명료하고 온당한 의의 파악과 평가가 가능할 것이다.

본 연구의 텍스트는 漳隱 元泳義가 집필하고 1908년에 출판된 박문서국 간행 『初等作文法』으로서 『韓國歷代文法大系』 제2부 제5책(1983)에 소개된 것이다.[1]

『初等作文法』에 대한 기존의 연구는 매우 드물다. 일찍이 김용한이 『初等作文法』에 대하여 체재와 내용을 소개하고 그 역사적 의의를 언급한 바 있고[2], 안재철이 우리나라에 한문문법에 대한 관심을 촉발한 점을 중시하여 『初等作文法』의 의의를 인정한 바 있다.[3] 두 연구가 모두 최초 국내 한문 문법서인 점을 중시하고 있지만 그 전모를 이해하기 위해 필요한 집필의 배경과 동기 등에는 논의가 이르지 못하였다. 이에 본 연구를 통하여, 저자와 당시 시대적 학술적 배경 등을 검토하고 아울러 『初等作文法』의 특징과 한계 및 의의 등을 제시하여 『初等作文法』에 대한 이해의 폭과 깊이를 넓히고자 한다.

II. 본론

1. 편술자 元泳義의 삶과 활동

먼저 元泳義의 행장과 사료를 바탕으로 그의 성장 및 수학 과정과 학부 소속 교원으로서의 경력을 알아보고 乙巳勒約과 庚戌國恥와 같은 정치적 격변기에 대처한 그의 삶을 좇아가 본다. 이러한 작업은 그의 왕성한 저작의 배경이 어떠한가를 알게 할 뿐만 아니라 『初等作文法』의 편술과 관련한 여러 정황을 추정하게 하는 데에 도움을 주게

---

1) 金敏洙・河東鎬・高永根(1983).
2) 김용한(1990).
3) 안재철(2005).

될 것이다.

1) 성장 및 수학과정

元泳義는 철종 4년인 1852년 11월 27일 출생하였다. 그의 집안은 명문가로서 대대로 벼슬을 하고 학문도 깊었다. 그는 본래 학문에 뜻을 두었으나 가정 형편상 과거 공부에 뜻을 두고 공부하였다. 그는 매우 열심히 글 읽기에 매진하였으며 도서 필사에도 열심이었다고 한다. 과거 시험을 열심히 준비하고 응시했으나 시운이 따르지 않거나 불공정한 판정으로 낙방하였고 결국 과거 시험을 위한 공부에 매력을 잃고 학문의 전환을 꾀하게 된다.

> 선생이 집에 돌아온 후 마을 사람들이 말하기를 '원 아무개의 글 읽는 소리가 온 숲을 두르고 있다'고 하였다. 〈중략〉 선생의 각고의 공부가 이와 같았다. 그러나 운세가 맞지 않아 여러 차례 과거에 응했으나 거듭 낙방하였다. 경기도 사마시에서 북청의 유원무와 오시부터 미시까지 7차에 걸쳐 겨루었으나 마침내 낙방하였는데 유원무는 경기 도백 민응식의 문객이었다. 이에 선생은 황연히 과거 공부 이외에 실학이 있음을 깨닫고서 폐백을 갖추어 가평의 성재 유중교 선생을 찾았다. 그 문하에서 3년 동안 공부하였는데 학력과 덕망이 사림에 두루 알려지니 동료들이 감히 따를 수 없었다. 어버이가 연로하신 까닭으로 귀가하리라고 고함에 성재 선생이 손수 송별시 절구를 지어주었는데 그 시에 '밤비 내리다 아침에 개고 대낮에 다시 흐리며, 곧게 뻗은 둑과 굽은 길들이 또한 긴 숲에 이른다. 이 속에 든 무궁한 이치를 알고자 한다면, 제일 먼저 한 치의 마음을 평정하여야 하리라.' 하였다. 선생이 평생토록 이 시를 가슴에 새겨 平心으로 본을 삼아 두터이 덕을 이루어 외유내강하였다.[4]

즉 당시의 巨儒에게로 가서 성리학을 공부하기 시작한 것이다. 元 泳義는 加平에 거주하던 省齋 柳重敎(1832~1893)에게서 성리학을 배 웠다. 省齋 柳重敎는 조선 말기의 뛰어난 성리학자로 그 명성이 높았 던 인물이다. 華西 李恒老의 門人이고 1886년 李恒老가 사망한 후 金 平黙을 스승으로 하였다. 1881년 김홍집 등의 개화책에 반대하여 金 平黙과 함께 강력한 斥邪衛正說을 주장하였으나 金平黙보다는 비교 적 온건한 경향을 띠었다고 한다. 후에 金平黙과 心說論爭으로 대립 하였고 저서로는 성재문집 60권이 있으며 諡號는 文間이다[5]. 金平黙 과 柳重敎의 제자 중에 斥邪衛正의 의병장으로 크게 활약했던 柳麟錫 (1842~1915)이 있다. 즉 元泳義는 범상한 인물 아래에서 평범하게 글 을 배운 학도가 아니고 당시 최고의 인물 중 하나로 손꼽히던 대학자 의 문하에서 정통으로 성리학을 공부했던 것이다. 이와 같은 공부는 그가 후일 한문 교과서 집필을 비롯한 왕성한 저술 활동의 큰 자양분 이 된다.

2) 학부 소속 관립학교교원 활동과 교우 관계

1894년 甲午改革이 가지고 온 대전환은 더 이상 소개할 필요가 없 다. 정치체제를 비롯하여 국가와 사회의 전반적 구조가 혁신을 이루 게 된 것이다. 과거 공부와 성리학을 공부하였던 元泳義는 스승이 배

---

4) 金甯漢(1947), "先生歸家後 里人相謂 元某讀書之聲 繞在樹林云〈중략〉先生之 刻苦做工如是焉 然命與時違 屢擧屢屈 幾營司馬試 與北靑柳源武 自午至未 凡七 次比較 竟屈焉 柳是幾伯閔應植門客也. 於是 先生 怳覺功令之外 更有實學 乃贄見 省齋柳重敎先生於加平 柳門下三年 學力德望 播聞士林儕流 莫敢望焉 以親老告歸 省翁 手書贐送別詩 一絕 曰 夜雨朝晴晌午飮 直堤曲陌又長林 欲知這裏無窮理 第 一先乎徑寸心 先生平生 服膺此語 以心爲主 渾厚成德 外柔內剛."

5) 정신문화연구원(1999), 1353~1354면.

척하였던 신학문이 시작되던 시국에, 출사할 뜻을 품고 스승의 삶과
는 달리 현실에 참여하기 위해 달라진 시국과 제도에 따라 신식학교
에 입학한다. 내세운 이유는 부모의 연로하심이지만6) 가슴 깊이 잠
재하고 있는 과거 실패에 대한 보상 심리의 발로일 가능성이 더 짙다.
元泳義는 甲午改革에 따른 時勢의 변화를 관찰하고 處身의 변화를 결
정한다. 관립한성사범학교 속성과를 졸업하고 관립학교의 교원이 되
는 것이다.

> 집에 머물며 성리학 연구에 전념하여 그 조예가 깊고 높았다. 갑오
> 개혁 이후 국가에서 교육을 급선무로 삼아 학교를 세웠다. 병신년
> (1896)에 선생은 '공자의 도는 시의에 적합하게 행하는 것이다. 지금
> 나라의 형세가 한갓 정체된 옛 것만을 섬길 수가 없다. 마땅히 도와
> 덕으로 근간을 삼고 신학문으로 가지와 잎사귀를 삼은 후에야 바야흐
> 로 꽃과 열매의 아름다운 결실을 얻을 수 있으며 온고지신한 후에야
> 열강이 경쟁하는 와중에서 함께 나아갈 수 있다.'라 하고 한성사범학
> 교 속성과에 입학하기로 결정하고 반 년 만에 졸업하였다. 이 해에 관
> 립소학교 교원을 지내고 다음해 사범학교 교관이 되었다.7)

행장에 따르면 1896년에 신학교에 입학한 것으로 되어 있으나 사
료에 견주어 보면 이 점은 행장의 기록이 잘못되었다. 사료에는 元泳
義가 관립소학교 교원에 임용된 것이 이미 1895년 을미년 8월로 나타

---

6) 김영한의 행장에 따르면 元泳義 출생 당시 부친의 나이가 45세였으며 元泳義 위
  로는 줄곧 여아만 출생하여 4명의 여아가 있었다고 한다.
7) 영한(1947), "在家專意性理 造詣深遠 甲午更張以後 國家以敎育爲急 創設學校
  丙申 先生以謂夫子之道時中 目今國勢 不可徒事泥古 當以道德爲根幹 新學爲枝葉
  然後 方得花實之美 溫故知新 然後 可以並進列强競爭之中 乃決意入學于師範速成
  科 半年卒業 是歲 敍官立小學校敎員 翌年 陞師範學校敎官."

나 있기 때문이다.[8] 즉 이미 행장 기록보다 1년여 한성사범학교에 입학하였던 것이다. 年度에 관하여서는 행장의 기록에 오류가 자주 있으므로 사료를 중심으로 살펴본다.

한성사범학교는 1895년 4월 27일에 최초로 학생을 모집하여 5월 1일 교동에 설치되어 교육을 실시하였다. 2년 과정의 본과는 100명, 6개월 과정의 속성과는 60명을 모집하였는데 최초 모집에 많은 응시자가 운집하였다. 당시 가장 많은 지원자가 몰렸던 학교는 외국어학교였고 그 다음이 바로 교원으로 임용될 수 있는 한성사범학교였다. 한성사범학교의 속성과의 교육 상황은 그리 좋지 않았다. 기간이 6개월로 단기간이고 교과서나 지도 교관이 불비한 처지였기 때문이다. 1896년 이전에는 정해진 학과목을 제대로 교수하지 못하고 주로 漢學을 교수하는 데에 그쳤다.[9]

元泳義는 1895년에 속성과를 졸업, 바로 관립소학교 교원으로 임용되었으므로 근대식 교원자격을 지닌 최초의 敎師群에 속하는 셈이다[10]. 이때에 元泳義는 判任 8개 등급 중 아래에서 두 번째인 6등의 직위에 임명되었고 봉급은 1, 2給俸 중 아래 단계인 2給俸에 해당됨으로써 월 14원의 봉급을 받았다.[11] 1897년 8월에 元泳義는 관립소학교교원 判任官四等으로 승진하고[12] 1898년 8월에 判任官三等으로 승진한다.[13] 그리고는 곧바로 그 달에 判任官三等인 채로 1898년 8

---

8) 1895년 8월 敍任官辭令 : 元泳義 洪性天 任官立小學校敎員敍判任官六等/ 給二給俸 官立小學校敎員 元泳義 – 한기언 · 이계학 · 이길상(1993), 45면.

9) 김영우(1984), 97~105면 참조.

10) 김영우(1984), 123면에 소개된 1895년 10월 제1회 속성과 졸업생은 총 28명이었다.

11) 안기성(1984), 168면.

12) 한기언 외(1993), 59면.

13) 한기언 외(1993), 73면.

월 29일부로 한성사범학교교원으로 전임하고는,[14) 1899년 1월에 1급
봉으로 승급하였다. 중간 과정을 알 수 없으나 다시 관립소학교교원
이 된 元泳義는 1900년 8월에 判任官一等으로 승진하게 된다. 교원으
로 학생 지도에 임하던 元泳義는 1905년 乙巳勒約이 있던 해 10월 17
일 사표를 제출, 依願免職됨으로써[15) 10여 년에 걸친 관립학교 교원
으로서의 생활을 마쳤다.

　元泳義의 행적으로 미루어 볼 때 그의 교원으로서의 역량은 탁월했
던 것으로 추측된다. 1895년 소학교 교원으로 임용되어 3년 후 한성
사범학교 교원이 된 것이 이를 뒷받침한다. 우리가 유의해야 할 점은
元泳義가 한성사범학교 교원으로 재직한 시기에 한성사범학교의 교
육 내용이다. 한성사범학교의 교과목은 규칙상에 명시된 교과목을 다
가르치지 못하고 국한문, 역사, 지리, 영어 등의 일부 교과만 지도하
였다고 하므로[16) 이는 元泳義가 이들 교과에 대한 일정부분 식견을
갖추었거나 갖추어 나갔을 것임을 방증하여 주는 점이다.

3) 愛國啓蒙運動과 著述活動

　元泳義는 乙巳勒約이 체결되기 한 달여 전에 사직서를 내고 사임했
는데 행장은 다소 시일을 달리하고 있다. 아마도 인물의 행적을 극적
으로 기술하기 위한 것으로 보이지만 元泳義가 나라의 형세가 기울어
진 것에 크게 실망하고 삶의 방향을 바꾸려는 신념이 작용했던 것은
분명하다. 乙巳勒約 직전 잘못된 정세를 보고 사직하여 韋庵 張志淵,
石儂 柳瑾, 涵齋 安鍾和, 白堂 玄采, 雲史 元大圭, 又荷 閔衡植, 兢齋

14) 한기언 외(1993), 74면.
15) 한기언 외(1993), 335면.
16) 김영우(1984), 110면 참조.

俞星濬 등과 교우 관계를 유지하면서 뜻을 함께 하여 사립학교를 세우고 사립학교 학생 교육에 적극 참여한다.

　을사년(1905)에 일본 이토오 히로부미가 보호조약을 강제로 체결하였을 때 황성신문의 위암 장지연이 체포되었다. 선생이 일찍이 위암 및 석농 유근과 동지가 되어 막역한 동지로 지내고 있었다. 〈중략〉 서로 맹세하기를 나라의 운명을 진작시키고 국권을 회복할 것으로 임무를 삼기로 하였다. 〈중략〉 조약이 마침내 이루어지고 만사가 이미 잘못되었으므로 귀향을 결심하고 학부에 사직하고 집에서 짐을 정리하였다. 다음날 밤 유근이 안종화·현채·원대규와 더불어 찾아와서 만류하면서 '나라와 민족의 운이 막혔지만, 이는 오로지 국력이 알차지 못했기 때문이다. 귀향하여 獨善하는 것보다는 후생을 교도하여 훗날을 도모하는 것이 나으니 학교를 세워 인재를 양성하는 것이 원대한 계책이다'라 하였다. 중론이 맞아 다음날 민형식과 유성준을 방문하였고 계동에 계산학교를 세웠다. 학생을 모아 가르쳤는데 이는 참으로 우리나라 사람이 세운 사학의 시초요, 선생이 주도한 것이다. 그 후에 국내에 사립학교가 무성히 일어나 휘문·보성·기호·오성 등 학교가 세워졌다. 선생은 수고를 마다하지 않고 각 학교들을 순회하며 가르쳤다.[17]

　元泳義는 이함재, 장지연과 함께 『新訂東國歷史』, 『大韓地志』 등 책을 출간하여 교재로 삼고 또 지사들의 학회와 각종 단체 창립에도 참여하였으니, 西北·畿湖·嶠南 등 여러 학보와 少年韓半島·普成校

[17) 김영한(1947), "及至乙巳 倭敵伊藤之勒締保護條約 皇城報 韋庵張志淵 被囚 先生嘗與韋庵與石儂柳瑾 結爲同志莫逆之友 〈中略〉相誓 以進國步復國權 爲己任焉 〈中略〉約竟成 萬事已非 決意歸鄕 辭職于學部 在家理裝 翌夜 石儂與涵齋安鍾和 白堂玄采 雲史元大圭 來訪挽留曰 國家民族之運 雖是蹇塞 此實由於國力未實之故 與其歸鄕獨善 不如敎導後生 以圖來後 設私立學校 養成人才 實是悠遠之計 衆議共愜 翌日訪又荷閔衡植 兢齋俞星濬 創設桂山學校於桂洞 募生敎授 是實國人所立私學之始 而先生寔主焉 斯後 國內私學 蔚興徽文普成畿湖五星等校 簇立焉 先生不憚勞苦 巡廻各校敎授."

友報·大韓興學會 등은 교육과 관련된 것이다. 大韓自强會·大韓協
會·國民會報 등은 政治·時事에 관련된 것이며, 皇城新聞·大韓民報
등은 日刊 新聞들이다. 각 지면에 연속으로 투고하였다.[18]

이러한 왕성한 활동으로 인해 元泳義는 일본 헌병대의 요주의 인물로
떠오르고 마침내 가택 수색과 모든 서적 압수를 당하는 환란을 겪는데
『中等東國歷史』·『中等東國地志』·『小學漢文讀本』·『蒙學漢文初階』·
『東史補編』·『隨筆見聞錄』 등의 책들과 각처의 회보 및 학회지 14종과
여러 사람이 저술한 책 40여 종 등 거의 모든 저술과 장서가 압수되어
불살라졌다.

> 정미년(1907)년 여름 일본군 헌병이 들이닥쳐 온 집안을 에워싸고
> 그가 지을 책들 중 나라의 성정과 백성의 기상과 관련이 있는 것은 기
> 출간 서적이건 미출간 서적이건 모두 압수하였고 이미 출간되어 서점
> 에 있는 책들도 모두 곤액을 당하였는데 中等東國歷史·中等東國地
> 志·小學漢文讀本·蒙學漢文初階·東史補編·隨筆見聞錄 등의 책이
> 이것이다. 이 때 각처의 회보 및 학회지 14종과 여러 사람이 저술한
> 책 40여 종을 합하면 수백 만 권이 되는데 모두 불타게 되었다.[19]

그럼에도 굴하지 않고 지속적으로 활동했던 元泳義는 1908년 9월부
터 1909년 3월까지 장세기, 장지연, 유근, 안종화에 이어 휘문의숙의

---

18) 김영한(1947), "先是與石儂韋庵 共著新訂東國歷史 大韓地志等書 刊出 以資敎科
　　且志士之創立學會與各種團體 有若西北畿湖嶠南諸學報 少年韓半島 普成校友報
　　大韓興學會 關於敎育者也 大韓自强會 大韓協會 國民會報 關於政治時事者也 皇城
　　新聞 大韓民報 日刊新聞也 而各紙之投稿連續不絶-金甯漢."

19) 김영한(1947), "丁未夏倭憲兵闖至 圍住一家 其將所著諸書 凡有關國性民氣者 無
　　問已刊未刊 一並押收 其已刊在書肆者 亦盡被此厄 中等東國歷史 中等東國地志
　　小學漢文讀本 蒙學漢文初階 東史補編 隨筆見聞錄等書 卽此也 此時各處報誌之十
　　四種 各人著書之四十餘種 合爲數百萬卷 盡爲付丙."

숙장을 역임하는 등 주요한 역할을 수행하였다. 그러나 1910년 庚戌國恥로 그의 삶은 다시 크게 바뀐다. 즉 자결을 시도하다가 멈추고 귀향하여 글 읽기와 저술 활동 그리고 후진 양성으로 삶을 마무리하는 것이다. 특기할 것은 元泳義가 구국계몽활동 참여 시기와 다르게 본래의 한학으로 회귀한 것이다. 그는 고향 연천에서 후학들을 가르치며 여러 책을 집필하였는데『孔子實紀』·『四書講解』·『易經講解』·『山水圖經』·『近古文選』·『名勝游案』·『詩文稿』등으로서 성리학자로서의 풍모를 보여주는 것들이다.[20] 만년에도 교육과 저술에 몰두하던 元泳義는 1928년 12월 15일 77세로 삶을 마감하였다.

공령지학－성리학－신학문－관립학교교원－사립학교교원－교유관계－저술 활동 등을 살펴 비교적 길게 논의해 온 결과 元泳義는 한문 문법 교육서를 집필하기에 위치와 역량으로 보아 가장 적합한 인물 중의 하나였음을 알게 된다.

2. 한문과 문법 교육서 발간의 배경

1894년 甲午改革을 기점으로 시대는 급변하였다. 당장 사회 전체가 송두리째 바뀐 것은 아니었다 할지라도 큰 흐름은 종래의 것과 다른 방향으로 혹은 거의 반대 방향으로 지향하여 가기 시작한 것이다. 종교적으로는 유교가, 제도적으로는 봉건 제도가, 어문에서는 한문이 그 위상이 흔들리고 새로운 것들로 대체되기 시작한 것이다. 교육에 있어서는 신학교 제도가 도입되고 과거 시험이 폐지됨으로써 그간 있어온 학문의 습관과 대상에 대한 관성을 폐기할 수밖에 없게 되었

---

20) 김영한(1947), "所著有孔子實紀 四書講解 易經講解 山水圖經 近古文選 名勝游案 詩文稿等 往年被倭賊押收付丙者 合爲八十二卷之多矣."

다. 甲午改革 또한 마찬가지였지만 乙巳勒約을 지나 庚戌國恥에 이르기까지 일본의 강제와 압박에 의해 진행되는 일련의 사태는 그 동안의 것을 버리고 새 것을 추구하기를 종용하고 있었다.

신문이 본격적으로 발간되고 각종 서적의 인쇄 보급이 늘어나며 관·공·사립학교가 설립되고 교육 기회가 여러 계층으로 확대되는 등 교육 환경도 크게 변화하였다. 일차적으로 우리가 유의할 사항은 한문이 교과목의 하나로 설정되었다는 점이다. 지금까지 일반적으로 漢文科의 교육이 시작된 것을 1974년 전후로 보고 있지만 사실은 그보다 훨씬 이전인 19세기말부터 漢文科 교육은 시작되었으며 따라서 漢文科 교육의 역사는 1세기가 더 된다. 이것에 대한 논의는 따로 장을 마련해 논의해야 할 것으로 보인다. 漢文科가 수신, 국문, 역사, 지리, 가정 등과 함께 하는 교과목이 됨으로써 당연히 漢文科 교과서가 필요하였다. 漢文科 초기에는 종래의 전통 교재들이 그대로 사용되었으나 점차 漢文科 교과서들이 새로이 출현하고 각종 한자 학습서, 한문 학습서들이 다양한 체재와 내용으로 구성되어 출판되고 특히 1907년~1909년 사이에 집중적으로 많은 교과서가 만들어졌다.[21] 이 시기 교과서의 대부분은 독본류이거나 한자 학습을 위한 것이 많았음에 비하여 한문 문법 교과서는 출간되지 않았다. 그러나 여러 가지 조건들이 한문 문법 교과서의 출간을 불가피하게 조성되고 있었다.

1) 한문 교육에서의 문법 교육 강화에 따른 문법 교육서 필요성 대두

처음 漢文科 교육에 있어서 강조된 것은 여전히 독해와 작문이었고 교육 방법 또한 독해하고 암기하는 방식이었으나 차츰 漢文科 교육에

---

21) 이미연(1996), 11~20면 참조.

있어서도 문법을 다루어야 한다는 의식이 싹텄다. 그것을 알게 하는 것 중 하나가 각급 학교에서 漢文科 교육의 주요 취지로 삼을 것을 규정하는 학부의 요구이다.

> 각급 학교에서 수행된 漢文科 교육의 취지
>
> ① (學部令第二十號 師範學校令施行規則 第二章 學科目及要旨 第六條)-1906.8.27.'
> '音與義를 明白히 ᄒ고 句讀홈을 注意ᄒ여 句義와 章義를 分明케 ᄒ고 兼ᄒ여 文理脈絡을 解釋케 홈이라'
>
> ② (學部令第二十一號 高等學校令施行規則 第二章 學科目及要旨 第五條)-1906.8.27.
> '文理脈絡에 注意ᄒ야 文意를 正確히 理解케 홈을 要홈이라'
>
> ③ (學部令第二十三號 普通學校令施行規則 第二章 教科及編制 第一節 教則 第九條)-1906.8.27.
> '二 : 國語 :〈전략〉作文은 國語漢文과 其他敎科目에셔 敎授ᄒ 事項과 學徒의 日常見聞한 事項及處世에 必要ᄒ 事項을 記述케 호ᄃ 其行文은 平易케 ᄒ고 趣旨를 明瞭케 홈을 要홈이라 習字에 用ᄒᄂ 漢字의 書體ᄂ 楷書와 半草書의 一種이나 或 二種으로 홈이라'
> '三 : 普通의 漢字 及 漢文을 理會ᄒ며 兼ᄒ야 品性을 陶冶홈에 資홈으로써 要旨를 홈이라 賢哲의 嘉言善行을 記述ᄒ 것과 及 人世에 膾炙ᄒ 文詞로 學徒가 理會ᄒ 만ᄒ 것을 敎授홈이라 國語와 連絡홈을 務ᄒ야 時時國文으로 繙譯케 홈이라'
>
> ④ (學部令第九號 高等女學校令 施行規則 第二章 學科目及要旨 第五條)-1908.4.7.
> '三 : 漢文 : 文理와 結搆에 注意ᄒ여 文法을 正確히 理解케 홈을 要홈. 漢文은 平易한 文法을 講究케 함이 可홈'[22)]

①·②·③의 발표 시기는 1906년 8월 7일로 같고 학교 급은 서로 다른데, 그 취지의 내용은 대동소이하다. 공히 '한자의 정확한 학습과 한 문장의 문리맥락을 잘 파악하여 정확하게 독해하는 것'을 강조하고 있다. ③에서 국어과목에서 한자의 서체를 제한하고 있는 것과 漢文科目에서 국어와 연락함을 긴밀히 하고 국문으로 번역하도록 강조한 점이 다르다. 그러다가 1908년 4월 7일에 발표된 ④에 이르면 확연히 달라진다. 유달리 문법이 강조되고 있는 것이다. '文理와 結搆에 注意ᄒ여'에서 문리와 결구 또한 문법에 포함되는 하위 범주인데 또다시 '文法을 正確히 理解'하라 하고, 거듭하여 '平易한 文法을 講究'하도록 하라고 하였다. 동어 반복적으로 내용과 제목과 수준에 대하여 말하면서 한문 문법을 가르치도록 시행규칙으로 제시하였다. ④에서 漢文科의 문법을 강조하고 있는 학부령 제9호에서는 어문교과목에 두루 문법을 강조하고 있다.

　　二. 國語 : 普通의 言語文法을 解得ᄒ야 正確ᄒ고 自由로 思想을 表彰ᄒᄂᆫ 能力을 得케 홈을 要홈 國語ᄂᆫ 現代의 文體를 購讀케 ᄒ며 又實用簡易ᄒᆫ 文을 作케 ᄒ고 文法의 大要及習字를 爲主ᄒ야 授홈이 可홈
　　四. 外國語 : 會話에 熟達ᄒ야 明確히 理會케 홈을 期ᄒ야 恒常 發音에 注意ᄒ고 間或正確ᄒᆫ 國語로 飜譯케 홈을 要홈. 日語ᄂᆫ 發音과 綴字로븟터 簡易ᄒᆫ 文字의 讀法 譯解 書取 作文을 授ᄒ고 文法의 大要와 會話及習字랄 授홈이 可홈[23]

　즉 국어와 외국어 특히 일어 교육에 있어서도 문법의 大要를 강조하고 있는 것이다.

---

22) 한기언 외(1993), 367~383면 참조.
23) 한기언 외(1993), 493면.

그러나 1년이 조금 지난 뒤인 융희3년-1909년 7월 5일에 반포한 '고등여학교령시행규칙'에서는 다시 문법에 관한 기술이 약화된다. 학부령 제2호로 발령된 이 시행규칙에서는 국어와 한문이 통합되어 國語及漢文으로 바뀌는 커다란 변화 외에 수행 취지 역시 달라진다.

> 二. 國語及漢文 : 國語及漢文은 普通言語文章을 了解ᄒ며 正確無碍
> 히 思想을 表出ᄒᄂ 能力을 得케 ᄒ고 兼ᄒ야 智德啓發에 資홈
> 으로써 要旨로 홈
> 國語ᄂ 現代 文章을 講讀케 ᄒ고 又 實用簡易ᄒ 文을 作케 ᄒ며
> 文法의 大要及習字를 敎授홈이 可홈
> 漢文은 普通文章을 講讀케 ᄒ야 其章句의 意義를 明確히 ᄒ고
> 兼ᄒ여 文理結構에 注意케 홈이 可홈[24]

1908년 4월 초에 부각되었던 문법 학습 강조가 1년여 만에 그 비중이 축소 기술되었다. 문법 교육이 공식적으로 강조되기 시작한 1908년 4월부터 정확히 5개월 뒤인 1908년 9월『初等作文法』이 인쇄되고 한 달 뒤인 1908년 10월에 출간되었다. 학부령의 문법 강조가『初等作文法』의 출간의 직접적 계기가 되었다고 단정적으로 말할 수는 없지만, 그 출판 시기로 보아 상당한 연관을 맺고 있는 것으로 판단된다. 한문 문법 교육의 대외적 요청이 강화되었음에도 불구하고 학생들에게 따로 가르칠 만한 한문 문법 교육서는 전무한 상황의 타개가 급선무였을 것임은 자명하다.『初等作文法』은 출간 즉시 곧바로 신문 지상을 통해 광고를 시작하였다.[25]

---

24) 한기언 외(1993), 620면.

25)『初等作文法』은 1908년 10월 2일부터 11월 3일까지 총 25차례에 걸쳐 황성신문에 광고가 게재되었다. 그 내용을 소개하면 다음과 같다. "初等作文法, 定價金二十錢. 本書ᄂ 初等學科의 作文法을 精細히 纂輯하야 字句의 組織하ᄂ 妙訣과 文

2) 각종 교과서의 활발한 출간

양적으로 수요에 훨씬 못 미치고, 질적으로 아직 양호한 단계에 이르지는 못 했지만 甲午改革 이후『初等作文法』이 출간된 1908년까지는 각 교과목별로 많은 교과서들이 출간되었다. 김봉희26)에 따르면 1908년까지 출간된 교과목별 책의 분량을 보자.

먼저 제일의 교과목으로 부상한 수신과는『중학수신교과서』를 비롯하여 총 17권이고, 국어 및 국문법은 이봉운의『국문정리』(1897)를 비롯하여 34종, 외국어 공부를 위한 어학서는 일어잡지사의『일어회화자전』(1906)을 비롯하여 12종, 한문 교과목은 학부편집국의『한문입문』(1908)을 비롯하여 13종, 역사과는 학부편집국의 본국의 역사교과서가『조선역사』(1895)를 비롯하여 20권 발행되고 외국 역사서도 안국선의『比律賓戰史』(1906)를 포함하여 26권이 발행되었다. 이밖에도 국내외 지리, 법률, 정치학, 경제학, 가정, 교육학, 철학, 물리, 화학, 생물, 지학, 농업, 상업, 체육 교과 등에서도 많은 교과서들이 발행되어 유포되었다. 김봉희의 분류 중 漢文科에 포함되어야 할『初等作文法』이 국어과에 들어 있는 등 일부 분류상 문제가 있기는 하지만, 이처럼 많은 교과서들이 발행되고 있었음을 알기에는 충분하다. 한편 국내에서 발간한 교과서뿐 아니라 수입한 교과서도 그 수가 매우 많았다.27)

신학제의 도입으로 새롭게 교과목으로 설정된 과목의 교과서들은

理를 通曉하는 捷徑을 作하니 敎育界諸科學에 要素라 一般生徒는 卽速購覽홈."-
황성신문 1908년 10월 2일 최미경(1998) 15면에서 재인용.
26) 김봉희(1999), 137~190면 참조.
27) 김봉희(1999), 292~301면에서 甲午改革 후 수입된 서적으로 중국에서 수입한 것이 약 130종, 일본에서 수입한 것이 95종의 제목을 제시하였다.

19세기 후반부터 새로운 교과서가 나타나지만 漢文科의 경우는 전통 교재들을 그대로 사용하다가 1907년 이후부터 새롭게 변화된 교과서가 등장한다. 위에서 말한 한문 교과서 13종 모두가 그러하고 1909년부터 1910년 사이에 17종이 더 발행되었다.

이러한 교과서 출간의 활발함은 당시 신지식인들의 집필 의지를 강화했을 것이다. 元泳義 또한 여러 교과서를 집필하거나 교열에 참가하였으므로 한문 문법 교육서 집필에 관심을 갖고 새로운 시대 요구에 부응할 수 있는 한문 문법서를 집필하게 되었던 것이다.

3) 국내외의 각종 문법서 출판 흐름

앞에서 학부령을 통한 문법 교육의 강조 건을 소개한 바 있지만, 이미 국내외에서는 자국 또는 외국의 언어에 대한 각종 문법서가 출판되고 있었다. 한중일 삼국은 서구로부터 수입된 문법의 규칙을 각자 자국의 언어에 적용하여 자국의 언어 규칙을 찾아 체계화하는 한편 다른 나라의 언어들에 대해서도 문법 학습을 통해 효율적으로 학습하고자 하는 노력을 경주하였다.

한국은 俞吉濬, 주시경 등을 주축으로 국문법 연구가 활성화되었다. 학교 교육의 수요로 서구 문법의 도입이 촉진되었으나 최초로 간행된 책은 1906년 5월 俞吉濬의 유인본 『朝鮮文典』이며, 이 책의 활판본은 1908년 1월 최광옥의 『大韓文典』이 최초였다. 이때의 초기국어문법은 학교 문법에서 발생하고 발달하였는데, 그것은 거의 영어문법에서 도입된 라틴문법이었다. 주시경은 1905년 필사본으로 국문문법을, 유인본으로 1906년 대한국어문법 등을 저술하였고 김규식은 1908년 대한문법을 유인본으로 집필하였다.[28] 물론 이보다 먼저 외

국인들의 국어문법 저술이 있었다. 언더우드의『한영문법』(1890) 등
이 있으며 많은 사전류들이 제작되었다.

다만 대다수의 지식인들이 국문 교육과 국문의 제자리 찾기에만 열
심을 내느라고 한문 문법서 집필은 도외시하고 있었다. 이에 비하여
중국과 일본에서는 각각 한문 문법서들이 출간되고 있었다. 중국에서
는 馬建忠이『馬氏文通』(1898년)을 출판하였다. 馬建忠은 문언문인 한
문의 문법서를 완성하였다. 오랜 외국 생활과 외국의 문법을 거듭 연
구한 끝에 서구문법을 응용하여 한문 문법서를 집필해 내었다.29) 이
어서 來裕恂이『漢文典』(1906년)을 출판하고 章士釗의『中等國文典』
(1907년)이 발행되었다.

일본에서 1908년 이전에 발간된 한문 문법서로 필자가 확인한 것
은 兒島獻吉朗이 編述한『漢文典』(1902년) 한 권뿐이다. 이 책은 속편
까지 모두 두 권으로 편찬되었는데 매우 상세한 문법 설명과 예문을
갖추고 있다. 한편 일본의 자국어 문법서로는 中根淑의『日本文典』
(1876년)과 大槻文彦의『曠日本文典』(1897년) 등이 있다.

이와 같은 국내외의 문법서 출간은 일찍이 관립학교 교원을 지내고
1906년부터 애국계몽운동과 사립학교 교육 활동 그리고 각종 교과서
집필에 전념하였던 元泳義를 자극하고 또 이러한 기 출간된 문법서가
그의 새로운 한문 문법서 집필의 참고 자료가 되었을 가능성이 농후
하다. 여기서 잠깐『初等作文法』과 다른 문법서들의 품사 분류를 비
교함으로써 元泳義가『初等作文法』을 집필하면서 많은 문법서들을
참고로 하였음을 보아두고 간다.

---

28) 김민수(1984). 213~214면 참조.
29) 진류(2001)는『馬氏文通』과『大韓文典』을 조목조목 비교하면서 각 문법서 저자
　　와 문법 내용에 대하여 상세하게 소개하고 각 문법서의 의의를 밝혀 두었다.

馬氏文通	名字	代字	動字		靜字	狀字	連字	介字	歎字	助字	9品詞
兒; 漢文典	名詞	代名詞	動詞	助動詞	形容詞	副詞	轉接字	前置詞	感應詞	歇尾詞	10品詞
來; 漢文典	名字	代字	動字		靜字	狀字	連字	介字	歎字	助字	9品詞
中等國文典	名詞	代名詞	動詞		形容詞	副詞	接續詞	介詞		助詞	8品詞
朝鮮文典	名詞	代名詞	動詞		形容詞	副詞	接續詞		感歎詞	後詞	8品詞
初等作文法	名詞	代名詞	動詞		形容詞	副詞	接續詞	轉詞	歎詞	止詞	9品詞

3. 『初等作文法』의 체재와 내용의 성격

1) 교수-학습 방식의 제시

전통적으로 모든 집필 서적의 머리에는 스스로 혹은 다른 사람의 서문이 있는데『初等作文法』에는 서문이 없다. 대신 〈凡例〉를 통하여 저작의 목적과 학습할 대상의 수준, 문체, 그리고 지도 방식 등을 조목별로 나누어 서술하고 있다. 전형적인 문법-번역식 교수법을 전제로 하고 있다.

> 〈初等作文法凡例〉
> ① 一 此編은 孩蒙이 漢文을 讀홀 時에 文字의 組織ㅎ는 法則을 曉解키 爲ㅎ야 作홈
> ② 一 文法은 蒙學을 易曉케 홈이 必要홈으로 粗淺흔 句語를 用홈
> ③ 一 文詞의 實字는 多ㅎ고 解得키 易ㅎ나 虛字는 少ㅎ고 通曉키 難홈으로 虛字를 詳說홈
> ④ 一 用詞의 名義를 國漢文으로 解釋호디 句語는 漢文을 練習키 爲ㅎ야 不釋홈
> ⑤ 一 敎者가 每一節의 一條式을 說明흔 後에 原句中 用詞의 字眼을

書示호ᄃᆡ 字句 上下에 空圈을 作ᄒᆞ야 文字를 思索 塡充케 홈
⑥ 一 或 數實字를 擧ᄒᆞ야 字類를 分別케 ᄒᆞ며 或 數虛字를 擧ᄒᆞ야 句式을 造成케 홈
⑦ 一 或 漢文 原句를 書示ᄒᆞ야 國漢文 或 純國文으로 飜譯케홈
⑧30) 一 以上 敎法外에 許多ᄒᆞᆫ 妙用은 敎者의 手段 如何에 在홈

①에서 어린 학습자가 한문을 읽을 때에 한문 문장에서 문자의 선후 조직이 여하한가를 깨닫게 하려는 목적을 갖고 집필하게 되었음을 모두에 밝히고 ②에서는 학습자의 독해 수준을 고려하여 세련되지는 않았지만 쉬운 어구들을 예문으로 사용하였다고 하였다. ③에서 특히 문자들 중에서 실사는 그 분량이 많지만 해득하기는 쉬우므로 이 책에서는 가벼이 다루고 대신 수는 적으나 쓰임이 다양하여 따로 학습하지 않으면 그 쓰임을 알기 어려운 허사를 집중적으로 설명하게 되었다고 하고 ④에서는 해설은 국한문혼용으로 하고, 실례로 든 문장의 번역을 첨부하지 않았는데 그것은 학생들이 한문 독해를 실제로 연습하도록 하려는 의도라고 하였다.

흥미로운 것은 다른 책들과 달리 이 책의 〈凡例〉에서 교과서를 이용하여 지도하는 방식, 소위 교수-학습 방식을 마련하여 보여준 점이다. ⑤~⑧이 그것이다.

⑤ : 가르치는 이(敎者)가 먼저 개념과 격식을 먼저 구두로 설명하고, 설명한 부분 중 주요 핵심어를 써서 노출시키고 그 앞뒤에 ( )를 두어 학생들이 생각하고 메우게 한다. 先講義後確認의 전통적인 방식이다. 학생들이 수행해야 할 학습 활동을 명기한 것이 이채롭다.

---

30) 번호①~⑧은 연구자가 붙인 것임.

⑥ : 실사에 해당하는 한자들 여럿을 뒤섞어 놓고 그것들이 지시하는 의미별로 분류하게 하고 몇몇의 허자들을 동원하여 앞서 익힌 바 글의 형식들을 만들어 가게 한다.

⑦ : 가끔 한문의 원구들을 판서하여 보여주고 국한문 혼용체 또는 순국문으로 번역하게 한다. 이 단계에서 써서 보여주는 한문이 문법서에 실린 한문 문장을 가리키는 것인지 아니면 기존의 명문장 중 가르치는 이가 따로 적출하여 제시하는 것인지 불분명하지만 학생들로 하여금 이론으로 익힌 것을 실제 문장에 곧바로 적용하여 應用自在케[31] 하려는 기법임에는 틀림없다.

⑧ : 이 부분은 없어도 되는 부분이지만, 저자의 겸손한 자기 고백이 들어있는 것으로 국내에서는 거의 처음이나 다름없는 문법서 저자로서 자신이 기 제시한 교수-학습 지도 방식에 대한 확신의 부족을 나타내고 있다. 저자 나름대로 제시한 방법을 준용하는 것을 권장하되 강제할 수는 없으며 또 다른 효과적 수단이 있다면 그것을 사용하여도 무방하다는 것이다.

자국어 이외의 글을 가르치고 배울 때 보편적으로 그리고 장구한 기간 동안 적용되었던 문법-번역식 지도 방식이 우리나라 漢文科 교육에도 실현되고 있음이 표면적으로 뚜렷이 제시된 것이 이 『初等作文法』의 〈凡例〉라고 하겠다.

---

31) 한기언 외(1993), 〈학부령 제23호 보통학교령시행규칙 제2장 제8조〉, 383면.
"普通學校에셔는 普通學校令 第一條[學徒의 身體發達에 留意ㅎ야 道德敎育及國民敎育을 施ㅎ고 日常生活에 必要흔 普通知識과 技藝를 授홈으로써 本旨롤 홈이라의 趣旨롤 遵守ㅎ야 學徒롤 敎育홈이라 道德敎育에 關흔 事項은 某敎科目이던지 居當留意ㅎ야 敎授ㅎ며 知識과 技能은 日常生活上 必要흔 事項을 選ㅎ야 敎授ㅎ되 反復練習ㅎ야 應用自在케 홈을 要홈이라."

2) 예문의 특징 – 전통 고전 명문장의 배제

〈凡例〉에서 '文法은 蒙學을 易曉케 홈이 必要홈으로 粗淺혼 句語를 用홈'이라 하고, '用詞의 名義를 國漢文으로 解釋호디 句語는 漢文을 練習키 爲ㅎ야 不釋홈'이라 한 것으로 미루어 여기서 '句語'란 예로 제시한 한문 문장을 뜻하는 것이다. 여타 외국의 한문 문법서들은 모두 각 문법 항목의 설명 뒤에 예문으로 전범이 될 만한 전통 고전의 문장들을 제시하는 것이 일반적이다.

> 『馬氏文通』: 吾 : (孟子 公孫丑 下) : 吾甚慚於孟子
> (史記 始皇本紀) : 吾慕眞人 自謂眞人 不稱朕
> 兒島獻吉朗의 『漢文典』: (論語 學而) 吾日三省吾身
> (孫子) 知吾卒之可以擊

그런데 『初等作文法』은 이와 다르게 자신이 어법에 맞게 창작한 한문 문장을 예문으로 사용하였다.

> 『初等作文法』: 某의 예문 : 某教師學問極深 某學校工課極嚴
> 果의 예문 : 日本果强 英國果富
> 曾의 예문 : 穿外國服講外國語曾是以通洋務乎

전통 고전의 문구를 사용하지 않고 있는 점의 함의는 무엇인가. 표명한 것처럼 독해 수준이 낮고 독서의 양 또한 부족한 학생들이 문법을 이해하기 쉽도록 저자가 고심하여 배려한 것일 수 있다. 경서나 역사서나 명 문장가들의 글을 예문으로 했을 때 그것들이 잘 받아들여지려면 그 예문들이 들어 있는 글들을 이미 학습한 상태에서 상당한 지식 축적이 있어야하기 때문이고, 본래 예문을 들어 보이는 것은 설명의 효율을 높이기 위해 제시되는 것인데 그 예문이 어려워 의미 파악을 하는데 공력을 쏟는 것은 본말이 전도된 것이기 때문이다.

3) 품사 설명상의 특징

앞서 잠깐 언급한 바 있듯이 『初等作文法』은 기존의 여러 국내외 문법서들을 참고로 하고 모방하되 자신의 견해를 바탕으로 일부 첨삭, 개조하여 제작하였다. 중국과 일본의 한문 문법서들처럼 一字를 문법의 단위로 삼고 있으며 二字 이상이 함께 묶여 기능할 때에는 쌍평이나 중첩어로 따로 나누어 구분하였다. 품사 분류의 기준은 의미를 중심으로 하되 허사의 경우에는 기능을 중심으로 삼아 분류하고 있는데 이 또한 기존 문법서들과 같은 점이다.

먼저 명사의 경우를 보자.

名詞		
漢文典(兒島獻吉朗1902)		初等作文法
性質上	有形	
	無形	無形名
種類上	特名	專稱
	通名	通稱
成立上	單語	單名
	複語	兩名 / 複名

兒島獻吉朗은 명사를 성질상, 종류상, 성립상의 차이를 설정하고 각각 有形·無形, 特名·通名, 單語·複語로 나누었다. 元泳義는 큰 범주는 정하지 않고 專稱, 通稱, 單名, 複名, 無形名의 다섯 종류로 나누고 있지만 兒島獻吉朗의 분류에서 有形名詞 한 가지만 생략된 것

임을 쉽게 알 수 있다. 兒島獻吉朗의 것을 모방하되 명사의 의미나 조
어 형태와 같은 상위 구분을 제외하여 혼란스럽게 되었다.

동사의 경우는 馬建忠과 來裕恂의 것을 참고하였을 가능성이 더 높
다. 兒島獻吉朗의 것은 상당히 차이가 있으므로 예로 들지 않는다. 馬
建忠의 『馬氏文通』의 동사 갈래는 다음과 같다.[32]

動詞		
馬氏文通	漢文典(來裕恂)	
外動字	他動詞	他動詞
自反動字		
施動		
受動		
內動字	自動詞	自動詞
同動字	同動詞	同動詞
助動字(可足能得)	助動詞(敢肯能可當足得姑願)	助動詞(14종 하위분류)
無屬動字		

『初等作文法』의 동사 분류는 자동사, 타동사, 동동사, 조동사의 네
가지이고, 여기에 더하여 조어 형태에 따라 쌍평, 중첩, 대대를 더하
였다. 뒤의 세 가지는 큰 의미를 부여하기 어렵고 앞의 네 가지 중
『初等作文法』이 독특한 입장을 취한 것은 조동사의 경우인데 조동사
를 다시 상세하게 분류하여 使動, 受動, 能動, 拒動, 推量, 斷定, 命
令, 禁止, 急促, 徐緩, 重複, 過去, 現在, 未來 총 14가지이다. 이중
過去 助動詞는 다시 全過去·半過去는 다른 한문 문법서나 국문법서
에는 없는 것으로 라틴어 문법이나 프랑스 문법에서 차입한 개념으로

---

32) 이 표는 각 갈래는 진류(2001, 122면)에서 갈래의 설명은 이강재(1996)에서 취하
여 구성하였다.

여겨진다. 馬建忠이 가능의 뜻을 지닌 '可 足 能 得'만을 조동사로 삼은 것이나 來裕恂이 여기에 '敢 肯 當 姑 願' 등을 보탠 것과 차이가 많다. 『初等作文法』의 조동사 중에서 '推量, 急促, 舒緩, 重複, 過去, 現在, 未來' 등으로 분류한 한자들은 오늘날 문법에서 일반적으로 부사로 분류하는 것들이다.[33]

『初等作文法』이 여러 면에서 각종의 기존 서적들을 참고로 했다는 것은 이상한 일이 아니다. 근대적 중국 한문 문법서의 효시인 『馬氏文通』이나 俞吉濬의 국문법서 그리고 일본의 한문 문법서 역시 서구의 문법 체계를 모방하고 자국어의 체계와 상이한 점들만 고심하여 처리하고 탄생하였다. 元泳義는 시기적으로 나중에 집필하였기 때문에 먼저 발간된 문법서들을 참고할 수 있었던 것일 뿐이다.

4. 『初等作文法』의 意義

『初等作文法』은 태생적으로 한계를 지니고 있다. 당시 학계의 한문 문법 연구가 전무하였고 더욱이 구한말에는 한문에 대한 인식은 전에 누리던 영광이 무색할 정도로 부정적이었다. 그 이전 한문 학습은 번성했었으나 그 학습 방법은 종래의 다독과 암기를 통한 귀납적 문리 터득 방식에서 조금도 변화하지 않았다. 물론 그 방식이 전혀 그릇된 것은 아니다. 그러나 교수-학습 방법이나 그 재료를 개발할 생각은 하지 않았던 것이다.

또 저자인 元泳義가 두터운 한학 실력을 가지고 있긴 하였으나 근대적 문법서 집필 방면에서는 아마추어였다. 馬建忠이나 俞吉濬이 오랜 외국 유학 경험과 다년간의 연구를 거듭하고 문법서를 집필하였지

---

33) 김용한(1990), 109면.

만 元泳義가 오랫동안 연구해 온 것은 한문 문법이 아니라 국문의 효
과적 정리였다.[34) 또 元泳義는 한문 교과서, 역사 교과서, 지리 교과
서 등 여러 교과서를 집필하거나 교열하였으므로 한문 문법을 깊이
연구하기에는 시간이 없었다. 이러한 점들로 인해 많은 규칙들이 불
완전하고 부정확하다는 지적을 면할 수 없다. 이러한 한계들은『馬氏
文通』이나『大韓文典』도 예외가 아니며『初等作文法』에 비해 결점이
현저히 적은 그것들 또한 여전히 칭송과 비난을 함께 받고 있다. 무
엇보다도 아쉬운 점은『初等作文法』이 품사 분류 부분 설명에 치중하
고, 뒷부분에 가서야 造句 부분을 설정하여 통사론적 넓게는 화용론
적 설명을 시도하고 있으나 그 양이 너무 적고 구분과 설명이 체계적
이지 못하다는 점이다.[35)

　그러나『初等作文法』은 국내인이 발간한 최초의 한문 문법서라는
사실 하나만으로도 충분한 의의가 있다. 긍정적인 면에서 초기 문법
서인 이 책은 한문을 배우는 학생들을 위한 교육적인 목적으로 쓰여
진 실용적인 것이었고 한문에 대한 관심과 애정이 들어있다.

　『初等作文法』은 문법 연구를 위한 문법 연구서가 아니라 교실과 같

---

34) 최미경(1998), 〈국문과본서문〉, 17면 재인용. "그러ᄒ나 지나와 통졍ᄒ든 슈쳔년
　　습관을 곳치지 못ᄒ야 지나한문만 崇尙ᄒ다가 지금은 또 영문과 일문을 귀히 역이
　　고 대한국문은 쳔히 역이여 오음쳥탁과아셜슌치셩의 원리를 도모지 몰으니 엇지
　　외국인의게 시소를 면ᄒ리오……. 그러ᄒᆫ 즉 ᄋᆡ국심 업는 것도 국문을 연구치 아니
　　ᄒᆫ 연고오, 나라이 빈약ᄒᆷ도 국문을 연구치 아니ᄒᆫ 연고오, 외극의 룡모밧ᄂᆞᆫ 것도
　　국문을 연구치 아니ᄒᆫ 연고라. 이럼으로 본인이 시ᄉᆞ를 감기ᄒᆞ야 국문을 여러 히
　　연구ᄒ다가 훈민졍음과 졍음통셕을 의거ᄒᆞ야 국문과본 팔십여과를 져술ᄒ노니,
　　대기 국문의 원측과 학문의 리론을 밝여ᄒᆞ야 부인유ᄌᆞ와 초동목슈라도 다 ᄋᆡ국ᄒ
　　ᄂᆞᆫ 습과 셩을 양셩코자ᄒᆷ이라."
35) 김용한(1990), 127~128면에서 造句 부분에 대한 아쉬움을 말하고 그러나 후대
　　에 발간된 여러 문법서에서도 다루지 않은 것을 최초의 문법서가 다룬 점을 높이
　　평가하였다.

은 교수–학습 장면에서 가르쳐질 것을 상정하고 집필한 규범 문법서이며 교과서이다. 교과서란 교과 교육에서 요청되는 지식과 경험의 체계를 쉽게, 그리고 명확하고 간결하게 편집해서 학교에서 학생들이 학습의 기본 자료로 사용할 수 있도록 제작한 교재라고 정리할 때[36] 『初等作文法』은 이들 조건을 상당 부분 충족시키고 있다는 점에서 문법 교육서로서의 일차적인 의의를 확보하고 있다.

또 이러한 문법 교육서의 출현으로 한문의 지도 방식이 종래의 귀납적인 방식, 구두 교수법(oral approach) 일변도에서 연역적인 방식과 문법을 염두에 두는 교육 방식을 새롭게 도입하는 계기를 마련한점도 큰 의의를 지닌다. 이미 앞의 〈凡例〉를 풀이하면서 언급한 것이지만 元泳義가 책의 모두에 자신의 책을 텍스트 삼아 교수할 때의 지도 방식을 기술한 것도 새로운 것이며 오랜 교원으로서의 연륜을 바탕으로 하여 장치한 것으로 이 역시 획기적인 것이다.

Ⅲ. 結語

현대의 우리들은 과거의 저작들을 볼 때 우리의 잣대로 재단하려는 경향이 있다. 꼭 과거의 것이 아니더라도 한 개인이 세계를 볼 때 자신의 가치나 기준을 바탕으로 판단하는 것은 이상한 일이 아니다. 하지만 그러한 시각과 입장으로는 대상의 전모를 바르게 볼 수 없다.

본 연구는 우리 눈앞에 놓인 『初等作文法』만 보려하지 않고 그 책이 탄생하게 된 저간의 사정을 더듬어 좀더 이해를 풍부하게 하려는 의도를 갖고 시도된 것이다.

---

36) 이종국(2005), 21면.

元泳義와 달리 한문 문법만을 연구하는 학자들도 있고, 韓中日 삼국에서 축적해 온 한문 문법 성과가 다대하지만 한문 문법이 그 분량에 비례하여 그 질도 향상·발전하였다고 단언하기 어렵다. 오랜 기간 동안 여러 나라의 수많은 인물들에 의해서 쓰인 한문을 단일한 문법으로 체계화한다는 것은 처음부터 어려운 일이었는지도 모른다.

그럼에도 불구하고 한문 문법의 교육은 필요불가결한 것이다. 국어나 다른 외국어에서 의사소통이 강조되고 문법이 소홀히 취급되는 작금의 현실에 비추어 한문 문법 역시 도외시하자고 주장하거나 실제로 도외시하는 경향이 있다. 물론 문법만 가르쳐서도 안 되고, 문법을 번역이나 해석보다 더 중요시하여 가르쳐서도 안 된다. 하지만 일상 속에서 태어나면서부터 체득하는 국어와 달리, 환경·문화 등이 시공간적으로 멀리 떨어져 수행하는 한문 학습에 있어서 짧은 기간에 한문 독해의 수준을 기대치에 이르게 하기 위해서는 한문의 그 방대한 분량의 글들을 정리하고 조직화하여 능률적으로 학습을 진행시키기 위해서, 문법의 도움을 받는 것이 꼭 필요한 것이다.

의의도 많지만 한계도 분명한『初等作文法』이기는 하지만 어려운 여건 속에서 저자의 관심과 노력으로 국내 최초로 집필된 이 문법서가 세상에 나온 후 그 다음으로 국내인 집필의 문법서『漢文義讀自解』(1916)의 출간은 8년 후에나 이루어졌다.

참고문헌

金敏洙·河東鎬·高永根(1983),『역대한국문법대계』제2부 제35책, 탑출판사.
정신문화연구원 편(1999),『한국인물대사전』, 중앙일보사.
김민수(1984),『신국어학사』, 일조각.
김봉희(1999),『한국개화기 서적문화 연구』, 이화여자대학교출판부.
金甯漢(1947),「承訓郎師範敎官漳隱元先生行狀」, 元泳義 4세손 소장본.

김영우(1984), 『한국개화기의 교원양성연구』, 창학사.

김용한(1990), 「초기간행 한문문법서에 대하여-『初等作文法』을 중심으로」, 『대동한문학』 제3집, 대동한문학회, 93~128면.

안기성(1984), 『한국근대교육법제연구』, 고려대학교민족문화연구소.

안재철(2005), 「한문문법 연구사」, 한국한자한문교육학회 제17회 학술발표대회발표문.

이강재(1996), 「마씨문통 용어 사전」, 『중국언어연구』 제4호.

이광호(1996), 『구한말 근대교육체제와 학력주의 연구』, 문음사.

이미연(1996), 「애국계몽기 한문교과서 연구」, 부산대학교교육대학원 석사학위논문.

이종국(2005), 『한국의 교과서상』, 도서출판 일진사.

정정섭(1984), 『외국어교육의 기초와 실천』, 동원출판사.

진류(2001), 『마씨문통과 대한문전 비교 연구』, 중문출판사.

최낙복(1995), 「兪吉濬 문법의 형태론 연구」, 『언어와 언어교육』 제10집, 동아대학교언어연구소.

최미경(1998), 「元泳義의 소학한문독본 연구」, 성균관대학교 석사학위논문.

한기언·이계학·이길상(1993), 『한국교육사료집성-개화기편Ⅳ』, 한국정신문화연구원.

来裕恂 著, 高维国 张格 注释(1993), 『汉文典 注释』, 南开大学出版社.

兒島獻吉朗(1902), 『漢文典』, 富山房.

이 글은 『漢文敎育硏究』 제26호(韓國漢文敎育學會, 2006)에 수록한 논문을 재수록한 것이다.

제3부
왕실의 한문교육
-經筵과 書筵

전통 시대 한문 학습법에 관한 일고찰

-영조의 장헌세자 교육을 중심으로

辛泳周

Ⅰ. 문제제기

전통 시대의 학인들은 한문을 학습하는 처음에 반드시 한자의 음훈을 깨치고 기초 문리를 터득하는 데에 온 힘을 집중했다. 우리의 언어 환경이 본래적으로 구어와 문어가 전혀 달랐으므로 문어를 습득하고자 할진대 많은 힘을 들여 별개의 학습 과정을 거쳐야 했다. 그래야 비로소 문자로 되어 있는 인문 지식을 소화할 수 있었으며 학자로서 또는 관인으로서 뜻한 바를 이룰 수 있었다. 게다가 한문 능력을 습득하였다 함은 곧 당시로서는 동아시아 지역 내에서의 국제 보편적인 소통의 도구 하나를 갖추었다는 말이 되었다. 이런 이유로 전통 시대의 학인들에게 한문 학습은 필연에 해당하는 숙제였으므로 그 능률을 제고하기 위해 다양한 방법이 시도되었다. 교과 과정뿐 아니라 원문을 독음으로 소리 내어 읽는 성독과 원문의 축자 풀이를 소리 내어 낭송하는 새김 등의 방법도 이에 해당한다.

이는 오랜 동안 축적된 학습 경험을 바탕으로 형성된 만큼 선인들 입장에서는 한문 학습을 위해 최적화된 방식으로 이해되었다. 이 전통 방식들이 아쉽게도 근대 이후의 서구화된 제도에 밀려 지금은 거의 사라져가고 있는 실정이지만, 과거의 방식이 도리어 한문 학습에서만큼은 더 효율적인 측면이 없지 않다. 현재의 학습 방법에 전통적 한문 학습 방법을 결합함으로써 더 높은 학습 효과를 이끌어낼 수 있으리라 생각한다.

본고에서는 이런 점에 착안하여 전통 시대 한문 학습법의 한 측면에 대해 검토하고자 한다. 그런데 이를 위해 여러 문헌 자료를 살펴보면 일반 학인들의 사적 기록보다는 국왕과 왕세자의 학습 과정을 적어둔 공식 기록이 압도적으로 많음을 발견하게 된다. 각각 경연과 서연이라는 제도적 공식 절차를 통해 학습이 이루어졌으며 그 자리에 배석하였던 문신 및 사관들에 의해 그 과정이 기록으로 남았기 때문이다. 비록 그렇지만 이것이 私家의 학습 방법과 근원적으로 다르지는 않았을 터이다. 이를 통해서도 당시의 보편적 학습 방법을 대략이나마 짐작해볼 수 있으리라 기대한다. 기왕에도 이를 소재로 제출된 논문들이 없지는 않다. 주로 경연과 서연 등의 교과목과 제도적 지침을 중심으로 평가의 방식이나 관제 등의 요소를 구명하는 일들이 이루어졌다. 이들 연구를 통해 궐내에서 수행되었던 학습 프로그램에 관한 많은 검토가 이루어졌다. 다만 실제 학습 현장에서 이루어졌던 구체적 활동들에 대한 접근된 연구가 아직은 부족하다. 눈으로 보아 전할 수 있는 바는 아니지만 기록의 편린들을 엮어 과거의 학습 현장을 부족하나마 재구해볼 필요가 있다는 생각이다.

본고에서는 그 하나의 작업으로서 영조의 장헌세자 교육에 관해 살펴보고자 한다. 『승정원일기』의 기사에는 국왕 영조가 입시한 여러 신하들과 함께 장헌세자를 교육하는 문제에 관해 토론한 내용이 여러 차례 보인다. 이 자료들을 통해 영조가 생각하고 있던 교육에 관한 견해를 알아보고 이와 관련하여 교수 학습에서 중요한 문제로 제기되었던 몇 가지 문제들에 관해 논해보고자 한다. 다만 이 자료들은 하나의 실례로서 임의로 제시하는 것이요, 과학적 절차에 따라 선별된 것은 아님을 먼저 밝힌다.

Ⅱ. 장헌세자 교육을 위한 영조의 원칙적 제언

세자는 이후 제왕의 자리에 오르기로 되어 있는 나라의 근본인 만큼 그를 교육하는 일은 국가적으로 매우 중대한 일이었다. 국가의 존망과 치란이 달려있는 문제라고 인식하였던 터이므로 春坊이 주축이 되고 桂坊이 보좌하면서 교육을 위해 다각도의 노력을 기울였다. 역대의 왕들이 모두 그러했거니와 영조의 경우에도 각별한 배려를 다하였음을 기록을 통해 확인할 수 있다. 영조는 "나라가 의지할 곳이 元良뿐이요 원량의 성취가 학문에 달려 있을진대, 지금 원량을 輔導함보다 더 시급한 일이 있겠는가."[1]라고 하면서 세자 교육의 중요성을 역설하였다. 그래서 영조는 靖嬪 李氏의 소생인 孝章世子(1719~1728)가 일찍 죽자 이제 겨우 두 살이었던 暎嬪 李氏의 소생 莊獻世子(1735~1762)를 세자로 책봉하고 이후 세자의 학업을 꼼꼼히 챙기었다. 장헌세자가 끝내는 영조의 노여움 아래 뒤주에 갇혀 생을 달리한 비운의 주인공으로 전해지고 있으나, 그 이전까지만 해도 그에 대한 영조의 기대와 애정은 고집스러울 만치 각별하였다.

영조는 1744년 11월 3일 밤 3경 1점(23시 00분)에 여러 경연관들을

---

1) 『承政院日記』, 영조 20년(1744) 11월 3일, "國之所恃, 唯元良, 元良之成就, 在於學問, 則今日急務, 豈有過於輔導元良者乎."

興政堂으로 불러 토론을 벌였었다. 이날의 주된 의제는 장헌세자의 교육이었다. 장헌세자가 이제 10세가 되어 학문에 매진해야 할 나이가 되었음에도 책 읽기에 최선을 다하지 않고 있다는 생각에 이를 타개할 방책을 구하고자 해서였다. 이 자리에서 영조는 학습에 관한 몇 가지의 요소에 집중하여 논의를 주도하였고 자신의 생각을 말하였다. 그리고 이 논의는 다음날 11월 4일 밤 2경 2점(21시 30분)에도 興政堂에서 계속 이어졌다. 이때 장헌세자의 교육을 위해 영조는 몇 가지 자신의 견해를 제시했는데, 크게 아래와 같이 몇 가지로 나누어 볼 수 있다.

1. 背講의 평가는 엄하게 한다

이날의 모임이 이루어진 직접적인 이유도 여기에 있었다. 배강의 결과를 평가하여 대개 通이나 略의 점수를 주었는데 이날 장헌세자가 두 글자를 틀렸음에도 通을 받았던 것이 문제가 되었다. 평가를 반드시 엄하게 하여 두려운 마음이 있어야 나태해지지 않고 학습에 충실할 수 있다는 것이 영조의 생각이었다. 하지만 이 날의 강관은 되도록 장헌세자의 기운이 저상되지 않게 함이 교육적이라고 생각하여 두 글자의 착오가 있었음에도 불구하고 '通'의 성적을 주었다.[2] 이에 못마땅해진 영조가 이를 지적하고 나선 것이다. 이 경우 강관의 입장에서는 略을 주어야 마땅했으며, 장헌세자의 입장에서도 스스로 착오가

---

2) 상게서, 영조 20년(1744) 11월 3일, "東渙曰 '邸下沖年, 睿學夙成, 連日進講, 或不無遺漏處, 而亦非異事. 雖以私家敎子弟之道言之, 尙且有時假借, 以爲興起之地, 講官之達以通牲, 亦此意也.……' 雲達曰 '聖敎至此, 曷勝欽歎? 講官之達以通牲, 亦出獎勸誘引之意. 雖熟讀之文, 或不無一二字誤誦之時, 則講官之以通出牲, 亦非例外之事也.'"

있었음을 밝히고 평가가 과함을 지적했어야 옳았다고 영조는 누차 역설하고 있다.3) 급기야 이날 胄筵에서 배강하였던 시강원 관원을 엄하게 추고하도록 명하기까지 하였다.

> 영조가 "…… 어제 서연에서 잘 외지 못했음에도 경이 通을 주었으니 평가를 엄히 하는 뜻이 전혀 아니다." 하니, 김재로가 "그날 前受音이 매우 많았습니다. 외는 소리가 다소 낮고 가늘기는 했어도 잘못된 곳이 없었기에 通을 주었습니다." 하였다. 영조가 "이전에 이덕수가 略을 주어 매우 유감스러워했던 적이 있었는데 그 후로는 혹 잘못 외어도 강관이 通을 주었다. 그러면 들어와 자랑하고 웃으며, 오늘은 내가 잘못 외도 강관이 알지 못하더라고 한다. 이와 같으므로 평가를 엄히 한 뒤에야 비로소 도움이 될 수 있다." 하였다.4)

이는 앞에서 언급한 때보다 7개월가량 앞선 1744년 4월 22일의 기록이다. 아마도 일찍이 장헌세자가 이덕수에게 略의 점수를 받자 영조가 크게 탄식한 적이 있었던 모양이다. 이 때문에 이후로 강관들이 차마 略의 점수를 주지 못하고 부족함에도 불구하고 通의 점수를 주게 되었다는 것이다. 이에 대해 영조는 전혀 학습의 발전에 도움이 되지 않는다고 단호히 말하고 있다.

영조의 생각에, 평가를 엄하게 함은 수업의 능률만을 위해서는 아니었다. 장헌세자가 구중궁궐 안에서 어려움 없이 자란 터이므로 이

---

3) 상게서, 영조 20년(1744) 11월 3일, "子嘗問 '汝於胄筵, 得何牲乎?' 曰 '通牲矣.' 曰 '汝善誦乎?' 曰 '有礙漏處矣.' 曰 '子在春邸時, 臨講有礙漏處, 則必自言之, 汝亦自言, 可也.'云矣."

4) 상게서, 영조 20년(1744) 4월 22일, "上曰 '…… 昨日書筵, 未善誦而卿出通, 殊非峻考之意矣.' 在魯曰 '其日前受音頗多, 且誦聲雖差爲低微, 而無差誤處, 故出通矣.' 上曰 '前者李德壽出略, 頗爲之歎嘆矣. 其後或時誤誦, 而講官出通, 則入內誇笑曰, 今日吾誤誦而講官不知之矣. 如此處峻考, 然後方可爲進益之道矣.'"

를 통해서라도 삼가고 두려워하는 마음 자세를 배웠으면 하는 바람이 있었다. 그러나 마냥 엄하게만 할 수는 없는 노릇이었으므로 영조는 평가는 엄하게 하되 장헌세자가 독서의 즐거움을 스스로 느낄 수 있도록 여러 가지로 분위기를 조성하고자 했다. 급기야 자신이 직접 학습의 모범을 보임으로써 교육의 효과를 높이려는 생각을 하기에까지 이른다. 그렇지만 배강에 대한 평가를 경솔히 하는 것은 수업의 의욕을 저하시킬 뿐 아니라 게으르고 교만한 마음이 생겨나도록 만든다고 판단하여 그 원칙을 굳게 지키고자 하였다.

2. 반복하여 많이 읽게 한다

한문을 학습함에 있어 피할 수 없는 방법으로 다독을 들 수 있다. 한문을 익히고자 한다면 많이 읽고 많이 듣는 것보다 더 훌륭한 학습법은 없다고 할 정도이다. 영조가 장헌세자를 교육하면서도 이 방법을 적극 권장하였다. 誦聰이 뛰어나 암기에 능했던 장헌세자는 겨우 10번을 읽으면 모두 기억하였다고 한다.[5] 그런데 이렇게 쉽게 외운 것은 또한 금방 잊어버리기 때문에 정해진 횟수만큼이라도 반드시 채워서 읽어야 한다는 논리였다.

> 신이 "평소에 몇 번 읽으면 외어집니까?" 하니, 답하기를, "열 번 읽으면 외어집니다." 하였습니다. 신이 또 "열 번 읽어 외어진다면 총명이 탁이함을 알 수 있습니다. 읽는 횟수는 몇 번으로 한정하였습니까?" 하니, 답하기를, "외어지면 멈춥니다." 하였습니다. 신이 이에 신이 어렸을 때의 일로 우러러 아뢰기를, "무릇 독서함에 다독을 하지

---

5) 상게서, 영조 23년(1747) 4월 24일, "上曰, 元良常時讀書時, 過十巡則似可外誦. 春坊官員進來, 鋪書算, 依書筵例勸讀十巡爲宜."

않고 외우는 정도로 그치면, 師長에게 不通을 받지는 않더라도 곧 망각되어 자기 소유가 되지는 못하였습니다. 그러나 100번이나 50번을 채운 경우는 문리가 발전함을 느낄 수 있었고 혹 지금까지 잊히지 않은 부분도 있습니다. 저하께서 독서함이 빈객과 궁료에게 不通을 받지 않기 위해서입니까? 아니면 일취월장하여 성인의 경지에 이르기 위해서입니까? 배워서 성인이 되고자 할진대, 어찌 열 번 읽음으로 그 효험을 기대할 수 있겠습니까. 융회관통하고 푹 익혀서 끝까지 잊지 않고자 함이라면 반드시 50번을 기준으로 삼아야 마땅합니다." 하였습니다.6)

영조는 장헌세자가 이미 또래에 비해 많이 자랐으므로 그만큼 학문하는 일도 서둘러야겠다고 생각했다. 그런데 정작 장헌세자는 외우는 재주를 타고나서인지 몇 번 읽어 그 내용을 외고 나면 더 읽지를 않아 문제가 되었다. 외우는 일도 중요하지만 반드시 푹 읽어서 한문의 생리가 체화되도록 하는 일이 더 중요하다고 믿고 있던 터이므로 다독하지 않는 장헌세자의 학습법은 마땅히 시정해야 할 대상으로 인식되었다.

내가 잠저에 있을 때는 주석까지 아울러 『소학』을 읽기를 100번을 하였고 承儲 뒤에도 『소학』을 강하면서 주석까지 아울러 읽었다. 하루 세 차례 문후하고 두 차례 강을 하느라 틈이 없다고 할 수 있었음

---

6) 상게서, 영조 20년(1744) 11월 3일, "臣達曰 '常時讀幾番則成誦乎?' 答曰 '讀十番則成誦矣.' 臣又達曰 '十讀成誦, 可認聰明之卓異, 而第讀數, 限以幾番乎?' 答曰 '成誦則止之矣.' 臣仍以臣兒時事仰達曰 '凡讀書, 若不之多讀, 而只取成誦, 則雖或免不通於師長, 旋卽忘却, 不爲己有. 若滿百番或五十番, 則文理自覺有進, 或有至今不忘處矣. 邸下讀書, 豈只爲免不通於賓客宮僚而已乎? 將欲日就月將, 以至於聖人之域乎? 果欲學而至於聖, 則是豈十數讀所可責效者乎? 如欲融貫浹洽, 終身不忘, 則必準五十番爲宜矣.'"

에도 오히려 50번을 채워 읽었다. 더구나 좋은 부분에 이르면 100번이나 200번까지 읽기도 했다.[7)]

그래서 책을 외운 뒤라도 반드시 정해진 횟수만큼은 읽도록 권하였다. 읽는 그 자체만으로도 이미 독서의 즐거움을 느낄 수 있는데 영조는 이점을 분명하게 인지하고 있었다. 물론 이는 소리 내어 읽는 성독이었기에 가능한 일이었다. 장헌세자가 읽는 행위의 즐거움을 미처 느끼지 못하고 마치 일을 하듯이 글을 읽기 때문에 그 결과로 독서에 싫증이 나게 되고 외우는 정도로만 읽고 그만두어 공부의 효과가 훨씬 적다고 영조는 판단하였다.

실제 당시의 학인들은 욕심을 내어 급하게 읽지도 않고 정해진 만큼을 일정하게 지속적으로 읽어야 득력할 수 있다고 믿었다. 장헌세자보다는 여섯 살 어렸던 靑莊館 李德懋(1741~1793)도 자신의 어릴 적 학습 방법에 대해 "일과를 정해 읽는 횟수와 시간을 배정하는 일을 넘나들어 불규칙하게 해서는 안 된다. 나는 어릴 적에 하루도 일과를 거른 적이 없다. 아침에 4,50줄을 배워서 50번을 읽었는데, 아침부터 저녁까지 다섯 차례로 나누어 한 차례에 열 번씩 읽었다."[8)]고 언급한 바 있다. 학습의 효과를 극대화하기 위해 읽는 분량, 횟수, 시간을 일정하게 유지하였음을 엿볼 수 있다.

---

7) 상게서, 영조 20년(1744) 11월 3일, "上曰, 予在潛邸時, 沒註讀小學至百番, 承儲後, 又講小學而沒註讀之. 三朝間候, 日再開講, 則可謂無隙, 而尙讀盡五十遍. 至於好處, 則或讀百番二百番矣. 書算之規, 上項所鑿, 例以五十番爲準, 而予則其上加鑿眉算兩箇, 以爲百番二百番之準矣."

8) 李德懋, 『士小節 · 童規』「敎習」, "課讀遍數排定時刻, 不可逾越使之參差. 余幼時, 未嘗一日闕課. 朝受四五十行, 讀五十遍, 自朝至暮分排五度, 一度十遍. 非疾病, 未嘗違舛. 功程恢恢, 而增長精神, 所讀之書, 至今猶記大旨."

3. 곁에서 타인의 讀書聲이 들려야 한다

한문 학습을 위해서는 주위에서 독서성이 들리도록 하는 일이 매우 효과가 있다고 영조는 생각하였다. 아울러 학습을 함께 할 동무가 있어야 학습의 재미를 지속적으로 느낄 수 있으며 공부의 욕구를 북돋우는 효과를 기대할 수 있다고 생각하였다. 이는 자신의 경험을 통해 확신을 갖게 된 것이었다.

> 사람은 보통 타인이 독서하는 소리를 들으면 독서하고 싶은 생각이 솟아난다. 九容齋가 환관들이 독서하던 곳에서 멀지 않아 나는 春邸에 있을 때에 그 도움을 많이 받았었다. 그러나 元良에게 어디에 이런 여건이 있는가. 또 아이에게는 함께 어울리고 함께 독서하는 무리가 있어야 자연스럽게 흥기할 수 있다. 그런데 지금은 그렇지 못하여 의관을 차려 입고서 독서만 하고 있다. 이는 아이에게는 대단히 괴로운 일이다.[9]

영조는 본인이 춘저에 있던 시절에 九容齋에서 글을 읽었는데, 근처에서 환관들의 독서하는 소리가 들려왔기 때문에 자신도 모르게 그 소리에 기대어 흥을 내어 글을 읽고 싶은 생각이 들었었다고 한다. 다른 사람의 독서하는 소리가 들리면 절로 독서하고 싶은 생각이 드는 것이 일반적인 심리인데, 영조는 자신의 체험을 통해 그 효과를 확신하고 있었다.

또한 동학들과 함께 어울리면서 독서하는 일이 매우 중요하다고 하였다. 여염의 아이들은 동학들과 어울리면서 자연스레 서로 경쟁하려

---

9) 『承政院日記』, 영조 20년(1744) 11월 4일, "凡人, 聞他人讀書聲, 則欲讀之心, 油然而出. 九容齋, 與宦官讀書處不遠, 故予在春邸時, 多有益時矣. 元良則豈有如此事乎. 且兒有同隊同讀之流, 則自有興起之道, 而此則不然, 束帶讀書, 自是兒輩大苦事."

는 마음이 생겨 분발하게 되지만 장헌세자의 경우는 의관을 차려 입고 깊은 궁궐 속에 처해있느라 내관의 독서하는 소리를 듣지 못할 뿐 아니라 동학들과 함께 어울릴 기회조차 가질 수 없게 되었다고 한다. 九容齋가 요절한 孝章世子의 講所로 사용되던 곳인지라 장헌세자는 이곳을 피하여 重書軒에 있었는데 워낙 깊숙한 곳이다 보니 내관의 독서성이 들리지 않았을 뿐 아니라 동학들과 어울릴 형편도 되지 못하였던 것이다.10)

여항의 자제들은 어릴 때부터 또래들과 어울려 경쟁 권면하고 본받아 따라하는 길이 열려 있지만 원량은 홀로 깊은 궁궐에 있어 함께하는 자가 閹寺뿐이다. 어찌 보고 느낄 데가 있겠는가. 게다가 때로 구속하여 마음 놓지 못하게 하니 싫증이 나는 것도 특이한 일이 아니다. 이어 승지에게 쓰도록 하여 전교하기를, "깊이 국사를 걱정하느라 피곤하고 어지러움에도 불구하고 깊은 밤에 講史함에는 그 의도하는 바가 있다. 한편으로는 장헌세자에게 身敎하고자 함이요 한편으로는 飭勵하는 계제로 삼으려 함이다."11)

동학들과 어울려 학문을 겨루며 즐길 수 있는 처지가 되지 못하였고 곁에서 타인의 독서성이 들리는 환경도 갖추지 못하였으므로 결국 학습의 동기 부여에 가장 효과적이라고 할 수 있는 두 가지 조건이 모두 장헌세자에게는 결여되어 있었다. 때문에 영조는 이 문제를 해

---

10) 상계서, 영조 20년(1744) 11월 3일, "上曰, 閭閻間兒輩, 則有同學追逐者, 故自然有相較之心興起之道, 而世子則無此路, 此最可憫. 子在春邸時, 或處九容齋, 有時聞內官讀書聲, 則欲讀之心, 隱然而出矣. 九容齋, 孝章講所, 故今則廢之. 此中重書軒則頗深邃, 內官讀書之聲, 亦無由聞之矣. 向使之頻爲召對者, 實有意也."

11) 상계서, 영조 20년(1744) 11월 3일, "且閭巷子弟, 則自其幼少, 同類追逐, 有競勸則效之道, 而元良則獨在深宮, 所與處者, 不過閹寺, 夫豈有觀感處乎. 時又拘束之, 使不得自放, 則其生厭心, 亦非異事矣. 仍命承旨書之, 傳曰'深慨國事, 氣憊眩作, 夜深講史, 意蓋在也. 一則以身敎世子也, 一則有欲爲飭勵之事也.'"

소하기 위해 그 하나의 방편으로 자주 장헌세자를 불러들여 소대를 열었다. 그러면서도 가능하면 장헌세자 본인이 스스로 독서의 즐거움을 깨닫게 만들기 위해 세심하게 배려하는 일을 게을리 하지 않았다. 이런 이유로 영조는 직접 밤낮으로 강론에 열심을 다하는 모습을 보여주고자 노력하였다.

4. 영조 자신이 모범을 보인다

앞에서 언급하였듯이 영조는 장헌세자의 자발적 학습을 유도하기 위해 세심한 배려를 아끼지 않았다. 이때 장헌세자의 교육을 위해 親敎의 방식이 아닌 身敎의 방식에 가장 심혈을 기울였다. 여기에서 親敎는 본인이 직접 교수자가 되어 자식을 가르치는 방식을 이르고, 身敎는 직접 가르치는 방식이 아니라 본인 스스로 학습에 매진하여 모범을 보임으로써 자식이 본받아 따라하도록 만드는 방식을 이른다. 영조는 身敎의 방식을 선호하였다.

> 내가 수시로 開講하면 보고 느끼도록 하는 하나의 방도가 될 수 있다. 부형이 호령하면서 독서를 권하면 읽으려 하지 않는 아이도 있다. 그러므로 以身敎之가 참으로 바람직하다. 다만 근래 독서하기 매우 힘든 형편이기도 하고 『심경』의 줄 수가 많아 읽기 어렵기에 지난번 법연에서는 절반만 읽었다. 그러나 세자가 이 모습을 보면 자기도 분량을 쪼개어 읽고 싶은 마음이 어찌 생기지 않겠는가. 이 때문에 『심경』으로 야대를 하고 『사기』로 소대를 하고 『주례』로 주대를 하고자 한다.[12]

---

12) 상게서, 영조 20년(1744) 11월 4일, "子若時時開講, 則庶爲觀感之一道. 父兄若號令勸讀, 則或有不讀之兒, 故以身敎之誠是矣. 然近來讀書甚難之中, 心經行多難讀, 故向日法筵, 折半讀之. 世子見此, 則亦豈無折讀之心乎. 是故欲以心經爲夜

영조는 직접 모범을 보이기 위해 수시로 강론의 장을 마련하였고 그 자리에 자주 장헌세자를 불러 동참하게 하였다. 동학들과 어울리지도 못하고 곁에서 독서성이 들리지도 않은 깊은 궐 안에 처해있는 장헌세자의 학업 성취를 위해 가장 현실적이고 효과적인 방안이라고 판단하였기에 영조는 본인의 어려움은 뒷전으로 하고 주대, 야대, 소대를 열어 직접 학문에 진력을 다하였던 것이다.13) "오늘 밤에 유신들을 추운 전각으로 부른 데에 어찌 다른 이유가 있겠는가. 身敎하고자 함이다. 내가 평소 木偶와 같은 사람이라서 세자와 자상하게 대화를 나눈 적은 없지만 말을 하면 반드시 효험은 있었다. 宮官들이 지금의 이런 뜻을 원량에게 말하면 반드시 느끼는 바가 있을 것이다."14) 라고 말하고 있는 영조의 모습에서 자식을 향한 아버지로서의 애달픈 정회가 느껴지고도 남음이 있다. 자식을 위한 영조의 아버지로서의 집념이 춥고 음습한 날씨에도 불구하고 한밤에까지 차가운 전각으로 유신들을 불러 기어이 하루의 일과를 거르지 않고 마칠 수 있도록 만들었던 것이다.15)

영조가 장헌세자의 교육에 큰 욕심을 보이면서도 성급하게 직접 가르치려 하지 않았던 큰 이유는 부자 사이의 恩義를 잃지 않기 위함이었다. 성급한 모습을 보인다면 자칫 부자간의 은의를 해칠 위험이 있었기 때문이었다. 선인들이 易子而敎之가 필요함을 누누이 역설하였

對, 以史記爲召對, 以周禮爲晝對."

13) 상계서, 영조 20년(1744) 11월 3일, "向來景賢堂晝講時, 使元良侍坐, 作勸學文, 而以言而敎, 終不若以身敎, 故半夜召對, 蓋以此也."

14) 상계서, 영조 20년(1744) 11월 3일, "今夜召儒臣於寒殿者, 豈有他哉. 蓋欲以身敎之意也. 子常時如木偶人, 未嘗與世子細言, 而苟有言則必有效. 宮官以今此之意, 言于元良, 則想必有起感之道矣."

15) 상계서, 영조 20년(1744) 11월 3일, "今日日候雖陰濕, 而子有以身敎之意, 故欲爲晝講而未果, 如遂不爲, 則非爲世子之本意, 故半夜召爾矣."

전통 시대 한문 학습법에 관한 일고찰 213

던 까닭도 여기에 있다. 영조는 일찍이 "나는 성질이 급하다. 원량을
親敎하지 않음은 恩을 해칠까 걱정해서이다."[16]라고 고백하고 있다.
자신의 급한 성질을 누그러뜨리면서 뒤에서 자식 몰래 배려하고자 하
였던 것이다. 결국 영조는 이런 따위의 이유로 인해 身敎의 방식이
최선이라고 생각하였고 이를 적극 실천하고자 하였다.

> 元良이 어렸을 때부터 나는 迎春花로 한 번이라도 매질한 적이 없었
> 거니와 지금 서연의 講規도 전에 없던 바이다. 어찌 일찍이 이처럼 서
> 산을 펴서 한정을 두어 읽도록 한 적이 있었던가. 그렇지만 내가 課勸
> 을 심하게 하지 않음은 부자의 사이는 恩을 주로 하기 때문이다. 경들
> 이 수시로 권면하기를 간절하게 해야 마땅하다.[17]

이는 1755년 4월 23일의 기록이다. 장헌세자가 21세가 되던 해이
다. 10세 이후로 벌써 10년이 넘게 흐른 뒤였다. 이때까지도 장헌세
자의 교육을 위한 영조의 교육열은 전혀 식지 않았음을 알 수 있다.
그 사이 10년이 흐르는 동안 영조는 결코 서두르지 않으면서 장헌세
자를 타이르고 이끌기 위해 최선을 다하였다. 내심 장헌세자에게 학
문에 부지런하도록 강하게 질책하고자 하는 욕심도 없지는 않아 보이
지만 영조는 그 방법이 결코 교육적이지 않다고 생각하였다. 장헌세
자에게 매질하지 않았다거나, 책 읽는 횟수를 지나치게 늘리지 않고
싫증나지 않을 만큼으로 한정하여 읽도록 한 것도 장헌세자가 자발적
으로 학습하도록 이끌기 위한 처방이었다.

---

16) 상게서, 영조 23년(1747) 10월 3일. "予性急矣, 不爲親敎元良者, 恐傷恩也."
17) 상게서, 영조 31년(1755) 4월 23일. "上曰 …… 元良自幼時, 予未嘗以迎春花一番
    撻之, 而今書筵講規, 前所未有也. 曾豈有開書算定限讀之之如此者乎. 然而予不甚
    課勸者, 以父子之間, 主恩故耳. 卿等, 須時時陳勉, 切至焉."

5. 지면 서술을 활용하여 교육의 효과를 높인다

11월 3일과 4일의 이틀 사이에 구체적으로 논의되었던 내용은 아니지만 영조가 세자의 교육을 위해 주목하였던 방식 하나를 더 제시하고자 한다. 바로 지면을 통해 훈계의 말을 전하는 방식이다. 영조 자신의 생각을 글로 적어 전하기도 하였고 고인의 격언을 발췌하여 책으로 엮어 전하기도 하였다. 또 이런 글들을 전한 뒤에 이에 대한 답변을 세자에게 요구하기도 하였다. 곧 지면을 통해 문답을 주고받고자 시도한 것이다. 1744년 9월에는 직접 지은「勸學文」을 첩으로 묶어 장헌세자에게 보이도록 하였는데,[18] 대면하여 훈계하다가 혹 은의를 상하게 될 수도 있기 때문에 이런 부담을 피하면서 자신의 분명한 의견을 전달하기 위한 방편이었다.

> 영조가 "내가 저술에 능하지는 못하지만 마음이 늘 원량에게 있는지라 實效의 유무를 불문하고 매번 이처럼 眷眷하는 것이다."하였다. …… 홍익삼이 "이는 원량을 身敎함 아님이 없습니다. 어찌 마음에 담아 體行하지 않을 수 있겠습니까?"하였다.[19]
> 영조가 "이번의 御題文字를 경들은 보았는가? …… 내가 곧 文이고 文이 곧 나이다. 원량이 훗날 이 文을 본다면 반드시 愀然히 나를 다시 본 듯이 여길 것이다."하니, 영의정이 "마음속에서 우러나온 文인지라 자연히 감동이 있을 것입니다."하였다.[20]

---

18) 상게서, 영조 20년(1744) 9월 11일, "上日 '此勸學文, 使侍講院官員, 一番讀告于東宮, 出而精寫, 如帖册之制, 而進之東宮, 可也.' 宗城日 '使賓客讀之, 事體好矣.' 上日 '可也.' 若魯, 進前讀而告之.'"

19) 상게서, 영조 22년(1746) 11월 8일, "上日 '予於著述, 非日能之, 而心常在於元良. 故不論實效之有無, 而每如是眷眷矣.' …… 益三日 '此莫非身敎元良, 豈不服念而體行乎?'"

20) 상게서, 영조 23년(1747) 6월 14일, "上日 '今番御題文字, 卿等見之乎? …… 我是

　위의 글에서 알 수 있듯이 영조는 문자 기록으로 자신의 의견을 남겨둠으로써 서서히 장헌세자의 변화를 유도하고자 하였다. 대면하여 훈계하였을 때는 혹 은의를 상하는 일이 발생할 수 있지만 문자 기록을 통하였을 때는 훨씬 곡진하면서도 감정이 다치지 않는 效果를 기대할 수 있었다. 또한 이 기록은 두고두고 곁에 남아 잔잔한 메아리처럼 지속적으로 세자의 심성을 움직일 수 있다는 장점이 있다. 문자 기록이 훨씬 장구한 교육의 방편이 될 수 있었기 때문에 영조는 자신의 교육적 소신과 세자에 대한 당부의 말을 여러 차례 지면에 남기었다. 1746년에 2권 분량으로 간행된 『自省編』도 이런 의도에서 비롯하여 발전한 결과물로서 순전히 원량의 교육을 목적으로 만들어진 대표적인 저술이다. 1749년에 지은 13쪽 분량의 『勤政訓諭』도 역시 마찬가지이다.

　그런데 영조는 자신의 글을 남겨두는 것으로 만족하지 않고 자신의 글에 대한 즉답을 역시 지면으로 제시하도록 세자에게 요구하기도 하였다. 세자의 답변을 통해 공부의 정도를 가늠해보고 싶었던 것이 영조의 생각이었다. 이에 대한 사례가 눈에 많이 띄지는 않지만 장헌세자가 20세 되던 1754년 6월 14일의 『승정원일기』 기사에서 이를 확인해볼 수 있다.

　　이 글은 괄목상대할 만하다. 지금 이런 물음에 위축되지 않고 이렇게 잘 지었으니 多氣함을 알 수 있다. 내가 이런 까닭에 더욱 勉飭하는 것이다. …… 이를 지을 때에 신속하게 지어내던가, 침잠하여 읊조리다가 지어내던가? …… 昭烈의 말을 인용한 부분에는 또한 大法이

文, 文是我也. 元良後日, 見此文, 則必怵然如復見我矣.' 領相曰 '流出心中之文, 自然感動矣.'"

있다. 내가 평소에 제술하는 일을 가르치지 않았음에도 지은 바가 이러하니 또한 능하다고 이를 만하다.[21]

영조는 「四勿箴」에 대한 자신의 의견을 적어 보내면서 세자에게 이와 관련한 실제의 경험을 예로 들어 답변하도록 요구하였다.[22] 아마도 이때 마침 세자에게 「四勿箴」의 훈계에 반하는 행동거지가 있었다고 판단하여, 이를 지적하기 위한 방편으로 이런 조치를 취했던 듯하다. 결국 잠시 뒤에 李壽鳳 등이 세자의 답장을 가지고 왔는데 이를 읽어본 영조는 만족스러운 얼굴빛으로 위와 같이 말한 것이다.

답변을 요구했던 표면적인 의도는 세자를 타이르는 데에 있었지만, 영조는 정작 세자의 답지를 받아들고서는 혹 춘방에서 윤색을 가하지는 않았느냐고 묻기까지 하면서[23] 세자의 작문 수준에 관심을 집중하고 있었다. 10년 전이었던 1744년 11월 3일에도 서연의 下番이었던 성천주가 전날 서연에서 세자가 자작시로 소개한 것을 영조에게 아뢰자 영조가 큰 관심을 보이더니[24] 다음날에는 대신들에게 자랑하기도

21) 상게서, 영조 30년(1754) 6월 14일, "上曰 '此作可謂刮目相對, 而今此設問之下, 不縮而能善作, 其多氣可見. 予以此之故, 尤加勉飭矣.' 壽鳳曰 '非後氣也, 心學誠高明矣.' 上曰 '製此之時, 速速呼之乎, 或沈吟書之乎?' 對曰 '初頭若有所思, 而呼寫之時, 連續如流, 亦無動意矣.' 上曰 '拖引昭烈語, 亦有大法. 予常時不以製述敎之, 而所作如此, 亦可謂能矣.'"
22) 상게서, 영조 30년(1754) 6월 14일, "上仍命承旨書敎曰 '…… 爾若一事非禮而視, 一事非禮而聽, 一事非禮而言, 一事非禮而動, 莫曰 「學淺, 焉敢踐行」, 實事以對. 予有見焉, 爾何欺乎. 其須實對, 無替予爲爾之心.' …… 上曰 '此書春坊持以傳之元良, 速受其所答文字, 更爲求對, 可矣.'"
23) 상게서, 영조 30년(1754) 6월 14일, "上曰 '此書春坊有潤色處乎?' 壽鳳曰 '東宮所製草本亦持來, 而臣等無容一辭之贊矣.'"
24) 상게서, 영조 20년(1744) 11월 3일, "上曰 '渠以爲自作乎?' 天柱曰 '東宮自作自書以示臣, 而仍命說書持去. 故臣方十襲珍藏矣.' 上曰 '氣象果好矣.' 天柱曰 '臣於其時, 以爲此詩氣象儘好, 而但月露吟詠, 非帝王家急務, 方當文理開明之際, 間間"

하였다.25) 문장에 빠짐은 경계되었지만 작문하는 능력은 마땅히 겸비해야 할 덕목이었을 뿐 아니라 학습 수준을 가늠할 수 있는 척도가 되기도 하였기에 세자의 수준이 어떠한지를 확인해보고자 답변을 요구했는데 기대 이상의 솜씨를 보이자 영조가 반색하고 나선 것이었다. 세자가 글 한편을 지은 것이 한 권의 글을 읽음보다 낫다는 채제공의 지적은, 지면 서술을 통해 학습 효과를 높일 수 있다는 긍정적 인식이 있었음을 보여준다.26)

Ⅲ. 수업 방식에 관한 몇 가지 쟁점들

앞 장에서 장헌세자의 교육을 위한 영조의 몇 가지 원칙적 제언에 대해 살펴보았다. 본 장에서는 논의를 달리하여 실제 수업의 과정에서 문제가 되었던 몇 가지 점들을 고찰해보기로 한다. 그 첫 번째는 受音의 절차와 釋義의 방식에 관해서이고, 두 번째는 聲讀의 원칙과 書算의 활용에 관해서이다. 이는 특별히 장헌세자 교육에 국한된 문제라기보다는 당시의 일반적 학습 과정에서 제기되었던 보편적 문제에 해당한다.

장헌세자의 경우 세자로서 서연을 하였던 기록들이 『장헌세자동궁일기』에 남아 있는데 장헌세자가 8세가 되던 1742년의 1월 26일부터 서연의 시행 여부가 取稟되었으며 그 다음날부터 서연이 시작되어 이

作行文爲宜, 仰達矣.' 上曰 '元良, 似姑不知綴文矣.'"

25) 상게서, 영조 20년(1744) 11월 4일, "上又曰 '卿等聞元良之詩乎?' 在魯等曰 '未有聞矣.' 上使筵臣誦而言之."

26) 상게서, 영조 30년(1754) 6월 14일, "上曰 '東宮此文, 春坊持去, 謄諸春坊日記, 可也.' 濟恭曰 '東宮作此一篇文, 勝讀一卷書矣.'"

후로 꼼꼼히 기록되기 시작하였다. 기존에도 서연이 없지는 않았으나 때를 거르면서 거의 제대로 시행되지 않다가 하루 전인 25일 밤 2경에 영조가 北道監賑御史 洪啓禧를 인견하는 자리에서 춘방의 上·下 番들에게 서연을 정상화하라는 명을 내렸기 때문이다.[27]

1. 受音의 절차와 釋義의 방식

경연과 서연은 크게 교수자의 受音과 釋義, 그리고 학습자의 背講과 聲讀이라는 요소로 이루어진다. 受音은 수업을 이르며 前受音과 新受音으로 나뉜다. 전수음은 전날에 수업한 바를 가리키며 신수음은 당일에 수업하는 바를 가리킨다. 장헌세자가 배강에서 착오가 있었음에도 통을 받아 문제가 되었음을 앞에서 알아보았는데, 이 배강은 바로 전수음에 대한 학습 정도를 확인하는 절차이다. 신수음을 학습할 때에는 교수자가 수업할 내용을 음으로 읽은 뒤에 다시 그 뜻을 풀이하여 설명하는 釋義의 과정을 거친다.

> 午初에 德成閣에서 주강을 하였다. 『동몽선습』을 강하여 '冬溫而夏淸'에서 '不敢私其財'까지 하였다. 좌빈객 이병상이 講讀하고 문학 이하종과 사서 이기언이 侍講하고 부솔 이현기가 入參하였다. ○上·下番은 그대로이다.[28]

---

27) 『莊獻世子東宮日記』, 임술(영조 18년, 1742) 정월 25일, "夏宗日 '…… 開筵事, 臣等方欲仰請矣. 聖上旣以當使開筵爲敎. 然則自明日爲始, 取稟乎? 從前開筵, 間間爲之, 故不無作輟之歎. 今則逐日取稟, 何如?' 上日 '自明日取稟, 而逐日取稟, 可也.'"; 『승정원일기』, 영조 18년(1742) 1월 25일 기사 참조.

28) 상게서, 임술(영조 18년, 1742) 정월 27일, "午初, 晝講于德成閣. 講童蒙先習, 自冬溫而夏淸, 止不敢私其財. 左賓客李秉常講讀, 文學李夏宗·司書李箕彦侍講, 副率李顯箕入參. ○上下番仍."

『장헌세자동궁일기』의 임술(영조 18년, 1742)년 정월 27일조에 실려 있는 서연의 기록이다. 기존에는 주로 巳初 二刻(오전 09시 15분)에 서연을 시작했으나 이날은 영조의 명에 따라 午初 初刻(오전 11시 00분)에 시작되어[29] 도합 33자 분량의 내용을 수업하였다. 매우 간략하게만 적혀 있는데, 이후로도 서연의 기록이 이와 크게 다르지 않아 장헌세자가 수업하였던 서연의 절차를 구체적으로 알기는 어려움이 있다. 서연에서 처음 수업이 시작되는 장면을 보여주는 다른 기록 하나를 보자. 아래는 왕위에 오르기 전의 세자로서의 정조가 1772년 5월 28일 묘시(05시~07시)에 이루어진 서연에서 『심경』을 수업하던 장면이다.

> 묘시에 서연에 들어가 『심경』을 강하였다. 동궁은 法服을 갖추어 입고 서쪽을 향하여 앉았으며, 賓客은 북쪽을 향하여 앉았다. 春坊의 上·下番과 나는 모두 동쪽을 향하여 앉되 남쪽(앉은 자리에서 오른편)을 상석으로 하였다. 부복한 채로 각자 강할 章을 펴고서 청강하였다. 동궁이 前受音 - 전일에 課讀한 것을 前受音이라 함 - 인 '不遠復章'을 강하여 마치자, 상번이 新受音 - 당일에 강하는 것을 新受音이라 함 - 인 '子絶四'에서 '固如此也'까지 강하였다. 읽기를 마치고 동궁이 또 한 번 읽었다. 상번이 드디어 文義를 해석하여 아뢰고 - 강하는 일은 모두 상번이 주장함 - 하번이 다시 대략 아뢰었다. 빈객 채제공이, "桂坊이 박식하고 들은 바가 많아 물을 만합니다."라고 아뢰니, 동궁이 문의를 아뢰라고 명하였다. 내가 부복하여 답하기를, "춘방의 강관이 문의를 자세하게 다 아뢰어 더는 아뢸 만한 점이 없으니 大義로써 말씀드려보겠습니다." ······ [30]

---

29) 상게서, 임술(영조 18년, 1742) 정월 27일, "入番達曰 '今日書筵爲之事, 令下矣. 時刻, 依前以巳初二刻爲之乎? 敢稟.' 答曰 '以午初初刻爲之.'"

30) 安鼎福, 『順菴集』 권16, 「壬辰桂坊日記」, "五月二十八日壬戌卯時, 入書筵講心

이 서연의 자리에서 수업은 먼저 정조가 전에 수업했던 내용, 곧 前受音을 읽는 것으로 시작되었다. 각 신하들이 입시하고 나자 학습자가 전에 수업한 내용을 한번 읽어 복습하는 절차를 수행한 것이다. 복습이 이루어져야 비로소 교수자가 당일에 배울 내용을 읽었으며 학습자가 그 내용을 되짚어 다시 읽는 식으로 진행되었다. 그런 뒤에 학습한 내용에 대해 상호 질의와 답변이 이루어진다. 이때 공부한 내용의 훈고 풀이와 문맥 이해뿐 아니라 일상의 사례를 통해 그 현실적 의미를 추론해봄으로써 그 의미를 活看하고자 노력하였다.

그런데 새로운 내용을 수업하기 전에 수업한 내용을 강하는 일은 반드시 거쳐야 하는 절차였다. 일찍이 현종 1년(1660)에 金壽興은 시독관으로서 일찍이 주강의 자리에서, 前受音을 한 번 강하는 것은 상례라고 말한 바 있다.[31] 당시 주강에서 몸이 편치 않은 현종에게, 前受音을 한 번 강하는 절차를 생략하지 않을 수 없겠다고 권유하면서도 굳이 병 때문이라는 단서를 분명히 하고 있다. 이는 특별한 사유가 없는 한 이 원칙이 꼭 지켜져야 한다는 인식이 발현된 것이다. 1718년 3월에 숙종도 소대에서 전수음을 읽는 일을 생략하자고 요청한 바 있었으나 소대에서 진강할 때에 임금이 먼저 前受音을 한번 읽은 뒤에 강관이 비로소 新受音을 읽음은 유래가 오래된 講規로서 결코 어길 수 없다고 주장하는 弼善 趙彦臣과 司書 魚有龍의 간청에 밀

經. 東宮具法服, 西向坐. 賓客北向坐, 春坊上下番及余俱東向南上, 俯伏各展所講章以聽. 東宮講前受音[前日課讀謂之前受音]不遠復章畢, 上番講新受音[當日所講謂之新受音]子絕四[止]固如此也. 讀畢, 東宮又讀一遍. 上番遂解釋文義以奏[講事皆上番主張], 下番又畧奏. 賓客蔡濟恭奏曰 '桂坊博識多聞, 可備顧問.' 東宮令奏文義, 臣俯伏而對曰 '春坊講官文義詳盡, 更無可奏者, 請以大義言之.' ……"

31) 『顯宗改修實錄』, 1년(1660) 11월 11일, "上御興政堂, 書講. 侍讀官金壽興曰 '前例書講時, 自上例講前受音一遍, 今則上候猶未快復, 不可盡如常規.' 上曰 '只講新受音.'"

려 결국 그 뜻을 이루지 못했었다.32)

이렇게 전에 수음한 부분을 한 번 강한 뒤에는 새로 수음할 곳을 익혀야 하는데 하루에 배우는 분량은 어느 정도였던가?

> 영조가 "원량이 하루에 읽는 분량은 몇 줄이나 되는가?" 하니, 김상철이 "『맹자』는 10여 줄이고 『통감』은 15줄 안팎입니다." 하였다. 영조가 "經書를 15줄로 하고 史記를 20줄로 하는 편이 좋을 듯하다." 하니, 김상철이 "경서의 줄 수는 적으나 사기의 줄 수는 많은 이유는 경서의 경우는 의리를 음미하여 궁구함을 위주로 하고 사기의 경우는 고금의 사변을 이해하는 한편 文理를 더욱 신장시키기 위한 것이기 때문입니다." 하였다.33)

장헌세자의 경우 기존에 『맹자』는 하루에 10여 줄씩을 배우고 『통감』은 15줄 안팎으로 배웠다고 한다. 그런데 이제 각각 5줄씩을 늘려 15줄과 20줄로 하는 편이 좋겠다고 영조가 지시하였다. 이 논의를 진행하고 있는 때는 1747년 10월 3일로 장헌세자가 13세가 되었을 때이다. 아마도 이제 세자의 나이도 많아졌고 한문에 대한 기본 소양도 조금은 더 갖추어졌다고 판단한 것 같다. 그럼에도 늘어난 양이 20줄을 넘지는 않았다. 한문 학습의 요점은 많은 양을 배움에 있지 않고

---

32) 『宮僚疏』(규장각 奎貴9898-v.1-5), 「戊戌三月十四日弼善趙彦臣司書魚有龍聯名上書」, "伏以召對進講時, 邸下讀前受音一遍之後, 講官始讀新音者, 乃是講規也. 日昨召對時, 遽下不讀前音之令, 未知邸下盛旨之何居, 而流來講規, 不可猝廢. 故臣等於今日召對入侍時, 以此意累次陳達, 而未承明白下答. 一向强請, 亦有所惶恐, 不得已㐌勉退出矣. …… 答曰覽書具悉爾等之言. 如此依前讀前受音, 而張數姑勿加定焉."

33) 『承政院日記』, 영조 23년(1747) 10월 3일, "上曰 '元良一日所讀, 爲幾行乎?' 尙喆曰 '孟子則十餘行, 通鑑則十五行上下矣.' 上曰 '經書則十五行, 史記則二十行, 似好矣.' 尙喆曰 '經書則行數小, 史記則行數多者, 經書則當以玩窮義理爲主, 史記則欲知古今事變, 具爲文理優長矣.'"

적은 분량을 꼼꼼하게 배워 여러 차례 반복하여 푹 읽는 데에 있었기 때문에 분량을 늘이는 일에 인색하였던 것이다.

이런 방식으로 보통 10세를 전후한 때에 『소학』과 『통감』을 먼저 배우는 것이 기본이었다. 그 사이에 입문서로서 『소학』 전에 『동몽선습』을 익히고 『통감』의 기초서로서 『십구사략』을 먼저 익히는 것이 일반적인 학습의 차례였던 듯하다. 이미 효종이 산림의 선비에게 빈사의 직책을 맡기고 세자의 교육을 정비한 이후로 현종, 숙종, 경종이 모두 이런 방식으로 학습하였다.[34] 숙종과 경종은 이런 환경 속에서 10세 때에 이미 『소학』을 완독하였고,[35] 장헌세자도 8세 때부터 『동몽선습』을 배우기 시작하여 『소학』으로 넘어갔으며 그 중간에 『십팔사략』을 배우기 시작하여[36] 『통감』으로 넘어갔다.[37]

수업을 진행함에 있어 또 하나의 큰 관건이 되었던 것은 懸吐이다. 장헌세자의 교육을 논하는 자리에서도 이 현토에 관해 몇 차례 언급

---

34) 상게서, 영조 20년(1744) 11월 3일, "天柱曰 '孝廟朝, 招延山林之士, 置之賓師之位, 講學規模, 最爲詳備, 而顯廟在春邸時, 小學畢講後, 書筵則繼講通鑑, 而小學畢講前, 以十九史略講之於召對. 蓋文理開明之道, 莫如通鑑, 而通鑑起自周烈王時, 故其前召對, 先講史略初卷者, 蓋欲知歷代次序也. 肅廟景廟在春宮時, 書筵召對皆遵此規, 已成殿下家法. 今亦當依此法爲之矣.' 上曰 '小學後, 繼講大學, 豈不急乎?' 天柱曰 '主於文理通暢, 故先講通鑑. 且大學爲急, 故講通鑑幾至十卷, 則以大學講之於書筵, 而通鑑未講之卷, 則繼講於召對, 三聖講學次第皆如此.'"

35) 상게서, 영조 20년(1744) 11월 3일, "天柱曰 …… 臣考見春坊日記, 則肅廟於庚戌九月十六日, 畢講小學. 景廟於丁丑六月初一日, 畢講小學. 庚戌卽肅廟十歲時, 丁丑卽景廟十歲時也. 邸下今年內畢講然後, 方可謂法祖宗矣."

36) 상게서, 영조 20년(1744) 12월 24일, "上命承旨書之曰 ' …… 書于史略之卷首, 勉飭元良. 歲甲子冬十二月下浣書.' 上曰 '元良方讀史略.'"

37) 상게서, 영조 21년(1745) 6월 14일, "學東曰 '東宮小學今幾畢講, 儀禮經典保傅篇繼講好矣.' 尙喆曰 '保傅篇非不好矣, 史記亦急矣. 依前定奪小學畢講後, 先講史略春秋戰國以上, 仍講通鑑, 然後可無首尾不相貫之歎矣.' 上曰 '所達是矣, 春坊官依此爲之, 可也.'"

된 바 있다. 사실 이전부터 국가에서 공식적으로 관각과 재야의 명망
있는 학자들에게 명하여 주요 전적에 주석을 붙이고 현토와 언해를
확정하였던 것은 경연과 서연에서 현토와 언해가 매우 유용하게 활용
되었기 때문이었다. 경연과 서연에서 학습할 교재에 대해서는 반드시
수업 전에 현토를 마련하였으며 이 현토를 바탕으로 수업이 진행되었
다. 이는 영조도 예외가 아니었다.

> 영조가 "『주례』는 이전에 經筵吐가 없었으니 이제 新吐를 달아야 하
> 지 않겠는가."하니, 윤동준이 "신은 新入이라 미처 보지 못했습니다."
> 하였다. 영조가 "진강할 책에 현토할 때에 이전에는 옥당에 모두 모이
> 는 전례가 있었지만 근래에는 이 규례가 폐지된 지 오래되었다. 이제
> 부터는 현토할 때에 전례대로 모두 모여 현토하도록 하라."하였다.[38]

> 영조가 "내일의 서연을 탈품하고 소대로 함이 좋을 듯하다. 『사략』
> 첫 권을 이미 懸吐하여 들였는가?"하니, 성천주가 "『사략』은 아직 미
> 처 현토하지 못하였습니다만 현토하는 일에 응당 4, 5일이 소요될 것
> 입니다."하였다.[39]

위는 영조가 본인이 주강에서 수업할 『주례』에 대해 기존에 經筵吐
가 만들어진 것이 없으므로 新吐를 정해야 함을 말한 것이다. 그러면
서 이전부터 진강할 책에 현토할 때에는 모두 옥당에 모여 작업한 전
례가 있으므로 그대로 하라고 명하고 있다. 수업하기 전에 懸吐를 붙

38) 상게서, 영조 20년(1744) 11월 3일, "上曰 '周禮初無經筵吐, 今當懸出新吐耶?'
東浚曰 '臣則新入未之及見矣.' 上曰 '進講冊懸吐時, 曾有玉堂一會之例. 近來此規
久廢, 今後則懸吐時, 依前例一會懸吐, 可也.'"
39) 상게서, 영조 20년(1744) 11월 3일, "上曰 '明日似是書筵頉稟, 以召對爲之似好.
史略初卷, 果已懸吐以入耶?' 天柱曰 '史略姑未及懸吐, 懸吐之役, 當費四五日.'"

여 수업의 효율을 높이고자 함이다. 그리고 아래는 장헌세자가 서연
에서 수업할 『사략』에 대해 현토를 붙이도록 하는 내용인데, 成天柱
는 미처 현토가 준비되지 못하였으나 4, 5일 안에는 일을 마칠 수 있
다고 답변하고 있다.

2. 聲讀의 원칙과 書算의 활용

학습자의 입장에서 수업을 진행함에 있어 또 중요한 문제로 되었던
것은 글을 읽음에 있어서 한자의 독음, 고저와 독성의 청탁이었다.
영조도 장헌세자에 대해 이 점들을 지적한 바 있다. 장헌세자의 교육
문제에 관한 영조의 관심은 참으로 집요하여서 경연의 강관들이나 춘
방 관원들과 더불어 이 문제를 의논하는 모습이 『승정원일기』의 곳곳
에서 아주 빈번하게 발견된다.

> 영조가 "동궁이 서연에서 강독함이 근래는 어떠한가?" 하니, 서종옥
> 이 "연일로 송독을 잘하고 있습니다." 하였다. 영조가 "경들이 出栍하
> 기를 너무 헐후하게 한다." 하니 서종옥이 "근래에도 한 차례 略을 주
> 었습니다. 나이가 아직 장성하지 못하여 언사가 익숙지 못해서 간혹
> 解答이 곡진하지 못하기는 하지만 誦讀이 從容하고 聲音이 淸亮하니
> 실로 臣民의 경사입니다." 하였다. 영조가 "날마다 몇 줄이나 수업하
> 는가?" 하니 서종옥이 "10여 줄까지는 할 수 있습니다." 하였다. 조현
> 명이 "분량이 과하면 싫증내기 쉬우니 조금 수업하고 자주 읽게 함이
> 좋겠습니다." 하였다.40)

---

40) 상게서, 영조 19년(1743) 4월 5일, "上曰 '東宮書筵講讀, 近又若何?' 宗玉曰 '連
日善誦讀矣.' 上曰 '卿等之出栍, 似是太歇矣.' 宗玉曰 '近間亦一番出略矣. 以年未
壯辭不達之故, 間或有解答不委曲處, 而誦讀從容, 聲音淸亮, 實臣民之慶也.' 上曰
'日授幾許行乎?' 宗玉曰 '能至十餘行矣.' 顯命曰 '若或過量, 則易生厭態, 小授而

　위는 영조가 1743년 4월 5일 午時에 熙政堂에서 입시한 신하들과 나눈 이야기이다. 영조가 신하들에게 근래 장헌세자가 강독하는 일이 어떠한지를 물으면서 배강에 대한 평가를 엄하게 하지 않는 점을 지적하고 나서자 서종옥이, 장헌세자가 언사가 서툴러 답변이 시원스럽지 못할 때가 있어 略을 주기도 한다면서 그래도 誦讀함이 從容하고 聲音이 淸亮하니 신민들의 경사라고까지 말하고 있다.

　서종옥이 이렇게까지 말한 데에는 연유한 바가 없지 않다. 영조가 관원들에게 번번이 묻는 것 중의 하나가 장헌세자의 글 읽는 소리였기 때문이다. 글 읽는 소리가 어떠한가에 따라 공부의 정도가 판단된다고 생각하였다. 일찍이 1727년 10월 3일에 趙泰億은 영조에게 孝章世子의 글 읽는 소리에 관하여 "신이 오늘 朝講에 참석하게 되어 書筵에 나가보니 왕세자의 聲音이 金石에서 나오는 듯하였고 講誦이 물 흐르는 듯하면서 音讀이 分明하였습니다. 또한 高下에 응답하는 데에 전혀 조금의 착오도 없었으니 이는 국가 만세의 복입니다."41)라고 말한 바 있다. 영조는 장헌세자뿐 아니라 그 이전에도 효장세자에 대해서도 그 글 읽는 소리가 어떠한지에 늘 관심을 두고 있었다. 그러므로 조태억도 위와 같이 답변하였던 것이다.

　　어제 世子가 胄筵하는 곳에서 글 읽는 소리가 들렸는데 聲音이 매우 高越하기에 춘방의 관원이 들어와 읽는 줄로 생각하였다. 그러나 내가 그곳을 지나면서 일부로 들여다보니 元良이 자리를 깔고 홀로 앉아 글을 읽고 있었다. 이는 淸城의 법을 사용한 것이다.42)

頻讀之可矣.'"

41) 상게서, 영조 3년(1727) 10월 3일, "泰億日, 臣今日爲參朝講, 進詣書筵, 則王世子 聲音, 若出金石, 講誦如流, 音讀分明, 應答高下, 一無所少錯, 此國家萬世之福也."
42) 상게서, 영조 24년(1748) 6월 6일, "上曰 …… 昨於世子胄筵處, 有讀書聲, 而聲

영조가 "元良이 매번 내 앞에서 글을 읽을 때면 성음이 반드시 低澁
했다. 그런데 근래 읽게 시키니 音韻이 매우 淸朗高暢하였다. 혹 새로
『중용』을 수업하여 새 책을 가져다 읽기 때문에 즐거워서 그런가?"하
니, 김선행이 "동궁이 大朝 앞에서 읽음에는 부복하여 읽느라 소리가
반드시 低澁하게 되니, 서연에서 앉아서 읽음에 弘朗하게 됨과는 같
지 않습니다."하였다. ⋯⋯ 이어, 서연에서는 성음이 매번 弘朗하냐고
하교하니 김선행이 그렇다고 답하였다. 김약로가 "만약 궁관이 고성
으로 進讀하고서 동궁에게 그 소리를 본받아 受音하도록 하면 좋을
듯합니다."하니, 영조가 "본받게 함도 방도가 되겠다."하였다.43)

위의 제시문은 영조가 1748년 6월 6일 辰時에 惜陰閣에서 입시한
신하들과 주고받은 이야기이고, 아래는 같은 해 9월 17일 辰時에 歡
慶殿에서 입시한 신하들과 주고받은 이야기이다. 영조가 장헌세자에
게 高聲으로 글 읽기를 기대하고 있음을 확인할 수 있다. 영조는 장헌
세자가 자신의 앞에서는 늘 긴장하여 낮고 작은 소리로 거칠게 글을
읽는다고 못마땅해 하고 있던 터였다. 그래서 밖에서 글 읽을 적에도
그러한지를 기회가 될 때마다 버릇처럼 묻고 있었다.44) 낮은 소리로
읽는 데에 맛이 있다고도 하고 마음이 있느냐가 문제이지 소리의 높
낮이는 관계없다고 신하들이 장헌세자를 두둔할 때마다 영조는 단호

音極高越. 故意謂春坊官員, 入來讀之矣. 子過其處故見之, 則元良獨坐鋪布讀書,
蓋用淸城之法矣."
43) 상계서, 영조 24년(1748) 9월 17일, "上曰 '元良每於子前讀書時, 聲必低澁矣. 近
日試敎進讀, 則音韻頗淸朗高暢, 或以其新受中庸, 故自喜新冊之取讀而然耶?' 善
行曰 '東宮於大朝前進讀時, 俯伏讀之, 故聲必低澁, 不如書筵時坐讀弘朗也.' 上曰
'元良講學, 稍勝於前矣.' 下敎曰 '書筵時聲音, 每每弘朗耶?' 善行曰 '然矣.' 若魯曰
'若使宮官, 高聲進讀, 而使東宮, 效其聲受音, 則亦似好矣.' 上曰 '效之亦有道矣.'"
44) 상계서, 영조 23년(1747) 10월 3일, "上曰, 元良聲微者, 憚我之前也. 在外讀書,
聲音亦如此低小乎?"

하게 결코 크게 읽는 것만큼 좋지는 못하다고 잘라 말하고 있다.45)

성독할 때에는 이 밖에도 기본적으로 고저와 장단을 맞추는 것과 음과 토를 정확하게 읽는 것이 요구되었다. 예컨대, 영조는 1725년 1월 13일의 소대에서 『통감강목』을 공부하던 중에 '周更定曆'의 '更'자가 어떤 의미로 쓰였는지를 확인하기 위해 그 音을 물었는데 강관이었던 洪鉉輔는 이를 平聲으로 읽어야 한다고 답변하고 있다.46) 이처럼 그 성조에 따라 고저와 장단을 구별하여 원문의 의미를 확정하는 장면은 進講하는 자리에서 빈번하게 발견된다.47) 또한 '有夏桀'의 '有'자를 連聲으로 읽어야 마땅하다는 식으로 문장의 호흡에 관해 문답하는 것도 성독과 관련하여 발견되는 장면의 하나이다.48) 이런 따위는 원문의 내용을 정확하게 이해하면서 읽어야만 어긋나지 않을 수 있는 것들이다. 그러므로 이를 달리 말하면, 크고 낭랑하게 소리 내어 읽어야 할 뿐 아니라 반드시 원문의 의미를 정확하게 이해하고 음미하면서 읽어야 한다는 요구로 보아도 틀리지 않을 듯하다.

영조가 글을 읽는 문제와 함께 여러 차례 강조한 것은 서산을 활용하는 일이었다. 장헌세자가 외는 일을 잘하여 몇 번을 읽어서 외고 나면 더 이상 읽으려 하지 않는다는 소리를 들은 영조가 '이 때문에 내가, 書算을 펴놓고 읽어야 좋다고 하는 것'49)이라고 타개책을 제시

---

45) 상게서, 영조 22년(1746) 11월 8일, "上曰 '元良不以看文爲難, 而以讀爲難, 似是高聲之致也. 承旨以低聲讀書爲有味, 而終不如大讀之爲愈矣.' 明履曰 '只在存心與否, 而不在聲音之高低也.'"

46) 상게서, 영조 원년(1725) 1월 13일, "上曰 '周更定曆之更字, 何音讀之乎?' 鉉輔曰 '當平聲讀之矣.'"

47) 상게서, 숙종 원년(1675) 2월 26일, "權愈進講綱目, 自四年蜀相殺蜀侯, 止秦魏會于臨晉, 讀一遍訖. 上受而讀之, 至易黔中地, 李夏鎭曰 '黔字平聲, 當低聲讀之.' ……夏鎭曰 '聞字, 作去聲讀宜矣.'"

48) 상게서, 숙종 5년(1679) 10월 20일, "有夏桀, 有字, 當連聲讀之也."

한 바 있다.

> 대저 書算을 펴고 책을 읽는 것이 천하의 滋味인데 東宮은 아직 알
> 지 못한다. 근래 들으니, 世子가 매번 그날에 읽지 않고 中官과 약속
> 하여 날이 밝은 뒤 某時에 깨우도록 하여 꼭 촛불을 켜고 읽는다고 한
> 다. 이는 아무래도 讀書를 大役으로 여겨서이니, 재미를 느끼지 못한
> 결과이다. 재미를 알아야 厭心이 생기지 않을 수 있다.[50]

독서를 지속적으로 하기 위해서는 역시 재미를 느끼게 하는 것이
중요한데, 영조는 서산을 넘기며 책을 소리 내어 읽는다면 천하의 재
미를 느낄 수 있다고 생각하였던 것이다. 장헌세자에게 誦聰이 있음
이 나쁜 일은 아니겠으나 도리어 이로 인해 익숙하게 푹 읽지를 않았
으므로 문제가 되었던 것이고 이를 타개할 방편으로서 영조가 제시한
것이 바로 서산을 활용이었다. 이런 이유로 선인들이 독서하던 자리
에는 반드시 서산이 놓여있을 수밖에 없었다.

書算은 책을 읽은 횟수를 헤아리기 위해 제작된 일종의 종이 계산
기로 算表 또는 書數라는 말로도 불렸다. 혹 이를 장만하기 위해 많은
공을 들이는 경우도 있었겠지만 대개는 종이를 이용해서 간단하게 만
들 수 있었으므로 독서하는 선비라면 누구나 가질 수 있었고 그만큼
많이 활용되었다. 독서와 서산은 늘 함께 하였기에 서산을 보고 그
주인의 독서 정도를 가늠하는 것도 가능하였다. 일찍이 정경세는 인
조가 읽던 서책 속에서 손때가 타 낡아진 서산을 발견하고 임금의 독

---

49) 상계서, 영조 20년(1744) 11월 4일, "聞中官言, 則元良有誦聰, 已誦則不讀云. 故
子謂展書算, 而讀之爲好云矣."

50) 상계서, 영조 20년(1744) 11월 3일, "大抵展書算而讀書, 是天下滋味, 東宮則姑
未知耳. 近聞世子, 每於其日不讀, 而約束中官, 使之曉後某時覺睡, 必燃燭而讀
云. 此則似以讀書爲大役, 蓋其不知滋味之致也. 知滋味然後, 方可無厭心矣."

서력에 감탄한 바 있다.51) 또 정조가 읽던 『주역』 속에서 종이가 부풀어 너덜너덜해진 서산을 발견한 신하들이 그 정렬적인 독서력에 감탄해 마지않았던 적도 있다.52)

물론 이 서산이 가벼운 독서에 쓰이는 경우는 없었다. 이를 써서 독서했다함은 곧 심신을 가다듬고 단정하게 앉아 소리 내어 숙독했음을 의미한다. 東洲 李敏求(1589~1670)는 白湖 尹鑴(1617~1680)의 문장에 대해 서산을 펴고 읽을 만하지 않은 데가 없다고 칭찬했다.53) 백호의 글이 훌륭하여 법이 될 만하므로 함부로 읽어서는 안 되고 경건하게 읽지 않을 수 없다는 말인데 서산을 사용하는지의 여부가 그 기준으로 제시된 것이다. 또 1775년에 동궁이었던 정조가 湛軒 洪大容(1731~1783)에게 불경을 읽은 적이 있느냐고 묻자 담헌은, 『능엄경』이나 『원각경』 같은 불경들을 젊은 시절에 대략 보기는 했지만 선비로서 서산을 두고 불경을 읽은 자가 있다는 말은 들은 바 없노라고 말하고 있다.54) 불경을 경시하였던 당시의 세태가 반영되기도 하였지만, 이는 선비로서 불경을 본격적 독서의 대상으로 삼는 자가 없음을 피력한 말로 이해할 수 있다. 가벼운 독서를 위해 서산을 사용하지 않았다는 것이다. 연암 박지원은 「原士」라는 글에서, 서산을 두어 횟수를 표하되 마음에 차면 헤아리고 마음에 차지 않으면 헤아리지 않

---

51) 『顯宗實錄』, 9년(1668) 12월 16일.

52) 正祖, 『弘齋全書』 권164, 「日得錄·文學四」, "丙辰冬, 下新印三經四書大全于內閣, 選明經文臣十人, 校準其口讀. 惟周易繫辭一卷未下, 過十餘日請出始下, 展卷而得書籌, 紙毛鬆然. 諸臣遞相奉翫曰 '萬幾之暇, 輪讀經書, 聖學之緝熙, 如此其摯也.' …… [檢校待敎臣徐有榘丙辰錄]"

53) 尹鑴, 『국역白湖全書』 부록2, 「行狀」, "公少嘗受書於東洲李公敏求, 東洲公嘗稱曰 '某之文, 無非展算可讀者.'"

54) 洪大容, 『湛軒書·內集』 권2, 「桂坊日記」, "八月二十六日召對 …… 臣曰, 楞嚴圓覺諸經, 亦少時略覽, 而但爲士者未聞有立算讀之者也."

는다고 말한 바 있다.[55] 곧 서산을 펴는 순간 읽는다는 행위는 그 자체로서 이미 경건한 하나의 의식처럼 변하여 허투루 할 수 없는 일이 되었던 것이었다.

전통 시대 선인들의 공부법은 현재 우리들의 방법과는 매우 달랐거니와 선인들의 한문 학습에 있어서 서산이란 필수적으로 갖추어야 했던 물건이자 경건함을 지켜주는 의식의 도구로서 인식되었다.

Ⅳ. 맺음말

이상으로 영조의 장헌세자 교육에 관한 몇 가지 문제들을 살펴보았다. 그런데 본고에서 논의된 문제들은 장헌세자의 경우에만 국한되어 있는 것들은 아니다. 본고에서 논의된 범위를 조금만 더 확장시켜보면 결국에는 선인들이 오랜 세월 동안 시행착오를 거쳐 축적해둔 교수 학습의 경험과 그 핵심 정보들을 확인하는 작업으로 맥락이 이어질 수 있다. 본고는 이런 문제의식이 바탕이 되어 작성되었다. 전통 시대의 학문 방식은 비록 근대 이후로 제도권 교육에서 소외되어 발전적으로 계승되지는 못하였지만 그럼에도 그 실체가 완전히 사라지지는 않았다. 우리 사회 집단의 기억 속에 여전히 유전되고 있으며 많은 문헌 자료 속에서도 역시 생생하게 그 장면의 조각들이 전해지고 있다. 그렇다면 한문 학습에 있어서는 이런 축적된 역사 경험들을 통해 우리가 나아갈 방향을 모색해볼 수 있으리라 생각한다. 이것이 우리 시대의 과제로 여전히 남겨져 있는 만큼 좀 더 심도 있는 연구가

---

55) 朴趾源, 『燕巖集』 권10, 「罨畫溪蒐逸·原士」, "立算紀遍, 意入開算, 意不入, 不開算."

이어지기를 기대한다.

참고문헌

承政院, 『承政院日記』

實錄廳, 『顯宗實錄』

實錄廳, 『顯宗改修實錄』

侍講院, 『莊獻世子東宮日記』, 규장각 奎12837-v.1-30

편자미상, 『宮僚疏』, 규장각 奎貴9898-v.1-5.

朴趾源, 『燕巖集』, 『한국문집총간』 252, 한국고전번역원.

安鼎福, 『順菴集』, 『한국문집총간』 230, 한국고전번역원.

尹鑴, 『국역白湖全書』, 『고전국역총서』 288, 한국고전번역원.

李德懋, 『士小節·童規』(『靑莊館全書』 卷31), 『한국문집총간』257, 한국고전번역원.

正祖, 『弘齋全書』, 『한국문집총간』 267, 한국고전번역원.

洪大容, 『湛軒書·內集』, 『한국문집총간』 248, 한국고전번역원.

이 글은 『漢文敎育硏究』 제31호(韓國漢文敎育學會, 2008)에 수록한 논문을 재수록한 것이다.

동궁일기를 통해 본 17세기 세자의 교육

-『소현동궁일기』부터 『숙종춘방일기』까지를 중심으로

金南基

I. 머리말

현재 규장각한국학연구원(이하 규장각으로 약칭)에는 昭顯世子부터 純宗까지 세자 내지 세손 관련 동궁일기 40종 566책이 소장되어 있는데, 그 현황은 말미 부록에 표로 제시한다.[1] 조선시대에 세자 및 세손 관련 교육 기관으로는 輔養廳·講學廳·侍講院·講書院 등이 있었는데, 당대 최고의 지식인 집단이 장차 왕위를 물려받을 왕세자 내지 왕세손에 대한 보양과 교육을 담당하였다. 동궁일기 등에는 왕세자의 성장과 교육은 물론이고 冠禮·册禮·入學禮·相見禮 등의 각종 의례, 시강원 관제의 정비와 변천 양상, 시강원 관원의 任免, 시강원 도서의 확충과 정비, 당시의 중요한 정치적 사건, 病歷과 치료 방법, 천문 현상, 代理聽政 등의 내용이 망라되어 있다. 이 중에서도 특히

---

1) 소현세자부터 진종까지의 경우 학술진흥재단의 지원을 받아 수행한 사업성과를 반영하여 결권, 낙장, 파손 여부 등을 비고란에 적었다. 그러나 장조[사도세자] 이하 동궁일기는 규장각 도서 해제를 참조하여 작성하였기 때문에 결권, 낙장, 제책의 오류 등이 일부 있을 수 있다. 향후 이에 대한 작업이 필요하다.

세자 내지 세손의 교육과 관련된 제반 사항의 다양한 정보를 풍부하게 담고 있어 이에 대한 구체적 실상을 살필 수 있는 기초 사료이다.

이처럼 중요한 가치를 지니고 있음에도 불구하고 그동안 연구 과정에 적극적으로 활용되지 못했다. 70~80% 정도가 행·초서로 기록되어 있는 자료의 특성상 판독과 해석이 어려워 연구자들이 쉽게 접근하지 못한 측면도 있고, 아울러 그 분량이 566책에 달하는 방대한 양이어서 개인 연구자가 이 자료들을 치밀하게 살피고 뛰어난 연구 성과를 내는 데는 한계가 있었다. 이러한 측면 때문에 왕세자와 관련된 주제의 연구 논문, 왕실 관련 주제에 대한 논저조차도 대부분『朝鮮王朝實錄』,『侍講院志』,『承政院日記』등의 자료에 근거하여 동궁일기를 충분히 활용하지 못하였다.2) 규장각에서는 2005년 9월부터 3년 동안 한국학술진흥재단의 지원을 받아 왕세자 관련 관청일기류 자료의 원문 탈초 및 입력, 역주사업을 진행하여 소현세자, 효종, 현종, 숙종, 경종, 영조, 진종 등 7명 세자(세손 포함)의 일기 입력과 역주 작업을 마무리하고 이미 일부를 출판하고 나머지는 출판 준비 중에 있으며, 동시에 3차례에 걸쳐 연구 결과를 발표하고『奎章閣』에 게재하기도 하였다.3)

---

2) 세자의 교육과 관련되어 많은 논저가 이미 나와 있는데, 김문식·김정호의『조선의 왕세자 교육』(김영사, 2003)과 육수화의「朝鮮後期 王室敎育 硏究」(한국학중앙연구원 한국학대학원 박사학위논문, 2007)은 전반적인 상황을 이해하는 개론서로 매우 유용하다.

3) 1차년도~3차년도의 학술발표 논문으로는 김남기의「『소현동궁일기』-교육의 실제와 도서 정비 과정」(『규장각』29, 서울대학교 규장각한국학연구원, 2006.), 김남윤의「『瀋陽日記』와 昭顯世子의 볼모살이」(『규장각』29, 서울대학교 규장각한국학연구원, 2006.), 성당제의「丁卯胡亂時 昭顯分朝와 世子의 役割-『昭顯分朝日記』를 중심으로」(『규장각』31, 서울대학교 규장각한국학연구원, 2007.), 김종덕의「소현세자 병증과 치료에 대한 연구」(『규장각』31, 서울대학교 규장각한국학연구원, 2007.), 김종수의「『孝宗東宮日記』를 통해 본 書筵 양상」(『규장각』31,

　본 논문에서는 위의 선행 연구 성과 등을 바탕으로 하여 조선후기
의 동궁일기 중에서 소현세자·효종·현종·숙종의 일기를 중심으로
하여 17세기 세자와 세손의 교육 관련 기록을 검토하고자 한다.4) 경
종의 경우 동궁일기의 기록이 18세기 전반까지 걸쳐 있고, 33책 중에
서 17책이나 缺冊되어 있어 본 논의에서는 본격적으로 다루지 않는
다. 단『경종동궁일기』의 경우 경종이 학습한 도서 및 별책으로 되어
있는『경종보양청일기』는 논의에 포함한다. 논의는 세자와 세손의 교
육과 관련된 다양한 기록 중에서 특히 講規의 정비와 서연의 실제를
중심으로 하되 사부·빈객과의 상견례 및 진강에 참여하는 관원, 진
강 책자의 문의와 결정, 현토와 구두의 교정 및 書入, 진강 방식(법강
과 소대, 야대 등), 진강한 책자, 朝講禮와 會講禮의 절차와 진행 양상,
책거리 의식과 시상 내역 등도 아울러 고찰하고자 한다.

　서울대학교 규장각한국학연구원, 2007.), 김은정의 「『顯宗講書院日記』와『顯宗
東宮日記』연구─왕실 교육의 실상과 변화」(『규장각』31, 서울대학교 규장각한국
학연구원, 2007.), 신하령의 「『瀋陽日記』譯註 작업 과정에 대한 검토」(『규장각』
31, 서울대학교 규장각한국학연구원, 2007.), 김은정, 「『肅宗講學廳日記』를 통해
본 元子 보양 및 교육의 실상과 의미」(『규장각』33, 서울대학교 규장각한국학연구
원, 2008), 주기평, 「『肅宗春坊日記』에 나타난 숙종의 세자 생활」(『규장각』33,
서울대학교 규장각한국학연구원, 2008), 노관범, 「『英祖東宮日記』로 보는 王世弟
의 書筵과 微時政治」(『규장각』33, 서울대학교 규장각한국학연구원, 2008), 신하
령, 「『眞宗東宮日記』─孝章世子의 생전과 사후의 기록」(『규장각』33, 서울대학교
규장각한국학연구원, 2008) 등이 있다.
4) 본 논문 중 소현세자 관련 기록은 필자의 「『소현동궁일기』─교육의 실제와 도서
정비 과정」(『奎章閣』29, 서울대학교 규장각한국학연구원, 2006, 23~42면)에 실
린 논문을 부분 수정·보완하고, 일부 내용을 추가한 「『소현동궁일기』 해제」(규장
각소장동궁일기역주총서『역주소현동궁일기』, 민속원, 2008)를 많이 참조하였다.

Ⅱ. 講規의 정비와 서연의 실제

정조 연간에 간행한『侍講院志』는 시강원의 편제와 역대 사적 등을 망라하고 있어 세자와 세손의 교육을 고찰하는데 필수적인 자료이다. 여기에는 시강원의 官制, 講規, 相見禮, 藏書는 물론이고 睿學과 講義 의 주요 내용, 임금이 親臨聽講하거나 聖諭·御製를 내린 것 등이 망라되어 있다. 세자와 세손(원자와 원손)은 보통 4세 무렵부터 講學廳 에서『千字文』,『類合』,『童蒙先習』,『擊蒙要訣』,『孝經』,『小學』등을 학습하고 이후『大學』,『論語』,『孟子』,『中庸』,『詩傳』,『書傳』 등을 배우게 된다. 아울러『十九史略』,『通鑑節要』등의 史書도 학습한다. 일반적으로 강의는 法講(朝講·晝講·夕講)과 召對·夜對, 會講 등을 통하여 이루어진다.

본 장에서는 세자 교육 및 官制 등의 일반적인 내용은 피하고, 세자의 교육 절차와 내용 등을 중심으로 고찰한다. 다만 관제 내지 講規 등이『시강원지』와 다르거나『시강원지』에 수록되어 있지 않은 부분 몇 가지를 지적하고자 한다.

첫 번째로 法講과 召對·夜對 때의 진강 책자 문제이다. 보통 법강에는 四書三經 등의 경전을, 소대와 야대에는 史書와 子部를 진강하는 것이 일반적인 관례이다. 소현세자·효종·현종·숙종의 경우에도 경전류는 주강과 석강 등의 법강에서 강학하였다. 그러나 사서인『통감절요』와『십구사략』등의 경우도 아주 일부를 제외하고는 주강 내지 석강으로 실시하였고,『소학집주』의 경우에도 주강은 물론이고 소대·야대와 석강을 번갈아가면서 실시하고 있다. 소현세자의 경우를 예로 들면『소학』은 1625년과 1626년에 총 217회에 걸쳐 서연이 이루어졌는데, 소대 총 75회,[5] 야대 4회였다. 그리고『사략』은 1627년 2월 16일,『효

경대의』는 1635년 10월 13일과 11월 3일에 소대가 이루어졌다. 또한
『대학』의 경우도 1625년 10월의 세자 입학례 준비를 위하여 주강을
하던 도중인 9월 28일과 29일, 10월 11일에 소대를 실시하였다. 한편
야대의 경우 1626년 12월 22일 『대학』, 1627년 12월 25일 『논어』,
1628년 11월 20일 『사략』, 1629년 2월 14일 『사략』, 9월 10일 『맹자』,
12월 3일 『사략』, 1630년 1월 25일과 9월 21일에 『숙흥야매잠』, 12월
16일에 『서명』, 1631년 10월 26일, 11월 3일, 11월 13일에 『서명』, 윤11
월 16일에 『효경대의』, 1633년 11월 16일에 『주자서절요』, 1634년 윤8
월 5일에 『효경대의』, 10월 21일에 『서전』, 11월 3일에 『효경대의』를
진강하였다. 이상에서 살펴보았듯이 『소학』과 『사략』 등의 자부와 사
서의 경우 일부 소대와 야대로 진강하기도 하였지만 대부분은 주강으
로 진행되었다. 또한 『대학』, 『논어』, 『맹자』 같은 경전류도 소대와
야대로 강의가 이루어지기도 하였다. 이것은 소현세자는 물론이고 효
종·현종·숙종·경종·영조·진종 등의 진강 책자와 강의 진행 방식을
검토한 결과도 이와 거의 유사하다. 이를 통해 볼 때 17세기와 18세기
전반에는 법강과 소대·야대 등에서 진강하던 책자가 엄밀하게 구분되
지 않았음을 알 수 있다. 따라서 향후 사도세자·정조 이후 18세기 중반
부터 20세기 초반까지의 서연을 종합적으로 검토해야 서연의 진강 방
식과 책자와의 상관성이 밝혀질 것으로 생각한다.

  둘째로, 朝講과 晝講의 문제이다. 『소현동궁일기』에는 입번이 '明
日書筵取稟'이라고 여쭐 때 세자가 '晝講爲之'라고 했을 경우 실제로

---

5) 『소학』 소대는 1625년 5월 4회, 8월 12회, 9월 11회, 10월 4회, 1626년 4월 25회,
   5월 9회였고, 야대는 1625년 8월 6일, 9월 24일, 11월 10일, 12월 17일 등 4회였
   다. 그러나 1626년 4월과 5월의 소대는 계운궁의 흥서와 장례 절차 과정상 서연의
   주강을 소대로 호칭만 바꾸었던 것이다. 따라서 실제로 소대의 형식으로 이루어진
   것은 41회에 불과하다.

서연이 이루어지는 시간은 보통 卯正이나 辰正(또는 묘시와 진시)이다.
조강은 묘정(6시)이나 진정(8시)에, 주강은 午時 무렵에 행하는 것이
관례였다고 한다. 이를 따른다면 아침에 할 경우 '朝講爲之'라고 답해
야 하나 실제로는 모두 '晝講爲之'라고 하고 있다. 그리고『소현동궁
일기』의 경우 午時에 주강을 한 경우는 1633년 3월 4일『통감』을 진
강한 것이 유일하다. 또한 주강은 아니지만 1627년 2월 16일 오시에
소대에서『사략』을 진강한 경우가 한 번 있다. 그렇다면 소현세자 당
시에는 三講 중에서 朝講과 晝講은 晝講으로 통칭되고, 夕講만 독립
된 것으로 판단된다. 이러한 현상은 효종·현종·숙종·경종·영조·
진종까지 지속되었다. 따라서 이 이후의 서연 진행 과정을 검토하면
제도의 변화 양상을 도출해낼 수 있을 것이다.

세 번째로 앞의 朝講과 관련된 朝講禮의 문제이다. 조강례는 앞서
언급한 주강(시간상으로는 조강)과 동일한 시간에 행해졌다. 그런데 강
의를 기록하는 방식 및 참여하는 관원에서 큰 차이가 있다. 즉 주로
묘정과 진정에 행한 주강에는 상번 1인과 하번 1인이 참여하였고, 강의
내용 기록도 "묘시 정각에 필선 오준(吳竣)과 설서 오전(吳竱)이 입시하
여『통감(通鑑)』의 '항왕수패천하(項王雖覇天下)'부터 '진민막애야(秦民
莫愛也)'까지 강하였다."6)라고 하여 참석 관원과 진강 부분만 간략히
기술하고 있다. 이와 달리 조강례에서는 빈객 이하 관원이 참여하여
진강을 하고, 세자가 이전부터 지금까지 배웠던 해당 도서 부분에 대하
여 세자와 빈객 등이 질의·응답한 내용이 상세하게 실려 있다.7)

---

6)『소현동궁일기』제1책 1625년 8월 7일(계미) 기사. "卯正, 弼善吳竣·說書吳竱
入侍, 講通鑑, 自項王雖覇天下, 止秦民莫愛也."
7) 다만『심양일기』1639년 8월 3일, 1641년 8월 5일, 1643년 4월 5일의 조강례
부분에는 질의·응답한 내용이 실려 있지 않다.

넷째로 진강 책자 문제이다. 『통감』을 진강한다고 할 때 실제로 사용한 책자는 『통감절요』이다. 그런데 『통감절요』는 江贄가 찬한 『少微通鑑節要』와 史炤가 音釋하고 王逢이 輯義한 『少微家塾點校附音通鑑節要』 2종이 있다. 2종의 책 중에서 서연 등에서 진강한 책자는 『소미가숙점교부음통감절요』이다. 이 책에는 현재 유통되는 영인본인 『소미통감절요』에 나오지 않는 訓釋과 新增 등이 추가되어 있다. 예를 들면 胡氏曰, 林氏曰, 尹氏曰, 李舜臣曰 등이 追錄되어 있으므로 동궁일기의 진강 책자를 살필 때에는 주의하여 보아야 한다. 그리고 『소현동궁일기』 진강 책자의 경우 『사략』은 『십구사략』, 『소학』은 『소학집주』, 『효경』은 『효경대의』, 『논어』는 『논어집주』, 『맹자』는 『맹자집주』, 『대학』은 『대학장구』, 『중용』은 『중용장구』이다. 이것은 소현세자 이후 진종까지의 경우에도 동일하다.

다섯째로 용어와 관련한 부분이다. 세자의 진강은 書筵으로 통칭된다. 그런데 서연이 아닌 召對로 낮추어 부른 경우도 있다. 1626년 2월 28일에 소현세자는 "졸곡 전에 서연을 어찌할지 여쭐 때에는 召對로 칭하도록 하라(下令曰, 卒哭前, 書筵取稟, 以召對稱之.)"고 하령하였다. 이후에는 '入番達曰, 明日召對取稟. 答曰, 晝講爲之'라 하여 소대라고 일컫다가 계운궁의 졸곡이 끝난 뒤 5월 28일에 졸곡이 끝났으니 소대를 서연으로 바꾸라고 청하자 이를 허락하였다.

여섯째로 세자가 공부한 도서를 몇 번 반복하여 학습하는가의 문제이다. 소현세자의 경우 강학한 내용을 보통 50여 차례 송독하였는데, 사부빈객들은 세자에게 최소한 100번은 읽으라고 권하였다. 1628년 10월 2일 조강례에서 좌빈객 金尙容이 세자에게 강학한 책을 몇 번 읽느냐고 질문하자 세자는 30번을 읽는다고 답하였다. 그러자 김상용은 반드시 백 번 넘게 읽은 뒤에야 통달하게 될 것이라고 말하였다.

1629년 1월 20일 조강례에서 우부빈객 장유가 세자에게 평상시 새로 배운 내용은 날마다 몇 차례 열독하고 전에 배운 것을 숙독할 때 몇 차례 열독하느냐고 묻자, 세자가 새로 배운 것은 30여 차례 읽고 전에 배운 것은 20여 차례 읽는다고 답하였다. 장유는 세자에게 읽는 횟수를 배로 하라고 진언하였다. 1629년 윤4월 2일 회강례에서 부 김류 등이 세자와 문답한 다음의 내용도 앞서의 논의와 같다.

> 김류가 말하였다.
> "지금 저하께서 읽는 바를 보건대 大義를 훤히 알아 많이 진보하였음을 볼 수 있으나 다만 읽는 바가 혹 미숙한 듯합니다. 새로 배우거나 예전에 배워 익힌 내용을 하루에 몇 번씩 읽으십니까?"
> 왕세자가 말하였다.
> "새로 배운 것은 30번, 전에 배운 것은 20번 읽습니다."
> 김류가 말하였다.
> "민간의 선비들은 하루에 읽는 횟수가 일반적으로 100회에 이르며, 적게 읽어도 70회 아래로 내려가지는 않습니다. 지금 저하께서 읽는 바가 이처럼 얼마 되지 않는다는 사실을 듣고 보니, 미숙한 것이 당연합니다. 지금부터는 마땅히 횟수를 정하여 하루의 과업을 버려두지 않는다면 다행이겠습니다."
> 오윤겸이 말하였다.
> "구두가 익숙하지 않으면 글 뜻이 명료하지 않습니다. 엎드려 바라옵건대 지금부터는 공부를 배로 늘려서 새로 배우는 것은 60번 읽고 전에 배운 것은 40번 읽어서 誦習의 효과가 날 수 있기를 바랍니다."8)

---

8) 『소현동궁일기』 제5책 1629년 윤4월 2일(정사) 기사. "瑬曰, 今觀邸下所讀, 洞知大義, 可見其長進, 而但所誦或似未熟. 新舊學所習, 一日讀幾遍乎. 王世子曰, 新受則三十遍, 前受則二十遍也. 瑬曰, 閭閻士子, 則一日讀數, 例至百遍, 少不下七十遍. 今聞邸下所讀, 如是略少, 則宜乎未熟也. 自今當定遍數, 毋廢日課, 幸甚. 允兼曰, 句讀不熟, 則文義不明. 伏願自今倍加其功, 新受則讀六十遍, 前受則讀四

일곱째로 세자의 학습 평가 방법이다. 동궁일기에는 세자의 성적 평가에 대한 기록이 거의 없는데, 1634년 5월 19일 시강원의 계사가 유일한 기사이다. 보통의 경우 학습 평가는 純·通·略·粗·不 다섯 등급으로 매긴다. 그런데『소현동궁일기』에는 通·略·粗 세 등급으로 되어 있다. 아마도 시강원 관원이 세자에게 혹시라도 '不'이라는 등급을 매기는 것이 편치 않아서 純과 不을 빼고 세 등급으로 평가한 것으로 보인다.

> 侍講院이 임금에게 아뢰었다.
> "왕세자가 서연에서 진강할 때 通·略·粗의 성적 규정은 비록 어린 나이일지라도 매우 미안하였으나, 주상의 명이 있어서 宮官이 감히 이를 빠뜨릴 수 없었습니다. 지금은 세자의 학문이 크게 진보하고 널리 통달하여 涵泳하는 공부가 이전과는 매우 다르므로 通·略·粗의 성적 규정을 그대로 따르는 것은 옳지 않으니, 지금부터 정지하는 것이 어떠하겠습니까?"
> 草記로 먼저 세자에게 아뢰니 "通·略의 성적 규정은 불가하지 않고, 入啓하면 주상을 번거롭게 해 드릴 듯하니 아뢰지 않는 것이 좋겠다."고 답하였다.[9]

다음으로 세자와 세손의 교육 관련 준비 과정 및 진강의 상황과 진강 책자 등을 고찰하고자 한다. 먼저 진강 도서의 결정 및 준비 과정이다. 서연을 열기에 앞서 다음의 진강 책자를 사부와 빈객에게 문의

十遍, 庶有誦習之效也."
9)『소현동궁일기』제10책 1634년 5월 19일(갑진) 기사. "侍講院啓曰, 王世子書筵進講時, 通略粗之規, 雖在幼沖之年月, 已極末安, 而自上有命, 宮官不敢遞越矣. 今則世子學問, 長進淹通, 涵泳之功, 比前日甚異, 而通略粗之規, 不可一向因循, 自今以後停止, 何如. 以草記先達, 則答曰, 通略之規, 未爲不可, 而入啓似涉煩瀆, 勿啓, 可也."

하여 정한 뒤 임금께 아뢰어 최종적으로 결정한다. 진강 책자가 결정되면 講官은 句讀와 懸吐 등을 달고 이를 교정하는 모임을 수시로 갖는다. 현토와 구두 등이 끝나면 書寫는 이를 기입하여 세자에게 내입하여 강학을 도왔다. 평상시의 서연에는 세자와 상하번이 볼 3본에 현토하여 내입하였으나 조강례와 회강례 때에는 19본을 내입하는 것이 관례였다.[10]

강의 진행 방식은 다음과 같다. 서연이 열리면 세자는 전에 배운 내용의 음과 풀이를 한 번하고, 이어서 강관이 새로 배우는 내용의 음을 한 번 읽으면 세자가 따라서 음을 읽고, 강관이 풀이를 한 번 하면 세자가 따라서 풀이를 한 번 한다. 강관이 文義를 자세히 풀이한 뒤 세자가 새로 배운 음과 풀이를 한 번하고 마친다. 音釋은 때로 세 번 한 경우도 있었다. 그리고 음은 背誦, 풀이는 臨讀이 일반적이었다. 이러한 강의 진행 방식은 소현세자와 효종, 현종, 경종이 세자로 있을 때의 관례였다. 그러다가 1713년에 전교를 내려 세자가 수업을 한 뒤 音釋을 한 번 하는 것으로 정식화하였다.

강의는 대부분 初受와 熟讀, 溫繹의 과정으로 진행한다. 초수와 숙독에는 강관이 참석하고, 온역은 1책, 2책, 3책 등 各册이 끝날 때마다 배운 내용을 혼자서 복습하는 과정이다. 그러나 현종과 경종처럼 온역 기간 중에 세자(원자)의 나이가 너무 어리면 강관이 참석하기도 하였다. 또한 史書 등의 경우에는 숙독을 한 경우도 있고 하지 않은 경우도 하였다. 소현세자가 강학한『논어』의 일부를 예로 들어 초수

---

10)『효종동궁일기』제1책 1645년 12월 14일 기사에 "본원에서 임금에게 아뢰기를 '본원의 서적은 난리로 유실되어 사서삼경까지도 많이 모자라는데다 남아있는 약간의 책들이 거의 대부분 낡고 지저분하여 書筵 進講의 용도에 적합하지 않습니다. 또 會講과 朝講 때 19건을 갖추어야 서연을 열 수 있습니다.'라고 하였다."

와 숙강의 진행 과정을 제시한다. 숫자는 서연을 한 날짜를 가리킨다.

1627년

10월 : 14~25, 28, 30

11월 : 1~2, 4~5, 17~25(學而·爲政 진강), 27~28, 30

12월 : 2~3, 5~8, 9~12, 16~20(학이·위정 숙독), 22~23, 25

1628년

1월 : 6~10, 15~21, 22, 25~29

2월 : 4~6, 8~10, 13~15, 16, 18~23, 25(八佾·里仁·公冶長 진강),
28~29

3월 : 1, 3, 6, 7, 13~14, 16~18, 19~20, 22~23, 25~27, 27~29

4월 : 2, 27~29

5월 : 1, 4, 6~7(팔일·이인·공야장 숙강), 9, 12, 14~19, 25~28

6월 : 1~7, 11~13, 17, 19, 23~24

7월 : 2, 4~5, 7, 9, 12(雍也·述而 진강), 14~15, 18~21, 23~25,
27~29

8월 : 1~4, 8, 10~11(옹야·술이 숙강) … 이하 생략 …

그런데 위에서 보듯 서연은 세자에게 매우 중요한 일과임에도 불구
하고 서연을 열지 않은 날이 적지 않다. 세자는 자신이 아플 때를 포
함하여 대전과 중전이 편찮거나 탄일 등의 문안을 드릴 때, 형벌을
집행할 때, 사신을 영접할 때, 사부빈객을 포함하여 종친과 대신과
상을 당했을 때, 봄가을에 종묘 등에 봉심할 때, 문무과의 창방 때,
사부빈객과 상견례를 할 때, 각종의 國恤日 때, 학습한 책을 溫繹할
때 등에 서연을 쉬었다. 이러한 경우는 서연을 쉬는 것으로 규정되어
있었다. 소현세자부터 진종까지의 동궁일기를 검토했을 때 실제 서연
을 연 날은 30~40% 남짓이다.

244 of 380 한문교육사

세자의 진강은 참여 관원의 범주로 볼 때 크게 서연(주강·소대·야대 포함), 조강례, 회강례로 나눌 수 있다. 먼저 주강과 召對·夜對 때에는 상번과 하번 각 1인이 참석한다. 다만 간혹 일이 있을 경우 1인만 참석하여 진강한 경우도 있다. 그러다가 1646년 김상헌의 箚子로 인하여 서연에 상번과 하번 이외에 贊善·翊善(進善으로 개칭)·諮議[11] 등이 참석하기도 하였고, 1667년 이후에는 전교에 따라 빈객 1명이 참석하기도 하였다. 조강례와 회강례가 아닌 경우 상번과 하번 이외의 관원이 참여한 것은 세자 교육의 중요성을 인식한 결과라 할 수 있다. 상번은 보덕, 겸보덕(3품), 필선, 겸필선(4품), 문학, 겸문학(5품) 등 6명, 하번은 사서, 겸사서(6품), 설서, 겸설서(7품) 등 4명이다. 그리고 상번과 하번 중에 일이 있어서 인원이 충당되지 않으면 간혹 상번을 하번으로 내리거나 하번을 상번으로 올리는 경우도 있다. 그리고 회강례 때는 사·부·이사·좌빈객·우빈객·좌부빈객·우부빈객 이하 상하번, 兩司의 관원 2명 등이 참석하고, 조강례 때는 빈객 이하 상하번, 양사의 관원 2명 등이 참여하여 차등을 두었다. 양사의 관원 중 사헌부의 집의·장령·지평, 사간원의 사간·헌납·정언이 조강례와 회강례 때 참석하였다.

會講禮와 朝講禮는 배운 내용에 대하여 참석한 사부 이하와 문답을 하는 장이자 참석한 관원이 세자에게 여러 가지 사항을 지적하거나 권면하는 시간이었다. 회강은 매월 2일과 16일에 여는 것이 관례였으나 실제로 몇 차례 밖에 열리지 않았다. 그리고 매월 2일과 16일에 회강을 열 수 없으면 조강을 열기도 하였다. 회강례가 끝나면 보통 술과 물품을 내려 스승에 대한 예를 갖추었다. 다음은 1629년 2월 22

---

11) 찬선과 진선은 학행으로 土望이 있는 자, 자의는 별도로 천거하되 유학에서 차출해도 무방하였다.

일에 『논어』를 朝講하던 문답하던 내용의 일부와 장유가 세자에게 훈
계하는 부분이다.

> 장유가 말하였다.
> "만약 하문하실 일이 있으면 물으십시오."
> 왕세자가 말하였다.
> "원헌이 더 질문하지 않은 것은 학문이 아직 지극하지 못하여 그렇
> 게 한 것입니까? 顔淵은 克己復禮가 仁이라는 가르침을 듣고서 그 조
> 목들에 대하여 물었는데, 원헌은 그렇게 하지 않았습니다."
> 장유가 말하였다.
> "하문하신 내용이 지당합니다. 이것은 원헌의 학식이 아직 투철하
> 지 못한 점이 있어 이미 단서를 열어주었는데도 더 질문하지 못한 것
> 입니다. 顔子가 그 조목을 묻자 공자께서는 네 가지를 하지 말라[四
> 勿]는 말씀으로 가르치셨습니다.[12] 先儒들은 원헌이 더 많은 가르침
> 을 청하지 않았던 것을 매우 안타깝게 여겼습니다. 무릇 성인께서 사
> 람들을 가르치실 적에는 다만 질문한 것에 따라서 말씀하시고 질문하
> 지 않은 것에 대하여는 역시 말씀하지 않으셨습니다."
> 또 말하였다.
> "지금 하문하신 말씀은 대부분 밝고 슬기로우시나 다만 소리를 내어
> 읽는 데에는 많이 미숙함이 있으시니, 이 점을 신은 미안스럽게 생각
> 하는 바입니다. 무릇 글을 읽을 적에는 반드시 익숙히 하셔야 합니다.
> 구두를 떼는 데 여전히 미숙한 부분이 있으면 의미에 있어서도 반드
> 시 정밀하고 분명함이 없게 됩니다. 또 새로 배우는 내용을 처음 읽을
> 때에도 정밀하고 자세히 하여 잘못이 없도록 해야 하는데, 다시 읽을

---

12) 안연(顔淵)이 인(仁)을 실천하는 방안을 질문하자 공자(孔子)가 네 가지를 하지
  말라[四勿]고 하였는데, 이는 '예가 아니면 보지 말고, 예가 아니면 듣지 말며, 예
  가 아니면 말하지 말고, 예가 아니면 움직이지 말라[非禮勿視, 非禮勿聽, 非禮勿
  言, 非禮勿動.]'는 것이다. 『논어』 「안연」편에 보인다.

때 도리어 음과 토를 잘못 읽는 곳이 있으니, 이는 필시 마음 씀이 어떤 때는 부지런하고 어떤 때는 나태하기 때문에 그렇게 된 것입니다. 저하께서는 춘추가 젊으시니 오로지 힘써 배우기를 게을리 하지 말고 노력을 배가하여 구두에 익숙하게 하고 의리를 완전히 통하게 하신다면 다행스럽기 그지없겠습니다."[13]

회강례와 조강례의 경우 소현세자는 회강례 6회와 조강례 35회, 효종은 조강례 6회, 현종은 회강례 2회와 조강례 29회, 숙종은 회강례와 조강례 0회, 경종은 회강례 3회, 영조는 회강례 1회와 조강례 4회, 진종은 회강례와 조강례 0회이다. 숙종과 진종이 회강례를 하지 않은 것은 1669년 7월 3일 대신과 비국의 당상을 인견할 때 師 鄭太和가 "세자의 회강(會講)에 대해서 번거롭게 계속 아뢰게 할 것이 아니라 언제 하라는 기한을 정하여 분부하십시오."라고 아뢰니, 상이 "11세가 된 뒤에 취품하는 것이 좋겠다."라고 하였다.[14]

강의 시작 시간은 다음과 같다. 주강의 경우 낮이 짧은 10월 하순부터 1월까지는 辰正(8시), 낮이 긴 이외의 시기에는 卯正(6시)에 실시

---

13) 『소현동궁일기』 제5책 1629년 2월 22일 기사. "又曰, 如有下問之事, 則問之. 王世子曰, 憲之不能再問者, 學問有所未至而然耶. 顔淵旣聞克己復禮爲仁之敎, 而請問其目, 憲則不能也. 維曰, 下問允當, 此憲之學識, 有所未透, 旣發其端, 而不能復問也. 顔子請問其目, 而孔子敎之以四勿之言, 先儒深惜原憲之不復請其益也. 凡聖人之敎人, 只因其所問者而言之, 其所不問者, 則亦有所不言也. 又曰, 今此下問之語, 奉多明睿, 而但其所誦多有未熟, 此臣之所以未安也. 凡讀書必須爛熟, 至如句讀, 猶有未熟, 則其於旨義, 必不能精明矣. 且新授初讀之時, 尙能精詳無錯, 而及其再讀也, 反有音吐錯詿之處, 此必用意之或勤或怠而然也. 邸下春秋鼎盛, 唯當力學不懈, 倍加其功, 使句讀精熟, 義理通透, 不勝幸甚."

14) 『현종실록』 17권, 현종 10년(1669) 7월 3일(갑오) 기사. 『경종동궁일기』 6책 1694년 3월 26일에 "기유년(1669) 7월 3일에 대신과 비국의 당상을 인견할 때 사 정태화가 임금에게 아뢴 바에 따라 왕세자가 11세가 되기 전에는 회강을 하지 말고 여쭌 일이 있어 탑전에서 정했다."라는 기사가 있다.

하였다. 조강례와 회강례의 경우도 주강과 같다. 그러나 세자(원자)의 나이가 어리면 이보다 한두 시간 늦게 시작하였다. 석강은 주로 未正 (2시), 夜對는 주로 酉時 내지 戌時에 시작하였다. 그런데 서연과 조강례, 회강례 등의 진강은 대부분 강의 시작 시간만 기록되어 있기 때문에 강의가 몇 시간 동안 열렸는지 알기 어렵다. 그런데 다른 동궁일기에는 기록되어 있지 않고 오직 『소현동궁일기』에만 조강례와 회강례를 시작하고 마친 시간이 다섯 차례 기록되어 있어 강의 시간을 파악할 수 있다. 1625년 5월 16일과 6월 16일에 회강은 卯正에 시작하여 辰末에 종료되었고, 1626년 7월 20일 조강은 辰初에 시작하여 巳時에 종료되었고, 10월 2일 조강은 진말에 시작하여 巳末에 종료되었고, 12월 2일 조강은 진정에 시작하여 사말에 종료되었다. 이를 통해 볼 때 보통 조강례와 회강례는 대략 2~3시간 정도 진행된 것으로 보인다. 주강의 경우 종료 시각 기록이 없지만 1~2시간 정도 진행된 것으로 추정된다.

경전 등의 책을 모두 배우면 강학에 참석한 관원에게 宣醞과 물품을 하사하는 한편 加資하기도 하였다. 소현세자 때의 경우 『논어』, 『맹자』, 『통감절요』 등의 강을 모두 마친 뒤에 侍講한 강관, 강학에 도움을 준 서리와 서사 등을 書啓하자 선온과 물품을 내려 노고를 치하하였다.[15] 효종과 현종이 세자였을 때에도 선온과 물품을 내리기도 하였으나 당시 흉년 등으로 인하여 재정이 궁핍하여 소현세자 당시보다는 성대하지

---

15) 『논어』를 마치자 1629년 8월 13일에 李尙馨·趙錫胤·金堉에게 각각 중간 크기의 표범가죽 1벌, 沈東龜·鄭百亨·金元立·崔荇·김반에게 각각 활 1개, 權濡·여이징·任孝達·김광현·金地粹·吳達升·趙贇에게 각각 丹木 10斤) 하사하였고, 『맹자』를 마치자 1631년 12월 25일에 유영·권심·李德洙에게 각각 표범가죽 1장, 崔惠吉·金槃·沈演·서정연에게 각각 丹木 20근, 崔有淵·朴安悌鄭百亨·李景仁·성이성·윤효영·민광훈에게 각각 후추 1말을 하사하였다.

않았다.16)

서연에서 진강한 책자를 세자 별로 정리하면 다음과 같다. 소현세자 는 『통감절요』, 『소학집주』, 『대학』, 『경재잠』, 『숙흥야매잠』, 『논어』, 『십구사략』, 『맹자』, 『西銘』, 『효경대의』, 『중용』, 『주자서절요』, 『시 전』, 『서전』, 『근사록』 등을 배웠고, 효종은 『大學』, 『大學或問』, 『大學 衍義』, 『論語』, 『孟子』, 『中庸』, 현종은 『소학』, 『대학』, 『通鑑節要』, 『논어』, 『맹자』, 『易學啓蒙』, 숙종은 『孝經』, 『童蒙先習』, 『소학』, 『통 감절요』, 『대학』, 『논어』, 경종17)은 『효경』, 『千字文』, 『小學抄』, 『동몽 선습』, 『소학』, 『三綱行實』, 『史略』, 『통감』, 『대학』, 『논어』, 『맹자』, 『중용』, 『詩傳』, 『書傳』, 『宋鑑』, 『綱目』, 『心經』, 『대학연의』, 『近思錄』, 『朱文抄選』, 영조는 『소학』, 『대학』, 『대학혹문』, 『논어』, 『강목』, 진종 은 『효경』, 『十二月圖』, 『養正圖』, 『소학』, 『동몽선습』, 『祖鑑』을 학습하 였다.

Ⅲ. 入學禮 등의 의례 절차

동궁일기에는 冠禮, 冊封禮, 入學禮, 相見禮, 嘉禮, 朝見禮, 望闕

---

16) 효종의 경우 『논어』를 마치자 1648년 1월 20일에 동궁에서 전복 반접, 마른 문어 1마리, 말린 꿩 3마리, 대구 3마리, 말린 숭어 2마리, 광어 2마리, 편포(片脯) 2개, 생 꿩 2마리, 생선 2마리, 잣 1말, 술 5병을 하사하였고, 『맹자』를 마치자 1649년 4월 16일에 동궁에서 말린 문어 1마리, 말린 꿩 3마리, 말린 대구 3마리, 말린 숭 어 2마리, 편포(片脯) 2개, 생 꿩 2마리, 생선 2마리, 잣 1말, 술 5병을 하사하여 보냈다. 효종의 경우 물목이 많지만 동궁에서 시강원 관원 전체에게 내린 것이고, 소현세자의 경우 임금이 시강원 관원에게 선온을 내리고 다시 각 관원들에게 특별 히 물목을 하사한 것이기에 격이 다르다.
17) 경종의 경우 낙질이 많아 장서각 소장 『列聖朝繼講冊子次第』의 進學敎材 현황 을 참조하였다.

禮, 喪禮, 祭禮, 陳賀禮, 迎詔勅禮, 拜表禮, 擧哀禮, 文武科의 설행, 능원과 종묘 등에의 展謁, 대신의 접견 등 다양한 의례와 행사가 실려 있다. 물론 이들 의례의 상당수는 의식의 준비 과정 및 절차 등이 소략하게 적힌 것도 많다. 본 장에서는 다양한 의례 중에서 세자의 입학례와 상견례를 중심으로 살펴보고자 한다.

먼저 입학례의 준비 과정과 절차 등을 고찰한다. 입학례를 거행할 때에는 먼저 입학례에서 진강할 책자를 결정한 뒤 그 책자를 강습하는 한편 習儀를 거행한다. 보통의 경우 입학례에서는 『대학』을 진강하는데, 진종의 경우 나이가 어린 관계로 『소학』을 진강하기도 하였다. 현종(1641~1674)이 12세 되던 해에 거행한 입학례를 살펴보고자 한다. 1652년 3월 1일에 4월 12일 입학례를 거행하기로 결정하고, 3월 12일에 입학례를 앞두고 있어 『소학』을 쉬고 『대학』을 진강하기로 결정하여 3월 19일부터 『대학』을 진강하였다. 4월 2일에 첫 번째 습의를 거행하고, 4월 11일에 두 번째 습의와 우부빈객 閔應亨과 상견례를 행하였다. 4월 12일 입학례를 거행하였는데, 실제 준비는 11일 밤부터 시작되었다. 다음은 성균관에 가서 작헌례와 입학례를 거행할 때의 과정을 기록한 부분이다. 왕세자와 배종관의 복식, 왕세자가 성균관에 갈 때 경유하는 길과 輿와 輦을 타고 내리는 절차, 대성전에서의 작헌례 절차, 입학례의 절차와 박사인 대제학 김류와의 상견례 절차, 환궁과 문안 등이 상세하게 적혀 있다.

○ 왕세자가 입학례를 거행하려고 궁을 나서기 이전 시각에 司僕寺 관원이 珠簾 걷는 것을 어찌할지 여쭈니 "3면을 걷어라."라고 답하였다.
○ 궁을 지킨 사람은 翊衛 權憬이었다.
○ 3경 1점에 세자가 翼善冠과 袞龍袍 차림으로 輿에 올랐다. 보덕 박길응, 필선 이형, 겸필선 권우, 문학 오두인, 겸문학 조한영, 사서

박승건, 겸사서 홍처대, 설서 홍위와 익위사 전원은 모두 黑團領을 입었다. 摠管 淸平君 李浍 이하, 兵曹參知 李後山 이하는 모두 戎服을 입고 배종하였다.【당시에 兼輔德과 兼說書는 아직 차출하지 않았다.】세자가 홍화문의 동쪽 협문을 경유하여 나갔다. 필선이 輿에서 輦에 오르라고 贊請한 뒤에 출발하였다. 領議政 鄭太和【師】, 左議政 金堉과 右議政 李時白【傅】, 左賓客 吳竣, 右賓客 林墰, 左副賓客 李厚源, 右副賓客 閔應亨은 모두 흑단령을 입고 배종하였다. 景福宮 앞길에 이르자 필선이 연에서 내려 여에 오르라고 찬청하였다. 종묘와 敦化門·弘化門) 지날 때에도 이와 같이 하였다. 泮水橋에 이르자 館官과 儒生들이 碧松亭 길가에서 지영하였다. 세자가 연에서 내려 걸어서 幕次에 도착하였다. 본원이 문안하니 "알았다."고 답하였다.

○ 4경 3점에 필선이 막차에 이르러 무릎을 꿇고 작헌례를 행할 것을 아뢰었다. 세자가 유생의 巾服과 黑靴子 차림으로 걸어서 大成殿의 동쪽 협문을 경유하여 들어갔다. 필선이 贊引하여 位次에 이르렀다.【익위사와 儀仗은 모두 문밖에 머물렀다.】세자가 먼저 四拜禮를 행하자 여러 유생들도 모두 네 번 절하였고, 궁관들은 뒤에 俯伏하였다. 사배례를 마친 뒤에 필선이 인도하여 盥洗位에 이르렀다. 권우와 오두인이 揮巾, 박승건이 承水, 홍처대가 沃水, 조한영이 進帨, 홍위가 受帨를 맡았다. 盥洗를 마치자 필선이 세자를 인도하여 서쪽 계단으로 올라가 正位의 樽所에 이르러 文宣王의 神位 앞에 나아갔다. 生員 申命圭와 幼學 李蕙이 각각 香盒과 香爐를 받들고 세자의 좌우에 꿇어앉고 필선이 문밖에 서서 무릎을 꿇고 향 세 개를 올리라고 찬청하였다.【執爵과 奠爵할 때에 찬청은 모두 이를 본떴다.】권우가 잔을 받들고 세자에게 나아가자 세자가 받아서 오두인에게 주어 坫에서 술을 따르고 부복하였다가 일어나 마쳤다. 세자가 내려와 配位의 樽所에 이르러 처음과 같이 四聖[顏子·曾子·子思·孟子]에게 酌獻하였다.【東一配位의 受酒는 박승건이 하고 전작은 홍처대가 하였으며 西一配位의 수주는 오두인이 하였다. 동이배위의 수주는 조한영이 하고 전작은 박승건이 하였으며 서이배위의

수주는 홍처대가 하고 전작은 홍위가 하였다.】여러 유생들이 동서의
從享 및 兩廡에 奠爵하는 것을 도와서 마쳤다. 세자가 내려와서 자리로
돌아갔다.【사성에게 전작한 뒤에 세자는 먼저 내려와서 자리로 돌아갔
다.】사배례를 행하니 여러 유생들이 모두 사배례를 행하고 마쳤다.
필선이 세자를 인도하여 나가 막차로 나아갔다. 본원이 문안하니 "알았
다."고 답하였다.

　○ 묘시에 보덕이 막차에 이르러 무릎을 꿇고 入學禮를 거행하라고
아뢰었다. 세자가 유생의 服巾과 흑화자 차림으로 걸어 들어가 明倫堂
동문 밖에 섰다. 궁관들이 의례대로 배종하였다. 將命生員 金壽興이
의례에 따라 서너 번 왕복한 뒤에 생원 李翊相이 폐백을 담은 광주리
를 들고 세자에게 나아가니 세자가 광주리를 받아 다시 이익상에게
주었다. 이에 생원 이익상이 광주리를 들고 앞에서 인도하고, 생원 李
堂揆와 金壽蕃이 술동이를 가지고 따르고, 생원 李行道와 閔著重이 脩
案을 받들고 그 뒤를 따랐다.【脯는 모두 다섯 개이다.】보덕이 세자를
인도하여 들어가자【익위사와 의장은 모두 문밖에 머물렀다】여러 유
생들이 뜰의 동서 및 남쪽 담장 아래에 나누어 섰는데, 모두 400여
명이었다. 세자는 명륜당 서쪽 계단으로 오르고, 博士 蔡裕後는 紅袍
와 金帶를 갖추고 동쪽 계단으로 올라 서쪽을 향하여 섰다. 광주리를
든 사람이 무릎을 꿇고 세자의 오른쪽으로 나가자 세자가 광주리를
잡고 무릎을 꿇고 술을 올리고 두 번 절하자 박사가 답하여 절하였다.
세자가 광주리를 가지고 박사 앞으로 나갔다. 술과 포를 받든 사람이
차례로 자리에서 술을 따르자 박사가 무릎을 꿇고 광주리를 받아 집
사에게 준 뒤에 물러났다. 보덕이 세자를 인도하여 북쪽을 향하여 명
륜당에 두 번 절하고 마친 뒤에 임시 막차로 나아갔다. 박사가 흑단령
으로 바꿔 입고 명륜당의 重席에 올라 서쪽을 향하여 앉았다. 보덕이
세자를 인도하여 서쪽 계단으로 올라갔다. 생원 李興稷이 박사 앞에
동쪽을 향하여 자리를 깔자【자리는 1장만 깔았다.】세자가 자리에 나
아가 앉았다. 생원 洪萬容이 박사의 앞에 書案을 놓고, 생원 金弘振과

尹晳이 각각『대학』을 가져와 세자와 박사의 앞에 나누어 놓았다. 박사가 먼저 經一章 大文의 음과 해석을 읽자 세자도 그대로 하였다. 읽기를 마치고 문장의 뜻을 논하였다. 세자가 지금 나이는 어리나 주선함이 절도에 맞고, 강하는 소리가 넓고 밝아서 보고 들은 여러 유생들이 기뻐하며 경하하지 않는 이가 없었다. 강의가 끝나자 집사가 서안을 거두고 보덕이 세자를 인도하여 막차로 나아갔다. 본원이 문안하니 "알았다."고 답하였다.

○ 진시에 "여러 일들을 미리 준비하라."고 하령하였다. 주렴 걷는 것을 어찌할지 여쭈니 "3면을 걷어라."라고 답하였다.

○ 사·부와 좌의정과 빈객이 반수교 밖에서 지송하였으나 세자가 사양하여 그만두게 하였다. 빈객들은 그대로 지송하였다. 궁으로 돌아올 때에도 올 때의 의례와 같았다. 궁으로 돌아온 뒤 徽旨를 청하고 전례대로 시위를 파하였다.

○ 사부와 좌의정, 빈객이 보덕에게 청하여 문안하니 "알았다."고 답하였다. 본원이 문안하니 "알았다."고 답하였다.[18]

---

18) 『현종동궁일기』 제3책 1652년 4월 12일 기사. "去夜二更三點, 開興化門左右挾. ○ 王世子將行入學禮, 出宮前刻, 司僕寺官捲簾取稟. 答曰, 捲三面. ○ 守宮, 翊衛權憬. ○ 三更一點, 世子以翼善冠·袞龍袍, 乘輿. 輔德朴吉應·弼善李逈·兼弼善權堈·文學吳斗寅·兼文學曹漢英·司書朴承健·兼司書洪處大·說書洪葳及翊衛司全數, 皆着黑團領. 摠管淸平君㴁以下, 兵曹參知李景山以下, 皆以戎服陪從.【時兼輔德·兼說書未差.】世子由興化東挾門以出, 弼善贊請降輿乘輦, 進發. 領相鄭太和【師】, 左相金堉·右相李時白【傅】, 左賓客吳竣·右賓客林墰·左副賓客李厚源·右副賓客閔應亨, 皆以黑團領陪從. 至慶福宮前路, 弼善贊請降輦乘輿, 過宗廟及敦化門·弘化門時, 亦如之. 至泮水橋, 館官及儒生祗迎于碧松亭路左, 世子下輦, 步至幕次. 本院問安入達. 答曰, 知道. ○ 四更三點, 弼善詣幕次, 跪白行酌獻禮. 世子以儒生巾服黑靴子, 步由大成殿東挾門以入. 弼善贊引至位次.【翊衛司及儀仗皆留門外.】世子先行四拜禮, 諸生亦皆四拜, 宮官俯伏於後. 訖, 弼善引詣盥洗位, 權堈·吳斗寅持揮巾, 朴承健承水, 洪處大沃水, 曹漢英進帨, 洪葳受帨. 盥洗訖, 弼善引世子, 陞自西階, 詣正位樽所, 遂進文宣王神位前. 生員申命圭·幼學李蕙, 各奉香盒·香爐, 跪于世子左右, 弼善立門外, 贊請跪三上香.【執爵·奠爵時, 贊請皆倣此.】權堈奉爵以進于世子, 受以授吳斗寅, 奠爵于坫, 俯伏興訖. 世子降詣配位樽所, 酌獻于四聖如初.【東一配位受酒朴承健, 奠爵洪處大, 西一受酒吳斗寅, 東二受酒曹漢英, 奠爵朴承

입학례가 끝난 뒤인 4월 13일 세자의 입학례에 참석한 관원을 書啓
하라고 전교를 내렸고, 4월 16일에 備忘記를 내려 입학례에 참석한 관
원에게 賞格과 加資를 내렸다.[19]

지난 밤 2경 3점에 興化門의 좌우 夾門을 열었다.

세자와 사부빈객의 상견례는 여러 차례 이루어졌다. 그런데 대부분
의 기사는 '언제 누구와 어디에서 상견례를 행하였다'라는 정도의 기

健, 西二受酒洪處大, 奠爵洪葳.】諸生助奠于東西從享及兩廡, 訖. 世子降復位.【奠爵
四聖之後, 世子先已降復位矣.】行四拜禮, 諸生皆四拜禮, 畢, 弼善引世子, 出就幕次.
本院問安. 答曰, 知道. ○ 卯時, 輔德詣幕次, 跪白行入學禮. 世子以儒生巾服黑鞋子,
步入立于明倫堂東門外, 宮官陪從如儀. 將命生員金壽興, 往復三四如儀後, 生員李
翊相執篚, 進于世子, 世子受篚, 還授翊相. 於是生員李翊相, 執篚先導, 生員李堂
揆 · 金壽蕃, 執酒樽次之, 生員李行道 · 閔蓍重, 奉脩案次之.【脩凡五脡.】輔德引世
子以入,【翊衛司及儀仗, 皆留門外.】諸生分立於庭之東西及南墻下, 凡四百餘人. 世
子從明倫堂西階以上, 博士蔡裕後具紅袍金帶, 於東階上, 西向而立. 執篚者跪進於
世子之右, 世子執篚, 跪奠再拜, 博士答拜. 世子取篚, 進于博士前, 奉酒脩者, 以次奠
于席次, 博士跪受篚授執事, 然後乃退. 輔德引世子北向, 明倫堂再拜, 訖, 出就便次.
博士改黑團領, 陞堂重席, 西向而坐. 輔德引世子, 陞自西階, 生員李興稷於博士前,
設席東向,【只設一張席.】世子就席而坐. 生員洪萬容置案於博士之前, 生員金弘振 ·
尹皙, 各執大學, 分置於世子及博士前. 博士先讀經一章大文音釋, 世子亦如之. 讀
訖, 討論文意. 世子方在沖年, 周旋中節, 講音弘亮, 諸生瞻聽者, 無不欣慶. 講罷,
執事者撤案. 輔德引世子以出就于幕次. 本院問安, 答曰, 知道. ○ 辰時, 下令曰, 諸
事豫備. 捲簾取稟. 答曰, 捲三面. ○ 師 · 傅及左相及賓客祗送于泮橋外, 世子固辭乃
止. 賓客仍爲祗送. 還宮如來儀. 還宮後, 請徽旨, 罷衛如例. ○ 師 · 傅及左相及賓客,
請輔德問安入達. 答曰, 知道. 本院問安, 答曰, 知道."

19) 『현종동궁일기』 제1책 1655년 4월 16일 기사. "師 영의정, 傅 우의정, 賓客 오
준 · 임담 · 이후원 · 민응형, 대사성大司成 睦行善에게 각각 虎皮 1領, 박사 대제학
蔡裕後에게 熟馬 1필을 하사하여 지급하라. 보덕 박길응은 加資하고, 필선 이형에
게 망아지 1필, 시강원 관원 및 廟司 崔應天, 典祀官 李順男에게 각각 上弦弓 1張,
익위사 관원에게 각각 不粧弓 1張, 장명생원 김수흥에게 『論語』와 『孟子』 중 1件,
봉향생원 신명규와 봉로유학 이휘에게 각각 『中庸』과 『대학』 중 1건, 執事生員
이익상 · 이당규 · 김수번 · 이행도 · 민시중 · 김홍진 · 윤석에게 각각 종이 5권, 붓 5
자루, 먹 5笏을 하사하여 지급하라. 下人들에게는 該曹에서 쌀과 베를 지급하라."

사만 적혀 있어 상견례의 구체적인 모습을 알기 어렵다. 즉『소현동
궁일기』1625년 2월 19일의 기사처럼 "진시 정각에 왕세자가 傅 윤
방, 좌빈객 이정구, 우빈객 오윤겸, 좌부빈객 정엽, 우부빈객 정경세
와 景賢堂에서 상견례를 행하였다. 陪從官으로 보덕 이윤우, 겸사서
강석기, 사서 김광현, 설서 김광혁, 겸설서 심지원이 나아갔다."[20]라
고 기록되어 있다. 이러한 현상은 현종부터 진종 때까지의 기록도 거
의 차이가 없다. 다만 1625년 5월 25일 이정구 김류 이귀와의 상견례
와 1633년 4월 4일 좌빈객 洪瑞鳳과의 상견례 기사는 비교적 상세하
여 상견례의 절차를 어느 정도 짐작할 수 있는 중요한 자료이다. 다
음은 1633년 4월 4일 좌빈객 홍서봉과의 상견례 부분이다.

> 卯正 3각에 왕세자가 書筵廳에서 賓客相見禮를 행하였다. 겸보덕
> 심지원, 사서 이만, 설서 윤집이 입시하였다. 이날 掖庭署에서 왕세자
> 의 拜位를 동쪽 벽에 서쪽을 향하여 설치하였고, 빈객의 배위는 서쪽
> 벽에 동쪽을 향하여 설치하였다.
> 1각 전에 宮官이 모두 궁궐 문 밖에 이르자 弼善【사서가 대행하였
> 다】이 꿇어앉아 內嚴을 아뢰었다. 잠시 후에 正時[卯正]를 아뢰자 궁
> 관이 먼저 들어와 자리에 나아가 동쪽 위에서북쪽을 향하였고, 翊衛司
> 는 儀仗을 갖추고 뜰의 동쪽과 서쪽에 나누어 섰다. 필선이 또 꿇어앉
> 아 外備를 아뢰자 왕세자가 白袍를 갖추어 입고 서연청에 나와 자리
> 하였다. 궁관이 북쪽을 향하여 再拜禮를 행하고 마친 뒤 동서로 나누
> 어 서로 마주하고 반열을 이루었다.
> 왕세자가 楹外로 나가 서서 기다리자 좌빈객 홍서봉이 들어와 서쪽
> 계단으로 올라가 영외에 이르렀다. 왕세자가 揖하며 사양하고 배위에

---

20) 『소현동궁일기』 제1책 1625년 2월 19일 기사. "辰正, 王世子行傅尹昉·左賓客李廷
龜·右賓客吳允謙·左副賓客鄭曄·右副賓客鄭經世相見禮於景賢堂. 陪從官, 輔德
李潤雨·兼司書姜碩期·司書金光炫·說書金光爀·兼說書沈之源進."

나아가자 빈객 또한 배위에 나아갔다. 빈객이 재배하고 왕세자가 답하여 재배하여 마쳤다. 빈객이 내려가 나가니 왕세자가 영외에서 전송하였다. 필선이 종종걸음으로 계단 위로 나아가 북쪽을 향하여 꿇어앉아 예를 마쳤음을 아뢰고 부복한 뒤 물러났다. 왕세자가 궁궐로 돌아가자 궁관들이 모두 파하고 나갔다.[21]

소현세자가 서연청에서 좌빈객 홍서봉과 상견례할 때의 의식 절차 등이 약술되어 있다. 그런데 당시 원자였던 경종(1688~1724)이 세 살 되던 해인 1690년 4월 5일 보양관 민암 및 이관징과 大殿 差備內 大造殿 西翼閣에서 상견례를 행할 때의 상황은 이와 약간 다르다.[22] 원자는 巳時에 상견례를 행하였는데, 보양관과 單拜禮를 행하였다. 시각이 늦고 단배례를 행한 것은 원자의 나이가 어리기 때문에 이렇게 한 것이다.

---

21) 『소현동궁일기』 제9책 1633년 4월 4일 기사. "卯正三刻, 王世子行賓客相見禮于書筵廳, 入侍兼輔德沈之源·司書李昺·說書尹集. 是日, 掖庭署設王世子拜位於東壁西向, 賓客拜位於西壁東向. 前一刻, 宮官俱詣宮門外, 弼善【司書代行】跪白內嚴. 小頃達正時, 宮官先入就位東上北向, 翊衛司具儀仗, 分序東西庭, 弼善又跪白外備, 王世子具白袍, 出坐于書筵廳. 宮官北向行再拜禮, 訖, 分東西相向開班. 王世子出立楹外以待, 左賓客洪瑞鳳入陛自西階至楹外, 王世子揖讓就拜位, 賓客亦就拜位, 賓客再拜, 王世子答再拜, 訖. 賓客降出, 王世子送於楹外. 弼善趨詣階上北向, 跪白禮畢, 俯伏而退. 王世子還宮, 宮官俱罷出."

22) 『경종보양청일기』 1책 1690년 4월 5일 기사. "○ 巳時, 元子與輔養官閔黯·李觀徵行相見禮, 於大殿差備內大造殿西翼閣. ○ 相見儀, 掖庭署設元子位於東壁西向. 【設席】設輔養官拜位於西壁東向. 【設席】輔養官具黑團領, 內侍跪贊請內嚴. 輔養官各以職次立於宮門西東向, 內侍跪白外備. 元子具冠服, 內侍侍奉出立東壁位, 輔養官入自西階陛, 就西壁拜位, 行單拜禮. 相見訖, 輔養官出, 內侍進跪白禮畢, 元子入內."

Ⅳ. 맺음말

이상으로 소현세자·효종·현종·숙종·경종의 동궁일기를 중심으로 하여 17세기 중후반 세자 교육의 준비 과정, 서연에 참석하는 관원, 서연의 진행 상황과 진강 책자, 입학례·상견례 등의 의식 절차를 고찰하였다.

동궁일기는 세자의 교육 관련 내용을 중심으로 하되 당시의 정치·경제·제도·사회·군사·문화적 요소와 관련된 다양한 기사를 싣고 있다. 일례로 서연, 특히 조강례와 회강례에는 진강한 내용에 대한 진지한 논의가 개진되어 있고, 세자의 입학례의 경우에는 준비 과정 및 실제 의식의 절차가 상세하게 서술되어 있다. 또한 왕세자의 病歷과 치료 방법, 각종 天文 현상, 천사와 칙사 등과의 물품 授受, 시강원 관원에게 내린 物目, 사부 등에게 내린 致祭文 등도 기록되어 있다. 『승정원일기』의 경우 화재로 인하여 빠진 부분이 많지만 동궁일기에는 缺冊 부분을 제외하면 1625년부터 1907년까지의 천문 현상이 적혀 있다. 향후 동궁일기에 기록된 다양한 사항을 검토하기 위해서는 學際間 연구가 필요하다고 판단한다.

참고문헌

『昭顯東宮日記』, 『昭顯分朝日記』, 『瀋陽日記』, 『昭顯乙酉東宮日記』, 『孝宗東宮日記』, 『顯宗講書院日記』, 『顯宗東宮日記』, 『肅宗講學廳日記』, 『肅宗春坊日記』, 『景宗輔養廳日記』, 『景宗春宮日記』, 『英宗東宮日記』, 『眞宗東宮日記』

『侍講院志』, 『朝鮮王朝實錄』, 『承政院日記』, 『列聖朝繼講冊子次第』

『通鑑節要』, 『小學集註』, 『大學』, 『敬齋箴』, 『夙興夜寐箴』, 『論語』, 『十九史略』, 『孟子』, 『西銘』, 『孝經大義』, 『中庸』, 『朱子書節要』, 『詩傳』, 『書傳』, 『近思錄』, 『大學或問』, 『大學衍義』, 『易學啓蒙』, 『童蒙先習』, 『千字文』, 『小學抄』, 『三綱行實』, 『宋鑑』, 『綱目』, 『心經』, 『朱文抄選』, 『十二月圖』, 『養正圖』, 『祖鑑』

김문식 · 김정호(2003), 『조선의 왕세자 교육』, 김영사.

김남기(2006), 「『소현동궁일기』-교육의 실제와 도서 정비 과정」, 『규장각』 29, 서울대학교 규장각한국학연구원.

김남기(2008), 「『소현동궁일기』 해제」, 규장각소장동궁일기역주총서 『역주소현동궁일기』, 민속원.

김남윤(2006), 「『瀋陽日記』와 昭顯世子의 볼모살이」, 『규장각』 29, 서울대학교 규장각한국학연구원.

김은정(2007), 「『顯宗講書院日記』와 『顯宗東宮日記』 연구-왕실 교육의 실상과 변화」, 『규장각』 31, 서울대학교 규장각한국학연구원.

김은정(2008), 「『肅宗講學廳日記』를 통해 본 元子 보양 및 교육의 실상과 의미」, 『규장각』 33, 서울대학교 규장각한국학연구원.

김종덕(2007), 「소현세자 병증과 치료에 대한 연구」, 『규장각』 31, 서울대학교 규장각한국학연구원.

김종수(2007), 「『孝宗東宮日記』를 통해 본 書筵 양상」, 『규장각』 31, 서울대학교 규장각한국학연구원.

노관범(2008), 「『英祖東宮日記』로 보는 王世弟의 書筵과 微時政治」, 『규장각』 33, 서울대학교 규장각한국학연구원.

성당제(2007), 「丁卯胡亂時 昭顯分朝와 世子의 役割-『昭顯分朝日記』를 중심으로」, 『규장각』 31, 서울대학교 규장각한국학연구원.

신하령(2007), 「『瀋陽日記』 譯註 작업 과정에 대한 검토」, 『규장각』 31, 서울대학교 규장각한국학연구원.

신하령(2008), 「『眞宗東宮日記』-孝章世子의 생전과 사후의 기록」, 『규장각』 33, 서울대학교 규장각한국학연구원.

육수화(2007), 「朝鮮後期 王室敎育 硏究」, 한국학중앙연구원 한국학대학원 박사학위논문.

주기평(2008), 「『肅宗春坊日記』에 나타난 숙종의 세자 생활」, 『규장각』 33, 서울대학교 규장각한국학연구원.

이 글은 『漢字漢文敎育』 제22집(韓國漢字漢文敎育學會, 2009)에 수록한 논문을 재수록한 것이다.

[부록] 규장각 소장동궁일기 일람

번호	서명	책수	대상 시기	비고
1	소현동궁일기	12책	1625.1.29 ~1636.12.3	강학청일기 2책 결(추정), 일부 낙장 및 파손
2	소현분조일기	4책	1627.1.21~3.26	제3책 상당 부분 파손
3	심양일기	8책	1637.1.30 ~1644.8.18	1644년 8월 19일~1645년 2월 16일 결. 장서각 제8책 소장
4	심양일기	10책	1637.1.30 ~1644.8.18	봉황성일기, 북행일기, 1644년 8월 19일~1645년 2월 16일 결
5	봉황성일기	1책 (14장)	1642.10.6~11.22	
6	북행일기	1책 (13장)	1644.4.9~6.18	
7	소현동궁일기	1책 (24장)	1644.1.20~2.19	2차 귀국일기
8	소현을유동궁일기	1책 (76장)	1645.2.17 ~윤6.12	2.20~29, 윤6.2~10 기사 누락
9	효종동궁일기	4책	1645.10.5 ~1649.5.13	제1책 일부 낙장, 1646년(1책) 결, 제4책 말미에 현종동궁일기(1649.5.14~12.30) 부록
10	현종강서원일기	1책 (22장)	1648.9.28 ~1649.5.13	
11	현종동궁일기	10책	1650.1.1 ~1659.5.9	1652년 12월 2일 이하 낙장(3책), 1657년 1월 1일~4일 낙장(8책)
12	숙종강학청일기	1책 (39장)	1665.6~12.30	
13	숙종춘방일기	8책	1667.1.1 ~1674.8.23	
14	(경종)보양청일기	1책 (16장)	1689.7.18 ~1690.5.16	
15	경종춘궁일기	16책	1690.5.14 ~1720.6.13	1699~1708년, 1710~1713년, 1717년, 1719년 일기 결
16	영조동궁일기	5책	1721.8.20 ~1724.8.30	1722.1.1~6.30(1책) 결, 제5책 1724.6.16~6.20 기사 누락

번호	서명	책수	대상 시기	비고
17	진종동궁일기	4책	1725.2.25 ~1729.11.16	1727년(1책) 결. 4책 말미에 1730년과 1731년의 攝侍講院 등의 설치, 魂宮 이안, 入廟 등의 기사 추록
18	경모궁보양청일기	1책 (32장)	1735.7~1736.1.1	
19	장헌세자동궁일기	30책	1738.1.1 ~1762.윤5.4	1736~37년, 41년, 43~46년, 47.7~48.6, 53년(7~12월), 57년(7~12월) 결
20	정조원손궁일기	3책	1756~1759	1657년(1책) 결
21	정조강서원일기	3책	1759.2~1762.8	1761년(1책) 결
22	정조동궁일기	7책	1762.8.3~1776.2	1763년, 1767~1775년 결
23	정조청정일기	2책	1775.2~1776.2	제2책은 11.20~12.12일 기록
24	(문효세자) 보양청일기	1책 (53장)	1783.11~1784.7	草本
25	(문효세자) 보양청일기	1책 (49장)	1783.11~1784.7	正本
26	(문효세자) 동궁일기	3책	1784.7.2 ~1786.7.19	
27	(순조)강학청일기	4책	1796.12.1 ~1800.2.2	국립중앙도서관 4책 소장
28	(효명세자) 보덕청일기	1책 (33장)	1811.윤3.12 ~1812.7.25	
29	효명세자동궁일기	16책	1812.1~1828.12	영본(27책으로 추정)
30	익종대청시일록	51책	1827.3~1830.5.6	1827년 2월(1책) 결
31	(효명세자) 동궁일기	8책	1814.1.1 ~1875.12.29	1책~6책(1814.1.1~1827.12.29) 7책(1830.1.1~12.30, 5월 7일 이후 헌종일기) 8책(1875.1.1~12.29, 순종일기) 1814.11.23~1818.12, 1819.9.18~1823.12, 1826.1.1~1827.7.15 등 결
32	헌종원손궁일기	5책	1827.7.18 ~1828.12	
33	헌종동궁일기	4책	1829.11.27 ~1833.12	

번호	서명	책수	대상 시기	비고
34	(완화군) 강학청일기	2책	1876~1879	
35	순종동궁일록	213책	1874.2~1907.7	제13책 결
36	(순종)춘방일기	53책	1875~1907	장서각 51책 소장
37	(순종)계방고사	31책	1875~1906	1885년(1책) 결
38	(순종)시강원일기	26책	1892.5~1894.5	1893년 5월(1책) 결
39	순종춘방일기	3책	1902.1~1906	
40	순종동궁초일기	8책	1903~1907	
합계		40종 566책		

제4부

한문 읽기와 懸吐

朝鮮時代 讀書 方法論 研究

金恩暻

Ⅰ. 서론

조선시대 독서에 관한 담론들 속에서 '독서의 단계와 방법'에 대한 논의는 매우 의미 있다. 왜냐하면 독서의 단계[과정]는 당시 교육과정과도 연계되어 있기 때문에, 독서의 과정을 통해 당시의 학문적 지향 혹은 교육적 지향점을 가늠할 수 있기 때문이다. 그리고 이러한 학문적 지향을 성취하기 위해 활용되었던 '독서의 방법'들은 단순히 책을 읽는 기술적 방법을 보여주는 데 그치지 않고, '독서'라는 행위에 대한 선인들의 철학을 보여주는 훌륭한 척도가 된다. 특히 조선시대 독서론의 방법은 어느 영역보다 풍성한 담론을 가지고 있다. 내용의 이해를 위해 동원할 수 있는 방법, 자신의 지식으로 만들기 위한 재구성에 사용될 수 있는 방법, 경서(經書)와 역사서(歷史書)와 같이 내용상 특수성을 가진 책들을 내용에 따라 다르게 읽는 방법 등 조선시대 독서론의 방법에 관한 논의는 다양하다.

이에 이 연구는 조선시대 사상사를 대표하는 인물들을 통해 조선시대 '독서 방법'에 대해 살펴보고자 한다. 이 연구는 연구 대상 설정에서 두 가지 기준을 세웠다.

첫째, 자료 검토 대상 인물을 뚜렷한 독서론의 이론적 체계가 있는 경우로 제한하였다. 학문적·역사적 가치가 큰 인물이라고 하더라도 개인 독서론에 대한 구체적 내용이 없는 경우는 논의에서 제외하였다.

둘째, 역사적 대표성을 지닐 수 있는 경우로 대상 인물을 제한하였다. 체계적인 독서론이 있는 경우 중에도 학문적 흐름에 영향을 미친 학자, 시대적 특징을 명백하게 보이는 학자, 중세에서 근대로의 변화의 특징을 보이는 학자로 한정하였다.

이러한 기준에 의해 전통 독서론 체계화의 문을 연 율곡(栗谷) 이이(李珥: 1536~1584), 그들과 사상적 논변을 벌이기도 하였고 수많은 제자를 길러내 이후 조선 학문계에 큰 영향을 미친 남명(南冥) 조식(曺植: 1501~1572)과 우계(牛溪) 성혼(成渾: 1535~1598), 그리고 조선 성리학의 심화·정착 단계에서 성리학적 소양을 바탕으로 대문장가로 성장한 중기의 한문사대가(漢文四大家) 중 한 사람인 택당(澤堂) 이식(李植: 1584~1647), 조선 후기 전형적인 유학자의 면모를 갖춘 사람으로 평가되는 우암(尤庵) 송시열(宋時烈: 1607~1689), 유형원(柳馨遠: 1622~1673)을 이어 실학의 이조(二祖)로 손꼽히는 성호(星湖) 이익(李瀷: 1681~1763), 독서와 문학의 새로운 기운을 불어넣은 연암(燕巖) 박지원(朴趾源: 1737~1805), 전통 독서론에 대한 논의 중 가장 풍부하고 다양한 이론을 제시한 이덕무(李德懋: 1741~1793), 독서론의 방법과 내용면에서 진보와 변화를 주도한 정약용(丁若鏞: 1762~1836) 그리고 조선 후기 경화세족(京華勢族)으로서 독특한 독서론을 제시하며 근대적 독서론의 맹아(萌芽) 가능성을 확인시켜준 항해(沆瀣) 홍길주(洪吉周: 1786~1841)를 연구 대상으로 정하였다.

Ⅱ. 내용 이해를 위한 방법

어떻게 책을 읽을 것인가에 대한 고민인 독서의 방법론은 먼저 책을 읽는 목적과도 맞닿아 있다. 책을 읽는 가장 기본적인 이유는 책의 내용을 이해하기 위해서이다. 그렇다면 우리 선인들은 책의 내용을 이해하기 위해 어떤 방법을 제안하였는가. 이제 표면적인 이해와 심층적인 이해를 위해 사용되었던 방법들을 살펴보고자 한다.

1. 단계별로 의미 이해하기

책을 읽는 과정에도 역시 단계가 필요하다. 글자 하나하나의 뜻을 풀이하고 한 구절 한 구절의 취지를 파악해야 전체 글의 주제를 알 수 있다. 다음은 이런 점진적 독서법에 대한 성혼의 글이다.

> 단계를 따라 점진적으로 나아가되 익숙히 읽고 정밀히 생각하는 것이 좋을 것이다. …… 한 책을 가지고 말하자면 그 편장(篇章)·문구(文句)·수미(首尾)·차제(次第) 또한 각각 단계가 있어서 섞여서는 안 된다. …… 글자에서 의미를 찾아내고 구절에서 요지를 찾아내는데 앞을 이해하지 못하면 그 다음을 찾지 말아야 하고 이것을 꿰뚫지 못하면 저것으로 뜻을 옮기지 말아야 한다. 이와 같이 단계를 따라 점진적으로 읽어간다면 뜻이 정해지고 이치가 밝혀지게 되고 건너뛰는 근심이 없을 것이다.[1]

---

1) 成渾, 『牛溪集』「爲學之方」, 李朝中後期思想叢書1(서울: 아세아문화사, 1980), 577면. "循序而漸進 熟讀而靜思可也……以一書言之 則其篇章文句 首尾次第 亦各有序 而不可亂也……字求其訓 句索其旨 未得乎前 則不求其後 未通乎此 則不敢志乎彼 如是 循序而漸進焉 則意定理明 而無疎易凌躐之患矣."

한 글자 한 글자를 꼼꼼하게 살피고 이해하며, 글의 단계에 따라 책의 내용을 이해해야 한다는 성혼의 논지는 교육에 있어서 '차근차근 단계를 좇았으며, 함부로 단계를 뛰어넘게 하지 않았다는 이황의 방법'과도 맞닿아 있다.[2] 사실 이러한 단계점진[순서점진(順序漸進)]의 방법은 주자로부터 시작된 일반적인 독서법이었다.[3] 단계를 뛰어넘거나 단계를 바꾸지 않고 정해진 단계에 맞춰 작은 단위로부터 큰 단위로 의미를 확장해나가며 읽고 풀이하는 과정, 중간에 만나게 되는 의문점들을 사색과 강학을 통해 해결하고, 다음의 단계로 올라가는 이러한 점진해의(漸進解義)의 과정은 조선시대 독서가 학문의 연장선상에 있었다는 사실의 반증이기도 하다. 낮고 쉬운 단계로부터 추상적이고 복잡한 수준으로 점진적인 학습을 진행해나가는 학습의 위계성이 독서 장면에서도 점진적 의미풀이의 과정으로 나타나게 되는 것이다.

이익은 공자께서 안연의 죽음을 안타까워하시며 안연과 함께 있는 동안 그가 진보하는 것만 보고 멈추는 것은 한 번도 보지 못했다고 칭찬하신 일을 언급하면서[4] '나아간다'는 것의 의미를 점진성의 관점에서 이해하였다.

> 오직 안씨(顔氏)의 아들만이 날마다 더해질 것을 청하여 오늘도 한 가지의 일을 깨닫고 내일도 한 가지의 일을 깨달아, 배우지 않을지언

2) 金誠一, 『鶴峯先生文集續集』, 「退溪先生言行錄」, 한국문집총간48(서울: 민족문화추진회), 1990. 243면. "先生讀書 正坐莊誦 字求其訓 句尋其義 未嘗以躐心大膽讀之 雖一字一畫之微 不爲放過."
3) 朱熹, 黎靖德輯, 『朱子語類』(臺北:文津出版社, 民國75年). "順序漸進 以二書言之遍 一書而後一書 以一書言之 篇章文句首尾次第 亦各有序 而不可亂也 量力所至 而謹守之 字求其訓 句索其義 未得乎前不求乎後 未通乎此 不志乎彼 如是 志定理明 而無疎易凌獵之患矣."
4) 『論語』, 「子罕」. "子謂顔淵曰 惜乎 吾見其進也 未見其止也."

정 (배우면) 배운 것이 능하기 전에는 그만두지 않으며, 묻지 않을지 언정 물은 것을 알기 전에는 그만두지 않으며, 생각지 않을지언정 생 각한 것을 제대로 깨닫기 전에는 그만두지 않으며, 분변하지 않을지 언정 분변할 것을 명확히 하기 전에는 그만두지 않으며, 행하지 않을 지언정 행해야 할 것을 독실히 하기 전에는 그만두지 않았으니, 이것 을 진(進)이라고 한다.5)

하루하루 한 단계씩 깨닫되 완전히 능숙할 때까지 연습하고 완전히 해결할 때까지 강학하며, 완전히 깨닫는 수준에 이를 때까지 사유하 고 완전한 분별력을 얻기까지 노력하였으며, 완벽히 체득될 때까지 실천하기를 쉬지 않았던 안연의 치열한 점진적 노력을 '진(進)' 한 글 자에서 발견한 그의 안목이 돋보이는 대목이다. 다음에 실린 글도 이 러한 단계별 독서에 대한 박지원과 이덕무의 글이다.

　글 읽는 법은 일과를 정하는 것보다 더 좋은 것이 없고 질질 끄는 것보다 더 나쁜 것이 없다. 많이 읽으려도 말고 빨리 읽으려도 말라. 글을 읽을 글줄을 정하고 횟수를 제한하여 오로지 날마다 읽어 가면 글의 의미에 정통하게 되고 글자의 음과 뜻에 익숙해져 자연히 외게 된다. 그리고 나서 그 다음의 단계를 정하라. 잘 아는 글자라고 소홀 히 하거나 쉽게 여기지 말고 글자를 달리듯이 미끄러지듯이 줄줄 읽 지 말며, 글자를 읽을 때 더듬거리지 말며, 글자를 거꾸로 읽지 말며, 글자를 옆줄로 건너뛰어 읽지 말라.6)

---

5) 李瀷, 『星湖僿說』, 「顏淵進止」(서울: 아세아문화사, 1966), 219면. "惟顏氏之子 日日請益 今日得一事 明日得一事 有不學 學之不能 不措也 有不問 問之不知 不措 也 有不思 思之不得 不措也 有不辨 辨之不明 不措也 有不行 行之不篤 不措也 此 之謂進也."

6) 朴趾源, 『燕岩集』 「原士」, 한국문집총간252(서울: 민족문화추진회, 2000), 144 ~145면. "讀書之法 莫善於課 莫不善於扡 毋貪多 無欲速 定行限遍 惟日之及 旨精義明

글을 읽으면서 과정을 빼먹으면 앞의 공부가 다 버려진다. 일찍이 보건대, 놀기나 좋아하고 공부는 힘쓰지 않고서 능히 통달한 선비가 된 것을 보지 못하였다. 글 읽는 횟수는 시간을 배정해야 하고, 배정된 시간을 넘나들어 더 읽기도 하고 덜 읽기도 해서는 안 된다. 나는 어릴 때 하루도 과정을 빼먹은 일이 없었다. 아침에 40, 50줄을 배워서 하루 50번을 읽었는데, 아침부터 저녁까지 다섯 차례로 분배하고 한 차례에 열 번씩 읽었다. 몹시 아플 때가 아니고는 어김이 없었다. 그러므로 공부하는 과정이 여유가 있고 정신이 증진되었다. 그때 읽은 글은 지금도 오히려 그 대의를 기억하고 있다. 나는 기질이 너무도 잔약했기 때문에 배우는 양과 읽는 횟수가 매우 적었지만, 만일 재주와 기질이 왕성한 자로 하여금 그 능력에 따라 과정을 정해 나가게 한다면 그 진취는 끝이 없을 것이다.[7]

두 사람 모두 독서의 과정을 정해놓고 차례대로 성실하게 읽기를 권하고 있다. 그러나 이러한 단계에 따른 독서가 항상 긍정적인 것만은 아니다 때로는 도저히 이해하기 어려운 문장을 마주치게 되는 경우 단계를 뛰어 넘을 수 없다는 제약 때문에 그 수준에 계속 머물러있게 되는 일도 생기게 마련이다. 다음의 글은 조식이 바로 그런 경우를 당한 이에게 주는 충고이다.

그대가 이미 사자(四者: 『논어』, 『맹자』, 『대학』, 『중용』)의 글을

音濃意熟 自然成誦 乃第其次 字毋螫 字毋易 字毋躐 字毋滑 字毋澁 字毋倒 字毋傍."
7) 李德懋, 『青莊館全書』, 「士小節」, 敎智, 한국문집총간 257~259(서울: 민족문화
추진회, 2000.), 537~538면. "讀書而闕課 則前功盡棄 嘗見好遊嬉不勤劬 而能成
通儒者 未之有也 課讀遍數 排定時刻 不可逾越 使之參差 余幼時 未嘗一日闕課 朝
受四五十行 讀五十遍 自朝至暮 分排五度 一度十遍 非疾病 未嘗違舛 功程恢恢 而
增長精神 所讀之書 至今猶記大旨 余氣甚孱薄 故行遍之數甚少 若使才氣壯旺者 隨
力爲程 其進不可以極."

섭렵했으면서도 오히려 의심하는 바가 있는 것은 정성이 돈독하지 못해서인 듯합니다. 늙은이에게 교학상장 할 힘이 조금 남아있기는 하지만 어찌 주자, 정자가 입언한 데 털끝 만큼이라도 더하겠습니까? 그 가운데 어록과 『주역』의 난해한 곳은 나도 억지로 그 (뜻을) 구하지 않고 모두 등한한 말로 보아 넘깁니다. …… 청컨대 한 번에 다 얻으려 하지 말고 여러 해를 두고 날로 터득함이 있은 뒤에 늙은이와 만나 절차탁마하면 매우 다행이겠습니다.[8]

『주자어록』과 『주역』 같은 어려운 책을 모두 완벽하게 이해하기란 쉽지 않다. 그렇다고 이해도 안 되는데 다음 단계로 넘어가자니 단계를 바꾸지 말라던 선학들의 말이 걸렸을 터이다. 조식은 자신도 그런 경우에는 억지로 뜻을 깨달으려고 노력하지 않는다고 고백했다. 한 번에 다 얻을 수 없을 경우도 있다는 것이다. 너무 어려운 내용은 그저 등한한 말로 이해하며 넘어가는 지혜도 필요하다. 시간이 흘러 더 다양한 지적 체험들을 거친 후 다시 그 책과 만나게 되면 또 깨달음을 얻게 될 수 있기 때문이다. 독서에서 단계적 단계를 지키는 일은 중요하다. 그러나 그것보다 중요한 것은 독서를 통해 점진적인 성장을 이뤄가려고 노력하는 마음이 더욱 중요할 것이다.

2. 숙독(熟讀)과 정독(精讀)

전통적인 독서의 방법 중에 가장 중요시되면서도 보편적인 방법이 바로 '숙독(熟讀)과 정독(精讀)'이다. 사실 이 두 가지 방법은 서로 다

---

8) 曺植, 『南冥集』, 「奉謝金進士肅夫」, 한국문집총간31(서울: 민족문화추진회, 1990), 492면. "君旣聊涉四子之書 而猶有所疑焉 恐誠不篤也 老夫雖或有一分相長之力 能加絲髮於周程立言乎 其中有語錄易經難解處 吾亦不强求 盡其閑語……請勿欲一跳盡得 累以歲月 日有所得 然後見與老夫切磋 幸甚."

른 것이다. 숙독이 익숙해질 때까지 반복해서 읽는 방법이라면, 정독
은 꼼꼼하게 읽는 방법이다. 그러나 조선시대 독서론에서는 이 두 가
지 방법이 분명하게 구별되지 않는다. 숙독은 정독을 기반으로 하며
정독은 숙독을 동반한다. 또 숙독의 개념은 '독서백편의자현(讀書百遍
義自見)'으로 표현되는 다독(多讀)의 의미와도 연결된다.

전통적 책 읽기에서 다독은 단순한 반복적 읽기를 의미한 것이 아
니다. 그것은 숙독을 위한 과정이다. 왜 숙독이 필요한가. 조선시대
독서의 목적이 성현의 삶을 본받는 일임은 앞에서도 언급한 바 있다.
책은 성현의 말씀과 동등한 의미를 지닌다. 바로 이 점이 언어에만
주목하며 읽을 수 없게 만든다. 언어 속에 숨은 의미를 끌어내고 그
내용을 끊임없이 나 자신의 상황에 맞추며 내면적 성찰을 하면서 읽
어나가야 하는 것이다. 책 속의 내용이 자신과 일치되기 위해서는 그
내용이 자신의 것으로 느껴질 만큼 반복적으로 익혀야 한다. 이 과정
에서 요구되는 것이 암기(暗記)이다. 실천 가능한 지식이 되기 위해서
는 그 전에 자신의 마음대로 운용가능한 지식이 되어야 하기 때문이
다. 자신의 말을 외우는 것과 같은 단계에 도달했을 때 체득의 순간
이 오며 독서가 완성된다.9) 결국 다독과 숙독이 긴밀하게 연관되어
있으며 숙독은 정독을 전제로 하고 있는 것을 알 수 있다. 익숙해질
때까지 반복적으로 읽되 꼼꼼하게 집중하면서 읽는 방법이다. 그러므
로 여기서는 선인들이 언급한 정독의 태도는 물론이고 다독과 숙독
그리고 집중해서 읽기까지를 포함하여 논의하고자 한다. 다음은 이황
과 이이의 글이다.

---

9) 조희정, "전통적인 글 읽기의 성격과 과정," 문학교육학 제2호(서울: 태학사,
   1998), 391~393면.

　　글 읽는 방법을 묻자, 선생께서 말씀하셨다. "오직 숙독해라. 무릇 책을 읽을 때 글의 뜻을 알았다 해도 미처 깊이 익히지를 못하면 읽자마자 잊어버리게 될 것이며 마음속에 간직할 수 없다. 반드시 배운 것을 거듭 복습하고 푹 익히는 공부를 가해야 비로소 마음속에 간직할 수도 있고 또한 흡족하게 맛도 알 수 있을 것이다."10)

　　매양 글을 읽을 때에는 반드시 얼굴을 정숙하게 가지고 단정히 앉아서 심지를 전일하게 하여 한 가지 글이 익숙해진 다음에 비로소 다른 글을 읽을 것이요, 많이 보는 데에 힘쓰지 말아야 하고 기억하는 것만을 일삼지 말아야 한다.11)

　　무릇 독서하는 데는 반드시 한 책을 숙독하여 뜻을 모두 알아서 관통하여 의심이 없는 연후에야 다른 책을 읽을 것이요, 많이 읽기를 힘써 바쁘게 넘기지 말 것이니라.12)

　이황과 이이 모두 숙독을 권장하고 있다. 기억하기만 힘쓰지 말고 마음에 간직하라는 가르침은 독서의 목표가 어디에 있는가를 명확하게 보여준다. 온전한 깨달음과 내면화를 위해 숙독은 필수적인 과정이다. 다음은 정독과 숙독의 상관관계를 잘 설명해주는 조식의 글이다.

　　옛날이나 지금이나 학문하는 사람들이 『주역』을 궁구하기를 매우 어렵게 여기는데, 이는 사서(四書)에 익숙하지 못하기 때문입니다. 학

---

10) 金誠一, 앞의 책, 「退溪先生言行錄」, 251면. "問讀書之法 先生曰 只是熟 凡讀書者 雖曉文義 若未熟則旋讀旋忘 未能存之於心 必也旣學而又加溫熟之功 然後方能存之心 而有浹洽之味矣."
11) 李珥, 『栗谷全書』, 「學校模範」, 한국문집총간 44~45(서울: 민족문화추진회, 1990), 332면. "每讀書時 必肅容危坐 專心致志 一書已熟 方讀一書 毋務汎覽 毋事彊記."
12) 李珥, 위의 책, 「擊蒙要訣」, 讀書章, 86면. "凡讀書 必熟讀一冊 盡曉義趣 貫通無疑 然後乃改讀他書 不可貪多務得 忙迫涉獵也."

문하는 사람들이 사서를 정독하고 숙독하여 진리가 쌓이고 힘이 오래
되면 도의 상달함을 알 수 있어『주역』을 궁구하는 것이 거의 어렵지
않을 것입니다. 대개 정독하기만 하고 숙독하지 않으면 도를 알 수 없
고 숙독만 하고 정독하지 않아도 또한 도를 알 수 없습니다. 정독과
숙독이 모두 지극한 뒤에야 골자를 꿰뚫어 볼 수 있습니다.13)

대부분의 사람들은『주역』을 어려운 책이라고 생각했다. 남명은 그
이유를『주역』의 기본이 되는 사서(四書)를 익숙하게 읽지 않았기 때
문이라고 설명했다. 사서만 익숙해지도록 읽으면 그 깨달음이 기반이
되어『주역』을 이해하기가 훨씬 수월해질 것이라고 했다. 그런데 여
기서 중요한 것은 사서 읽기의 과정에서 동원되는 방법이 숙독과 정
독 모두이어야 한다는 것이다. 숙독이나 정독 중 하나라도 하지 않으
면 책 속에 묻혀 있는 '도'의 실체를 깨달을 수 없다고 했다. 숙독은
'반복'을 지향하고 정독은 '집중'을 지향한다. 아무리 집중하면서 읽
더라도 놓치는 부분이 있을 수 있다. 이것은 다시 읽을 때만 보충할
수 있다. 두 번 세 번 익숙하게 읽고 외우는 동안 몰랐던 부분에 대한
문제들이 자연스럽게 해결되기도 한다. 또 집중하는 읽기가 배제된
숙독은 자칫 자구의 암송에 그칠 위험이 있다. 내면적 성찰을 위해서
는 집중하며 읽기의 과정이 반드시 필요하다.

다음은 그 정독과 숙독의 과정을 생활과 연결 짓도록 권하고 있는
이덕무 정약용 그리고 홍대용의 글이다.

글을 가르치는 데 있어서는 많이만 가르칠 것이 아니라. 정숙(精熟)

---

13) 曺植, 앞의 책, 「示松坡子」, 491면. "古今學者 窮易甚難 此不曾熟四書故也 學者
須精熟四書 眞積力久 則可以知道之上達 而窮易庶不難矣 蓋精而未熟 則不可以知
道 熟而未精 則亦不可以知道 精與熟俱至 然後可以透見骨子了."

하게 익히는 것이 중요하다. (그러므로) 그 자질을 헤아려서 능히 2백
자를 배울 수 있는 자에게는 1백 자만 가르쳐, 항시 정신과 역량이 남
아돌게 하면, 싫증을 낼 염려가 없고 자득하는 좋은 성과가 있을 것이
다. 글을 읽을 때에는 심지를 전일하게 하여 입으로는 외고 마음으로
는 생각하면서 자자 구구(字字句句)를 반복 연구하며, 그 음절을 억양
있게 내고 심지를 너그럽고 겸허하게 갖기를 힘쓰도록 해야 한다. 이
같은 방법으로 오래 계속하면 의리가 흡족하고 총명이 날로 열릴 것
이다.14)

옛날에 전적(典籍)이 많지 않았을 때에는 책을 읽어 외우는 것에 힘
썼는데, 지금은 사고(四庫)의 책만 해도 한우충동(汗牛充棟)하니 어찌
일일이 읽을 수 있겠는가. 오로지 『주역』·『서경』·『시경』·『예기』
·『논어』·『맹자』등은 마땅히 숙독하여야 한다. 그러나 모름지기 뜻
을 강구하고 고찰하여 그 정밀한 의의를 얻어 생각한 바를 수시로 차
록(箚錄)하여야만, 바야흐로 실득(實得)이 있게 된다. 진실로 외곬으
로 낭독하기만 한다면, 또한 실득이 없을 것이다.15)

독서는 물론 암기하고 외우는 것을 귀히 여기는 것은 아니지만 다만
처음 학문하는 사람으로서 기송을 안 하면 더욱 의거할 곳이 없으므
로 매일 배운 것을 먼저 정밀하게 외워야[誦]할 것이니, 음독(音讀)에
착오가 없이 한 뒤에 비로소 산표(算表)를 세우고, 먼저 한 번 읽고

---

14) 李德懋, 앞의 책, 「士小節」, 教習, 536면. "凡授書 不在徒多 但貴精熟 量其資稟
能二百字者 只可授以一百字 常使精神力量有餘 則無厭苦之患 而有自得之美 諷誦
之際 務令專心一志 口誦心惟 字字句句 紬繹反覆 抑揚其音節 寬虛其心意 久則義
理浹洽 聰明日開矣."
15) 丁若鏞, 『與猶堂全書』, 「爲盤山丁修七贈言」, 한국문집총간 281~286(서울 : 민
족문화추진회, 2002), 380면. "古者典籍不多 以讀書成誦爲務 今四庫書充棟汗牛
安得每讀 唯易書詩禮論孟等當熟讀 然須講究考索 得其精義 隨所思卽行箚錄 方有
實得 苟一向朗讀 亦無實得也."

그 다음 한 번 외고 그 다음 한 번 보며, 한 번 보고 나서는 다시 먼저
번의 단계대로 되풀이 하여 총합 30~40번을 읽고 그치며, 매양 한 권
이나 혹 반 권을 배웠을 때는 먼저 배운 것도 아울러 또한 읽고 그 다
음 외고 그 다음 보되, 각각 3~4번을 반복한 다음에 그친다. 무릇,
글을 볼 때에는 글을 묵송(黙誦 마음속으로 외는 것)하면서 그 뜻을
완색(玩索 이리저리 완미해서 찾는 것)하되, 주석을 참고하며 마음을
전일하게 갖고 궁구해야 한다. 만약 한갓 보기만 하고 마음을 두지 않
으면 또한 이익이 없다……. 무릇 독서는 결코 의문을 일으키려고만
해서는 안 된다. 다만 마음을 평정하게 갖고 뜻을 전일하게 하여, 읽
어오고 읽어가되 의문이 없는 것을 걱정하지 말고, 의문이 생기거든
반복하여 확실하게 참고하여 궁구한다. 반드시 문자에만 의거하지 말
고, 혹은 사물에 응할 때에 징험하며, 혹은 유연(悠然)하게 노니는 속
에서 구한다. 무릇 다닐 때나 걸을 때나 앉을 때나 누울 때나, 궁구하
고 완색(玩索)할 것이니, 이와 같이 계속하면 통하지 못한 것이 적고
설사 통하지 못한 것이 있다 하여도, 이러한 궁구 탐색을 먼저 하고
뒤에 남에게 물으면 바로 말이 떨어지기가 무섭게 해득할 수 있다.16)

  이덕무는 정독과 숙독도 중요하지만 그것이 가능하도록 독서의 분
량을 조금 낮은 수준으로 줄여주는 것이 더 중요하다고 설명했다. 적
은 내용을 가지고 충분히 익히고 적용하면 그만큼 성취감을 맛볼 수
있고 그 성취감은 이후 독서 행위에 큰 내적 동기로 작용할 수 있기

---

16) 洪大容,『湛軒書』,「與梅軒書」, 한국문집총간 248(서울: 민족문화추진회, 2000),
  119~120면. "讀書固不貴記誦 惟初學 舍記誦 益無依據 每日將所受書 先要精誦 音讀
  無錯 然後始立算 先讀一遍 次誦一遍 次看一遍 看已復讀 摠得三四十遍而止 每畢受一
  卷或半卷 幷前受亦先讀 次誦次看 各得三四遍而止 凡看書 黙誦其文 玩索其意 參以註
  釋 潛心溫繹 若徒寓目而心不在 亦無益也 …… 凡讀書 切不可徑要會疑 只平心專志
  讀來讀去 不患無疑 有疑則反覆參究 不必專靠文字 或驗之應事之際 或求之游泳之中
  凡行步坐臥 隨時究索 如是不已 鮮有不通 設有不通 先此究索 而後問於人 乃可以言下
  領悟."

때문이다.

홍대용에 의하면 처음 학문을 시작하는 이들에게 숙독과 암기는 불가피한 과정이다. 한 권의 책을 그 내용에 따라 30~40번 반복해서 읽으며 외우는 것이 좋다. 그러나 거기서 그쳐서는 안 된다. 숙독의 과정을 거치면서 의문이 생기면 다시 꼼꼼하게 읽어 나가야 한다. 이때 반드시 문자에만 의존하지 말고 사물을 마주 대할 때, 산책할 때, 앉거나 눕는 일상 속에서 곰곰이 곱씹는 과정이 필요하다는 것이다. 이것은 생활 속에 확장된 정독이다. 책의 내용을 생활 속에서 징험하며 의문이 났던 내용들에 대해 해답을 구하는 자세는 정독이나 숙독이 책을 읽고 있는 순간에만 가능한 것이 아니며, 그 내용들에 대한 궁리를 계속하는 동안 생활 속에서도 이루어질 수 있다는 넓고 유연한 사고이다.

3. 글쓴이의 마음으로 읽기

책을 읽는 데는 두 가지 방식이 있다. 하나는 '빠지면서 읽기'이고 다른 하나는 '따지면서 읽기'이다. '빠지면서 읽기'는 독자가 자기를 내세우지 않고 저자가 이끄는 대로 책 속에 들어가 책에서 하는 말을 받아들이는 독서 방식이다. 빠지면서 읽을 때는 저자는 크고 독자는 작다는 전제가 성립된다. 독자는 저자를 우러러보며 책에서 이끄는 대로 따라가며 때로는 지식을 얻기도 하고 때로는 감화를 받기도 한다.[17] 조선시대 독서론에서의 독자는 겸손하게 저자의 말씀을 따르며 '빠지면서 읽기'를 선택한다. 이는 책의 내용을 내면화해야 하는 조선시대 독서론의 특성상 자연스러운 선택이라고 할 수 있다. 다음

17) 조동일, 독서·학문·문화(서울 : 서울대학교출판부, 1994), 11~13면.

은 이익의 글이다.

> 『논어』 20편은 모두 성인의 말씀과 행실이니, 털끝만큼도 의심할
> 만한 것이 없어야 마땅하다. (그러나) 어떤 경우는 그 당시 무슨 이유
> 가 있어 그렇게 말씀하신 경우가 있다. 따라서 다 알 수 없는 점에 대
> 해서는 또한 그 당시의 어떤 일 때문에 그렇게 말씀하셨는지를 상상
> 해보아야 한다. 그래서 반드시 그 일을 터득한 뒤에야 그렇게 말씀하
> 신 뜻을 알 수 있다……. 이른바 성인의 말씀이라고 하는 것에 대해서,
> 배우는 자는 이치에 어긋나는 얼마쯤은 빼버리고 나머지에 대해 충분
> 히 익히고 깊이 생각하여 주석을 붙인 뒤 외우고 익혀 자기 것으로 만
> 든다면 어찌 유익함이 없겠는가.[18]

『논어』를 읽는 이익의 태도가 자못 경건하기까지 하다. 추호의 의
심도 없어야 하는『논어』를 읽으면서도 이해가 되지 않는 부분을 만
날 수 있다. 그럴 때는 어떻게 해야 하는가. 당시의 상황과 형편을 헤
아려야 한다는 것이 이익의 생각이다. 그 말씀을 하셨던 시대 상황,
인물들의 특성, 앞 뒤 문맥의 흐름 등을 고려하여 그 말씀을 하신 이
유를 추측하다 보면 앞서 가진 의문은 풀 수 있을 것이라는 주장이다.
이것은 결국 현대의 작가의 시대·사회적 상황을 통해 작가를 이해하
려는 방식과 동일하다고 볼 수 있다. 다음은 같은 맥락의 주장을 펼
치고 있는 홍대용의 글이다.

> 내 일찍이 맹자의 '이의역지(以意逆志)'(내 뜻으로 남의 뜻을 생각해

---

18) 李瀷, 앞의 책, 「聖人之言」, 112면. "論語二十篇 皆聖人之言行 宜無一毫可疑 其
或有一時有爲而發者 其於未盡曉處 亦宜像想當時緣何等事端而發此言句乎 必得
其事 然後方得其言也 …… 凡其所謂聖人之言者 學者宜去其違悖若干 餘悉溫釋而
註釋 誦習服膺 豈不有益."

봄)란 네 글자를 가지고 독서의 비결을 삼았다. 옛사람의 지은 글이
다만 의리(義理)나 사공(事功)에 있어서 만이 아니고, 비록 문장을 나
누는 방법과 문장의 처음부터 끝맺음의 연결 등의 말단에 속하는 기
법(技法)마저도 각각 그 뜻이 담겨지지 않은 것이 없으니, 이제 나의
뜻으로 옛사람의 뜻[志]을 맞아 들여서, 융합하여 사이가 없고 서로
기뻐 화합하여 풀리면 이것은 옛사람의 정신과 견식(見識)이 나의 마
음을 통해 들어온 것이다. 비유컨대, 굿을 하는 데 있어서 신(神)이 내
려서 영(靈)이 몸에 붙으면 무당은 갑자기 환하게 깨달아져 그것이 어
디로부터 온 것인지 알지 못하는 것과 같다. 이와 같이 문장 구절과
주석에 의지하거나 묵은 자취를 답습(踏襲)하지 않고, 모든 변화를 자
유자재로 처리해 나가게 되면 나도 또한 옛사람처럼 되는 것이다.[19]

독서의 비결로 맹자의 이의역지(以意逆志)를 추천하면서 말을 시작
한 홍대용은, 책 내용의 핵심적 진리뿐만 아니라 문장의 서술방식이
나 기법까지도 온전히 본받고 동화시켜, 글쓴이의 식견과 자신의 내
면이 완전한 일치를 이루어 내기를 원하고 있다. 이는 글쓴이의 마음
으로 책의 내용에 빠져 그 내용을 깊이 있게 이해하는 정도의 수준이
아니다. 그것은 글쓴이와의 동일시를 의미하고 있는 것이다. 다음은
박지원의 글 두 편이다.

> 그대가 태사공의 『사기』를 읽었으되 그 글만을 읽었을 뿐 그 마음은
> 읽지 못하였다고 보아야 할 것입니다. 왜냐하면 「항우본기」를 읽고서
> 성벽 위에서 전투를 관망하던 장면이나 생각하고 자객열전을 읽고서
> 고점리가 축을 치던 장면이나 생각하니 말입니다. 이런 것들은 늙은

---

19) 洪大容, 앞의 책, 「與梅軒書」, 120면. "余嘗以孟子以意逆志四字 爲讀書符訣 古人
作書 不惟義理事功 雖篇法起結文辭之末技 莫不各有其志 今以吾之意逆古人之志 融
合無間 相說以解 是古人之精神見識 透接我心 譬如乩神降附靈巫 分外超悟 不知自何
而來能如是 不待依樣章句蹈襲陳跡 而酬酢萬變 左右逢原 我亦古人而已矣."

서생들이 늘 해 대는 케케묵은 이야기로서 또한 '주방에서 숟가락 주
웠다.'는 것과 무엇이 다르겠습니까. 어린아이들이 나비 잡는 것을 보
면 사마천의 마음을 간파해 낼 수 있습니다. 앞다리를 반쯤 꿇고, 뒷
다리는 비스듬히 발꿈치를 들고서 두 손가락을 집게 모양으로 만들어
다가가는데 잡을까 말까 망설이는 사이에 나비가 그만 날아가 버립니
다. 사방을 둘러보아도 사람이 없기에 어이없이 웃다가 얼굴을 붉히
기도 하고, 성을 내기도 하지요. 이것이 바로 사마천이 『사기』를 저술
할 때의 마음입니다.[20]

글을 잘 읽는다는 것이 어찌 훈고에만 밝고 마는 것이겠으며, 이른
바 선비가 어찌 오경에만 통하고 말겠는가. 무릇 성인의 글을 읽어도
능히 그 (성인의) 고심을 터득할 수 있는 자는 드물다.[21]

나비를 잡는 어린아이의 마음이 되어보자. 조심스럽게 다가가서 숨
을 죽이고 날개를 향해 손가락을 세운다. 발뒤꿈치를 들고 살금살금
다가가지만 꼭 잡힐 것만 같던 나비는 어떻게 눈치 챘는지 속절없이
날아가 버린다. 머쓱해진 어린아이는 주변을 둘러본다. 나비를 잡지
못한 것이 화가 나기도 하고 나비 따위를 잡지 못하고 무안해하는 자
신이 한심하기도 해서 혼자 투덜거린다. 궁형(宮刑)을 받고 인간 이하
의 취급을 받으며 역사의 한 획을 남기기 위해 『사기』를 썼던 사마천
에게 역사란 무엇이었을까. 역사의 수많은 영웅과 간신, 명멸한 왕조
들을 기록하며 그는 정작 어디에도 없는 진리를 잡고 싶어 했다는 것

---

20) 朴趾源, 앞의 책, 「答京之3」, 95면. "足下讀太史公 讀其書 未嘗讀其心耳 何也
讀項羽 思壁上觀戰 讀刺客 思漸離擊筑 此老生陳談 亦何異於廚下拾匙 見小兒捕
蝶 可以得馬遷之心矣 前股半跽 後脚斜翹 丫指以前 手猶然疑 蝶則去矣 四顧無人
哦然而笑 將羞將怒 此馬遷著書時也."
21) 朴趾源, 위의 책, 「原士」, 144면. "善讀書者 豈訓詁明而已哉 所謂士者 豈五經通
而已哉 夫讀聖人之書 能得其苦心者鮮矣."

을 깨닫게 되었을지도 모른다. 선인은 복을 받고 악인은 벌을 받아야
하는 당연한 진리가 역사 속에서는 적용되지 않는다. 수많은 우연과
필연의 얽힘 속에서 역사는 만들어진다. 사마천은 결코 잡을 수 없었
던 역사의 진리 속에서 허탈하기도 하고 무안하기도 하지 않았을까.
박지원은 『사기』를 통해 그런 사마천의 마음을 읽어야 한다고 말하고
있다. 그저 전쟁 속의 영웅의 모습이나 사건의 전개에만 매몰되지 말
고 사마천의 마음이 되어, 잡히지 않는 역사의 진실을 기록하기 위해
자신의 모든 것을 바쳤던 그의 마음이 되어 『사기』를 읽도록 권하고
있는 것이다. 또 경서 속에 담긴 성인의 마음도 들여다보아야 한다고
했다. 사람들은 대부분 경서에 비친 성인의 당당한 면모만을 본다.
그러나 박지원은 성인의 고심을 보는 이가 누구냐고 묻는다. 성현들
의 인간적 고뇌와 힘겨움까지 읽을 수 있을 때 그것이야 말로 진실한
책읽기가 되는 것이다.

Ⅲ. 재구성을 위한 방법

　책의 내용을 이해하고 수용하는 것은 독서의 가장 기본적인 목적이
자 과정이다. 그러나 우리가 '바람직한 독서'의 방향을 제시하고자 할
때 여기에 덧붙여지는 과정이 있다. 그것은 책의 내용을 자신의 것으
로 재해석하여 재생산해내는 일이다. 이것은 방대한 정보 속에서 자
신에게 유용한 정보를 선별해내는 과정일 뿐만 아니라, '독서'라는 행
위를 '자신의 안목'으로 재조명하여 '삶'과 연결시키는 단계인 것이다.
　이제, 우리 선인들이 제안한 '책의 내용을 재구성하는 방법'에는 어
떤 것이 있었는가를 살펴보고자 한다.

1. 다양한 자료를 참고하며 읽기

조선 시대에 이르러 도서의 보급과 유통이 늘어나면서 책의 양이 증가했음은 주지의 사실이다. 실제로 조선 후기에 유행한 '영락대전본'을 기준으로 할 때 삼경과 사서의 분량이 90권 50책에 이르고, 주자학의 기본 서적만 하더라도 260권을 상회하고 있었다고 한다.[22] 이렇게 책의 양이 늘어나면서 더불어 확대된 것은 기존의 책에 대한 검증의 필요성이었다. 여러 학자들의 의견들을 참고하여 같은 경전을 이전 학자들과는 다른 견해로 재구성하는 일이 늘어나게 된 것이다. 다음의 글은 송시열이 『심경』을 강론하면서 임금에게 올린 글의 일부분이다.

> 문순공(文純公) 이황(李滉)은 평생 이 글(『심경』)을 존신(尊信)하였으므로 강론하는 사이에 털끝만한 것까지 분석(分析)하여 혹시 한 자라도 잘못되고 한 가지 뜻이라도 분명치 못할까 두려워하였습니다. (그래서) 문인들이 받아쓴 논설(論說)까지 오히려 가져다가 살피고 정정(正訂)하여 반드시 시정하는 것까지 기약한 후에 그만두었으니, 그 마음 쓴 것이 부지런하다 하겠습니다.[23]

강론을 준비하면서 『심경』에 남다른 애정을 가졌던 이황의 이론에 대해 여러 학자들의 의견을 참고로 하여 검토하였다는 설명이다. 주자에 이르러 경전의 뜻이 모두 밝혀졌다고 믿는 송시열은 뒷부분에서

---

22) 김문식, 정조의 경학과 주자학(서울: 문헌과 해석사, 2000), 14~18면.

23) 宋時烈, 『宋子大全』, 「心經釋疑箚」, 한국문집총간 108~116(서울: 민족문화추진회, 1990) "文純公臣李滉 平生尊信此書 其於 講論之際 毫分縷析 惟恐一字之或訛 一義之不明 其門人記其論說之語 則猶且取而審訂之 必期於是正而後已 其用心可謂勤矣."

주자의 입장과 다소 차이를 보이는 이황의 이론을 반박하고 있다. 이미 확고한 결론을 가지고 있었던 송시열조차도 여러 자료를 참고하여 부지런히 준비했다고 밝힐 정도라면 이 당시 다른 학자의 자료를 참고로 자신의 의견을 개진하는 방식이 일반화되어 있었던 것으로 보인다. 그러나 이 시기는 주자적 견해 외에는 이단으로 몰리던 시대였으므로 다양하고 자유로운 자료의 참고나 질의는 어려웠을 것이다. 진정한 의미의 자료를 참고로 하는 읽기는 조선 후기에 와서 그 모습을 드러낸다.

다음은 이덕무의 글이다.

> 첫째 경문을 익힐 것이요, 둘째 여러 사람의 설을 다 참고하여 그 같고 다른 점을 분별하고 장점과 단점을 비교할 것이요, 셋째 정밀히 생각하여 의심되는 것을 풀이하고서도 오히려 감히 자신감을 갖지 말 것이요, 넷째 밝게 분별하여 그릇된 것을 버리고서도 오히려 감히 스스로 옳게 여기지 말 것이다. 능히 한 경서에서 문호를 찾아 들어간다면 모든 책이 다 한방에 있을 것이요, 문호가 다른 책은 유추해서 통할 수 있을 것이다.[24]

이덕무는 정독의 단계를 네 부분으로 나누어 설명하고 있는데 그 두 번째 단계가 진참중설(盡參衆說)의 단계이다. 이는 글의 내용을 한 가지 주석에만 의존하지 말고 다양한 자료를 바탕으로 이해하며 읽는 방법을 의미한다. 이러한 폭넓은 자료를 활용한 읽기는 정약용에 이르러 꽃을 피운다.

---

24) 李德懋, 앞의 책, 「士小節」, 敎習, 493면. "一日熟誦經文也 二日盡參衆說 而別其同異 較其長短也 三日精思以釋所疑 而猶未敢自信也 四日 明辯以去所非 而猶未敢自是也 能於一經上 得其門而入 則諸書皆同室 而異戶者 可以類推而通."

다음은 경전 해석에 관한 견해를 담은 정약용의 글이다.

　지금 경전(經典)의 설(說)들이 어지럽고 뒤섞여서 그 근본줄기가 없
으니, 진실로 정밀히 선택하고 널리 채취하여 그 지극함을 알고 그 지
극함에 돌아가게 하지 않는다면 경(經)의 도(道)가 거의 꺼져갈 것입
니다. 아가위[楂]25)·배[梨]·등자[橙]·귤(橘) 등 맛이 다른 과일을
소반에 함께 늘어놓으면 자리에 앉은 사람이 스스로 선택할 것이고,
금(金)·패(貝)·주(珠)·옥(玉) 등 질이 다른 보배를 저자에 같이 늘
어놓으면 구하는 사람이 스스로 선택할 것입니다. 그러므로 해박한
선비로 하여금 서적을 널리 구하고 아울러 감식(鑑識)할 줄 아는 사람
으로 하여금 그 선택을 임의대로 하게 하여, 경문(經文) 아래에 그 세
대를 참고하고 그 전주(箋注)를 싣되, 그 중에 번잡한 것을 산삭하고
중복된 것을 도태하여, 위로 진(秦)·한(漢)에서 아래 황명(皇明)에 이
르기까지 새로 발명된 학설로서 한 가지 뜻이라도 갖춰진 것이면 모
두 그 정미한 뜻만을 취하고, 무릇 같은 것을 무리 짓고 다른 것은 쳐
버리려는 쓸모없는 말은 모두 산삭할 것입니다. 그리하여 글 읽는 선
비들로 하여금 책을 펴보면 어떤 학설은 어떤 사람한테서, 어떤 뜻은
어떤 책에서 비롯된 것인가를 환히 알게 하는 한편, 취하고 버리고 좇
고 좇지 않는 권한은 듣는 이들 스스로가 선택하게 할 것이요 억지로
따르게 하지 않는다면, 박아(博雅)한 선비가 차츰 그 사이에서 배출하
여 성조(聖朝)의 교화를 빛내고 성문(聖門)의 은미한 뜻을 밝힐 것이
니, 어찌 진실로 아름답지 않겠습니까.26)

---

25) 산사(山査)나무의 열매.

26) 丁若鏞, 앞의 책, 「十三經策」, 172면. "今經典之說 紛綸錯綜 散無綱紀 苟非精選
博採 會其極而歸其極 則經之道 幾乎熄矣 夫楂梨橙橘之異味 而竝列于盤 則筵者
自擇 金貝珠玉之異寶 而竝列于肆 則求者自擇 苟使博治之士 廣覽書籍 兼令鑑識
之人 任其揀選 乃於經文之下 考其世代 載其箋註 而刪其繁衍 汰其重複 上自秦漢
下至皇明 一切新發之說 可備一義者 皆取其精義 凡諸黨同伐異之游詞漫說 竝行刪
節 使讀書之士 開卷瞭然 知某說之起於何人 某義之昉於何書 而其取舍從違之權

경전이 기록된 시간은 까마득히 멀다. 시간은 흘렀고 이제 남은 누구도 경전의 본의를 정확하게 알지 못한다. 정약용의 회의는 여기에서부터 출발한다. 이런 회의는 주자의 경전 해석에 대한 전면적 문제 제기와 동일한 의미를 가진다. 조선 성리학이 수용되고 발전되고 정착되는 오랜 기간 주자의 경전에 대한 해석은 의심할 여지없는 진리였기 때문이다. 그러나 정약용은 여기에 문제를 제기한 것이다. 경전을 경전으로 증명하고 해석하자는 것이 정약용의 논리이다. 과일이나 보석을 종류대로 늘어놓아 자신의 취향에 맞게 선택하는 것처럼 다양한 경전의 주석들을 이리 저리 참고하여 자신이 옳다고 판단하는 해석을 따라야 한다는 것이다. 경전 해석에 대한 취사선택의 결정권이 책을 읽는 개인에게로 넘어가는 의미 있는 순간인 것이다. 그렇다면 경전의 문제에만 이 사실이 유효한 것인가. 그렇지 않다. 정약용은 또 다음과 같은 사례를 소개하고 있다.

나는 몇 년 전부터 독서에 대하여 대략 알게 되었다. 책을 그냥 읽기만 하면 하루에 천 번 백 번을 읽어도 읽지 않은 것과 마찬가지이다. 무릇 책을 읽을 때에는 한 글자를 볼 때마다 그 명의(名義)를 분명하게 알지 못하는 곳이 있으면, 모름지기 널리 고찰하고 자세히 연구해서 그 근본을 터득하고 따라서 그 글의 전체를 완전히 알 수 있어야 하니, 이렇게 하는 것을 계속하여야 한다. 그렇게 하면 한 종류의 책을 읽을 때에 아울러서 수백 가지의 책을 널리 상고하게 될 것이요, 따라서 본서(本書)의 의리에 대해서 분명히 꿰뚫을 수 있으니, 이 점은 꼭 알아야 할 것이다.
예를 들면 『사기』의 자객열전(刺客列傳)을 읽다가 '조도제(祖道祭)

를 지내고 길을 떠났다.[旣祖就道]'라는 한 구절을 만나게 되었을 경우 '조(祖)란 무엇입니까?' 하고 스승에게 물어 보아라. 그러면 스승은 '전별제(餞別祭)이다.'라고 대답해 줄 것이다. 또 '꼭 조라고 하는 것은 무슨 까닭입니까?' 하고 물어서 스승이 '자세히 모르겠다.'고 하거든, 집으로 돌아와서 자서(字書)를 꺼내 조(祖)자의 본뜻을 살펴보고, 또 자서에 있는 증거를 토대로 하여 다른 책까지 들추어 그 전석(箋釋)을 고찰해서 그 뿌리를 캐고 지엽적(枝葉的)인 뜻까지도 캐도록 하여라. 또 『통전(通典)』이나 『통지(通志)』, 『통고(通考)』 같은 서적에서 조제(祖祭)하는 예절까지 상고해서 책을 만들면, 영원히 없어지지 않고 오래도록 남을 좋은 책이 될 것이다.

이렇게 하면 전에는 아무것도 모르던 네가 그날부터는 조제의 내력을 환하게 아는 사람이 될 것이니, 아무리 큰 학자라 할지라도 조제에 관한 한 가지 일에 있어서는 너와 겨룰 수 없을 것이다. 어찌 크게 즐겁지 않겠느냐. 주자(朱子)의 격물(格物) 공부도 이와 같은 것이다. 오늘 한 가지 사물에 대해 끝까지 궁구하고 내일 한 가지 사물에 대하여 끝까지 궁구한다는 것도 이와 같이 착수하는 것이다. 격(格)이라는 것은 끝까지 연구하여 끝까지 도달한다는 뜻이니, 끝까지 연구해서 끝까지 도달하지 못한다면 아무런 이익이 없을 것이다.[27]

책을 읽는 과정에서 한 글자의 의미가 궁금해졌다면, 그 궁금증을 확장시켜 나가야 한다. 스승께 여쭤보아도 표면적인 의미만을 가르쳐

---

27) 丁若鏞, 앞의 책, 「寄游兒」, 459면. "吾自數年來 頗知讀書 徒讀雖日千百遍 猶無讀也 凡讀書每遇一字 有名義不曉處 須博考細究 得其原根 仍須詮次成文 日以爲常 如是則讀一種書 兼得旁窺百種書 仍可於本書義理 曉然貫穿 此不可不知也 如讀刺客傳 遇旣祖就道一句 問日祖者何也 師日餞別之祭也 日其必謂之祖者何義 師日未詳 然後歸而至其家 抽字書見祖字之本義 又因字書 轉及他書 考其箋釋 採其根本 揚其枝葉 又如通典通志通考等書 考祖祭之禮 彙次成書 便足不朽 如是則 汝前爲不識一物之人 自是日儼然爲通知祖祭來歷之人 雖鴻工鉅儒 於祖祭一事 爭不得汝 豈不大樂 朱子格物之工 也只如此 今日格一物 明日格一物者 亦須如是著手 格者窮極到底之意 不窮極到底 亦無所爲益也."

주실 뿐 모른다고 하신다. 그래도 멈추지 말아야 한다. 이런 저런 책을 자료로 그 글자의 다양한 쓰임과 이 대목에 가장 알맞은 의미 그리고 그 의미의 기원까지를 알아내야 한다. 한 글자의 궁금증으로 인해 여러 권의 책을 두루 살피게 되는 것이다. 그렇게 된다면 한 권의 책을 보는 동안에도 수백 권의 책을 함께 볼 수 있음을 물론이고 궁금하게 여기던 글자의 가장 적절한 의미까지 알게 된다. 정약용은 이어서 그런 공부의 구체적 예까지 들고 있다. 한 가지의 의문점에서 출발하여 그 글자의 의미, 그 글자의 용례, 용례로 사용된 예법의 운용까지 지식의 폭을 확장시켜 나간다. 이렇게 얻어진 지식은 진정한 자신의 것이 된다. 직접 자료를 찾아보고 의미를 추론해보면서 공부의 방법을 깨우쳐 나갈 수 있을 뿐만 아니라 그러한 경험이 내적 동기가 되어 이후 독서의 과정에 대한 기대감을 갖게 할 수 있을 것이다.

2. 기록하며 읽기-초록(抄錄)과 질서법(疾書法)

작가들 중 어떤 이들은 처음 습작을 시작할 때 자신이 본받고 싶은 이의 글을 그대로 베껴 쓰는 일로 부터 출발한다고 한다. 이런 베껴 쓰기의 독서법은 오랜 과거로부터 현재까지 이어져 오고 있는 방법이다.

초록과 질서는 모두 책의 내용을 기록하는 것이라는 공통점을 가지고 있다. 그러나 초록이 책의 내용 중 필요한 부분을 그대로 옮겨 적는 것이라면 질서(疾書)는 책의 내용을 읽다가 의문이 나는 부분에 대해 자신이 깨달은 내용을 기록하는 것이라는 차이점이 있다. 현대적 표현으로 치환한다면 초록은 '요약·정리'에 해당한다면 질서는 '자신의 생각 메모하기' 정도에 해당한다고 볼 수 있다.

독서에서 쓰기는 책의 내용을 자신의 것으로 만드는 작업 중 하나

이다. 조선 시대에 이미 이러한 읽기와 쓰기를 병행하는 일이 이루어
졌다. 선인들 문집 곳곳에서 책을 읽고 난 감상이나 책의 내용에 대
한 자신의 의견 혹은 중요한 구절을 재구성하는 내용들을 발견할 수
있다. 특히 독서나 학문에 대한 논의 중에는 주자의 이론을 부분적으
로 발췌하여 옮겨 적은 것들이 많다. 성혼의 『위학지방(爲學之方)』이
나 순암 안정복의 『하학지남(下學指南)』같은 저술들이 대표적인 예이
다. 이런 초록(抄錄)의 방법은 당시 매우 보편적인 독서의 방법이었던
것으로 보인다.

초록에 대한 의견도 많이 등장하는데 송시열은 모르는 부분과 목차
의 첫머리를 초록한다고 하였다.[28] 정약용은 아름다운 말씀과 착한
행실이 돋보이는 것, 경서에 대한 새로운 이론으로 전거(典據)가 있는
것, 자학(字學)이나 운학(韻學)의 일부, 병학(兵學), 농사, 의학(醫學)에
관한 것 중 새로운 학설 등을 가려 뽑으라고 가르치고 있다.[29] 시대
적 차이를 고려한다고 해도 이 두 사람의 초록에 대한 입장은 너무
거리가 멀다. 송시열에게 초록은 책의 이해를 돕기 위한 메모 정도에
불과해 보인다. 실제로 독서 일기의 성격을 띤 그의 글 『간서잡록(看
書雜錄)』은 읽은 책의 내용 속에서 주자의 이론을 검증하는 정도에 그
치고 있는 것이 사실이다. 그러나 정약용의 경우 초록은 학문의 진보
를 위한 자료를 모으는 작업이었던 것으로 보인다. 그는 독서가 단순
한 읽는 행위에 머무르지 않고 다음 단계의 독서를 위한 기반이 되고

---

28) 宋時烈, 앞의 책, 「看書雜錄」, 427면. "愚謂不但讀史 凡干讀書 皆不可不箚出難
曉處 不但編次文字 凡看文字 皆不可不抄記項頭 免得用心去記."
29) 丁若鏞, 앞의 책, 「答二兒」, 449~450면. "學問宗旨 本之以孝弟 文之以禮樂 輔
之以政刑 翼之以兵農 鈔書要旨 凡看一種書 有嘉言善行之不載小學 而可爲小學之
續者採之 凡經說之新而有據者採之 如字學韻學之類 十採其一 假如說鈴中琉球紀
程之類 當爲兵學而採之 凡有農醫諸說 先考家中所有書籍 知其新說然後鈔之."

보다 새롭고 유용한 지식을 발굴하는 과정이 되어야 한다고 생각했
다. 그는 아들들에게 보내는 편지 곳곳에서 초록의 방법과 의미를 설
명했다. 역사책을 볼 때도 초록을 권장했고,30) 주자의 성리서나 우리
나라 학자들의 철학서를 읽을 때도 초록을 빠뜨리지 말라고 강조했
다.31) 그러나 초록은 무작정 할 수 있는 것은 아니다. 초록을 할 수
있기 위해서는 먼저 준비해야 할 것이 있다. 정약용의 다음 글은 그
것이 무엇인지를 설명하고 있다.

> 책을 가려 뽑아 기록하는 방법은, 나의 학문이 먼저 주관이 확립된
> 뒤에야 옳고 그름을 판단할 수 있는 저울이 마음속에 있어서 취하고
> 버리는 것이 어렵지 않게 되는 것이다. 학문의 요령을 지난번에 말해
> 주었는데, 필시 네가 잊었구나. 그렇지 않다면 무엇 때문에 책을 초록
> 하는 일에 의심을 하여 이러한 질문을 하였겠느냐. 언제나 책 한 권을
> 읽을 때에는 학문에 보탬이 될 만한 것이 있으면 뽑아 모으고, 그렇지
> 않은 것은 눈을 붙이지 말아야 한다. 이렇게 한다면 비록 백 권의 책
> 이라도 열흘의 공부에 지나지 않을 것이다.32)

초록을 하기 위해서는 먼저 가려 뽑는 안목이 필요하다. 초록의 결
과물이 다음 독서와 학문을 위한 좋은 자료가 되기 위해서는 정해진
책에서 유용한 글을 뽑아내는 수준 있는 안목은 필수적이다. 그것을

---

30) 丁若鏞, 위의 책, 「寄二兒」, 452면. "凡看國史野史 遇有先代事蹟 宜卽抄錄一册
看先輩文集亦然 久而成書 可補家乘之闕 雖旁親事跡."

31) 丁若鏞, 같은 책, 「寄兩兒」, 456면. "汝其依此門目 就程朱書及性理大全 退溪集
言行錄 栗谷集 宋名臣錄 說鈴 昨非菴日纂 宛委餘篇及我東諸賢所記述 彙次作三
四卷 亦一部佳書也."

32) 丁若鏞, 같은 책, 「答二兒」, 449면. "鈔書之法 吾之學問 先有所主 然後權衡在
心 而取捨不難也 學問之要 前旣言之 汝必忘之矣 不然何疑於鈔書而有此問耶 凡
得一書 惟吾學問中有補者採掇之 不然者竝勿留眼 雖百卷書 不過旬日之工耳."

정약용은 '옳고 그름을 판단할 수 있는 저울과 같은 주관'이라고 표현
하고 있다. 주견이 올바로 성립된 이후에 하는 초록이야말로 제2의
저자가 되어 책을 재구성하는 일인 것이다.

정약용에게 초록이 학문의 진보를 위한 디딤돌이요 자료집이었다
면, 이덕무에게 초록은 좋은 글을 반복해서 느끼고 감상할 수 있는
즐거운 작업이었다. 그는 이서구에게 보내는 편지에서 공책을 머리맡
에 두고 한적할 때 글을 읽고 싶은 생각이 들 때, 고인들의 좋은 글을
뽑아 낭독하고 나서 급히 먹을 갈아 다시 그 글을 옮겨 쓰면, 그 순간
에 좋은 술과 아름다운 꽃이 주는 즐거움보다 더한 행복을 느끼게 되
었노라고 술회하고 있다.[33] 참으로 낭만적인 독서요 초록이 아닐 수
없다. 그는 또 「사소절」에서 '쓰기'의 공효를 다음과 같이 설명하고
있다.

> 입에서는 육예(六藝)의 글을 읊는 소리가 끊어지지 않고, 손에서는
> 백가(百家)의 책이 떠나지 않는다. 일을 기록하는 데 있어서는 반드시
> 그 요점을 드러내고, 말을 적는 데 있어서는 반드시 그 심오한 이치를
> 끌어낸다. 이것은 한유가 글 읽는 일에 대해 말한 것이다. 그 요지는
> '일을 기록 한다'는 것과 '말을 적는다'고 하는 두 구절에 있다. 무릇
> 글이란 눈으로 보고 입으로 읽는 것이 결국은 손으로 한번 써보는 것
> 만 못하다. 대개 손이 움직이면 마음이 반드시 따르는 것이므로 비록
> 20번을 읽어 왼다 하더라도 한 차례 힘들여 써보는 것만 못하다는 것
> 이다. 하물며 그 요점을 드러낸다면 일을 보는 데 자세하지 않음이 없
> 을 것이고, 반드시 그 심오한 이치를 끌어낸다면 이치를 생각하는 데
> 정밀하지 않음이 없을 것임에랴. 만일 그 중에서 같고 다른 점을 살펴

---

33) 李德懋, 앞의 책, 「與李洛瑞書」, 72면. "有人饋吾以素册者 置硏之北 蕭閒岑寂時
讀書之心 油然而生 雜抽古人得意文 朗然而讀 急磨墨書之 不計世次 心甚樂焉 伊
時 雖佳酒美花 無以易此好也."

　고 옳고 그른 점을 판단하여 그 의심나는 점을 기록한 다음 그에 대한 변론을 붙인다면, 지혜의 개발됨이 더욱 깊고 마음의 안착됨이 더욱 견고해질 것이다.[34]

　스무 번을 외우는 것이 한 번 써보는 것보다 못하다는 설명은 그가 '쓰기'에 얼마나 큰 가치를 두고 있는지를 보여준다. 손으로 쓰면 마음이 따라가고 쓰는 과정을 통해 요점을 파악하고 이치를 끌어낸다면 그리고 거기에 개인적인 견해와 변론을 추가한다면, 이는 지혜의 개발을 위한 가치 있는 작업이 될 수 있는 것이다. 여기서 이덕무가 생각한 초록은 단순한 발췌의 수준을 넘어 자신의 변론까지 곁들일 수 있는 수준 높은 초록이라는 것을 확인할 수 있다.

　초록은 오랜 역사를 가진 독서의 방법이다. 그러나 그것을 초록을 활용하는 개인에 따라 다른 의미가 될 수 있다. 초록 활용의 성패는 개인에게 달려있고 또 그것은 정약용의 말대로 얼마나 수준 높은 독서의 안목을 가졌느냐에 의해 좌우된다고 할 수 있다.

　질서법(疾書法)은 현대인에게 익숙하지 않은 독서 방법이다. '질서법(疾書法)'이란 말의 본래적 의미는 '빨리 기록한다'는 뜻이다. 이 방법은 주로 경전 읽기에서 사용된 것으로, 책을 읽다가 의심나는 부분이나 깨달아지는 내용이 있으면 재빨리 기록하기 때문에 '질서(疾書)'라는 표현을 쓴 것이다. 이러한 질서의 방법은 장횡거(張橫渠)가 『정몽(正蒙)』을 저술할 때 거처하는 곳마다 붓과 벼루를 준비해 두고 밤

---

34) 李德懋, 앞의 책, 「士小節」, 敎習, 491면. "口不絶吟於六藝之文 手不停披於百家之篇 紀事者 必提其要纂言者 必鉤其玄 此文公自言讀書事也 其要却在紀事纂言兩句 凡書目過口過 終不如手過 盖手動則心必隨之 雖覽誦二十遍 不如鈔撮一次之功多也 況必提其要 則閱事不容不詳 必鉤其玄 則理思不容不精 若此中 更能考究同異 剖斷是非 而自記所疑 附以辨論 則濬知愈深 着心愈牢矣."

중이라도 깨달은 것이 있으면 일어나 촛불을 켜고 잊지 않기 위해 빨리 써두었던 독서방법에서 연유한 것이다. 질서법(疾書法)을 사용한 대표적인 이는 이익이었다. 그가 처음 '질서(疾書)'라는 제목으로 저술을 할 때 주변의 시선이 곱지 않았던 모양이다.

> 나는 경(經)을 보다가 생각나는 바가 있으면 바로 의문이 드는 점을 기록해 두었다. 그리고 제목을 '질서(疾書)'라고 하였다. 그런데 사람들은 '묘계(妙契)'라는 말까지 합해보면서 겸손하지 못한 태도라고 의심하니, 지나친 듯하다 35)

그렇다면 이런 주변의 오해에도 불구하고 이익은 왜 질서의 방법을 계속 사용했던 것일까. 실제로 그는 경전 읽기 분야에서 11종이나 되는 '질서(疾書)'를 저술하였다. 그가 실천한 질서법(疾書法)은 세 단계로 나뉜다. 첫째는 경전을 읽을 때 경문(經文)과 주석(註釋)에 회의를 갖고 생각하는 단계이며 둘째, 경전을 궁구하다가 스스로 깨닫게 되는 것을 빨리 적는 단계, 셋째는 의심이 해결될 때까지 회의를 멈추지 않는 단계이다.36) 경문을 포함한 주석에 회의를 가졌다는 의미는 무엇인가. 그것은 주석을 배제하고 경문 자체의 본래적인 의미의 규명을 시도한 것으로 읽혀진다. 당시는 주자성리학에 대한 반성이 일던 시기였다. 주자가 풀어놓은 경전의 해석들에 대해 회의를 가지면서 경전의 원시적인 의미를 탐구하고자 하는 이익의 의지가 이 질서법(疾書法)을 통해 시도되었던 것이다. 그렇다면 왜 빨리 적었을까.

---

35) 李瀷, 앞의 책, 「妙契疾書」, 488면. "余看經有見 便則箚疑 題曰疾書 人和妙契字 看疑其不謙 抑過矣."

36) 원재린, "조선후기 성호학파의 독서법과 강론 방식," 한국사연구 120호(서울 : 한국사연구회, 2003), 159~161면.

경서 공부는 최우선 과제였기 때문에 당시의 학자들은 이미 어린 시절부터 수많은 경전에 관한 강학과 독서를 반복해 왔을 것이다. 그렇기 때문에 경서에 대한 이해가 이미 주자적 안목으로 굳어졌음은 쉽게 추론할 수 있는 사실이다. 이익은 바로 이런 점에서 '사고의 즉흥성'을 존중하려 했던 것으로 보인다. 오래 생각하고 추론하다 보면 오히려 익숙해진 생각들이 지배하게 될 것이고 창의적인 발상은 떠오르지 않을 것이다. 경서의 주석에 대해 의문을 품고 생각을 따라 나가다가 문득 깨달아지면 그것을 재빨리 적는 과정을 통해 이익은 기존의 경서에 대한 생각의 전환을 도모했던 것이다.

이와 같이 초록과 질서법은 방법상의 차이에도 불구하고 중요한 공통점을 가진다. 그것은 두 가지 방법이 모두 책의 내용에 대한 깊은 이해를 바탕으로 한 자기만의 판단과 안목이 있을 때 가능하다는 점이다. 초록과 질서는 단순히 책의 내용만을 이해하는 데 그치지 않고 그 내용에 대해 나름의 안목을 가지고 재해석하는 과정을 의미하며, 이는 책의 내용을 자신의 것으로 재창조하는 일인 것이다.

3. 핵심을 짚으며 읽기

책을 펼치면 가장 먼저 눈이 가는 부분은 목차이다. 목차를 보면 그 책의 내용이 일목요연(一目瞭然)하게 파악된다. 목차는 그 책의 핵심 내용과 전개 방식을 보여주는 좋은 안내문이다. 이러한 목차나 범례를 활용한 독서의 방법이 조선시대 독서론에도 나타난다. 다음은 이덕무의 글이다.

책을 볼 때에는 서문(序文)·범례(凡例)·저서인(著書人)·참교인

(參校人) 그리고 권질(卷帙)이 얼마며 목록(目錄)이 몇 조목인지를 먼저
보아 그 책의 체재를 구별해야 하고, 대충대충 보아 넘기고서 박학(博
學)했다고 해서는 안 된다.[37)]

책을 볼 때 서문, 범례, 지은이, 목록 등을 먼저 살펴 책의 체제를
구별해야 한다는 이덕무의 설명은 그저 책의 내용을 대충 훑어보고
나서 그 책에 대해 아는 척하는 무리들을 향한 질책으로 들린다. 진
정한 독서인은 단순히 내용을 보는 것에 그치지 않고 그 책의 생산
경위와 저술 동기 그리고 권질과 목록까지도 파악하고 있어야 한다는
그의 주장 속에는 책읽기를 진정으로 즐겨했던 자긍심이 엿보인다.
  체계를 세워나가는 읽기는 책의 양이 증가하면서 대두된 방법이다.
독서의 내용과 범위가 확대되면서 강조되는 또 하나의 독서 방법은
핵심을 짚으며 읽는 것이다. 다음은 핵심을 파악하며 읽는 독서 방법
에 대한 홍길주의 글이다.

　재주는 부지런함만 못하고 부지런함은 깨달음만 못하다. 깨닫는다
는 한 글자는 도덕의 으뜸가는 부적이다. 옛 사람의 책 가운데 경전과
역사책의 종류 같은 것은 한 글자도 허투루 지나쳐서는 안 된다. 그
나머지 책 중에 자질구레한 것은 하나하나 정밀하게 궁구하여 심력(心
力)을 나눌 필요가 없다. 가령 한 권의 책이 대략 7~80페이지쯤 된다
고 치자…… 오직 깨달음이 있는 사람은 손가는 데로 펼쳐 봐도 핵심이
되는 것에 저절로 눈이 가 멎는다. 한 권의 책 속에서 단지 십 수 페이
지만 따져보고 그만 둘 뿐인데도 그 효과를 보는 것은 전부 읽은 사람
의 배나 되는 것은 다른 사람이 두세 권의 책을 읽고 있을 때 나는 이
미 백 권을 읽고 효과를 보는 것 또한 남보다 배가 되기 때문이다.[38)]

---

37) 李德懋, 앞의 책, 「士小節」, 教習, 491면. "看書 先看序及凡例 著書人 參校人
　卷帙幾何 目錄幾條 別其體裁 不可鹵莽胡亂 自命博學."

홍길주는 깨달음이 도덕의 으뜸가는 부적이라고 했다. 핵심을 짚어 내기 위해서는 깨달음이 전제되어야 한다. 깨달음을 얻어야 핵심을 가려내는 안목도 얻을 수 있다. 핵심을 짚어가며 읽는 사람은 한 권의 책 속에서 단지 열 페이지 정도의 글만 보아도 전체의 내용을 읽은 것과 같은 효과를 얻을 수 있다. 이 얼마나 획기적인 방법인가. 그러나 깨달음을 얻는 과정은 쉽지 않다. 재주의 높고 낮음이나 노력의 많고 적음과 비례하지도 않는다. 그렇기 때문에 홍길주는 깨달음이 재주나 성실함보다 가치 있다고 설명한 것이다.

깨달음의 효능에 대해 주장을 펼친 또 한 사람은 박지원이다. 그는 깨달음을 위해서는 '요약(約)'의 과정을 거쳐야 한다고 설명했다. 다음은 그의 글이다.

> 내가 또 말하기를 '무릇 하늘과 땅 사이에 흩어져 있는 것들은 모두가 이 책들의 정기이니 진실로 가깝고 막힌 채 관찰하고 방 가운데에서 찾을 수 있는 것은 아니다. 그러므로 포희씨가 문을 관찰할 때 '위로는 하늘을 관찰하고 아래로는 땅을 관찰했다.'고 하였고, 공자는 (포희씨가) 문을 관찰한 것을 위대하다 하고 이어 말하기를 '가만히 있을 때는 그 말을 완미한다' 했으니 무릇 완미한다는 것은 어찌 눈으로만 보고 살피는 것이겠는가. 입으로 맛보면 그 맛을 알 것이요, 귀로 들으면 그 소리를 알 것이요, 마음으로 이해하면 그 핵심을 터득할 것이다.[39]

---

38) 홍길주, 『縹礱乙幟』, 「睡餘放筆」, 연세대학교 중앙도서관 소장본. "才不如勤 勤不如悟 悟之一字道德之元符也 古人書如經史之類 一字不可放過 餘書或瑣瑣者 不必一一精 究以分心力假 如一卷書約七八十葉 …… 唯有悟者 信手披過而菁華處 自觸于眼 一卷之內 只完了十數葉而止 其見功倍于盡讀者 以故人方讀二三卷書 我已了却百卷 而見功亦倍於人."

39) 朴趾源, 앞의 책, 「素玩亭記」, 65면. "余又曰 夫散在天地之間者 皆此書之精 則固非逼礙之觀 而所可求之於一室之中也 故包犧氏之觀文也 曰仰而觀乎天 俯而察

이 글은 제자 이서구가 자신의 서재를 만든 후 '소완(素玩)'이라는 편액을 걸고 박지원에게 기(記)를 청하는 과정에서 이루어진 대화의 마무리 부분이다. 여기서 박지원은 그의 독서관에서 매우 중요한 발언을 하고 있는데 그것은 세상에 흩어져 있는 모든 것들이 책의 정기라는 표현이다. 이는 책의 영역을 무한하게 확장시키고 있다는 데서 의미를 찾을 수 있다. 그에 의하면 책의 진리는 비단 책 속에 글자로만 존재하지 않는다. 그렇기 때문에 그것을 느낄 수 있는 것도 눈에 제한되지 않는 것이다. 입으로도 맛볼 수 있고, 귀로도 들을 수 있으며 마음으로 깨달아 알 수 있는 것이다. 그런데도 사람들은 나를 둘러싼 진리는 알지 못하고 책 속에만 진리가 있다고 생각한다. 그것은 마치 물고기가 물속에 있으면서도 물을 보지 못하는 것과 같다. 자신의 앞에 놓인 작은 사물 하나하나에 매어 정작 자신이 속해 있는 전체 세계를 보지 못한다. 이는 글자 하나 책 한 권에 얽매어 큰 진리를 놓치고 있다는 가르침으로 들린다. 우리가 살고 있는 이 우주가 그 자체로 큰 책인데 그 책 속에 있으면서도 작은 책들에만 천착하는 모습을 보게 한 것이다. 그러나 그렇게 넓고 큰 진리는 너무 광대해서 느껴지지도 우리의 삶을 변화시키지도 못한다. 바로 여기서 박지원은 돋보기의 비유를 제시한다. 태양은 온 누리에 가득하다. 비추지 못하는 곳도 없고 기르지 못하는 생명도 없다. 그러나 구체적으로 나무를 태우거나 쇠를 녹이지는 못한다. 너무 흩어져 있기 때문이다. 그러나 돋보기를 이용해보자. 돋보기를 햇빛에 놓고 빛을 한 곳으로만 모으면 금방 불꽃이 일며 활활 타오르게 된다. 우주에 가득한 진리 속에서 핵심을 건져 올린다면 그것이 책 속에 있건 책 밖에 있건 진수들을

平地 孔子大其觀文而係之日 屈則玩其辭 夫玩者 豈目視而審之哉 口以味之 則得其旨矣 耳而聽之 則得其音矣 心以會之 則得其精矣."

깨달을 수 있다면 세상에 흩어져 있던 진리들은 나 자신에게 깨달음
이라는 폭발적 변화로 다가올 수 있는 것이다. 양적인 변화가 축적되
면 질적인 변화를 초래할 수 있다는 변증법적 사유와도 유사하다. 여
기서 박지원은 핵심을 추리는 것을 '약(約)'으로 약의 단계를 통해 얻
어지는 깨달음의 단계를 '오(悟)'로 설명하고 있다. 전체를 포괄하되
핵심을 꿰뚫는 것. 그것이 박지원이 말한 광대한 진리 속에서 깨달음
을 건져 올리는 방법이며, 방대한 지식 속에서 삶을 변화시키는 지혜
를 얻는 독서의 방법인 것이다.

　목차나 범례를 통해 체계를 세우며 읽기와 깨달음을 위해 요약하고
정리하며 읽기의 방법은 모두 읽어야 할 책의 양이 많아지면서 생겨
난 독서의 방법들이다. 정보의 홍수 속에서 살아가는 현대인이야말로
이러한 깨달음의 과정이 필요하다. 깨달음의 결과로 얻게 되는 핵심
을 꿰뚫는 안목이 절실히 필요하기 때문이다.

Ⅳ. 텍스트에 따른 독서 방법

　조선시대 독서에 대한 담론 중에서 가장 특징적인 것은 읽어야 하
는 책의 '성격'에 따라 '읽는 방법을 달리했다'는 점이다. 경전을 읽기
위한 방법과 역사서를 읽기 위한 방법을 구별했을 뿐만 아니라 같은
경전 들 중에서도 그 책이 추구하는 바에 따라 읽는 방법을 개별화하
였다. 이 장에서는 이러한 '읽기 방법의 개별화'에 대한 담론을 살펴
보고자 한다.

1. 경서(經書)를 읽는 법

유학 경전이 이 땅에 들어와 필독서로 읽혀지고 경전적 지위를 실제로 확보한 것은 유래가 깊다. 그에 비해 경전을 학문적으로 따져서 해석하게 된 것은 훨씬 후대의 일이었다. 경학의 본격적 저술은 17세기를 지나서야 나오며 이후 18세기로부터 경학의 저술은 그야말로 전성기를 이룬다. 중세기에 있어 경전은 통치체제의 이데올로기적 기반이었을 뿐 아니라 말씀 한 구절 한 구절이 사람들에게 보편적으로 적용되는 규범이요 지침이었다. 그러기에 경전의 해석권은 결코 자유로 부여할 사안이 아니었다. 주희의 『사서집주』 및 『시서전집』과 『주역본의』에 독보적 권위가 부여된 것도 이 때문이었다.[40] 그러나 정약용에 이르러 경학은 전기를 마련하게 된다. 그는 주자의 경서 풀이에 문제를 제기하며 경서 원시적 본의를 구명하기 위해 노력했다. 다음은 맹자의 인의예지 사단(四端)에 대한 정약용의 견해이다.

> 인의예지(仁義禮智)의 이름은 실천한 뒤에 이루어지는 것이다 그러므로 사랑을 실천하고 나서 '인'이라고 말할 수 있는 것이지 사랑을 실천하기 전에는 아직 인이라는 이름을 붙일 수 없고, 나를 선하게 하고 나서야 '의'라고 말할 수 있는 것이지 나를 선하게 하기 전에는 아직 의라는 이름을 붙일 수 없다. 손님과 주인이 공손하게 절을 한 후에 '예'라는 이름이 성립되는 것이며 사물을 분명하게 인식하고 상황을 판단한 뒤에야 '지'라는 이름이 확립되는 것이니 어찌 인의예지라는 네 개의 덩이가 주렁주렁 달려 복숭아씨나 살구씨처럼 태연히 사람 마음속에 엎드려 있겠는가.[41]

---

40) 임형택, 실사구시의 한국학 "19세기 서학에 대한 경학의 대응"(서울: 창작과 비평사, 2000), 199~210면.

41) 丁若鏞, 앞의 책, 「孟子要義 - 公孫丑 人皆有不忍人之心章」, 107면. "仁義禮智

주자는 인의예지의 사단이 인간의 마음속에 본래 내재해 있는 절대
선이라는 견해를 가지고 있었다. 정약용은 여기에 문제를 제기한다.
인의예지는 실천을 통해서 비로소 그 이름을 갖게 된다는 것이 정약
용의 생각이다. 인의예지의 지향성은 인간 본래의 것이지만 그것을
실천하여 획득할 것이냐 실천하기를 포기하고 얻지 않을 것인가는 전
적으로 인간의 선택에 달렸다는 것이다. 이것은 주자의 '원리' 철학을
넘어선 '실천'의 철학이라고 할 수 있다. 이렇게 경전에 대한 새로운
해석을 시도한 정약용에게 경전 읽는 방법에 대한 논지를 찾는 일은
어렵지 않다.

정약용은 경서(經書)를 해석하는 방법으로 전해 듣기, 스승의 가르
침 받기, 자기의 의사로써 해석하기의 세 가지 경우를 들고 있다. 경
서는 변함없이 그 자리를 지키고 있지만, 시간은 계속 흐르기 때문에
경서가 기록된 시간으로부터 사람들은 계속 멀어지게 된다. 그 시간
의 차이와 비례해서 경서가 가진 본의(本意)에서도 멀어진다는 것이
정약용의 논리이다. 그러면 그 본의를 어떻게 놓치지 않을 수 있는가.
정약용의 여기서 주석(註釋)의 중요성을 강조한다. 경서에 붙어있는
주석들을 꼼꼼하게 살피면서 읽는 방법이 임의적 판단의 오류를 막을
수 있는 장치가 된다는 것이다.42) 정약용은 과일이나 보석을 종류대

之名 成於行事之後 故愛人而後謂之仁 愛人之先 仁之名未立也 善我而後謂之義
善我之先 義之名未立也 賓主拜揖而後禮之名立焉 事物辨明而後智之名立焉 豈有
仁義禮智四顆 磊磊落落 如桃仁杏仁 伏於人心之中者乎."

42) 丁若鏞, 앞의 책, 「十三經策庚戌冬內閣親試」, 167면. "臣竊伏念釋經之法有三
一曰傳聞 二曰師承 三曰意解 意解者 雖生於千百歲之下 而有能超據乎千百歲之上
如朱子之於大學 直斷之曰經一章孔子之言 而傳十章曾子之意 是截然不資乎傳聞
師承之舊 而儼然以己意決之者 是固無與於時世之古今 而若夫傳聞與師承者 不得
不以近古爲宗何者 風謠俗習之相近 雖得於街巷鄙俚之間 猶之有稽也 授受講劘之
親切 雖記其游談謷欼之末 猶之有徵也 夫謂漢儒之勝於魏晉 而魏晉之勝於隋唐者

로 늘어놓으면 취향에 따라 선택할 수 있는 것처럼 경전의 해석도 다양한 주석과 또 다른 경전의 비교를 통해 취사선택할 수 있는 정선박채(精選博探)[43]의 중요성을 강조했다. 특히 예의 기본 원리와 실용적인 예화들이 소개된 『예기(禮記)』를 소중하게 여기면서 구체적인 독법까지 소개하고 있다.

> 『예기』 49편은 모두 다 읽어야 한다. 그러나 그 중에서도 단궁(檀弓), 문왕세자(文王世子), 예기(禮器), 내칙(內則), 명당위(明堂位), 대전(大傳), 학기(學記), 악기(樂記), 제법(祭法), 제의(祭義), 애공문(哀公問)으로부터 방기(坊記), 표기(表記), 치의(緇衣), 문상(問喪), 삼년문(三年問), 유행(儒行), 관의(冠儀) 이하 7편까지는 모두 읽을 만하다. (이것을) 모두 읽고서는 다시 곡례(曲禮) 등 읽지 않은 것을 모아서 그 의리를 자세히 연구하고, 그 명물(名物)을 자세히 분석해서 처음부터 끝까지 다 마쳤으면 다시 시작해서 자세히 이해하고 앞뒤를 꿰뚫는다면 『예기』 한 책은 유감이 없게 될 것이다.[44]

『예기』에는 육례(六禮) 즉 관·혼·상·제(冠·婚·喪·祭)와 향음주례(鄕飮酒禮) 그리고 사상견례(士相見禮)에 관한 기록이 담겨있다. 구체적으로 백성의 일상생활, 교육, 각종 제사, 정치 행사 등에 대한 예의 규

非以古人之皆賢而今人皆不肖也 其于遠近親疎之分 有不能相敵 而其相距以夐矣 然則究十三經之原義者 舍註疏何以哉 故朱子之爲詩書集傳及論孟集注 其於義理 之條路 道學之脈絡 固無以意超擄 與註疏出入者 而其字義詁訓章句箋釋 未嘗不 純用注疏 朱子之意 非欲以一人一家之言 武勝而易天下可知也."

43) 경전에 대한 해석을 세밀하게 선택하고 넓게 수집함.

44) 丁若鏞, 위의 책, 「寄游兒」, 459~460면. "禮記四十九篇 無一不可讀 然其中如檀 弓 文王世子 禮器 內則 明堂位 大傳 學記 樂記 祭法 祭義 哀公問以下 至坊記 表記 緇衣 問喪 三年問 儒行 冠義以下七篇 皆可讀 讀訖更取曲禮等不讀者 詳究義理 細 析名物 周而復始 融洽會通 則禮記一書 斯無憾矣."

정의 원리와 예화들이 있다.45) 이러한 『예기』는 정약용에게 어떤 의미였을까. 정약용의 『예기』읽는 법의 준거는 '실용성'과 '원시 유학의 이상(理想)'에 있었다. 「단궁편」은 모두 복장이나 매장(埋葬)에 관한 기사 및 사화(史話)가 수록되어 있다. 「문왕세자편」에는 주나라의 문왕, 무왕, 주공단 등의 언행과 주나라 대학의 교육법 또는 노인을 공경하는 예가 실려 있다. 또 「예기편」에는 예의 규범과 이 규범에 따라 생활하는 효과가 기록되어 있다. 이러한 사람으로서 지켜야 할 근본적인 규범에 대한 기록인 『예기』가 '도덕적 실천성'에 학문의 지향을 둔 정약용에게 의미 있게 여겨졌던 것은 당연한 일이다.

경서 읽기의 보다 구체적인 방법을 제시한 이는 이식이다.

택당은 『시경』과 『서경』은 경문의 대자(大字)만 백 번 읽기를 권하고 있다. 모든 경서에는 후대 학자들의 주석이 달려 있다. 여기서 대자만 읽으라는 의미는 그런 주석들을 빼고 큰 요지만 읽는 것을 뜻한다. 그는 후대 학자들이 제시해 놓은 쉬운 풀이를 배제하고 大字만 백번 읽을 것을 권하고 있다.

'백독(百讀)'은 무엇을 뜻하는가. 단순히 백 번이라는 산술적인 수의 개념인가. '백독(百讀)'이라는 말을 통해 자연스럽게 '독서백편의자현(讀書百遍義自見)'을 떠올릴 수 있다. '독서백편의자현'은 일반적으로 전통적인 독서 방법의 대표 격으로 거론되는 말이다. '독서백편의자현'은 책을 읽을 때 익숙하게 읽으면 해설을 기다리지 않고도 스스로 그 뜻을 알 수 있다는 의미로 반복해서 읽다 보면 정확히 모르던 책의 내용도 자연스럽게 터득할 수 있게 된다는 뜻으로 숙독과 정독의 반복된 과정을 통하여 책의 내용을 완전히 이해하게 되는 단계를 가리

45) 남상호, 六經과 孔子仁學(서울: 예문서원, 2003), 110~111면.

키는 것이다.

이식이 『시경』과 『서경』을 성정에 가장 가까운 정문으로 보고 모범을 삼았다는 것은 앞에서도 여러 번 언급하였다. 택당은 바로 이런 정문을 익숙하게 읽어서 완전히 이해할 것을 의도한 것으로 보인다. 더욱이 그가 『시경』과 『서경』을 통해서 추구하고자 했던 것은 후대 학자들의 주석을 배제한 순수한 개인적 깨달음이었던 것이다.

한편 이식은 사서(四書)를 읽는 방법에 대해서도 구체적으로 밝히고 있는데 사서는 『논어』·『맹자』·『대학』·『중용』을 말한다. 이식은 논어를 읽는 방법에 대해 주희의 장구까지 익숙해질 정도로 읽어야 한다고 말하면서 백회 이상 반복해서 읽을 것을 권하고 있다. 『시경』과 『서경』을 읽는 경우와는 다르게 주석까지 익숙해질 정도로 읽으라고 한 것은 그의 사상 속에서 주자가 차지하는 비중 때문인 듯하다. 또 그는 『맹자』는 읽되 대문만 백 수십 회를 읽으라고 설명하고 있다. 또 주석을 읽는 방법에 대해서도 반드시 글자를 풀이해 놓은 곳을 제일 먼저 보아야 하며 빠뜨리고 지나쳐서는 안 되고 되풀이하여 반복 연구해야 하며, 비슷한 글자가 거듭 풀이되어 있을 경우라도 각각 나름의 뜻이 있는 것이니 그것을 이해하면 기억하기 쉬울 것[46]이라고 그 요령을 소개하고 있다. 다음은 『대학』과 『중용』 읽기에 관한 이식의 글이다.

> 『대학』과 『중용』은 문장이 간략하고 의리가 갖추어져 있으니 초학
> 자가 이를 익혀 이해력을 갖추게 되면 여타의 경전의 맥락은 이를 바
> 탕으로 환히 깨닫게 된다. 먼저 수백 번을 읽고 난 뒤에 글자 하나하

---

46) 李植, 『澤堂集』, 「示兒孫等」, 한국문집총간 88(서울: 민족문화추진회, 1995), 525면. "讀四書集註 須先於字釋處 勿爲放過 反覆參究 雖一字而累釋 各有其意思 而得之 亦易記憶也."

나를 생각해 보고 글자에 통하고 난 뒤에 구절 하나하나를 생각해 보고 구절에 통하고 나서 한 편 한 편을 생각해 보면 얻는 바가 있게 될 것이다.[47]

이식이 소개하는 『대학』과 『중용』을 읽는 방법에서 주목할 만 한 점은 그가 단계적인 독서의 절차를 소개하고 있다는 점이다. 위에 제시한 글에서도 보이듯 글자 하나하나에서 구절 하나하나로 거기서 또 다시 한 편 한 편으로 확장되어 나가는 읽기의 과정은 현대적 한문 교육에서도 활용되고 있는 한자·한자어·한문의 단계적 학습 방법이기도 하다.

2. 역사서 읽는 법

역사를 보는 관점은 예나 지금이나 중요하다. 역사서를 어떻게 읽어야 할 것인가. 조선시대 독서론에서 역사서의 독법에 대해 언급한 예는 이익과 정약용이 가장 많다. 특히 이익의 역사 읽기의 관점은 매우 분명하다고 할 수 있다. 이익은 역사란 선을 권장하고 악을 징계하는 것이라고 규정하면서 바로 그런 이유에서 선을 드러내고 악도 숨기지 않는 것이 진정한 역사 기록의 정신이라고 역설하였다. 그러나 후세의 역사가들은 이런 정신을 잃고 선을 권장하는 말만 늘어놓거나 자신의 분노를 실어 거짓으로 남의 결점만 꼬집어 역사를 기록하고 있는 것이다. 이런 역사의 기록 속에서 선악의 실지를 분별할 수 없게 되는 것은 당연한 일이다. 다음 두 글은 역사서를 읽기에 관

---

47) 李植, 위의 글, 525면. "學中庸 文約義備 初學於此二章 講究得力 卽他經傳路脈 由此洞然 先下數百讀 然後字字思之 字通然後 句句思之 以至通 篇篇思之 以至有得."

한 이익의 견해를 담고 있다.

> 사서(史書)를 읽을 때마다 늘 의심스럽다. 착한 자는 착한 데로만 치우치고 악한 자는 악한 데로만 치우치게 기록했으니, 그 당시에는 반드시 그렇지 않았을 것이다. …… 그 실상은 선한 중에도 악함이 있고 악한 중에도 선함이 있다. 그런데 당시 사람이 실제로 옳고 그름에 현혹되었던 까닭에 취사(取捨)를 자세히 하지 못해서 후세의 비난도 받고 죄도 얻는 자가 있으니, 역사서를 읽는 자는 이런 것을 몰라서는 안 될 것이다.[48]

> 천하의 일이 대개 10분의 8~9쯤은 천행으로 이루어지는 것이다. 사서(史書)에 나타난 바로 보면 고금을 막론하고 성패(成敗)와 이둔(利鈍)이 그 시기의 우연에 따라 많이 나타나게 되고, 심지어 선악과 어질고 못남의 구별까지도 그 실상을 꼭 터득할 수 없다. 옛날 사서를 편력하여 상고하고 모든 서적을 방증(旁證)하여 이리저리 참작하고 비교해 보니, 오로지 한 서적만 믿고서 단정할 수 없겠다. 옛날 정자(程子)는 사서를 읽다가 한 반쯤 이르러서 문득 책을 덮고 한참동안 생각하여 그 성패에 대한 실상을 짐작한 후에야 다시 읽었고, 또 사실이 잘 맞지 않는 곳이 있으면 다시 정신을 가다듬고 깊이 생각해 보았다고 한다.[49]

역사 속에서 선한 인물은 늘 선하게 그려지고 악한 인물은 언제나

---

48) 李瀷, 앞의 책, 「古史善惡」, 87면. "常時讀史 每疑 善者偏善 惡者偏惡 在當時 未必然 …… 其實 善中有惡 惡中有善 當時之人 實有是非之眩 故有去取不審 貽譏得罪者也 讀史 不可不知此意."

49) 李瀷, 앞의 책, 「讀史料成敗」, 96면. "天下事 大抵八九是幸會也 其史書所見 古今成敗利鈍 固多因時之偶 然至於善惡賢不肖之別 亦未必得其實也 歷考前史 旁證諸書 參驗而較勘之 誠未可以 專信一書而爲已定也 昔程子讀史 到一半 便掩卷思量 料其成敗 然後却看 有合合處 又更精思."

악인으로 묘사된다. 그러나 실제로는 완전한 선인이나 악인은 존재하기 어렵다. 악인 속에도 선한 면이 있고 선인 속에서 악한 면이 있는 것이다. 그렇기 때문에 그저 역사적인 상황을 기록하는 단편적인 장면 속에서의 선악이 본질적인 선악으로 판단되어서는 안 된다. 기록의 역사 이면에 숨어 있는 선택의 기로에 서야 했던 이들의 인간적 고뇌와 갈등까지도 생각할 수 있는 사람이야말로 제대로 역사서를 읽을 줄 아는 사람이다. 그래서 옛날의 정자는 역사서를 읽다가 자신의 생각을 정리하고 사색하는 일을 병행했던 것이다.

역사서 읽기의 또 다른 방법을 제시하고 있는 이는 정약용이다. 다음의 글을 보자.

네가 아직도 『사기』를 읽고 있다니 그런대로 괜찮은 일이다. (그러나) 옛날에 고염무가 『사기』를 읽을 때 본기(本紀)나 열전편(列傳篇)은 손을 대지 않은 듯 대충 읽었고 연표(年表)나 월표(月表)편은 손때가 까맣게 묻었다 했는데 이 방법이 제대로 역사책을 읽는 법이 된다. 『기년아람(紀年兒覽)』『대사기(大事紀)』「역대연표(歷代年表)」와 같은 책에서는 반드시 범례를 상세히 읽어보고, 『국조보감(國朝寶鑑)』에서 뽑아 연표를 만들고 더러는 『대사기』나 「압해가승(押海家乘)」에서 뽑아 연표를 만들어 중국의 연호와 여러 나라의 임금들이 왕위에 오른 햇수를 자세히 고찰하여 책으로 만들어놓고 비교해 보면, 우리나라 일이나 선조들의 일에 있어서 그 큰 줄거리를 알고 시대의 앞과 뒤를 거의 구별할 수 있을 것이다. 50)

---

50) 丁若鏞, 앞의 책, 「寄游兒」, 459면. "汝尚讀史記云 亦自佳 然昔顧亭林之讀史也 其本紀列傳之篇 若手未嘗觸 而年表月表之篇 手垢黯然 此其所以善讀也 紀年兒覽 大事記歷代年表之類 須詳其凡例 取國朝寶鑑作年表 或大事記 又取押海家乘作年表 而大國年號與列朝踐阼之年 詳攷而編比之 庶於國朝事先世事 知其大綱 別其時代先後也."

정약용은 역사서를 읽을 때 사건이나 인물의 이야기에 빠져 부분만
을 보는 것을 경계하였다. 그는 역사는 전체적인 흐름을 볼 수 있어
야 한다고 생각했다. 중국 전체 역사의 연호와 임금들의 재위기간을
기록하여 역사적 흐름을 꿰뚫고 있으면 우리나라의 역사 흐름을 보는
데에도 도움을 얻을 수 있다는 것이다.

이상에서와 같이 이익이 역사서를 인물 중심으로 보았다면 정약용
은 전체 역사의 흐름을 읽는 것을 중요하게 생각했고 이익이 역사서
를 통해 후세에게 남겨지는 선악의 가르침에 초점을 맞추었다면 정약
용은 객관적인 사건의 기술로서의 가치를 소중하게 생각했다. 그리고
또 한 사람 역사서 읽기의 전혀 다른 측면에 대해 언급한 이가 있는데
그는 조식이다. 다음은 그의 역사서 읽기에 관한 글이다.

> 나는 (이 책의 내용 곳곳에) 붉은 먹으로 점을 찍어서 산해정에 비
> 치해두었다. 산림에서 조용히 지내면서 산새가 손님이 되고 쇠파리가
> 더불어 조문할 적에 때때로 펼쳐 보고 묵묵히 앉아 생각에 잠기기도
> 하여 길이 상상의 나래를 펼침에 어찌 다함이 있겠는가.[51]

조식은 역사책의 곳곳에 표시를 해두었다가 나른한 여름날이 되면
표시해 둔 내용을 읽으면서 상상의 나래를 편다고 기술하고 있다. 수
많은 영웅들의 출현과 죽음, 명멸하는 제왕들과 제국의 성쇠, 역사서
에 등장하는 그 많은 이야기들은 그 자체로도 충분한 문학적 상상력
을 제공하며 즐거움을 선사할 수 있다.

역사서를 보는 또 다른 방법을 제시하고 있는 이는 홍길주이다.

---

51) 曺植, 앞의 책, 「題成中慮所贈東國史略後」. "余用朱墨點抹 置之山海之野 索居
林下 山鳥爲客 蒼蠅與弔 時時披閱 黙坐馳懷 長想有旣耶."

　사마천이 사기를 지을 적에 진실로 성글고 잘못된 부분이 많았다.
다만 백이전 한 편만은 윤리와 기강을 붙들어 세우는 큰 필력이 있다.
백이와 숙제의 죽음에 대해서 사마천의 사기 이전에는 이처럼 분명하
게 밝힌 것이 있지 않았다. 백이와 숙제를 은나라 왕실의 충신으로 여
진 것은 사마천으로부터 시작되었다……. 후세에 전쟁이 일어나 나라
가 어지러운 때에 일곱 자의 몸뚱이를 내던져 나라에 보답하는 자가
적지 않았으되 언제나 세상에 알려짐 없이 사라지고 말았다. 책이 기
록되는 것 또한 대개 다행스러움과 불행함이 있을 뿐이다……. 근래에
시골의 인사들이 이따금씩 선대의 남은 자취를 수집하여 충효와 열절
(烈節)의 행적을 드러내기를 구하여 대부분 집안과 가문을 뽐낸다. 세
속에서는 늘 그 믿기 어려운 것을 병통으로 여기지만 나는 이렇게 말
한다. "이런 것은 굳이 믿고 말고를 물을 필요가 없다. 설사 믿지 않으
면서 이를 표장하더라도 생각건대 강상(綱常)을 붙들어 세우고 후세
를 권면하는 아름다운 뜻에야 어찌 손상됨이 있겠는가. 다만 실로 우
뚝하게 남다른 절개가 있는데도 도리어 아무도 모르게 사라져버리는
것을 안타까워해야 한다."[52]

　역사는 기록하는 자에 의해 새로운 의미가 규정되기도 한다. 역사
를 기록하는 사람의 실수로 잘못된 지식을 얻는 경우도 없지 않다.
그러나 홍길주는 역사서를 읽는 관점을 사건 그 자체 두지 말 것을
제안한다. 그 역사적 사건을 통해 얻을 수 있는 교훈을 얻는 것이 중
요하다고 설명한다. 시골 인사들이 자신의 선조들의 업적을 표장하기

---

52) 洪吉周, 『沆瀣丙函』, 「睡餘瀾筆續」, 연세대학교 중앙도서관 소장본. "史馬遷作
史 固多疎繆 唯伯夷一傳 却有扶倫立紀之大筆力 大抵夷齊之死 遷史以前 未有闡明
若是者 以夷齊爲殷室忠臣 自遷始……後世干伐板蕩之際 損七尺之軀 以報國者 不
爲不多而恒湮沒於無聞 簡筴所記 蓋亦有幸不幸爾……近者 鄕曲人士 往往蒐其先
世遺事 以求顯忠孝節烈之行 殆家焜而戶耀 世俗常病其難信 余則曰 "是不必問其
疑信 使其未信而旌之 顧何傷於植綱常勸來後之美意耶 但其眞有卓異之節 而反或
泯晦於無聞者 爲何恨耳.""

위해 노력하는 일도 작은 의미의 역사에 관한 재조명이다. 그런데 이 일을 두고 사실 여부를 따져 그것에 매달리는 것은 옳지 않다는 것은 홍길주의 생각이다. 오히려 사람으로서 마땅히 가져야 할 의리와 절개를 보여주어 후세에 교훈을 주었다는 것만으로도 가치를 두어야 한다고 생각했다. 기록된 역사서를 통해 사실 여부에 초점을 맞추기 보다는 그 역사서에서 주는 시대적 교훈에 주목하라는 홍길주의 주장은 그의 역사서 읽기의 목적이 어디에 있었는가를 보여 준다.

역사서를 어떻게 볼 것인가. 객관적인 사실 중심으로 바라볼 것인가. 역사 속에 등장하는 이들의 숨겨진 이면을 볼 것인가 아니면 역사서가 보여주는 교훈적이며 가치 있는 의미에 주목할 것인가. 어쩌면 역사서를 읽는 관점으로 이 중 하나를 고르는 일은 어리석은지도 모른다. 왜냐하면 이러한 다양한 관점의 역사 읽기 자체가 역사서 읽기의 바람직한 방법인지도 모르기 때문이다. 역사서를 보는 다양한 담론이 조선시대 독서론 안에 있다.

V. 결론

독서는 시간의 변화에도 불구하고 여전히 그 중요성이 강조되는 행위이다. 인류는 책을 통해 前代의 사상과 문화를 이어가고 또 새로운 사상과 문화를 後代에게 물려주었다. 시공의 한계 속에 살수 밖에 없는 인류가, 시공을 초월한 누적된 문화적 자산 위에 새 세대의 성과를 쌓을 수 있었던 것은 책[기록문화]이 있었기 때문에 가능한 일이었다. 그러므로 책을 읽는 행위 즉 독서는 '책에 담긴 문장을 이해하는' 단순한 행위라기보다는, 그 속에 담긴 문화와 사상을 읽어내는 심충적인 과정이 되어야 한다. 그리고 그러한 독서의 바림직한 목표와 과정을 위해서 보다 효과적이고 다양한 독서의 방법이 필요한 것이며, '독서의 방법'에 대한 연구는 '독서의 의미와 가치'에 대한 연구만큼 비중 있게 다루어져야 한다.

독서의 방법에 대한 고민은 우리 선인들에게도 예외 없이 발견된다. 조선시대 독서론은 단순한 암기 위주의 독서가 전부일 것이라는 선입견을 깨고 다양한 방법론을 보여주고 있다. 내용 이해를 위해 사용되는 방법으로부터 책의 지식을 자신의 것으로 재구성하는 방법 그리고 책에 담긴 내용 특성에 따라 읽기를 달리하는 맞춤식 독서 방법에 이르기까지 그 내용은 다채롭다.

이 연구는 조선시대 사상사를 대표하는 학자들의 독서에 대한 담론 중 '독서의 방법'에 대한 논의에 초점을 맞추고, 조선시대 독서의 방법을 내용 이해를 위한 방법, 재구성을 위한 방법, 텍스트에 따른 읽기 방법으로 나누어 각각의 구체적 내용을 살펴보았다. 그 과정을 통해 조선시대 독서의 방법 면에서, 읽는 책의 내용과 목적에 따라 읽기 방법을 달리하는 '방법의 개별화'가 이루어졌다는 의미 있는 사실을 확인할 수 있었다. 이러한 '방법의 개별화'는 현대적 독서의 방법론에도 활용할 수 있음은 물론이고 조선시대 독서론의 고전 목록과 교과서 수록 제재의 출전을 공유하는 한문 교과에서 교수 학습 방법으로도 활용할 수 있으리라 생각된다.

이 연구는 조선시대 독서론의 특성을 규명함에 있어서 다양한 학자들의 논의를 하나의 틀에 담아내는 것에 초점을 맞추었기 때문에, 사상적 기반을 달리하는 여러 학자들의 개별적 차이점을 구체적으로 다루지 못했다는 한계를 지닌다. 또 독서 방법의 개별화에 대한 세분화된 고찰 역시 남겨진 과제이다. 이러한 과제는 조선시대 독서론을 영

역별로 세분화하고 그 영역 내에서 조선시대 독서론만의 특질을 끌어
내는 구체적 연구와 현대적 활용에 대한 실험이 계속되면서 극복될
수 있으리라 믿는다.

참고문헌

朴趾源, 『燕岩集』, 한국문집총간252, 서울 : 민족문화추진회, 2000.

成渾, 『牛溪集』, 李朝中後期思想叢書 1, 서울 : 아세아문화사, 1980.

宋時烈, 『宋子大全』, 한국문집총간 108~116, 서울 : 민족문화추진회, 1990.

李德懋, 『靑莊館全書』, 한국문집총간 257~259, 서울 : 민족문화추진회, 2000.

李植, 『澤堂集』, 한국문집총간 88, 서울 : 민족문화추진회, 1995.

李珥, 『栗谷全書』, 한국문집총간 44~45, 서울 : 민족문화추진회, 1990.

李瀷, 『星湖僿說』, 서울 : 아세아문화사, 1966.

丁若鏞, 『與猶堂全書』, 한국문집총간 281~286, 서울 : 민족문화추진회, 2002.

曺植, 『南冥集』, 한국문집총간 31, 서울 : 민족문화추진회, 1990.

洪吉周, 『縹礱乙懺』, 연세대학교 중앙도서관 소장본.

洪吉周, 『沆瀣丙函』, 연세대학교 중앙도서관 소장본.

고미숙, 『열하일기, 웃음과 역설의 유쾌한 시공간』, 서울 : 도서출판 그린비, 2003.

金容傑, 『星湖 李瀷의 哲學思想研究』, 서울 : 成均館大學校出版部, 1989.

김건우, 『옛 사람 59인의 공부산책』, 서울 : 도원미디어, 2003.

김경일, 『독서교육론』, 서울 : 일조각, 1980.

김기현, 『조선조를 뒤흔든 논쟁』 상·하, 서울 : 길, 2000.

김문식, 『정조의 경학과 주자학』, 서울 : 문헌과 해석사, 2000.

민족문화추진회 편, 『고전 읽기의 즐거움』, 서울 : 솔출판사, 1997.

박제가 저, 안대회 역, 『북학의』, 서울 : 돌베개, 2003.

박희병, 『선인들의 공부법』, 서울 : 창작과 비평사, 1998.

유명종, 『남명 조식의 학문과 사상』, 서울 : 세종출판사, 2001.

유봉학, 『조선후기 학계와 지식인』, 서울 : 신구문화사, 1998.

이상국, 『옛공부의 즐거움』, 서울 : (주)웅진씽크빅, 2005.

이종주, 『북학파의 인식과 문학』, 서울 : 태학사, 2001.

임형택, 『실사구시의 한국학』, 서울 : (주)창작과 비평사, 2000.

정민, 『미쳐야 미친다』, 서울 : 도서출판 푸른역사, 2004.

정민, 『비슷한 것은 가짜다』, 서울 : 태학사, 2000.

정민, 『책 읽는 소리』, 서울 : 마음산책, 2002.

정민, 『한서 이불과 논어 병풍』, 서울 : 도서출판 열림원, 2000.

정동국 외 1인저, 『공자와 양명학』, 서울 : 태학사, 1999.

丁若鏞 저, 朴錫武 외 1인편역, 『茶山論說選集』, 서울 : 現代實學社, 1996.

정약용 저, 이을호 역, 『정다산의 大學公議』, 서울 : 明文堂, 1974.

鄭玉子, 『朝鮮後期 文學思想史』, 서울 : 서울대학교출판부, 1990.

정요일, 『한문학비평론』, 서울 : 집문당, 1990.

鄭一均, 『茶山 四書經學 研究』, 서울 : 一志社, 2000.

조식, 경상대학교 남명학연구소 역, 『남명집』, 파주 : 한길사, 2001.

조식, 경상대학교남명학연구소 역, 『사람의 길 배움의 길 學記類編』, 서울 : 한길사, 2002.

朱子思想研究會 編, 『朱子思想과 朝鮮의 儒者』, 서울 : 도서출판 혜안, 2003.

지두환, 『조선시대 사상사의 재조명』, 서울 : 도서출판 역사문화, 1998.

한우근 저, 한국문화연구소 편, 『성호이익연구』, 서울 : 서울대출판부, 1980.

韓沽劤, 『朝鮮時代思想史研究論攷』, 서울 : 一潮閣, 1996.

홍길주, 정민 외 옮김, 『19세기 조선 지식인의 생각창고』, 서울 : 돌베개, 2006.

홍선표 외 7인 저, 『17·18세기 조선의 외국서적 수용과 독서문화』, 서울 : 혜안, 2006.

김왕규, 「조선시대 독서법에 관한 소고」, 『한자한문교육』 15, 한국한자한문교육학회, 1999.

김윤희, 「이덕무의 독서론」, 청원 : 한국교원대 대학원 석사학위논문, 2004.

김은경, 「택당 이식의 독서론 연구」, 청원 : 한국교원대 대학원 석사학위논문, 1999.

김혜진, 「전통적 독서 방법론의 현대적 수용에 관한 연구」, 서울 : 숙명여대대학원석사학위논문, 2001.

원재린, 「조선후기 성호학파의 독서법과 강론 방식」, 『한국사연구』 120호, 서울 : 한국사연구회, 2003.

이종호, 「퇴계학단의 독서론」, 『퇴계학』 5, 안동 : 안동대학교퇴계학연구소, 1993.

정민, 「沆瀣 洪吉周의 독서론과 문장론」, 『대동문화연구』 제41권, 서울 : 대동문화연구원, 2002.

정병헌, 「전통적 독서관과 그 현대적 의미」, 『독서연구』 제1호, 청원 : 한국독서학회, 1996.

진재교, 「경화세족의 독서경향과 문화비평, 독서연구」, 제10호, 청원 : 한국독서학회, 2003.

허왕욱, 「아정 이덕무의 정전 읽기」, 독서연구 제5호, 청원 : 한국독서학회, 2000.

홍운령, 「율곡 이이의 독서론 연구」, 청원 : 한국교원대 대학원 석사학위논문, 2004.

이 글은 『한문고전연구』 제13집(한국한문고전학회, 2006)에 수록한 논문을 재수록한 것이다.

傳統 漢文 教育

-漢文 懸吐를 中心으로

李炳赫

I. 序言

필자는 漢文 懸吐에 대한 글을 이미 다른 곳에 발표한 적이 있다.[1] 발표를 하고 보니 마음에 들지 않아 다시 수정·보완하여 발표하기로 한다.

한문은 口語가 아니라 文語이다. 이는 우리나라뿐만 아니라 한문의 본고장인 중국에서도 마찬가지이다. 따라서 현대의 실생활 언어와는 동떨어진 글이다. 이런 글을 학습하는 데에 있어 우리는 과거의 학습 방법인 현토식과 현대 문법적인 방법을 병용하고 있고, 중국에서는 서구 여러 언어들처럼 표점을 찍어서 문장의 이해를 돕고 있다. 표점 찍기에 대한 전문적인 저서로 『古文的標點斷句和翻譯』[2]과 『古文標點 例析』[3] 같은 것이 그 예다.

---

1) 이병혁, 「漢文科 敎敎·學習과 懸吐 指導」, 『新漢文科敎育論』, 石泉 鄭愚相博士 古稀紀念 論文集 刊行委員會, 1999.

2) 趙國璽, 『古文的標點斷句和翻譯』, 中國 東北師範大學 出版社, 1988.

3) 王邁, 『古文標點例析』, 中國 語文出版社, 1992.

그런데 한문이 문어이기는 하나 중국의 경우는 자기 나라의 언어인 만큼 표점만으로도 문장 파악이 가능하다. 반면 우리는 아무리 표점을 잘 찍어 놓아도 한국어의 첨가적 특성 때문에 관계어로 연결되어야 우리말의 인식구조에 보다 자연스럽다. 과거 우리 선조들이 한문에 토를 달아 읽은 것도 이 때문이다.

본 논고는 한문을 학습하는 사람들에게 한문의 현토 방법을 바로 알도록 하려는 목적에서 쓰는 글이다. 과거 우리의 한문학습 방법은 多讀하여 文理를 터득함으로써 한문을 우리의 文語로 자유롭게 사용하도록 하는 것이었다. 하지만 지금은 생활환경으로나 시간적 여건으로나 이 방법을 그대로 답습하기는 어려운 실정이다. 그러면 현대적인 언어학습 방법으로 문법과 문장 부호를 중요시하여야 할 것인데, 토를 단다면 과거로 되돌아가는 것이 아닌가 하는 의문을 가질 수도 있다. 하지만 현토에 의한 한문 학습은 현대적인 방법에다가 다른 나라에는 없는 과거 학습 방법을 하나 더 첨가 사용하여 효율적으로 한문을 익히자고 함이지, 옛 것만 옳다는 것은 아니다. 우리가 과거의 것을 무조건 부정하는 것은 선현들의 지혜를 잘 이해하지 못해서이다. 선현들의 지혜를 최대한 되살리면서 새로운 방법을 활용해야 할 것이다. 그런데도 한문의 토에 대하여서는 조종업 교수가 『漢文通釋』[4])에서 언급한 이후 체계적으로 논의된 글이 보이지 않는다.

본 논고에서는 토의 개념과 그 필요성을 살펴보고, 다음으로 우리 국어와 한문과는 어떻게 연결되는가 하는 한문의 현토 방법을 고찰해 보기로 한다.

---

4) 趙鍾業, 『漢文通釋』, 螢雪出版社, 1975.

Ⅱ. 吐의 槪念과 必要性

한문을 읽을 때 일차적으로 표점이 없더라도 문장이 끊어지는 곳을 알아야 하고 다음으로 토를 달 줄 알아야 한다. 그런데 토를 달려면 토란 무엇이며, 왜 토를 달았는가 하는 것부터 이해해야 한다. '토(吐)'의 사전적인 뜻은 "한문을 우리말식으로 읽을 때 구절 끝에 문법적 관계를 나타내기 위하여 덧붙이는 것"이다. 이것을 잘못하면 口訣, 吏讀, 句讀와 혼동하기 쉽다. 구결이란 "한자의 일부분을 따서 한문의 구절 끝에 다는 우리말식의 토"이다. 예를 들면 한자의 '爲'의 머리와 '古'의 끝 부분을 따서 ㆆ(하고)라고 읽는 것과 같은 것이다. 이는 한글 창제 이전부터 있었는데, 서당에서는 이런 방법을 조선조까지 장기간 사용했다. 본래 '口訣'의 口는 '口語'란 뜻이고, 訣은 '글귀를 알기 쉽게 끊는다'는 뜻이다. 결국 구결은 우리말 구어로 한문에 토를 달아 읽는 것이니 한자의 일부분을 따서 토를 만들었지만 우리말 토와 같다. 그리고 '吏讀'는 "한자의 음과 뜻을 빌어서 우리말을 적는 표기체계"이다. 그리하여 한문에 우리말을 첨가하는 표기체계를 포괄하여 이르게 되었다. 더 풀이해서 말하면 吏는 '官吏'란 뜻이고, 讀는 '귀절 두', '토 두'이므로 조선조에서 '이두'라 하면 대개 하급관리들이 사용하던 쉬운 우리말식의 공문서 형식을 지칭하는 경우가 많았다. 句讀는 이와 다르다. 句란 "한 구절이 끊어지는 곳(凡成文語絕處謂之句)"이고, 讀는 "말은 끊어지지 않았지만 점을 쳐 나누어서 읽기에 편리하게 하는 것(語未絕而點分之以便誦詠謂之讀)"이다. 구두점은 한문 자체를 분석적으로 파악하기 위한 방편이지만 나머지는 모두 한문을 우리말의 특성에 맞추어 援用했던 것들이다.

이 중에서 우리가 주목해야 할 것은 '토'이다. 위에서 보았던 토를 더 쉽게 요약하면 "한문 체언에 붙는 우리말 조사와 한문 어간에 붙는 우리말 어미"라 하겠다. 그러므로 한문은 토를 단 대로 해석하고 해석하는 대로 토를 다는 것이다. 그런데 지금 교과서에서는 한 문장 안에서 토 다르고 해석 다른 곳이 많이 있다. 공부하는 사람들에게 공연히 토를 달게 하는 이중 부담만 주고 한문학습에 도움을 주지 못하는 형식적인 토달기는 무의미하다. 어디까지나 한문의 문법적인 관계를 우리말로 쉽게 연결시켜 주는 토의 기능을 잘 살려 한문을 우리의 인식구조에 맞게 이해하도록 하는 일이 중요하다.

이상에서 토의 개념과 토의 기능을 살펴 본 결과 현토는 독특한 우리나라 한문학습 방법이었다는 것을 알 수 있었다. 그러나 토를 다는 것이 학습에 부담이 된다면 토를 달지 말아야 한다. 일부에서는 다른 외국어 학습에는 토를 달지 않으니 한문에도 토를 달지 말자는 주장도 나오고 있다. 이는 우리가 근대화 이후 서구의 여러 외국어를 많이 접하게 되면서 이 학습 방법을 그대로 따르자는 데서 나온 의견이다.

사실 말에는 토를 붙일 수 없다. 말은 소리가 중요하기 때문에 말에 토를 붙이면 말이 성립하지 않는다. 영어에 토를 달면 영어가 아닐 것이다. 하지만 한문은 앞에서도 말했듯이 口語가 아니라 文語이기 때문에 소리 말을 공부하는 것이 아니라, 내용 파악이 중요하다. 또 서구인들은 한문에 토를 달지 않아도 잘 이해하는데 왜 우리만 토를 달 필요가 있는가 하는 의문을 제기할 수도 있다. 하지만 그들이 토를 달지 않아도 되는 것은 인구어의 문장구조와 중국어의 그것이 유사하기 때문이며, 서구인들은 형식적으로 토를 달지 않았을 뿐, 문맥 파악에 있어서는 굴절이라는 그들 나름의 인식 방법을 빌어 한문을 이해할 것이다. 이와 마찬가지로 현토는 우리의 언어적 특성에 맞추어 우리의 인식 방법에 따라 한문을 이해하도록 돕는 것이다. 즉 한

문의 특성인 고립어를 우리말의 특성인 첨가어로 바꾸어 학습하는 것
이다.

우리나라 토의 역사는 아주 오래되었다. 중세 사회에는 한문이 동
아시아의 공통문어였기 때문에 한문에 토를 달아서 우리의 문어로 사
용했다. 한문과 국어를 연결시키는 방법은 결국 이두에서 구결로, 구
결에서 오늘날의 토로 변한 것이니, 이는 바로 漢主國從體의 우리 문
장이요, 여기에 토를 더 많이 붙인 것이 國漢文竝用의 문장이 되며,
한자를 빼면 한글 전용문이 된다. 따라서 현토는 외국어 학습이 아니
라, 한문을 우리말로 사용하던 한 방법이었다고 해도 과언이 아니다.

다음으로 제기되는 의문은 한문에도 문법요소가 있기 때문에 그대
로 읽으면 되는데, 토를 달 필요가 있겠느냐는 주장이다. 왜냐하면
내용을 알아야 토를 달 수 있고, 토를 단 후에 내용을 아는 것이 아니
라고 할 수 있기 때문이다. 하지만 이것은 문법도 마찬가지이다. 내
용을 알아야 문법적인 설명이 가능하지, 문법을 안 후에 내용을 파악
하는 경우는 드물다. 그렇다고 문법을 공부하지 말자고는 아무도 말
하지 않는다. 어떤 문법요소에 문맥이 어떻게 끊어지는가를 파악하여
여기에 우리말을 연결시킨 것이 토이다. 토를 단다는 것은 한문을 우
리말화해서 읽는 것이기 때문에 토를 제대로 달지 못한다는 것은 문
맥을 제대로 파악하지 못했다는 뜻이다. 학생들에게 문법요소만 가르
쳤을 때와 어떤 문법요소에 우리말이 어떻게 연결되었는가를 이해시
켰을 때의 학습효과는 분명히 다를 것이다. 즉 토의 기능을 이해시켰
을 때 한문 학습의 효과는 보다 향상될 것이다.

현대사회와 같이 복잡하지 않았던 고대에는 지금처럼 세밀하게 분
화된 언어를 사용하지 않아도 의사소통에 큰 지장이 없었다. 그래서
한문에도 문법요소가 있기는 하지만 그 내용은 대부분 문맥에 의지하

여 해석되었다. 이 문맥을 파악하는 것을 옛날에는 文理가 난다고 했는데, 이 문리는 주관적인 경우가 많다. 옛날 관청에서 판결문을 어떻게 읽느냐에 따라 누가 승소를 하느냐가 달라지는 설화들이 있는 것도 이 때문이다. 여기서 『通鑑節要』의 한 예를 들어보기로 한다.

後漢 孝靈帝 中平 2년(A.D. 185)에 崔烈이 왕실의 유모를 통해서 돈 5백만 냥을 헌납하고 司徒가 되었는데, 제수 받는 날 임금이 측근자를 돌아보면서 말하기를 "조금 더 (벼슬을) 아끼지 않은 것이 후회스럽구나. 잘 했으면 천만 냥도 받을 수 있었을 터인데……"라고 했다. 이 대목의 원문은 다음과 같다.

> "崔烈이 因傅母하여 入錢五百萬하고 得爲司徒러니 及拜日에 帝ㅣ 顧謂親幸者曰 悔不小靳 可至千萬"[5]

이 글의 끝 구절에 토를 아래와 같이 네 가지로 달고 있다.

> 예1) 悔不小靳<u>이라</u> 可至千萬<u>이로다</u>(조금 더 아끼지 않은 것이 후회스럽다. 천만 냥도 받을 수 있었을 것이로다.)
> 예2) 悔不小靳<u>이로다</u> 可至千萬<u>이라하더라</u>(조금 더 아끼지 않은 것이 후회스럽구나. 천만 냥도 받을 수 있었을 것이라고 하더라.)
> 예3) 悔不小靳<u>일서</u> 可至千萬<u>이로다</u>(조금 더 아끼지 않은 것이 후회스럽구나! 천만 냥을 받을 수 있었을 것이로다.)
> 예4) 悔不小靳<u>이럿다</u> 可至千萬<u>할껄</u>(조금 더 아끼지 않은 것이 후회스럽구나! 천만 냥을 받을 수 있었을 것을…….)

이 중에서 가장 생동감 있게 단 토는 예4)이다. 어떻게 하면 문맥을

---

5) 『通鑑節要』 21.

실감나게 파악하겠느냐에 고심한 흔적을 볼 수 있다. 예1)~예3)의 토는 필사본『通吐』와 그 외 인쇄된 책들에 있는 것이고, 예4)는 奇蘆沙 奇正鎭(1798~1876)翁이 붙인 토라고 秋淵 權龍鉉(1899~1988)선생에게 들은 것 같으나 분명한 기억이 나지 않는다. 이만큼 문맥을 정확히 파악하기란 여간 어렵지 않다.

끝으로 현대는 감정이 분화되고 그에 따라 조사나 어미의 쓰임도 다양하기 때문에 과거의 제한된 몇 개의 토로는 문장 해독이 불가능하므로 토를 붙이는 것이 오히려 문장 이해에 방해가 된다고 주장하기도 한다. 그러나 위에서 토의 기능을 살펴보았듯이 토는 한문을 우리말화해서 쉽게 익히는 방법이다. 그리고 토는 반드시 古語로 사용해야 되는 것은 아니다. 오히려 한문고전에서 예스러운 토를 달았을 때에는 현대어로 쉽게 설명을 하여야 한다.

이와 같이 토의 기능은 한문과 한글을 연결시켜 주는 것이다. 한문에 토를 달아 이해하는 방식은 처음에는 번거로운 작업인 듯 느껴지겠지만 우리말 인식구조에 맞게 한문을 이해함으로써 훨씬 능률적인 번역을 돕는다. 이러한 문맥 파악은 일찍부터 수련할수록 좋다. 또한 한문학습에는 낭독과 낭송이 필요한데, 여기에도 토는 꼭 필요하다.

Ⅲ. 懸吐의 實際

한문의 토가 몇 개나 될까? 여기서 그 수를 따질 필요는 없다.『四書·三經』에 토가 몇 개나 사용되었는가 하는 것은 중요하지 않다. 한문의 토가 되는 우리말의 조사와 어미 또한 시대에 따라 달라지기 때문이다. 과거에 토의 종류가 많지 않다는 것은 당시에 사용하던 조사나 어미의 수가 그만큼 적었다는 것을 뜻한다. 문어에는 典雅한 말을 쓰기 때문에 생활어가 모두 토로 사용되지 않았으며, 조사나 어미와 같은 문법형태들은 현대에 이르러 사고가 복잡해지면서 점차 분화되었기 때문이다. 하지만 『書經』과 같은 古文에는 후대에 사용하지 않는 복합토들이 많이 쓰이고 있다. 그만큼 어려운 옛 글을 정확히 파악하기 위해서다. 과거의 이런 예스러운 토는 현대어로 어떤 뜻인가 하는 것만 알면 되는 것이다. 그러면 순서대로 한문의 토를 우리 국어의 문법체계와 관련지어 산문과 시로 나누어 살펴보기로 한다.

1. 散文의 懸吐

토란 결국 한문에 붙는 우리말이므로 한문의 이해와 함께 국어의 문법도 알아야 한다. 다음에서 한문 산문과 시의 토를 국어문법의 조사와 어미 접속사에 관련지어 살펴보기로 한다[6].

1) 助詞形의 吐

(1) 主語 밑에 다는 吐 ─ 이, 가

주격조사는 주어와 서술어와의 관계를 나타내는 것이다. 고어에서는 '이, ㅣ'가 있었고, 현대에는 '이, 가'가 있다.

> 예1) 子ㅣ 曰 學而時習之면 不亦說乎아(공자께서 말씀하시기를 "배우고 때때로 그것을 익히면 또한 기쁘지 아니하겠는가?"라고 하셨다.)[7]
>
>   ㉠ 자 + ㅣ + 왈 = 재왈

---

6) 국어문법 체계는 최현배 『우리말본』과 허웅 『국어학』을 많이 참고했다.

7) 『論語』 學而 第一.

ⓛ 자 + ㅣ + 왈 = 자왈('ㅣ'는 발음하지 않음)

예2) 林放이 問禮之本한대 子ㅣ曰 大哉라 問이여! 禮ㅣ 與其奢론 寧儉
이요 喪이 與其易也론 寧戚이니라(임방이 예의 근본을 물으니 공자가
말씀하시기를 "훌륭하구나, 질문이여! 예는 그 사치함보다는 차라리
검소해야 하고, 상례는 형식에 익숙하기보다는 차라리 슬퍼해야 한
다."고 하셨다.)[8]

예1)의 경우 옛날에는 ㉠·ⓛ 두 가지 중에서 어느 것으로 읽어야
하느냐에 대해 학파간에 주장이 달랐다. 艮齋 田愚(1841~1922)선생을
중심으로 한 기호지방에서는 '재'를 속음으로 보아 주로 ⓛ으로 읽었
고, 영남지방과 그 외의 지방에서는 ㉠으로 읽는 경향이 많았다. 하
지만 오늘날은 '재왈', '자왈', '자가 왈', '자께서 왈' 중에서 어느 것으
로 읽느냐가 중요한 것이 아니라, 말한 주체가 '공자'라는 사실이 중
요하다. 종결사 '一也ㅣ니라' 도 '야이니라', '얘니라' 중에서 어느 것
으로 읽느냐는 논란이 많았는데 이것도 위의 주격조사와 같은 견해에
서다.

이와 같이 주격 '토'는 두 가지가 사용되었다. 古語로 올라갈수록
주어와 서술어와의 관계만 나타내었을 뿐 미묘한 감정의 차이를 나타
내는 보조사는 발달하지 못했다. 이것은 현재 手話에서도 마찬가지
다. 그리고 고어에서 주격토는 '이', 혹은 '이'의 변이형인 'ㅣ'만 쓰였
으나, 현재에는 '가'도 함께 쓰이고 있다. 고어의 경우, 앞 글자에 받
침이 있으면 '이'를 붙이고, 받침이 없으면 'ㅣ'로 붙였으나, 현대어로
보면 받침이 없을 때에는 '가'로 하는 것이 옳다.

---

8) 『論語』 八佾 第三.

(2) 主題를 나타내는 吐 ─ 은, 는

'이·가·은·는'이 모두 주격조사인 것처럼 보이지만 그렇지 않다.

　　㉠ 철수가 오고 있다　　─ 중립서술(전제 없이 사실대로의 서술)
　　㉡ 철수만이 오고 있다　─ 總記敍述(오로지 누구가 오고 있다는 서술)
　　㉢ 철수는 오고 있다　　─ 주제(철수에 대해서 물었을 때의 답에 해
　　　　　　　　　　　　　　　당하는 서술)
　　㉣ 이 책은 줄 수 없다　─ 대조(선택적인 서술)

여기서 ㉠·㉡은 주격 조사이고, ㉢·㉣은 보조사인데, 보조사 중
에서도 ㉢은 주제, ㉣은 대조의 뜻을 나타낸다.

　　예1) 君子는 務本이니 本立而道生하나니 孝弟也者는 其爲仁之本與인
　　져(군자는 근본에 힘쓰는 것이니 근본이 서야 道가 생겨나니, 孝와 弟
　　란 그 仁을 행하는 근본인 것이다.)[9]
　　예2) 如其禮樂엔 以俟君子하리이다(그 예악에 대해서는 군자를 기다
　　리겠습니다.)[10]

　한문을 번역하는 데는 격조사와 보조사를 구분하는 것이 좋다. 그
리고 예2)처럼 복합토(에+는)가 많다는 것에도 유의해야 한다.

(3) 冠形語 밑에 다는 吐 ─ 의

　한문에 다는 관형격 토는 많지 않다. 명사와 명사 사이에 '之'가 들어
가 '兄弟之間'처럼 쓰이기 때문이다. 하지만 그 예가 없는 것은 아니다.

---

9) 『論語』 學而 第一.
10) 『論語』 先進 第十一.

예1) 馬援의 兄子嚴敦이 並喜譏議而通輕俠客하더니(마원의 형의 아들인 엄과 돈이 모두 비판하고 논평하기를 좋아하고 경박하고 호협한 사람들과 교제하더니……)11)

예2) 虞는 舜의 氏니 因以爲有天下之號也라(우는 순의 씨니 인하여 천하를 소유한 칭호로 삼았다.)12)

이런 경우 토를 달지 않으면 문장이 명확하지 않으므로 관형격의 토를 달았다. 엄격히 토를 달면 '兄의 子인 嚴과 敦이'라 해야 옳지만 문장의 리듬을 고려하여 이렇게 하지 않았다. 오늘날은 문법적 관계를 분명히 하기 위해 이런 토를 달아도 무방하다.

(4) 目的語 밑에 다는 吐 — 을, 를

국어에서와 마찬가지로 목적어 다음에는 '을, 를'이 온다. 그런데 '서술어+목적어·보어'의 순서로 되었을 때는 우리말 어순에 맞지 않기 때문에 목적어나 보어 다음에 토를 달지 않고, 다만 '목적어·보어+서술어'로 도치되었을 때에만 토를 단다.

예) 今其全書를 雖不可見이나 而雜出於傳記者ㅣ 亦多언마는(지금 그 완전한 책을 비록 볼 수는 없으나 傳記에 섞여 나오는 것이 역시 많건마는…)13)

이와 같이 목적어가 먼저 오고 서술어가 연결되면 '을, 를' 토를 붙였다. 이와 달리 '今雖不可見其全書'라고 할 때에는 목적격 토가 들

---

11) 『小學』 嘉言 第五.

12) 『書經』 卷一 虞書註.

13) 『小學·書題』.

어갈 수 없다. 한편 '一을(를)如'로 많이 쓰인다. 예를 들면 "學之不已를 如鳥數飛也(공부하는 것을 그치지 않기를 새가 자주 나는 것과 같다)"가 그것이다.

(5) 기구·자격을 나타내는 吐 — (으)로써, (으)로

예) 晉國에 有難이어든 而無以尹鐸<u>으로</u> 爲少하고 無以晉陽<u>으로</u> 爲遠하고 必以爲歸라하더니(진나라에 재난이 있거든 너는 윤탁을 가벼이 여기지 말고 진양을 멀게 여기지 말고 반드시 그 곳으로 가야 한다고 하더니……)[14]

前置介詞 '以' 아래에는 '一(으)로'토를 많이 단다.

(6) 부르는 말 밑에 다는 吐 — 아, 야, 어, 여

국어에서는 呼格助詞라고 하는데 다음과 같은 예들이 있다.

예1) 點<u>아</u> 爾는 何如오(점아 너는 어떻게 하겠는가?)[15]
예2) 帝曰 契<u>아</u> 百姓이 不親하며 五品이 不遜일새 汝作司徒ㅣ니 敬敷五教호대 在寬하라(皇帝 舜이 말하기를 "설아 백성이 친목하지 않고 오품[오륜]이 순행하지 않으므로 너를 사도로 삼았으니 공경히 오륜을 펴되 너그러움에 있게 하라"고 하셨다.)[16]

예1)은 공자가 제자인 曾點을 불러서 그의 태도를 물은 것이고, 예2) 역시 舜임금이 신하 契를 불러 이야기한 것이다.

---

14) 『通鑑節要』1.
15) 『論語』 先進 第十一.
16) 『書經』 卷一 舜典.

(7) 補語 밑에 다는 吐 — 에

보어 밑에 모두 토를 다는 것이 아니다. 여기서는 대표적인 '에'토
만 예를 들어보기로 한다.

예1) 子ㅣ 曰 回也는 非助我者也로다 於吾言에 無所不說이온여(공자
께서 말씀하시기를 "안회는 나를 돕는 자가 아니로구나! 나의 말에 대
해 기뻐하지 않은 바가 없구려"라고 하셨다.)[17]
예2) 孟子ㅣ 對曰 於傳에 有之하니이다(孟子께서 대답하기를 "전에
있습니다"라고 하셨다.)[18]
예3) 今不取면 後世에 必爲子孫憂하리이다(지금 취하지 않으면 후세
에 반드시 자손의 근심거리가 될 것입니다)[19]
예4) 五畝之宅에 樹之以桑이면 五十者ㅣ 可以衣錦矣며(5묘의 집 가에
뽕나무를 심으면 50세 된 자가 비단옷을 입을 수 있으며…)[20]

보격 토는 보어 밑에 붙이는 것이다. 보어의 개념이 한문과 국어가
다르다. 다만 보어 밑에 많이 쓰이는 '에'는 시간·장소·사물·사람·
사건 등에 두루 사용된다. '於'자는 우리말 '에'에 해당한다. 목적어의
경우와 마찬가지로 보어가 먼저 나오고 서술어가 뒤에 나올 때만 '에'
토를 단다. 예를 들어 '無所不說於吾言'이라 하면 토를 붙일 곳이 없
다. 한편 '於'자를 때로는 '을, 를'이란 뜻으로도 읽었기 때문에 옛날
서당에서는 이 자를 '를(늘) 어(於)'라고 읽었다. 즉 "三年을 無改於父
之道라야 可謂孝矣니라(3년 동안 아버지께서 행하던 道를 고치지 말아야
효라 할 수 있다.)"『論語·學而』라는 글에서 '於'는 본래 아버지께서

---

17) 『論語』 先進 第十一.
18) 『孟子』 梁惠王 下.
19) 『論語』 季氏 第十六.
20) 『孟子』 梁惠王 上.

행하던 道에 대해서라는 뜻이지만 "아버지께서 행하던 道를"이라고
번역한다. 이와 같은 글에는 吐를 붙일 수가 없다.

국어에서는 '에'를 그 의미적 차이에 따라 처소격, 향진격, 여격 등
으로 나누지만 한문에서는 모두 보어 밑에 쓰이는 토이고, 국어에서
는 '이, 가'를 쓰임에 따라 변성격조사로 보기도 하지만 한문에서는
변성격도 설정할 필요가 없다. 국어의 비교격조사도 介詞(於, 于)와
연계동사(如, 若, 猶)를 사용하기 때문에 토가 붙지 않는다.

(8) 共同과 接續을 나타내는 吐 ─ 과, 와, (으)로

예1) 蘇子與客으로 泛舟遊於赤壁之下할새 淸風은 徐來하고 水波는 不
興이라(소자가 손님과 더불어 배를 띄워 적벽강 아래 노는데 맑은 바
람은 살랑살랑 불어오고 물결도 잔잔하였다.)[21]

이처럼 前置介詞 '與' 아래에는 '─(으)로'토를 많이 단다.

예2) 周有八士하니 伯達과 伯适과 仲突과 仲忽과 叔夜와 叔夏와 叔隨
와 季騧니라(주나라에 여덟 선비가 있으니 백달과 백괄과 중돌과 중
홀과 숙야와 숙하와 숙수와 계와니라.)[22]
예3) 逸民은 伯夷와 叔齊와 虞仲과 夷逸과 朱張과 柳下惠와 少連이니라
(일민은 백이와 숙제와 우중과 이일과 주장과 유하혜와 소련이니라.)[23]
예4) 修身也와 尊賢也와 親親也와… 懷諸侯也니라(몸을 닦음과 어진
이를 높임과 친족을 친히 함과…제후를 은혜롭게 함이니라.)[24]

---

21) 蘇東坡, 〈赤壁賦〉.
22) 『論語』 微子 第十八.
23) 『論語』 微子 第十八.
24) 『中庸』 20장.

이와 같이 연속적으로 나열된 체언을 끊어주지 않으면 이해하기 힘들기 때문에 우리말 토를 넣어 우리말 식으로 이어줌으로써 문맥을 분명하게 해준다. 이 토는 예4)처럼 명사형 밑에 붙일 수도 있다.

(9) 疑問·反語 밑에 다는 吐 ─ 가(아), 고(오)

의문대명사(誰, 孰, 詎), 의문부사(何, 惡, 安, 豈, 幾, 胡, 奚, 曷, 庸, 那, 盍, 如何, 奈何, 若何, 何若), 의문종결사(乎, 哉, 耶, 歟, 諸) 등의 밑에 붙이는 토이다. 국어의 경우 의문사가 있을 때는 '-고(오)'로 쓰고, 의문사가 없을 때는 '-가(아)'형을 구분 선택하지만 한문 토에서는 이런 법칙보다 다만 문맥의 흐름과 어감에 따라 이들 토를 달았다.

   예1) 汝爲周南召南矣乎<u>아</u>(네가 주남과 소남을 배웠느냐?)25)
   예2) 男兒二十에 未平國이면 後世誰稱大丈夫<u>리오</u>(남아가 20세에 나라를 평정하지 못하면 후세에 누가 대장부라고 일컫겠는가?)26)

예1)은 의문문이고, 예2)는 반어문이다. 이 의문문과 반어문의 차이는 국어문법에서도 설명하기가 어렵고 다만 내용상으로 판별해야 한다. 국어의 문법체계대로 엄격히 말하면 이는 모두 조사형의 토가 아니라 의문형 어미의 토다. 한문의 토에서 조사와 어미의 구분은 중요하지 않기 때문에 이 항에서 함께 다루었다.

(10) 感歎語 밑에 다는 吐 ─ 아, 여, 뎌, ᄯᅧ녀, 라

감탄문은 感歎詞(於, 嗚呼, 嗟乎, 噫, 唉, 於戲, 猗歟)와 終結詞(乎, 歟,

---

25) 『論語』陽貨 第十七.
26) 南怡 〈北征〉.

夫, 哉, 矣, 也)로 된 경우가 많다.

> 예1) 王曰 惡라 是何言也오(왕이 말했다. 아, 이 웬 말인가!)[27]
> 예2) 善哉라 問이여(훌륭하구나! 물음이여.)[28]

여기서 전자는 '감탄사 + 이다→이라, 구나, 도다'로 변한 것이므로 엄격히 말하면 조사형의 토라기보다 어미형의 토이다. 하지만 고립어인 감탄사에 첨가어인 토를 단 특수성 때문에 이 항에서 설명했다. 후자는 감탄형에 우리말 어미의 토가 들어간 경우이다. 감탄을 나타내는 토는 거의 감탄형 어미이다. 하지만 한문에서는 조사형 토냐 어미형 토냐를 따질 것 없이 감탄을 나타내는 토란 것만 알면 된다.

(11) 윗말을 補助하는 데 다는 吐 — 도

국어에서는 보조사가 10여 종이나 되지만, 한문의 토로 사용하는 것은 많지 않다.

> 예1) 孟子ㅣ曰 魚도 我所欲也며 熊掌도 亦我所欲也언마는 二者를 不可得兼인댄 舍魚而取熊掌者也로리라(맹자가 말씀하시기를 "고기도 내가 원하는 바이고 웅장도 역시 내가 원하는 바이지만 이 두 가지를 겸하여 가질 수 없을 것 같으면 魚物을 버리고 熊掌을 취하겠다."고 하였다.)[29]

국어에서는 '도'라는 조사도 '동일', '역동'으로 구분하지만 모두 역시 동일하다는 뜻이다. 한문 토에서는 이렇게 세분할 필요가 없다.

---

27) 『孟子』公孫丑 上.
28) 『論語』顔淵 第十二.
29) 『孟子』告子 上.

보조사 중에 '시작'과 '到及'은 다음과 같다.

예2) 自王公以下로 至於庶人之子弟히 皆入小學이라(왕공 이하로부터 서인의 자제에 이르기까지 모두 소학교에 들어갔다.)30)

前置介詞 '自' 아래에는 '-(으)로' 토를 많이 단다. '히'라는 토는 현대어의 '까지'에 해당한다.

보조사 중에 강세토는 다음과 같다.

예3) 稽于衆하여 舍己從人하며 不虐無告하며 不廢困窮은 惟帝사 時克이러시니라(여러 사람들에게 상고하여 자기의 단점을 버리고 남의 장점을 따르며 하소연할 곳 없는 자들을 학대하지 않으며 곤궁한 자들을 폐하지 않는 것은 다만 帝堯만이 이에 능하셨다.)31)

帝曰 毋하라 惟汝사 諧니라(帝舜이 말씀하시기를 "그러지 말아라 오직 너만이 이에 합당하다."고 하셨다.)32)

'사'는 현대어로 '아'로 바뀌었다. 경상도방언에 지금도 '내사 모르겠다'는 古語形의 흔적이 남아 있다.

2) 語尾形의 吐

(1) 終結語尾의 吐

① 서술형 어미의 吐 ― 다, 라

현대 국어의 서술형 어미만 붙이면 된다. 한문도 국어처럼 명사,

---

30) 『大學·序』.
31) 『書經』 卷二 大禹謨.
32) 『書經』 卷二 大禹謨.

동사, 형용사의 서술어가 있다.

> 예) 子曰 惟仁者아 能好人하며 能惡人이니라 (공자께서 말씀하시기를 "오직 어진 자만이 남을 사랑하며 남을 미워할 수 있을 것이다."고 하셨다.)33)

와 같이 끝나는 문장에 붙이는 토이다.

② 감탄형 어미의 吐 ― 도다
> 예) 悠哉悠哉라 輾轉反側하소라(그리움이 끝이 없어 이리저리 뒤척이네.)34)

여기서 '하소라'는 '하노라'라는 감탄형어미의 토이다.

③ 의문형 어미의 吐 ― 아
이는 위의 의문·반어 토에서 설명한 바와 같다.

> 예) 子見夫子乎아(노인장께서는 우리 선생님을 보셨습니까?)35)

와 같이 '아'는 의문을 나타내는 토이다.

④ 명령·청유형 어미의 吐 ― 하라
'-하지 말라', 또는 '-하라'는 명령문의 토를 말한다. '無·不·莫·

---

33) 『論語』 里仁 第四.
34) 『詩經』 卷一 〈關雎〉.
35) 『論語』 微子 第十八.

勿', 또는 '請' 등의 끝에 쓰인다.

> 예1) 無道人之短하라(남의 단점을 말하지 말아라.)
> 예2) 帝아 念哉하소서(임금이시여 생각하소서.)[36]
> 예3) 故로 曰 仁者無敵이라하니 王請勿疑하소서(그러므로 어진 자는 대적할 사람이 없다고 한 것이니 왕께서는 의심하지 마소서.)[37]

예1)은 낮은 사람에게 말할 때 쓰는 토이고, 예2)는 높은 사람에게 말할 때 쓰는 토이다. 한문에서는 청유형의 토는 따로 발달되지 못하고, 예3)처럼 명령형으로 함께 썼다.

(2) 轉成語尾의 吐

전성어미란 동사가 부사형, 관형사형, 명사형 어미로 바뀌는 것을 말한다.

> 예1) 惟朕小子ㅣ 其新(親)逆호미 我國家禮에 亦宜之라하시고(나 소자가 친히 公을 맞이함이 우리 국가의 예에 또한 마땅하다 하시고…)[38]
> 예2) 越在外服한 侯甸男衛邦伯과 越在內服한 百僚庶尹과(외복에 있는 후·전·남·위의 제후와 방백 및 내복에 있는 백료와 서윤과…)[39]
> 예3) 其所厚者에 薄이오 所薄者에 厚하리 未之有也니라(그 후하게 할 것에 박하게 하고 그 박하게 할 것에 후하게 하는 자는 있지 아니하니라.)[40]

---

36) 『書經』 卷二 大禹謨.
37) 『孟子』 梁惠王 上.
38) 『書經』 卷七 金縢.
39) 『書經』 卷七 酒誥.
40) 『大學』 經一章.

예1)에서 '맞이함'이라는 명사형으로 전성하여 여기에 주격을 나타내는 '이' 토를 붙였고, 예2)는 관형사형으로 전성한 토를 붙였으며, 예3) 역시 관형사형으로 전성하여 '할+이(人)+이(토 생략)'로 된 것이다.

(3) 連結語尾의 吐

국어는 연결형어미가 아주 다양하다. 그리고 한문은 주부와 술부만 찾아내면 해독이 가능한데 주어는 생략되어도 서술어의 생략은 거의 없다. 이에 따라 연결형 어미에 해당하는 토가 많다. 이를 국어와 관련지어 살펴보기로 한다.

① 拘束形 語尾의 吐

구속형이란 동사가 앞 문장의 서술어로 끝나지 않고 뒤에 오는 문장을 이으면서 그 내용(사건)을 제약하는 어미이다.

ㄱ. 假定을 나타내는 吐 – 면
'若, 如, 苟' 밑에 쓰나, 문맥상으로 이런 글자가 없더라도 가정형의 문장에 쓰인다.

> 예1) 苟非吾之所有면 雖一毫라도 莫取어늘(만약 나의 소유가 아니면 비록 터럭 하나라도 취할 수 없거늘……)41)
> 예2) 若要久ㄴ된 須是恭敬이니 君臣朋友ㅣ 皆當以敬爲主也ㅣ니라(만약 오래 가기를 바란다면 모름지기 공경해야 하니 군신간과 붕우간에는 모두 마땅히 공경을 주장으로 삼아야 한다.)42)

---

41) 蘇東坡, 〈赤壁賦〉.
42) 『小學』嘉言 第五.

예3) 人一能之어든 己百之하며 人十能之어든 己千之니라(남이 한 번에 능하거든 나는 백 번을 하며 남이 열 번에 능하거든 나는 천 번을 해야 한다.)[43]

　예1)의 '-면'은 조건이고, 예2)의 '-인댄'은 '-일 것 같으면'의 뜻이며, 예3)의 '-어든'은 선택적인 뜻이다. '-댄'은 다음과 같이 쓰이기도 한다.

　　㉠ 若……인댄須是
　　㉡ ………인댄須先
　　㉢ 譬……컨댄猶
　　㉣ ………댄不如

　'-댄'은 "…할 것 같으면, 마땅히 …해야 한다"라는 뜻이므로 이와 같이 호응관계를 갖는다.

　ㄴ. 事由를 나타내는 吐 - ㄹ새, 니, 거늘
　예1) 與中國으로 不相流通일새(중국과 통하지 아니 하므로……)[44]
　예2) 有所不行하니 知和而和요 不以禮節之면 亦不可行也니라(행하지 못할 것이 있으니 화를 알아서 화만 하고 예로써 절제하지 않으면 이 또한 행할 수 없다.)[45]
　예3) 父作之어늘 子述之하시니라(아버지께서 시작하셨거늘 아들이 계술하였다.)[46]

---

43) 『中庸』 20章.
44) 『訓民正音·序』.
45) 『論語』 學而 第一.
46) 『中庸』 18章.

위의 예문에서 '-하니'와 '-어늘'은 과거에 '主·客토'라고 했다. '-하니'는 "누구가 …하니, 어떤 결과가 나왔다"는 뜻이고, '-어늘'은 "누가 어떻게 하거늘 내가 어떻게 했다."는 뜻으로 객체와 주체가 분명히 다른 문장 사이에 들어가기 때문이다. 그리고 '-하니 盖'로 호응하는 경우가 많다. 이것은 '…했으니, 아마 이런 것이다'는 뜻이다. 여기서 다음과 같은 것은 구분해서 토를 달아야 한다.

㉠ ……이니 ……
　　……이러니 ……
　　……이나 ……
　　……이라야
㉡ ……하니 ……
　　……하더니(터니) ……
　　……하나 ……
　　……하여야 ……

㉠은 윗말의 명사와 연결될 때 쓰이고, ㉡은 윗말의 동사와 연결하여 '하다 류의 동사'가 될 때 쓰인다.

그리고 때로는 '-이라'도 종결 어미가 아니라, 구속형 어미로 쓰일 때가 많다. "겨울이 온지라, 날이 춥다."고 할 때, '온지라'는 '왔기 때문에'란 뜻이다. 한문에 이런 토를 많이 사용했다.

예) 上焉者는 雖善이나 無徵이니 無徵이라 不信이요 不信이라 民弗從이니라(상고시대의 것은 비록 좋으나 증거할 만한 것이 없으니 증거할 만한 것이 없기 때문에 믿지 않고 믿지 않기 때문에 백성들이 따르지 않는다.)[47]

한문을 번역할 때에 이런 토에 특히 유의해야 한다.

ㄷ. 必要를 나타내는 吐 ── 아야(어야)

예1) 臣克艱厥臣<u>이라사</u> 政乃乂하여 黎民이 敏德하리이다(신하가 신하 됨을 어렵게 여겨야 정사가 비로소 다스려져서 서민들이 덕에 속히 교화될 것입니다.)[48]

예2) 官占先蔽志<u>오사</u> 昆命于元龜하나니(관점은 먼저 자기의 **뜻**을 결 정하고 나서 큰 거북에게 명한다.)[49]

惟精惟一<u>하여사</u> 允執厥中하리라(오직 정하게 하고 전일하여야 진실 로 중도를 잡을 것이다.)[50]

이 '사'가 붙는 경우는 "須當 …라사, 惟(唯, 維) …사(아)/라야 …乃" 로 호응된다. 이는 "…해야만 …그제야"라는 뜻이다.

② 放任形 語尾의 吐

─ 나(사실), 언정(양보), 건마는(사실), 거니와(사실), (오)도

방임형이란 동사가 앞 문장의 서술어로 끝나지 않고 위에 오는 문 장을 이으면서 그 내용(사건)의 제약을 풀어 놓는 어미이다.

예1) 寧飮建業水<u>언정</u> 不食武昌魚라(차라리 건업의 물을 마실지언정 무창의 물고기는 먹지 않겠다.)[51]

寧爲鷄口<u>언정</u> 無爲牛後라(차라리 닭의 입이 될지언정 소의 궁둥이는 되지 말아야 한다.)[52]

---

47) 『中庸』 29章.

48) 『書經』 卷二 大禹謨.

49) 『書經』 卷二 大禹謨.

50) 『書經』 卷二 大禹謨.

51) 『三國志·晋紀』 武帝 泰始 二年.

예2) 或이 疑如此오도 亦有不得祿者어니와(혹자는, 이와 같이 하고서
도 녹을 얻지 못하는 자가 있는 것을 의심했지만…)53)

이 '도' 토의 쓰임을 예시하면 다음과 같다.

㉠ 雖(以)……라도亦
㉡ ……………도亦
㉢ 雖…………도……
㉣ …………도苟
㉤ …………라도若
㉥ …………라도猶
㉦ …………라도尙
㉧ 至於………하여도

와 같이 호응해서 많이 쓰인다.

③ 羅列形 語尾의 吐 — 고, 며

'–하고', '–하며'는 국어 문법에서도 명확한 구분이 없다. 하지만
'–하고'는 공간적이면서 대립성이 강하고, '–하며'는 시간적이면서
연속적인 동작에 쓰인다. 또, 같은 문장에서는 동일한 반복을 피하기
위해서 한 번 '–하고' 하면, 다음은 '–하며' 라고 한다.

예1) 寬則得衆하고 信則民任焉하고 敏則有功하고 公則說이니라(너그
러우면 대중의 마음을 얻고 신의가 있으면 백성들이 신임하고 민첩하
면 공적이 있고 공정하면 백성들이 기뻐한다.)54)

---

52)『通鑑節要』1.
53)『論語』爲政 第二 註.

예2) 謹權量하며 審法度하며 修廢官하신대 四方之政이 行焉하니라(저울과 헤아림을 삼가며 법도를 살피며 폐지된 관직을 다시 설치하니 사방의 정치가 행해졌다.)[55]

다음의 토는 구분해서 써야 한다.

　㉠ ……이요 ……이며
　㉡ ……하고 ……하며

에서 ㉠은 윗말의 명사와 연결될 때 쓰인다. 예를 들면 "이것은 책이요, 이것은 칼이요, 이것은 붓이요…"와 같은 예이다. ㉡은 윗말의 동사와 합하여 '하다류의 동사'가 될 때 쓰인다. 하지만 혼용되는 경우도 있다.

　예) 質勝文則野ㅣ오 文勝質則史ㅣ니 文質이 彬彬然後에 君子ㅣ니라 (바탕이 꾸밈보다 더하면 野하게 되고 꾸밈이 바탕보다 더하면 화사하게 되는 것이니 꾸밈과 바탕이 잘 조화한 연후에 군자이다.)[56]

여기서 '野하고', '史하니'로 하지 않고, '野요', '史니'로 읽은 것은 이를 名詞句처럼 인식한 것이다. 한편, '이요'는 '-이요, 非-'로 쓰는 경우가 많다. '…가 아니요, …이다' 라는 뜻이다.

　④ 說明形 語尾의 吐 — 더니(러니)
　"과거에 …하더니, 지금은 어떻게 한다."는 말에 쓰인다.

---

54) 『論語』 堯曰 第二十.
55) 『論語』 堯曰 第二十.
56) 『論語』 雍也 第六.

예) 曾子養曾晳하되 必有酒肉하더니 將徹할새 必請所與하시며 問有餘
어든 必曰有라하더시다(증자가 증석을 봉양할 적에 반드시 밥상에 주
육이 있었는데, 장차 밥상을 치울 적에 증자는 반드시 "누구에게 주시
겠습니까?" 하고 청했으며, 증석이 "남은 것이 있느냐?" 하고 물으면
반드시 "있습니다" 하고 대답하셨다.)[57]

㉠ ……하더니今……
㉡ ……하더니將……
㉢ ……하더니及……

등으로 쓰이는 경우가 많다.

⑤ 比較形 語尾의 吐 ― 곤, 온

예) 禮與其奢也론 寧儉이요(예는 사치함보다는 차라리 검소해야 하
고…)[58]

비교형 어미의 토는 與, 況, 矧과 호응하여 쓰이는데, 與가 '보다는
여'이므로 대개 다음과 같은 예가 많다.

① 與其……온寧
② 與其……온孰與(……온孰若, ……온豈若)
③ 與其……온無寧……乎

이 '온'은 현대어로 '-보다는'의 뜻이다.

57) 『孟子』 離婁 上.
58) 『論語』 八佾 第三.

⑥ 選擇形 語尾의 吐 ― 나, 든지

예) 凡語中所載如此類者는 不知何謂라 或古有之어나 或夫子嘗言之어나를 不可考也라(무릇 『논어』 중에 기재된 내용으로 이와 같은 유들은 무엇을 말한 것인지 알 수 없다. 혹은 옛적에 있었거나 혹은 공자께서 일찍이 말씀하셨거나 한 것을 상고할 수 없다.)[59]

위의 '-어나'의 토 대신 '-인지'의 토를 붙일 수도 있다.

⑦ 然後形 語尾의 吐 ― 에(에야)

예) 子ㅣ曰 歲寒然後에 知松柏之後彫也니라(공자께서 말씀하시기를 "날씨가 추워진 뒤에야 소나무와 잣나무가 뒤에 시듦을 알 수 있다."고 하셨다.)[60]

⑧ 中斷形 語尾의 吐 ― 다가

　예) 其母曰 他日笞에 子未嘗泣이라가 今泣은 何也오(그의 어머니가 말하기를 "다른 날에 매를 칠 때에는 네가 일찍이 울지 않았다가 이제 우는 것은 무엇 때문인가?")[61]

　所謂大臣者는 以道事君하다가 不可則止하나니(이른바 대신이란 도로써 임금을 섬기다가 불가하면 그만두는 것이니……)[62]

㉠ ……라가後……
㉡ ……(이라)가今……
㉢ ……(이라)가及至……

---

59) 『論語』 季氏 第十六 註.
60) 『論語』 子罕 第九.
61) 『小學』 稽古 第四.
62) 『論語』 先進 第十一.

와 같이 호응관계를 이룬다. '전에 …하다가, 지금은 …한다'는데 쓰이기 때문이다.

⑨ 到及形 語尾의 吐 ─ 도록

예) 項羽使人有功當封에 刻印이 刓도록 忍不能子라가 卒以取敗하니 亦其驗也라(항우가 사람에게 일을 시켜 공로가 있어 봉작하게 됨에 새긴 인장이 망가지도록 차마 주지 않다가 끝내는 패망을 자초하였으니 이것 역시 그 증험이다.)[63]

지금까지 吐의 개념과 기능, 또는 현토의 방법을 우리 국어문법과 관련지어 체언과 조사, 어간과 어미의 관점에서 살펴보았다. 아래에서 항을 달리하여 접속사형의 토를 살펴보기로 한다.

3) 接續詞形의 吐

위에서 조사형 토와 어미형 토를 살펴보았다. 다음에는 句, 또는 문장과의 관계를 나타내는 접속사와 호응해서 쓰이던 대표적인 토를 보기로 한다. 국어문법에서 접속사에 대한 체계적인 분류가 없기 때문에 이를 국어문법에 의거하여 서술하지 못하고 대표적인 몇 글자만 예를 든다.

(1) 순접

ㄱ. 則

㉠ 若……면……

㉡ 苟……면……

㉢ ……면則……

---

63) 『論語』 堯曰 第二十 註.

　　위의 '若, 苟'는 "만약…한다면"으로 호응관계를 갖기 때문에 토가 '…면'이 된다. '則'자는 "… 만일 …한다면 곧"이란 뜻을 갖고 있다. 그러므로 기호지방에서는 '則'자 자체를 중시하여 "人不忠信이면則事皆無實(사람이 충신하지 못하면 일마다 모두 실상이 없다.)"『論語·學而 注』와 같이 토를 달아 읽는다. 그러나 영남지방을 위시하여 다른 지방에서는 '則'자 자체에 '…면'이란 뜻이 내포되어 있다고 보아 '人不忠信則事皆無實'이라는 식으로 읽기도 한다. 여기서 '–면 則'이라고 하면 접속사형의 토가 되고, '–면'의 뜻으로만 읽으면 가정을 나타내는 구속형 어미의 토가 된다. 그만큼 토의 유무에 관계없이 한문을 국어처럼 쉽게 이해했던 것이다. 결국 가정의 뜻이 강하면 '–면' 토를 달고, 語氣的일 때는 토를 달지 않았다. 옛날에는 낭송을 하는 성조와 관계가 깊었기 때문에 지역에 따라 차이가 난다.

　　ㄴ. 以
　　예) 天必命之하사 以爲億兆之君師하여 使之治而敎하여 以復其性케하시니(하늘이 반드시 그에게 명하여 억조창생의 군주와 스승으로 삼아 그로 하여금 백성을 다스려 가르쳐서 그 본성을 회복하게 하시니)[64]

　　'以'가 순차적으로 접속의 의미를 가질 때 그 앞에 '–하여'라는 토를 단다. 하지만 문장이 간단할 때는 '以' 자체에 '…하여'라는 뜻을 내포하고 있기 때문에 토를 달지 않는다. 그리고 기호지방에서는 한문의 원형을 중시하여 '以' 위에 토를 달지 않았으나 영남이나 다른 지방에서는 더 국어화하여 토를 많이 다는 것이 특징이다. 그리고 祝·祭文類에 吐를 달지 않는 것도 漢文의 原形을 중요시해서이다.

---
[64]『大學·序』.

(2) 역접

◎ 然

예) 或微妙而難見耳라 然<u>이나</u> 人莫不有是形이라(혹은 미묘하여 보기가
어렵다. 그러나 사람이면 이 형체를 가지고 있지 않은 이가 없다.)[65]

이와 같이 '−라然이나'로 달지만, 성조에 따라 '−이나然이나'로
달기도 한다. 이것도 기호 지방에서는 전자를 많이 택하고 영남이나
다른 지방에서는 후자로 많이 읽는다. 한편 '−나' 토는 "雖愚나 必明
하며(비록 어리석으나 반드시 밝아지며)『中庸』20장"과 같이 '雖−나'로
호응하여 쓰이는 일이 많다. 이 외에도 '−나' 토는 다음과 같이 호응
관계를 이루는 경우가 많다.

㉠ ……나 然이나
㉡ ……나(而)
㉢ ……나 但

'−이다. 그러나'로 읽으면 접속사형의 토가 되고, '−하(이)나'로 읽
으면 방임형 어미의 토가 된다.

(3) 순접·역접

◎ 而

예1) 本立而道生하나니(근본이 서야 도가 생겨나는 것이니…)[66]
　　 子ㅣ曰 善人을 吾不得而見之矣어든 得見有恒者면 斯可矣니라(공
　　 자께서 말씀하시기를 "내가 그런 사람을 만나 볼 수 없으면 恒心
　　 이 있는 자만이라도 만나보면 된다"라고 하셨다.)[67]

---

65) 『中庸·序』.
66) 『論語』學而 第一.

예2) 爲人謀而不忠乎아(남을 위해 일을 꾀함에 충실하지 않았는가?)68)

與朋友交호대 言而有信이면(친구와 사귀되 말할 때에 신의가 있으면……)69)

三十而立하고(서른 살 때에 자립하였고……)70)

예3) 子曰 學而時習之면 不亦說乎아(공자께서 말씀하시기를 "배우고 때때로 그것을 익히면 또한 기쁘지 않겠는가?"라고 하셨다.)71)

敬事而信하며 節用而愛人하며(일에 공경하고 신의가 있으며 쓰기를 절약하고 백성을 사랑하며……)72)

謹而信하며(삼가고 신실하며……)73)

예4) 人不知而不慍이면 不亦君子乎아(남이 알아주지 않더라도 화내지 아니하면 또한 군자가 아니겠는가?)74)

貧而無諂하며 富而無驕면 何如니잇고(가난하나 아첨함이 없고 부자가 되어도 교만함이 없으면 어떻겠습니까?)75)

예5) 溺於貧富之中하여 而不知所以自守라(빈부 가운데 빠져 스스로 지킬 줄을 몰랐다.)76)

예6) 其爲人也孝弟요 而好犯上者鮮矣니(그 사람됨이 효하고 공경스러우면서 윗사람에게 거역하기를 좋아하는 사람은 적으니……)77)

예7) 夫子斥其非하시고 而特惡其佞也시니라(공자께서 그 그름을 배척하시고 그 말재주를 미워하신 것이다.)78)

---

67) 『論語』 述而 第七.

68) 『論語』 學而 第一.

69) 『論語』 學而 第一.

70) 『論語』 爲政 第二.

71) 『論語』 學而 第一.

72) 『論語』 學而 第一.

73) 『論語』 學而 第一.

74) 『論語』 學而 第一.

75) 『論語』 學而 第一.

76) 『論語』 學而 第一 註.

77) 『論語』 學而 第一.

위의 글에서 예1)과 예2)의 예는 '而'자가 어미처럼 쓰였기 때문에 토가 들어갈 수 없다. 예3)과 예4)는 접속의 기능이 있어 전자는 순접이고 후자는 역접이다. 그러나 그 기능이 약하여 성조기능, 즉 語氣詞와 같은 역할 밖에 하지 못하므로 토는 달지 않는다. 특히 한문은 낭독과 낭송을 중요시하기 때문에 때로는 토가 꼭 들어가야 할 자리에까지 그것을 생략하는 '默吐' 현상도 있다. 예5)와 예6)은 접속사로서의 기능이 강하기 때문에 그 앞에 토를 붙인다. 다만 예5)는 시간적 순차적이기 때문에 '-하여' 토를 붙이고, 예6)은 명사 아래 붙었기 때문에 '-요'를 붙였으며, 예7)은 대등 독립적이면서 동사 斥과 연결하여 '하다류의 동사'가 되기 때문에 '-하고'라는 토를 달았다. 그러나 지방에 따라 '夫子斥其非而特惡佞也'라는 식으로 읽어 토를 달지 않을 수도 있다.

(4) 이유

◎ 故

예1) 武王도 亦然<u>이라</u> 故로 未盡善이라(무왕 역시 그러했다. 그러므로 지극히 좋지는 못하다.)

예2) 武王도 亦然故로 未盡善이라(무왕 역시 그러했<u>으므</u>로 지극히 좋지는 못하다.)[79]

이와 같이 두 가지 토가 가능하다. 지방에서는 후자로 읽는 경우가 많지만 중국에서는 '故' 앞에 표점을 찍고, 기호지방에서는 '-이라, 故로'라고 많이 읽는다. 이것 역시 기호지방에서는 한문 자체를 중요

---

78) 『論語』 先進 第十一 註.

79) 『論語』 八佾 第三 註.

시하고 지방에서는 국어 쪽으로 접근시킨 것이다.

> ㉠ ……이라故로
> ㉡ ……이라是故로
> ㉢ ……이라是以로
> ㉣ ……ㄹ새故로
> ㉤ ……ㄹ새是以로

  이와 같이 연결된다. 그런데 잘못된 교과서의 예를 들면 다음과 같은 것이 있다.

> "松江關東別曲前後思美人歌는 乃我東之離騷이나 而以其不可以文字寫
> 之하니 故로 惟樂人輩가 口相授受하고"[80]

  이것을 풀이하면 "송강의 〈관동별곡〉, 〈전·후미인가〉는 바로 우리나라 〈이소경〉이나 그것은 문자로써 기록하지 못했다. 그러므로 다만 樂人들만이 서로 입으로 전하고…"라는 뜻이다. 문형은 "以…故" 형식이다. 그러므로 "以文字寫之라 故로"라고 하든지, "以文字寫之故로"라고 토를 달아야 한다. 여기서 '-이라 故로'라고 하면 접속사형의 토가 되고, '-므로'라고만 해석하면 사유를 나타내는 구속형 어미의 토가 된다.

---

80) H社, 高下, 1992. 121면. 현행 중·고교 교과서를 모두 구하기가 어려워 주로 본인이 소장하고 있는 제5차 교육과정 때 사용하던 것을 예문으로 든다. 그리고 집필자 개인의 성명을 밝히기가 미안해서 출판사 이름만 쓰면서, 그것도 'A社, B 社……'식으로 익명으로 했다. 중학교는 학년마다 교과서가 있기 때문에 '中1, 中 2, 中3'으로 하고 고등학교는 '上, 下' 2책으로 된 것이 많기 때문에 '高上, 高下'로 쓰기로 한다.

(5) 조건

◎ 但

예) 子夏之言이 迫狹하니 子張이 譏之<u>是也로되</u> 但其言이 亦有過高之弊라(자하의 말이 너무 박절하고 좁으니 자장의 비난이 옳지만 다만 자장의 말 역시 지나치게 높은 폐단이 있다.)[81]

와 같이 '但' 앞에는 '-로되', '-나' 등의 토를 많이 단다. 그러나 기호지방에서는 '-라, 但'으로 읽는 경우가 많고 영남지방에서는 '-로되, 但'으로 읽는 경우가 많다. 영남지방에서는 한문이 더 국어화 또는 토속화된 것이다. '-라, 但'으로 읽으면 접속사형의 토가 되고, '-로되, 但'으로 읽으면 방임형어미의 토가 된다.

(6) 其他

◎ 使役助動詞(使, 令, 俾) 아래에는 '-(으)로' 토를 많이 단다.
예1) 趙簡子使尹鐸<u>으로</u> 爲晉陽한대(조간자가 윤탁으로 하여금 진양을 다스리게 했는데……)[82]
예2) 遂令天下父母心<u>으로</u> 不重生男重生女라(마침내 온 세상 부모의 마음으로 생남하기를 중히 여기지 않고 딸 낳기를 중히 여기게 했네.)[83]
예3) 俾爲師者<u>로</u> 知所以敎하며(스승된 자로 하여금 가르칠 바를 알게 하며……)[84]

위에서 살펴본 조사형의 토, 어미형의 토, 접속사형의 토 이외에는

---

81) 『論語』子張 第十九 註.
82) 『通鑑節要』1.
83) 白樂天,〈長恨歌〉.
84) 『小學』立敎 第一.

그 예가 많지 않은 관계로 사역조동사 밑에 다는 토는 항을 따로 설정하지 않고 여기에서 붙여 설명했다.

지금까지 한문의 토에 대해서 살펴본 바와 같이 한문의 토는 바로 우리말 체언의 조사와 어간의 어미라는 것을 알 수 있었다. 그러므로 토 다르고 해석이 달라서는 안된다. 한 교과서의 예를 들면, "善與人交하되 久而敬之니라.[85]"라는 글은 『論語・公冶長』의 "子曰 晏平仲은 善與人交로다 久而敬之온여(공자께서 말씀하시기를 안평중은 남과 잘 사귀는구나! 오래도록 서로 공경하니.)에서 인용한 것이다. 이 글은 감탄문인데 위의 교과서처럼 토를 달면 무슨 뜻인지 알 수가 없다. 이럴 바에는 아예 토를 달지 말아야 한다.

이상에서 산문의 토를 우리 국어와 관련지어 살펴보았다. 다음에 한시의 토를 살펴보기로 한다.

2. 詩의 懸吐

1) 絶句의 吐

먼저 絶句詩의 토부터 보기로 한다.

    ㉠ ……하니   ㉡ ……이라
    ㉢ ……하니   ㉣ ……이라

위와 같이 토를 다는 것이 일반적이다. 하지만 시는 미묘한 감정을 표현하는 것이기 때문에 토를 유연하게 다는 경우가 많다.

---

85) P社, 中3, 1992, 43면.

> 馬上에逢寒食하니 　　途中에屬暮春이라(을)
> 可憐江浦望하니 　　不見洛橋人이라(을)[86]

　일반적으로 괄호 밖의 것을 읽지만 때론 괄호 안의 것을 읽기도 했다. 여기서 '을(를)' 토는 영탄의 의미를 내포하고 있다. 그러므로 특히 詩唱을 할 때에는 반드시 이 토를 달았다. 시에서는 끝 구절에 단정의 토를 달지 않고, 영탄의 토를 달아 읊으면서 여유 있게 그 뜻을 음미하게 했다. 그리고 이 절구 시는 분명히 4句로 되었다. 하지만 지방에 따라 이를 2句라고 하는 경우도 있다. 우리 가사문학이 짝으로 이루어졌듯이 한시도 앞에 것을 안짝이라고 하고, 뒤에 것을 바깥짝이라 하여 이 두 짝을 합하여 한 句로 보았기 때문이다. 따라서 안짝의 토는 대부분 '-하니'로, 바깥짝의 토는 '-(이)라'로 다는 경우가 많다. 그러나 한시를 지나치게 토의 틀 안에 넣으려 하면 오류를 범하기 쉽다.

> 渭城朝雨浥輕塵하니 　　客舍靑靑柳色新이라
> 勸君更進一杯酒하노니 　　西出陽關無故人이라.[87]

　여기서 '하노니'라는 토에 유의해 보면 '하노니'는 현대어로 '하니'이다. "내가 술을 다시 그대에 올리니…"의 다음에 이어지는 말은 어떤 행동이 뒤따라야 할 것이다. 그런데 이어지는 말은 그대가 陽關으로 나가면 친구가 없다고 했다. 국어 문법상으로 뜻이 연결되지 않는다. 그래서 옛날에는 거의 "勸君更進一杯酒는(또는 '키는')"이라 달았다. '키는'은 '…하는 것은'이라는 뜻이다. 즉 내가 그대에게 한 잔 술

---

86) 宋之問, 〈途中寒食〉.
87) 王維, 〈送元二使安西〉. (H社, 高下, 1992. 57면).

을 더 권하는 것은 먼 양관으로 나가면 술 권할 친구가 없을 것이기 때문이란 것이다. 그래서 여기에 토는 '-하노니'보다는 '-는(키는)'을 많이 단다.

朱子의 〈武夷櫂歌〉는 七言絶句의 連作으로 첫 首는 序詩이고, 나머지는 武夷九曲의 全景을 생동감 있게 묘사한 연작시이다. 그 내용은 보는 이에 따라 儒家, 佛家, 道家 등의 사상을 표현한시, 또는 단순한 景物을 읊은 因物起興의 山水詩 등으로 나누어 볼 수 있다. 즉, 退溪 李滉(1501~1570), 高峰 奇大升(1527~1572)처럼 山水詩로 보는 경향이 있는가 하면 河西 金麟厚(1510~1560), 浦渚 趙翼(1579~1655)처럼 入道次第의 造道詩로 보는 載道論的인 경향, 또는 谷雲 金壽增(1624~1701)처럼 道家的 武陵桃源을 연결시키려는 경향이 있기 때문이다. 이를 어느 면에서 보느냐에 따라 내용이 달라지고 토도 달라질 수가 있다. 하지만 이는 景物交融의 시인 것만은 틀림없는 만큼 이에 맞추어 토를 달고 토에 맞게 해석하면 다음과 같다. 원제목은 〈淳熙甲辰中春 精舍閒居 戲作武夷櫂歌十首 呈諸同遊 相與一笑〉이다.

武夷山上에有仙靈하니	武夷山 위에 仙靈이 있는데
山下寒流曲曲淸이라	산 아래 寒流는 굽이굽이 맑구나.
欲識箇中奇絶處댄	이 중에 奇絶한 곳을 알고 싶으면
櫂歌閒聽兩三聲하라	한가로이 九曲 櫂歌 들어 보게나.
一曲(이라)溪邊上釣船하니	一曲, 시냇가에서 釣船에 오르니
幔亭峯影이蘸晴川이라	幔亭峯의 그림자가 맑은 내에 잠겨 있네.
虹橋一斷無消息하니	虹橋 한 번 끊어진 후 사람 소식 없으니
萬壑千巖이鎖翠烟이라	萬壑千巖만이 푸른 연기에 싸였구나.

二曲(이라)亭亭玉女峯은   二曲, 우뚝 솟은 저 玉女峯은
挿花臨水爲誰容고   꽃 꽂고 물가에 임해 누굴 위해 꾸몄는가?
道人이不復荒臺夢이라   道人이 다시 陽臺夢을 꾸지 않는지라
興入前山翠幾重고   흥취만이 앞산 몇 겹이나 푸른 곳으로 드는지?

三曲은(이라) 君看架壑船하라   三曲은 여러분들 架壑船 바위 보시오
不知停櫂幾何年고   노를 멈춘 지 몇 해이던고?
桑田海水今如許하니   桑田도 碧海됨이 이와 같으니
泡沫風燈敢自憐가   泡沫·風燈 같은 인생 가련히 여기랴?

四曲(이라)東西兩石巖에   四曲(金鷄岩), 東西에 우뚝 솟은 두쪽 바위
                              [大藏峯과 仙釣台]
巖花垂露碧㲯毵이라   岩花가 이슬 맞아 푸르게 늘어졌네.
金鷄叫罷無人見하고   金鷄 울음 끝나도 본 사람 없고
月滿空山水滿潭이라   달빛은 空山에 가득, 물은 못[臥龍潭]에
                              가득하네.

五曲山高雲氣深하니   五曲, 산[大隱屛峯]은 높아 雲氣가 깊으니
長時烟雨暗平林이라   오랜 이슬비가 平林[平林渡]을 어둡게 하네.
林間에有客無人識하고   숲속에 손님이 있어도 아는 이 없고
欸乃聲中萬古心이라   노젓는 소리에 太古의 마음이네.

六曲蒼屛이遶碧灣하니   六曲, 蒼屛[仙掌峯, 小隱屛峰]이 碧灣을
                              둘렀는데
茅茨終日掩柴關이라   띠 집[武夷精舍]에 종일토록 사립문 닫고
                              있네.
客來倚櫂巖花落하니   손님 와서 배 띄울 제 岩花가 떨어지니
猿鳥不驚春意閒이라   猿鳥는 놀라지 않고 春意만 한가롭네.

七曲移船上碧灘하니　　　　　　七曲, 배를 저어 碧灘[獅空灘]으로 올라가니
隱屛仙掌을更回看이라　　　　　隱屛峯·仙掌峯을 다시 되돌아 보네.
却憐昨夜峯頭雨가　　　　　　　어여뻐라, 지난밤 峯頭에 내린 비가
添得飛泉幾道寒고　　　　　　　飛泉의 몇 가닥이나 차가운 물결에 보태었
　　　　　　　　　　　　　　　는가?

八曲風烟이勢欲開하니　　　　　八曲, 바람과 연기 형세가 열리려 하니
鼓樓巖下에水縈洄라　　　　　　鼓樓岩 아래(에) 물결이 굽이쳐 도네.
莫言此處에無佳景하라　　　　　이곳에 佳景이 없다고 말하지 말라
自是遊人이不上來라　　　　　　이는 遊人이 제 아니 올랐기 때문이네.

九曲이將窮眼豁然하니　　　　　九曲이 다하려 하자 시야가 툭 트이니
桑麻雨露見平川이라　　　　　　桑麻에 내린 雨露 平川(地名)이 보이네.
漁郎이更覓桃源路하니　　　　　漁郎이 다시 桃源으로 가는 길 찾으니
除是人間別有天이라　　　　　　이곳이 바로 인간의 별천지로세.[88]
※ ( ) 안의 토는 성조에 따라 달기도 하고 달지 않을 수도 있다.

이 시의 내용을 파악하는데 도움을 줄 수 있는 중국 서적은 董天工의
『武夷山志』, 祝穆의『武夷山記』, 劉槩의『櫂歌詩註』, 武夷山朱熹硏究中
心編의『武夷勝景理學遺迹考』[89] 등이 있고, 한국 서적은 退溪의〈閒讀
武夷志次九曲櫂歌韻十首〉(『退溪全書』卷1), 〈答金成甫德鷗別紙〉(同 卷
13), 高峰의〈高峰退溪往復書〉, 河西 金麟厚의〈吟示景范仲明〉(『河西全
集』卷10), 浦渚 趙翼의〈武夷櫂歌十首解〉(『浦渚集』卷22), 〈讀退溪高峰論
武夷詩書〉, 星湖 李瀷의〈次武夷九曲圖〉(『星湖先生文集』卷37), 果齋 李
敎宇의『雅誦集解』등이 있다. 한편 국문학 연구에서는 李敏弘 敎授의

---

88)『朱子大全』卷 九.
89) 武夷山朱熹硏究中心編,『武夷勝景理學遺迹考』, 1990.

『士林派文學研究』(1985), 〈朝鮮朝 中期 선비들의 詩意識–朱子詩의 評釋을 중심으로–〉(1999) 등이 있다.

　　이 시에서 가장 문제가 되는 것은 九曲의 마지막 구절에 나오는 '除是'이다. 이 해석에 따라 내용이 달라지기 때문이다. 同春 宋浚吉(1606~1672)의 『語錄解』에 "'除是'는 일란 말고. '除是人間別有天'是를 除하고 人間에 各別히 天이 있도다. 又 이리 마다. 猶須是也. 又 俗稱除是非之語."라고 해석했다. 그런데 이 '除是'는 '除非'와도 같이 쓰이는 宋代의 口語이다. 역시 같은 책에서 "'除非'는 與除是同. 又 그러치 아니커든 말라. 又只是之義."로 해석했다. 또 중국의 『漢語大詞典』이나, 대만의 『中文大辭典』에서는 아예 '除是'라는 말은 나오지 않고 '除非'만 나온다. 『한어대사전』에서 '除非'는 "'다만(猶只有)'. '유일조건의 표시(表示唯一的 條件)'"라 했고, 『중문대사전』에서 "'除非'는 除는 이를 제외한다는 뜻이고, 非는 아니다는 뜻이다. 두 말을 겹쳐 사용할 때는 이를 제하면 없다는 뜻이다(除, 謂除此以外, 非, 不也. 兩字疊用, 有除此則不之意.)"라고 했다. 그리고 현대 중국어 사전인 『중한사전』(고려대, 1989)에 "'除是'는 접속사로 (이것을) 제외하고는. 이것이 아니라면.=[除非]"라 했고, 除非도 역시 접속사로 "①다만…함으로써만이 비로소. 오직…하여야(비로소). [유일한 조건을 표시함. 只有(단지)에 상당하는 말임.] ②…아니고서는…(지)않고서는. [계산에 넣지 않은 것을 표시함. 除了 제외하고(는)에 상당하는 말임]"의 뜻으로 해석했다. 한편 『宋元語言詞典』(상해사서출판사, 1985)에서는 '除是'는 '除非'에 보라 하고 '除非'의 뜻은 '唯有'. '只有這樣'으로 풀이했다. 따라서 이를 참고하여 九曲 끝 句節을 해석해야 한다. 그리고 八曲의 '自是'는 宋代의 口語로 '제 이리'란 뜻이다. 이런 어학적인 지식의 토대 위에서 이 시를 파악해야 한다.

다음은 문맥상으로 보아 토가 달라지는 것을 보기로 한다. 그런데 이 시 九曲 끝 구절의 내용이 문제이다.

① 九曲이 끝나려 하자 桑麻가 우거져 있는 平川이 꼭 武陵桃源과 같아서 漁郞이 이곳에 온다면 마치 桃源 길을 다시 찾는 듯하여 이곳이야 말로 별천지로 인간 세상이 아니라는 것이다. 따라서 九曲의 佳景을 찬미한 말 이외에는 별다른 뜻이 없다. (標補 : 竊詳詩意, 盖謂九曲將窮, 見此桑麻平川, 政如武陵山小口中, 土地平廣, 使漁郞到此, 悅若復尋桃源之路, 別有天地, 而非人間, 李白詩云, 桃花流水杳然去, 別有天地非人間. 先生, 蓋用此語, 止是贊美佳境之辭, 而別無奧義也.)

② 九曲이야말로 툭 트인 眞境인데 이를 두고 桃源의 길을 찾는다면 이는 인간세상이 아니요 별천지가 따로 있다는 뜻이니 학문을 비유해서 말한다면 이것은 異端으로 들어간다는 것이다.(高峰 則以爲九曲, 旣是豁然眞境, 若舍此而, 更覓桃源路, 則非是人間, 而別有天, 以學問言之, 則是異端.)

③ 桃源別天地의 이야기를 인용하여 다시 眞源·妙處를 찾는 것이다.

이것을 정리하면 크게 두 가지로 나누어 볼 수 있다. 하나는 자연의 경지를 읊은 시로 "漁郞이 다시 桃源으로 가는 길을 찾으니 이곳이 바로 인간의 별천지로세."라고 하여 九曲을 신선이 사는 별천지의 경지로 보는 것이다. 이는 현대 중국의 연구자들도 마찬가지다. "이 일대의 平川에 桑麻가 들판을 덮었고, 또 良田과 美池가 있고, 집들이 整然하며 닭소리·개소리가 서로 들려 완전히 桃源의 경지로 꼭 朱熹의 〈櫂歌〉에서 읊은 바와 같다. 이곳을 버리고 다시 도원의 길을 찾는다면 이것은 다만 인간세상 밖에 別天地가 있게 되는 것이다."[90]라고 했다. 결국 인간 세상 밖에 별천지가 있다면 모르겠거니와 이곳이야

말로 도원경이란 것이다. 즉 이곳을 두고 별천지가 따로 있을 수 없다는 것이다. 그러면 吐는 위에서 붙인 바와 같이 된다. 또 달리 "어랑이 다시 도원으로 가는 길을 찾으니 이(平川) 밖에 별천지가 있는가 보다."로 읽기도 한다.

두 번째로 '除是'에 주목하여 入道次第 면에서 내용을 풀이하면 "어랑이 다시 도원으로 가는 길 찾으니, 이곳(桑麻 雨露의 平川)을 제외하고는 인간의 별천지(즉 異端)이라."고 보는 견해이다. 이렇게 하더라도 토는 변함이 없다. 浦渚 趙翼은 〈武夷櫂歌十首解〉에서 "「漁郎更覓桃源路 除是人間別有天」은 이곳이 仙境의 極處인데 만약 遊者가 그 일상적인 것[平常]을 싫어하여 다시 桃源을 찾는다면 이는 실수이다. 만약 道를 공부하는 사람이 道는 日用間에 있지 않다고 하여 특이한 일에서 찾으려고 한다면 도에서 멀어질 것이다. '除是'는 '오직'이란 뜻을 가진 '唯是'이니, 오직 인간세상의 別乾坤이 여기에 있는데 이에 桃源이 따로 있어서 찾을 수 있다는 것은 이런 이치는 없음을 말한 것이다. 아마 異端의 학문을 지적하여 그 허망함을 말한 것이다."[91]라고 풀이한 것도 같은 맥락이다. 다만 "어랑이 다시 도원으로 가는 길을 찾는다면"이라고 할 때만 토가 "漁郎更覓桃源路하면"이라고 된다. 그리고 끝구절에서 이곳을 두고 인간 세상에 별천지가 따로 있을까?(除是人間別有天가?)로 읽으려는 사람도 있다. 이 밖에도 "漁郎의 更覓桃源路하니 除是

---

90) 吳春發, 〈九曲溪〉, 『武夷勝境理學遺迹考』, 1990. 185면. "這一帶一馬平川, 桑麻蔽野, 又有良田美池, 屋舍儼然, 鷄犬之聲相聞, 全然是桃源景象, 正如朱熹棹歌所咏; 舍此而更覓桃源路, 那麼非人間之外別有天地了."

91) 趙翼, 『浦渚集』卷二十二, "漁郎更覓桃源路, 除是人間別有天. 言此是仙境極處, 若遊者厭其平常, 而更求桃源, 則失之矣. 如學道者, 謂道不在日用間, 欲求爲奇特之事, 則去道遠矣. 除是, 猶言唯是也, 唯是人世間有別乾坤, 乃有桃源可覓處, 言其無此理也. 盖指異端之學, 而言其虛妄也."

人間別有天<u>이라</u>."(漁郎이 다시 桃源으로 가는 길 찾지만 이곳이 바로 인간 세상 별천지로세.) 또는 "漁郎<u>이</u> 更覓桃源路<u>하나</u> 除是人間別有天<u>가</u>"(漁郎이 다시 桃源으로 가는 길 찾지만 이곳 말고 인간 세상에 별천지가 있으랴?)로 읽는 사람도 있다. 하지만 문법적으로는 의문형으로 설명할 길이 없다. 그런데 한시는 안짝과 바깥짝의 개념으로 파악하려는 경향이 있기 때문에 "…하니…이라"는 토를 많이 단다. 그래서 이 끝구에서도 '…하니, …이라'라고 토를 붙였다. 서시의 첫구와 六曲의 첫구에서 토는 '하니'라 달고 해석은 '-인대'로 했는데 이것도 같은 설명형어미이지만 성조를 고려하여 토는 '하니'라고 단다. 그리고 一曲부터 四曲까지는 '一曲이라, 二曲이라……'는 식으로 토를 달았지만, 五曲부터는 달지 않았다. 이것은 朗讀 또는 朗誦할 때 聲調를 고려하여 이렇게 읽었기 때문에 지역에 따라서 달라질 수 있다.

2) 律詩의 吐

율시의 토는 다음과 같다.

ㄱ ……하니   ㄴ ……이라
ㄷ ……하고(이요)   ㄹ ……(이)라
ㅁ ……하고(이요)   ㅂ ……(이)라
ㅅ ……하니   ㅇ ……(이)라

라고 붙이는 것이 일반적이다. ㄱ·ㄴ은 안짝과 바깥짝이기 때문에 '-하니', '-이라'는 토를 많이 단다. 함련인 ㄷ·ㄹ句와 경련인 ㅁ·ㅂ句는 주로 對仗(對句)을 이루기 때문에 윗말이 동사일 때에는 '-하고' 토를, 명사일 때에는 '-이요' 토를 주로 단다. 끝의 ㅅ·ㅇ句는 역시 안짝과 바깥짝이기 때문에 '-하니', '-(이)라' 토를 다는 경우가 많

다. 하지만 시는 복잡한 감정의 표현물일 뿐만 아니라 낭송을 전제로
하기 때문에 성조를 감안하여 여기에서 벗어난 경우가 많다.

> 예1) 天增歲月人增壽요(하늘은 세월을 더하는데 사람은 수를 더하고)
> 　　 春滿乾坤福滿家라(봄은 천지에 가득한데 복은 집안에 가득하
> 　　 네).〈春帖〉
> 예2) 春水는滿四澤이요(봄 물은 사방의 못에 가득하고)
> 　　 夏雲은多奇峰이라(여름 구름은 기이한 봉우리 많구나)
> 　　 秋月은揚明輝요(가을 달은 밝은 빛 날리고)
> 　　 冬嶺엔秀孤松이라(겨울 산마루엔 외로운 소나무만 섰구나).92)
> 예3) 林亭에秋已晚하니(숲 속 정자에 가을이 이미 깊었으니)
> 　　 騷客이意無窮이라(시인의 상념이 끝이 없어라.)
> 　　 遠水는連天碧이요(멀리서 흐르는 강물은 하늘에 닿아 푸르고)
> 　　 霜楓은向日紅이라(서리 맞은 단풍은 햇빛 받아 붉구나.)
> 　　 山吐孤輪月이요(산 위엔 외로운 달 솟아 있고)
> 　　 江含萬里風이라(강은 만 리의 바람 머금었네.)
> 　　 塞鴻은何處去오(변방의 기러기는 어디로 가는가)
> 　　 聲斷暮雲中이라(소리가 저녁 구름 속으로 사라지네.)93)

　　예1)은 '壽를 增하고'라고 해석하지만 이 시구를 하나의 명사구처럼
인식하여 안짝과 바깥짝으로 보았기 때문에 '人增壽요'로 한 것이다.
예2)도 '四澤에 滿하고', '明輝를 揚하고'라 해석하지만 역시 명사구처
럼 인식하여 '-이요'로 달았다. 예3) 역시 '天에 連하여 碧하고', '孤輪
月을 吐했고'라고 해석하지만 토는 '-이요'이다. 시는 낭송에 성조가
중요하기 때문에 한 句를 명사구처럼 여긴 것이다. 그러나 모두 그런

---

92) 陶淵明〈四時〉,『陶詩』卷三.
93) 栗谷,〈花石亭〉,『栗谷全書』卷一.

것은 아니다. 꼭 '−하고'라고 해야 할 곳에는 '−이요'라 하지 않는다.

　　白首에放歌須縱酒하고(백발에 노래 부르며 술을 흠뻑 마시고)
　　靑春에作伴好還鄕이라(이 봄 벗삼아 고향으로 가리라.)94)

　"모름지기 술을 흠뻑 마시고"라는 데서 '모름지기 須'자 다음에 동사인 '縱'字가 강하게 부각되므로 '−하고'라는 토를 달았다.

　　韓公이本意築三城키는(한공이 세 성을 쌓은 본의는)
　　擬絶天驕拔漢旌터니(이라)(한나라 침범하는 오랑캐 막으려 한 것이었
　　는데)
　　豈謂盡煩回紇馬하여(아)(어찌 알았으랴, 회흘의 군사를 데려와서)
　　翻然遠救朔方兵고(라)(북녘의 관군을 구해낼 줄을.)
　　胡來에不覺潼關隘라(요)(안록산 쳐들어오니 험준한 동관 소용없구나)
　　龍起에猶聞晉水淸이라(숙종이 일어나자 하북이 평정되었네.)
　　獨使至尊으로憂社稷하니(임금으로 하여금 나라 걱정 하게 하니)
　　諸君은何以答昇平고(그대들 무엇으로 그 은혜에 보답할고?).95)

　이와 같이 산문처럼 토를 달기도 하고 시의 리듬을 살리기 위해 괄호 안의 토를 달기도 한다. 이 괄호 밖의 토는 필자가 靜軒 郭鍾千(1895~1970) 선생에게서 『虞註杜律』을 공부할 때 이렇게 배웠다.

　　㉠ 洛城을一別四千里라(낙성을 떠나와 사천 리로구나)
　　　　胡騎長驅五六年이라(오랑캐 날뛴 지도 5·6년이네.)
　　㉡ 洛城을一別四千里하니(낙성을 떠나와 사천 리되니

---

94) 杜甫,〈聞官軍收河南河北〉,『杜詩』十一.
95) 杜甫,〈諸將〉五首,『杜詩』十五.

胡騎長驅五六年이라(오랑캐 날뛴 지도 5·6년이네.)

ⓒ 洛城을一別四千里요(낙성을 떠나와 사천 리 먼 길이요

　　胡騎長驅五六年이라(오랑캐 날뛴 지도 5·6년이네.)96)

　이와 같이 세 종류의 토를 달았는데 이 중에 ㉠을 많이 읽었지만 이 시는 對仗이 분명하므로 ⓒ으로 읽는 것이 정확하다. 이 토는 李載浩 교수님께서 晦山 安鼎呂(1871~1939)선생에게서 배운 것이라며 필자에게 알려준 것이다.

　다음은 요즘 중·고교 교과서에서 토를 잘못 단 실례를 몇 개 보기로 한다.

水國秋光暮요 驚寒雁陣高라
憂心輾轉夜에 殘月照弓刀라.97)

　위의 시를 번역하면 다음과 같다.

물 세상 한산도에 늦가을 드니
추위에 놀란 기러기 떼 높이 떴네.
나라 근심으로 뒤척이며 잠 못 이루는 밤
새벽 달이 활과 칼에 비추는구나.

　이 내용대로 토를 달면 "水國에秋光暮하니 驚寒雁陣高라 憂心輾轉夜에 殘月이照弓刀라"고 해야 옳다. 앞의 2句는 對句가 아니기 때문이다. 그리고 한 句 안에 토를 달아도 무방하다. 기호지방에서는 한문 원형을 중시하여 한 句 안에 토를 달지 않는 경우도 있지만 지방에

---

96) 杜甫, 〈恨別〉, 『杜詩』, 八.
97) 李舜臣, 〈閑山島夜吟〉, (T社, 高上, 1992, 110면).

갈수록 국어화하여 토를 다는 경향이 많다. 중국과 접경인 북한에서
는 두음법칙도 적용하지 않듯이 기호지방에서는 중국과 왕래가 빈번
했으므로 가급적 중국의 원형을 중시하지만 중국과 먼 지방으로 갈수
록 토속화하는 경향이라고 할 수 있다. 더욱이 이 교과서의 필자는
"水國秋光暮요"라 하고 "한산섬 물 바다에 가을빛이 저무니……"로 풀
이했으니 토 다르고 해석이 다른 예이다.

　　　長安一片月이요 萬戶擣衣聲이라
　　　秋風吹不盡하니 總是玉關情이라
　　　何日平胡虜하여 良人罷遠征고.[98]

　이 시를 번역하면 다음과 같다.

　　　장안의 한 조각 달빛 아래
　　　집집마다 다듬이 소리로구나.
　　　가을 바람 그칠 줄 모르고 부니
　　　모두가 옥문관의 임 그린 정.
　　　어느 날 오랑캐 평정하고
　　　우리 님 원정에서 돌아오시려나?

　위의 내용에 따라 토를 달면 "長安一片月에 萬戶擣衣聲이라 秋風이
吹不盡하니 總是玉關情이라 何日에 平胡虜하고 良人이罷遠征고"라고
해야 한다.

　　　春眠不覺曉러니　　處處聞啼鳥라
　　　夜來風雨聲에　　花落知多少라.[99]

---

98) 李白, 〈子夜吳歌〉, (K社, 高下, 1992, 73면).

이 시를 풀이하면 다음과 같다.

> 봄 졸음에 새벽이 된 줄도 몰랐더니
> 곳곳에 새 지저귀는 소리 들리는구나.
> 지난 밤 비바람 소리에
> 꽃은 얼마나 떨어졌을까?

　여기서 "不覺曉러니"는 "깨닫지 못했더니"의 뜻이므로 '-터니(했더니)'로 읽고, 끝 구절은 의문문이기 때문에 "花落이知多少오"라고 토를 달아야 한다.

　옛날에 이 구절을 두고 논란이 많았다. "夜來風雨聲을 花落으로知多少라"하면 지난 밤 풍우소리를 낙화로 다소를 알았다는 뜻이 된다. 즉 작자가 귀머거리어서 밤새도록 비바람 소리를 듣지 못하고 있다가 아침에 일어나 낙화로써 지난밤에 비바람이 많고 적었던 것을 알았다고 해석한 것이다. 또 "夜來風雨聲에 花落이 知多少오"라 하여 작자가 장님이어서 지난 밤 비바람 소리만 듣고 꽃이 얼마나 떨어졌는지를 보지 못했다는 뜻으로 해석했다는 일화가 있다.

> 春雨細不滴하니 夜中微有聲이요
> 雪盡南溪漲하니 草芽多少生이라.[100]

　이는 다른 교과서들에도 대부분 "--多少生이라"라고 달았다. 하지만 이 시를 번역하면 다음과 같다.

---

99) 孟浩然, 〈春曉〉, (H社, 高上, 1992, 46면).
100) 鄭夢周, 〈春興〉, (T社, 高1, 1987, 53면).

봄비가 부슬부슬 방울 듣지 않더니
밤중에야 가느다랗게 소리 들리네.
눈 녹고 앞 시냇물 불었으리니
새싹은 얼마쯤 돋아났는지?

이 내용대로 토를 달면 "春雨細不滴터니 夜中에 微有聲이라 雪盡南溪漲하니 草芽多少生고"라고 해야 한다.

松下問童子하니 言師採藥去라
只在此山中인데 雲深不知處라.[101]

이 시를 풀이하면 다음과 같다.

소나무 아래에서 동자에게 물으니
"스승님은 약 캐러 가셨습니다.
다만 이 산 속에 계시겠지만
구름이 깊어 가신 곳 모르겠습니다."

이 내용에 맞추어 토를 달면 "松下에 問童子하니 言師採藥去라 只在此山中로되(언마로) 雲深不知處라"로 된다. 이 시는 내용보다 회화적으로 이미지화 시킨 기교면에서 높이 평가했다. 道士가 깊은 구름 속에 약 캐러 간 것을 표현했기 때문에 중요한 것은 마지막 구절이다. 이를 강조하기 위해서는 "이 산 속에 계실 것인데"라는 설명형 어미보다는 "이 산 속에 계시겠지만"이란 방임형 어미로 해석해야 시의 멋이 살아난다. 따라서 토를 '-로되'로 달아야 한다. 한편 이 시를 옛날 서

---

101) 賈島, 〈訪道者不遇〉, (P社, 中2, 1992, 77면). 이 시의 제목을 唐詩에서는 〈訪隱者不遇〉라 하는데 『古文眞寶』에서는 〈訪道者不遇〉라 되어 있다.

당에서 첫 구는 작자의 물음으로, 둘째 구는 동자의 답으로, 나머지 두 구는 작자의 상상으로 보기도 했으나 요즘 중국에서도 필자가 번역한 것처럼 첫 구는 작자의 물음으로, 나머지는 모두 동자가 답한 것으로 해석한다.

위에서 살펴본 바와 같이 시의 토는 산문에 비하여 훨씬 유연성이 있게 달았다. 하지만 내용상으로 문맥의 흐름을 연결시켜 주는 토는 분명히 달아줄 필요가 있다.

3) 古詩의 吐

절구와 율시에 이어 古詩의 토를 보기로 한다.

臨高臺臨高臺하니	높은 臺에 올라, 높은 대에 올라 보니
迢遞絶浮埃라	아득히 먼지 속에 솟아 있구나.
瑤軒綺構何崔嵬오	구슬 난간 화려한 건물 어찌 그리 높은가?
鸞歌鳳吹淸且哀라	鸞의 노래, 鳳의 통소 맑고도 슬퍼라.
俯瞰長安道하니	長安의 길을 굽어보니
萋萋御溝草라	무성한 대궐 안 도랑의 풀이로다.
斜對甘泉路하니	비스듬히 甘泉의 길 대하니
蒼蒼茂陵樹라	푸르고 푸른 茂陵의 수목들이네.
高臺四望同하니	高臺의 사방 경치 모두 아름다우니
佳氣鬱蔥蔥이라	상서로운 기운 울울히 무성하구나.
紫閣丹樓는紛照耀하고	紫閣과 丹樓는 어지러이 비치고
璧房錦殿은相玲瓏이라	璧房과 錦殿은 서로 영롱하네.
東迷長樂觀이요	동쪽으로 長樂觀 아득하고
西指未央宮이라	서쪽으로 未央宮 가리키네.
赤城에映朝日이요	赤城에 아침 해 비치고
綠樹는搖春風이라	푸른 나무는 봄바람에 흔들리네.

旗亭百隊는開新市하고 　많고 많은 술집들은 新市를 열었고
甲第千甍은分戚里라 　천이 넘는 좋은 집들 戚里를 나누었네.
朱輪翠蓋는不勝春이요 　붉은 수레, 푸른 일산 봄기운 못이기고
疊榭層楹은相對起라 　첩첩한 臺榭, 높은 집들 마주보고 섰구나.
復有靑樓大道中하니 　또 큰 길 가에 靑樓가 있으니
繡戶文牕雕綺櫳이라 　수놓은 창호, 문채 있는 창문, 아로새긴 난
　간이네.

錦衾은晝不襞하고 　비단 이불은 낮에도 주름이 잡히지 않았고
羅幃는夕未空이라 　비단 휘장에는 밤에도 비어 있지 않구나.
歌屛은朝掩翠하고 　노래 부르던 곳의 병풍은 아침의 푸른빛
　가리고

粧鏡에晩窺紅이라 　화장하는 거울에는 늦게 홍안을 엿보구나.
爲君安寶髻하니 　그대 위해 머리를 손질하니
蛾眉罷花叢이라 　초승달같이 아름다운 눈썹 꽃떨기 속에 떨
　어지네.

塵間狹路에黯將暮하니 　티끌 속 좁은 길에 어두움이 찾아드니
雲開月色이明如素라 　구름 걷자 달빛이 비단 같구나.
鴛鴦은池上에兩兩飛하고 　원앙새는 못 위에서 짝지어 날고
鳳凰은樓下에雙雙度라 　봉황새는 누각 아래에서 쌍쌍이 노니네.
物色이正如此하니 　물색이 이와 같으니
佳期를那不顧아 　이 좋은 때 생각하지 않으리.
銀鞍繡轂이盛繁華하니 　은으로 장식한 안장, 수놓은 수레 이렇게
　번화하니

可憐今夜에宿娼家라 　어여뻐라, 오늘밤 娼家에 자게 되네.
娼家少婦야不須嚬하라 　창가의 젊은 여인들아, 눈살 찌푸리지 말아라
東園桃李도片時春이라 　東園에 핀 桃李도 잠시 동안의 봄이네.
君看舊日高臺處아(하라) 　여러분들 옛날 高臺 있던 곳 보았는가?
栢梁銅雀에도生黃塵이라 　栢梁臺와 銅雀臺에도 누른 먼지만 나네.[102]

이 시는 『王子安集』卷2 七言古詩 편에 실려 있다. 하지만 옛날 鄕村에서는 이 문집을 구해 읽기란 지극히 어려운 실정이고, 古風 또는 古詩라 하여 좋은 시만 뽑아서 필사하여 읽었다. 하도 많이, 또는 널리 읽혀 마치 우리 口語처럼 외우면서 낭만적이고 황홀한 시경에 도취되기도 했다. 그런데 古詩는 近體詩에 비해 형식이 자유롭기 때문에 위에서 본 바와 같이 '토' 역시 자유로웠던 것을 알 수 있다.

3. 箴의 懸吐

箴銘類는 주로 4·4調에 韻字를 붙인 글이다. 여기서 옛날 선비들이 朝夕으로 읽고 외던 〈敬齋箴〉을 들어 본다.

正其衣冠하고(하며)	그 衣冠을 바르게 하며
尊其瞻視라(하여)	보는 눈매를 존엄하게 하여
潛心以居에(하여)	마음을 가라앉히고 앉아
對越上帝라(하나니라)	상제를 대하듯 조심할 것이니라.
足容必重하고(하며)	걷는 모습은 반드시 무겁게 하며
手容必恭이라(하여)	손놀림은 반드시 공손히 하여
擇地而蹈에(하여)	땅을 가려서 밟아
折旋蟻封이라(하나니라)	좁은 길에서도 절도 있게 걸을 것이니라.
出門如賓하고(하며)	문 밖에 나서면 손님을 대하듯 조심하며
承事如祭라(하여)	일을 받들어 할 때는 제사를 지내듯 공경하여
戰戰兢兢하여(하여)	두려워하고 조심하여
罔敢或易이라(니라)	감히 혹시라도 소홀히 하지 말 것이니라.

---

102) 唐 王勃, 〈臨高臺〉, 『王子安集』2.

守口如瓶하고(하며)　　　입을 다물기는 병에 마개를 막듯이 하며
防意如城이라(하여)　　　뜻을 막기는 성을 쌓아 적을 막듯이 하여
洞洞屬屬하여(하여)　　　진실하고 전일하여
罔敢或輕이라(이니라)　　감히 혹시라도 가벼이 하지 말 것이니라.

不東以西하고(하며)　　　동쪽으로 가려다 서쪽으로 가지 말며
不南以北이라(하고)　　　남쪽으로 가려다 북쪽으로 가지 말고
當事而存에(하여)　　　　일을 처리할 땐 마음을 간직하여
靡他其適이라(하나니라)　다른 일에 끌리지 않을 것이니라.

弗貳以二하고(하며)　　　두 가지 일이라 하여 두 마음을 가지지 말며
弗參以三이라(하고)　　　세 가지 일이라 하여 세 마음을 가지지 말고
惟心惟一에(하여)　　　　오직 마음을 전일하게 가져
萬變是監이라(이니라)　　만 가지 변화를 비추어 볼 것이니라.

從事於斯하면(ㅣ)　　　　이런 일에 마음과 힘을 다하는 것이
是曰持敬이라(이니)　　　이른바 持敬이라 하는 것이니
動靜不違하고(하고)　　　一動一靜에도 어기지 말고
表裏交正이라(하나리라)　표리를 서로 바르게 해야 하느니라.

須臾有間하면(하면)　　　잠시라도 틈만 생기면
私欲萬端이라(이라)　　　私欲의 만 갈래가 침입하는지라
不火而熱하고(하고)　　　불 나지 않아도 뜨겁고
不冰而寒이라(하나니라)　얼음 얼지 않아도 차갑느니라.

豪釐有差하면(하면)　　　털끝만큼이라도 틀림이 있으면
天壤易處라(라)　　　　　하늘과 땅이 뒤바뀌게 되는지라
三綱이旣淪하고(하고)　　三綱이 이미 침몰하고
九法이亦斁라(하나니라)　九法도 무너지느니라.

嗚呼小子아(아)   아, 소자들아!
念哉念哉어다(어다)   생각하고 공경할지어다.
墨卿司戒하여(하여)   먹으로 이 경계를 써서
敢告靈臺하노라(하노라)   감히 마음에 알리노라.[103]

괄호 밖의 토는 일반적으로 안짝과 바깥짝으로 인식하여 다는 법이
다. 하지만 비록 韻字를 붙인 韻文이라도 산문처럼 의미상으로 연결
하여 토를 붙일 수 있다. 이것이 괄호 안의 토이다. 이 토는 필자의
姑叔 潁溪 河炫碩(1912~1978) 公께서 松山 權載奎 선생에게서 배운 토
라며 필자에게 가르쳐준 것이다. 이 〈경재잠〉의 내용을 상세히 풀이
한 책은 李象靖(1710~1781)의 『敬齋箴集說』을 들 수 있다.

Ⅳ. 結語

한문 학습에 있어 가장 올바른 길은 선조들이 축적한 경험을 최대
한 살리면서 새로운 방법을 모색하는 것이다. 그런데 그 동안 일부에
서는 전통적인 것을 부정하는 것이 진보적인 것처럼 여기는 경향도
없지 않았다. 이는 法古創新이 아니라 埋古創新이다. 한문을 가르치
는 데 대표훈으로 읽지 말자느니, 토를 달아 읽지 말자느니 하는 주
장도 있었다. 이는 서구 여러 언어들을 접하면서 더욱 팽배해진 생각
이었다. 하지만 이제 반성해야 할 시점에 이르렀다. 수천 년 전부터
한문을 우리말에 수용하려는 노력으로 이두, 구결, 토, 구두 등이 있
었다. 우리는 이러한 노력을 부정적인 시각에서만 볼 것이 아니라 이
런 고민 속에서 한문을 익혔던 선현들의 지혜를 찾아내어야 할 것이

---

103) 朱熹, 〈敬齋箴〉, 『朱子大全』卷八十五.

다. 그러므로 한문에 뜻을 둔 사람이면 토에 대하여 한번쯤 관심을
가져봄직하다.

　이런 전제 아래에서 먼저 토의 개념과 기능을 살펴보고 다음으로
현토의 실제를 검토했다. 지금껏 토라고 하면 막연히 예스러운 '하
야', '하노라', '거늘'…… 등으로만 잘못 알고 있는 경향이 많았다. 토
를 요약해서 말하자면 한문 체언에 붙는 우리말 조사와 한문 어간에
붙이는 우리말 어미이다. 문장 사이의 연결 관계를 다루는 접속사도
여기에 해당한다. 그러므로 토대로 해석하고, 해석대로 토를 다는 것
은 한문을 우리말 인식구조 위에서 이해하는 바탕이다. 토 다르고 해
석 다르다면 토를 붙이지 않는 것만 못하다. 한문을 문법적으로만 파
악할 것이 아니라 그 토대 위에 우리말을 연결하는 방법도 함께 이해
하는 것이 바람직하다. 아무리 어학적으로 잘 파악해도 우리말로 옮
기지 못하면 학습 효과를 거둘 수 없다. 글이란 이해가 다르고 표현
이 다르기 때문이다. 필자의 경험으로는 華僑 학생과 한국 학생에게
함께 한문을 강의하고, 시험을 치면 한국 학생의 성적이 나은 것을
많이 보았다. 그 이유는 이해의 심도는 중국학생이 나을 것인데도 한
국말 표현과 문장 연결 방법이 서툴기 때문이다. 그만큼 문화가 다른
언어를 학습하는 데는 그 언어에 못지않게 우리말로 표현하는 것이
중요하다. 한문에 토를 붙이는 것은 바로 이런 관점에서 보아야 한다.
다만 시는 감정의 표현물이기 때문에 토를 달기가 어려웠다. 따라서
시의 토는 유연성 있게 다는 경우가 많았다. 그러나 토를 정확하게
붙인다는 것은 그 시를 정확히 파악했다는 뜻이기 때문에 이를 예사
로 할 수는 없다.

　토는 단순한 조사와 어미뿐만 아니라 두 개 이상이 합해진 복합토
까지 있어 우리말만큼이나 많다. 본고에서는 과거의 토보다 현재 실

용적인 관점에서 고찰했다. 그러나 앞으로 우리의 언해본에 나타난 토를 모두 조사 연구하여 우리 조상들이 한문을 파악한 방법을 깊이 있게 고찰해야 할 것이며 이를 바탕으로 한문 이해에 도움이 되게 해야 할 것이다. 본고는 우선 試考에 불과하다. 독자의 충고에 따라 다시 심도 있게 개고할 예정이다.

이 글은 『漢字漢文敎育』 제6집(韓國漢字漢文敎育學會, 2000)에 수록한 논문을 재수록한 것이다.

한문교육사 논저목록

이원호(1974), 「조선왕조 경연의 교육사적 연구」, 『교육학연구』 12, 한국교육학회.

남지대(1980), 「조선초기의경연제도-세종, 문종 연간을 중심으로」, 『한국사론』 6, 서울대학교 국사학과.

권연웅(1983), 「고려시대의 경연」, 『복현사림』 6, 경북사학회.

권연웅(1989), 「조선 영조대의 경연」, 『동아연구』 17, 서강대학교 동아연구소.

김현규(1991), 「몽학교재로서의 천자문」, 『한문교육연구』 5, 한국한문교육학회.

김왕규(1992), 「율곡 이이의 「학교모범」 연구」, 『한문교육연구』 6, 한국한문교육학회.

강태훈(1993), 「조선 전기 경연 제도의 발달 과정」, 『교육학연구』 31, 한국교육학회.

김영문(1993), 「장혼의 초학 교재 연구」, 『한문교육연구』 7, 한국한문교육학회.

장희구(1994), 「조선시대 초등과정 교재 내용 분석 고찰-『童蒙先習』을 중심으로」, 『한자한문교육』 1, 한국한자한문교육학회.

지두환(1995), 「조선후기 경연과목의 변천」, 『한국학논총』 18, 국민대학교 한국학연구소.

김대현(1996), 「다산 정약용의 한문 교육서에 대한 고찰」, 『한문교육연구』 10, 한국한문교육학회.

지두환(1996), 「조선후기 영조대 경연 과목의 변천-조선 성리학 확립과 관련하여」, 『진단학보』 81, 진단학회.

백원철(1997), 「한문과 학습의 전통적 朗讀法에 대하여-한문과 학습의 효과적 일 방안의 모색」, 『한문교육연구』 11, 한국한문교육학회.

오항녕(1997), 「조선 초기 경연의 『자치통감강목』 강의」, 『한국사상사학』 9, 한국사상사학회.

윤영숙(1997), 「≪동몽선습≫과 ≪격몽요결≫의 비교고찰」, 『한자한문교육』 3, 한국한자한문교육학회.

김왕규(1998), 「조선시대 동몽교재 연구」, 『한자한문교육』 4, 한국한자한문교육학회.

이춘호(1998), 「조선조 전기의 「소학」 교육에 관한 연구」, 『한자한문교육』 4, 한국한
자한문교육학회.

김왕규(1999), 「조선시대 독서법에 관한 소고」, 『한자한문교육』 5, 한국한자한문교
육학회.

송병렬(1999), 「현토 교육의 유용성과 토의 문법적 성격」, 『한문교육연구』 13, 한국
한문교육학회.

송영일(1999), 「조선 성종조 경연의 진강방법 연구」, 『한자한문교육』 5, 한국한자한
문교육학회.

송영일(1999), 「조선조 경연의 진행방법과 교육공학의 조화」, 『한문교육연구』 13,
한국한문교육학회.

정재훈(1999), 「명종 선조 연간의 경연」, 『조선시대사학보』 10, 조선시대사학회.

김경수(2000), 「근대 후의 서당 교육과 그 효용성에 대한 고찰」, 『한자한문교육』
6, 한국한자한문교육학회.

이병혁(2000), 「전통한문교육-한문 현토를 중심으로」, 『한자한문교육』 6, 한국한자
한문교육학회.

임성원(2001), 「애국계몽기한자교과서『속성한자과본』분석-구성 방식과 내용을 중
심으로」, 『한문교육연구』 16, 한국한문교육학회.

권문봉(2003), 「전통적 서당교육과 현대의 한문교육에 대하여」, 『한자한문교육』 11,
한국한자한문교육학회.

안재철(2003), 「한문문법 교육사 연구」, 『한문교육연구』 21, 한국한문교육학회.

정재훈(2004), 「조선중기의 경연과 제왕학-광해군~현종 연간을 중심으로」, 『역사
학보』 184, 역사학회.

남궁원(2005), 「근대 초기 한문과 교재 서문에 나타난 집필 동기 및 경위 고찰」, 『한
문고전연구』 11, 한국한문고전학회.

송영일(2005), 「한문교육사의 의의와 과제」, 『한자한문교육』 15, 한국한자한문교육
학회.

정재훈(2005), 「세종의 왕자 교육」, 『한국사상과문화』 31, 한국사상문화학회.

권문봉(2006), 「율곡의 교육개혁론 고찰-「학교모범」을 중심으로」, 『한문학보』 15,
우리한문학회.

김은경(2006), 「조선시대 독서 방법론 연구」, 『한문고전연구』 13, 한국한문고전학회.

남궁원(2006), 「개화기 글쓰기 교재『實地應用作文法』과『文章指南』연구」, 『한문고
전연구』 12, 한국한문고전학회.

남궁원(2006), 「개화기 한문 및 한문 교육에 대한 인식 일고」, 『한문고전연구』 13, 한국한문고전학회.

남궁원(2006), 「개화기 한문문법서 『초등작문법』의 제작 배경과 의의」, 『한문교육연구』 26, 한국한문교육학회.

남궁원(2006), 「한일합병 전후 교과서 검정을 통한 한문과 교과서 개발 억제 실태 연구」, 『한자한문교육』 17, 한국한자한문교육학회.

박영미(2006), 「애국계몽기에 간행된 『漢文學敎科書』에 관한 고찰」, 『한문학논집』 24, 근역한문학회.

유영옥(2006), 「日帝下 小岡 金泰麟의 『童蒙須讀千字文』분석」, 『동양한문학연구』 23, 동양한문학회.

정우락(2006), 「日帝强占期 金浩直의 『東千字』 著述과 그 意義」, 『동양한문학연구』 22, 동양한문학회.

정재철(2006), 「한중일 간 『고문진보』의 비교 연구—동아시아 한문 교재의 유통 양상에 대한 일고찰」, 『한문교육연구』 26, 한국한문교육학회.

남궁원(2007), 「개화기 교재 『한문학교과서』의 작품 수록 양상」, 『한국사상과문화』 36, 한국사상문화학회.

정우봉(2007), 「근대계몽기 작문 교재에 대한 연구—『實地應用作文法』과 『文章指南』을 중심으로」, 『한문교육연구』 28, 한국한문교육학회.

민병찬(2008), 「1912년 간행 『보통학교국어독본』의 편찬 배경에 대하여—소전성오의 「조선총독부편찬교과서개요」를 중심으로」, 『일어교육』 43, 한국일본어교육학회.

송영일(2008), 「조선 성종조 경연 교재 교육이 현대 교육에 주는 시사점」, 『인문학연구』 75, 충남대인문과학연구소.

신영주(2008), 「전통시대 한문 학습법에 관한 일고찰—영조의 장헌세자 교육을 중심으로」, 『한문교육연구』 31, 한국한문교육학회.

최윤용(2008), 「서당의 교육방법과 현대적 의의」, 『한문고전연구』 17, 한국한문고전학회.

김남기(2009), 「동궁일기를 통해 본 17세기 세자의 교육—『소현동궁일기』부터 『숙종춘방일기』까지를 중심으로」, 『한자한문교육』 22, 한국한자한문교육학회.

송영일(2009), 「조선 성종조 경연 진강방법의 현대 한문과 교육적 활용」, 『한문학논집』 28, 근역한문학회.

심경호(2009), 「일제시대 조선총독부발행 韓國兒童用語學讀本에 나타난 한자어와 한문」, 『한문교육연구』 33, 한국한문교육학회.

장재천(2009), 「서당의 교육과 풍속 및 놀이」, 『한국사상과문화』 48, 한국사상문화학회.

한예원(2009), 「초학한문 교재로서의 『격몽요결』의 의의-朝鮮儒敎의 관습화 과정」, 『한문교육연구』 33, 한국한문교육학회.

김병건(2010), 「초학자를 위한 조선조 문인의 독서방법론 소고」, 『한자한문교육』 24, 한국한자한문교육학회.

윤훈표(2010), 「조선 정종 때의 경연에 대하여」, 『한성사학』 25, 한성사학회.

임상석(2010), 「1910년대 초, 한일 "실용작문"의 경계」, 『어문논집』 61, 민족어문학회.

임상석(2010), 「일제강점기, 조선총독부의 조선어급 한문 교과서 연구 시론-중등교육교재 『고등조선어급한문독본』을 중심으로」, 『한문학보』 22, 우리한문학회.

임상석(2011), 「1920년대 작문 교본-『實地應用作文大方』의 국한문체 글쓰기와 한문 전통」, 『우리어문연구』 39, 우리어문학회.

▒ 필자 소개

김남기   안동대학교 한문학과   남궁원   강원 치악고등학교
김영문   전 도봉초등학교   신영주   성신여자대학교 한문교육과
김은경   경기 능곡중학교   이병혁   전 부산대학교 한문학과
김현규   전 성균관대학교 교육대학원   정재철   단국대학교 한문교육과

▒ 한국한문교육학회 창립 30주년 기념 한국한문교육연구총서 간행위원회

간행위원장 : 윤재민
간 행 위 원 : 김왕규, 김연수, 송혁기, 백광호, 권경순

韓國漢文敎育學會 創立 30週年 紀念
韓國漢文敎育硏究叢書 10

한문교육사

2012년 7월 6일 초판 1쇄 펴냄

편   자   신영주·남궁원
발행인   김흥국
발행처   도서출판 보고사

등록   1990년 12월 13일 제6-0429호
주소   서울특별시 성북구 보문동7가 11번지 2층
전화   922-5120~1(편집), 922-2246(영업)
팩스   922-6990
메일   kanapub3@chol.com
http://www.bogosabooks.co.kr

ISBN   978-89-8433-144-0 93710
정가   20,000원

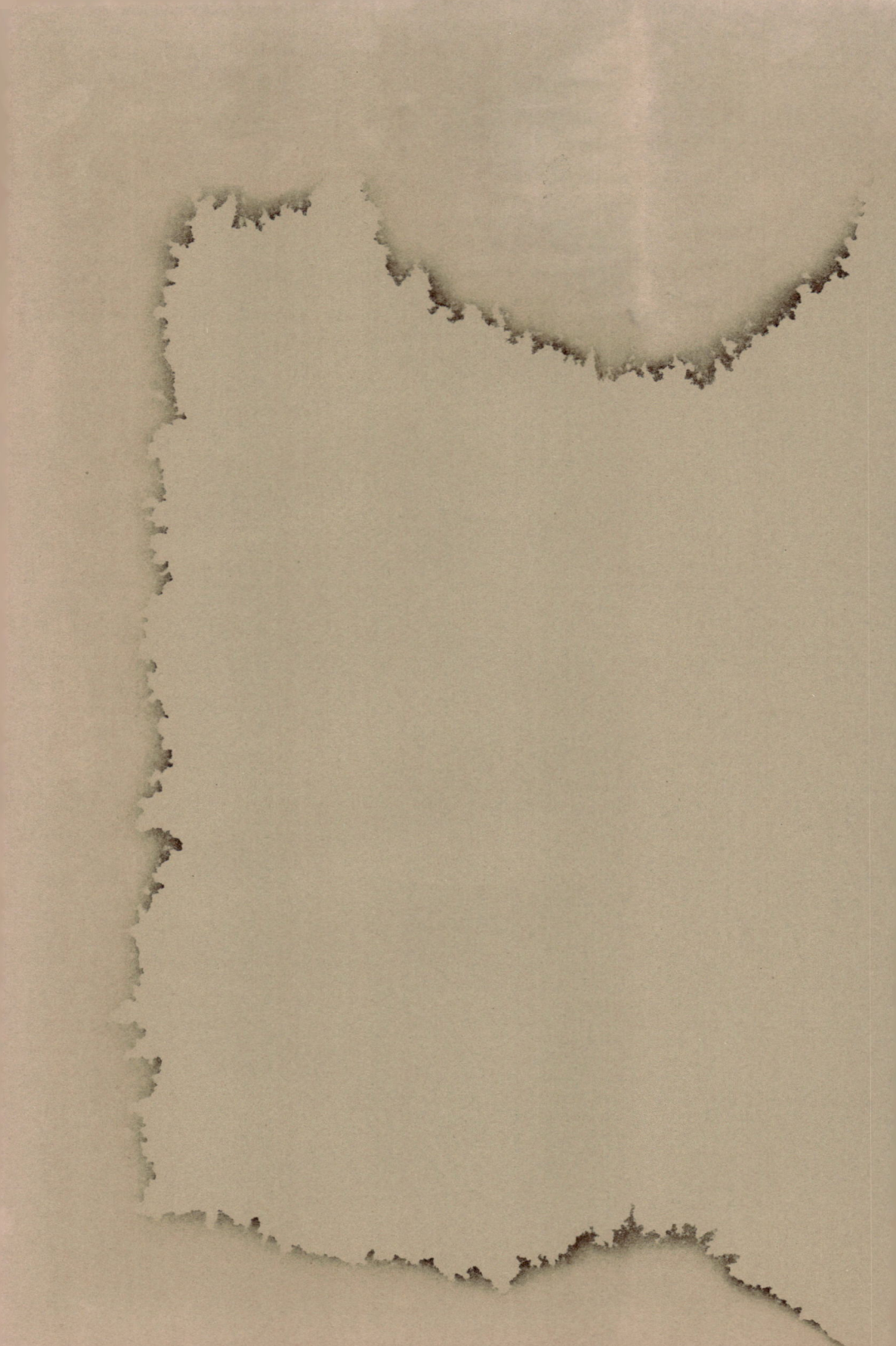